André ROBERT

VIVRE SOUS L'OCCUPATION

1940-1945

CHRONIQUES JURASSIENNES

éditions du
Belvédère

Éditions du Belvédère
22, rue des Remparts – 25300 Pontarlier
47, rue du Maréchal-Foch – 67000 Strasbourg
Courriel : contact@editions-belvedere.fr
Site Internet : www.editions-belvedere.com

Saisie des textes : xxxxxxx
Maquette et mise en pages : Patrick Leleux PAO
Couverture : xxxxxxxx
Corrections : xxxx

Éditions précédentes : Éditions Mon village

ISBN : 978-2884-19383-2

À Suzanne et René, victimes de la misère de ces temps.

À Nils, Diane, Clara et Léa, pour savoir et transmettre.

REMERCIEMENTS

Au personnel des Archives départementales du Jura.

À l'équipe du Musée de la Résistance et de la Déportation de Besançon dirigée par Marie-Claire Ruet, pour son accueil, la qualité de son travail et les documents iconographiques.

À toutes les personnes qui ont contribué, par leur documentation personnelle ou leurs témoignages, à alimenter ma réflexion :
Marcel Bernard, Jean Bourgeat, Jean Caseaux, Raymond Chamouton, Georges Fléchon, Roselyne Gay, Colette et Daniel Léger, Maurice Loisy, Jean Machuron, Jean-François Perron, Guy Politano, Renée Pommier, René Roquelle, Jacques et Edmée Roybier, Léon Soyard, Charles Velin... et bien d'autres.

Mes remerciements vont également aux nombreuses personnes qui ont apporté leur contribution à mes recherches.

Et à Danièle Robert, pour ses encouragements et ses conseils avisés.

INTRODUCTION

Cet ouvrage participe d'une histoire « locale » qui s'inscrit dans le cadre du département du Jura, mais qu'on ne s'y trompe pas ; il serait bien naïf, et surtout erroné de prétendre qu'il y eût une spécificité « ethnique » jurassienne. Aussi les enseignements qu'on peut tirer de cette étude dépassent-ils largement ce cadre géographique. Dans tous ses aspects, de la vie quotidienne aux comportements individuels et collectifs face au pouvoir, ce travail se veut être une vision d'en bas du régime de Vichy et de l'Occupation dans la France rurale.

Nous avons voulu, à travers l'exemple de ce département, lui-même divisé par la ligne de démarcation, mettre en lumière la vie de très nombreux Français. En effet, nombreux sont ceux qui ont souffert directement du conflit : parents prisonniers, disparus, exécutés, fils requis pour aller travailler en Allemagne, biens spoliés... Dans tous ces domaines, les Jurassiens ont payé un tribut particulièrement lourd.

Si le quotidien est la pierre angulaire de cet ouvrage, il se veut également être une plongée dans les événements majeurs qui le conditionnent : la politique de Vichy et la guerre mondiale qui constituent la toile de fond de l'histoire des Français de l'époque.

Nous avons très largement donné la parole aux témoins et aux documents afin d'éviter, autant que faire se pouvait, un discours généraliste faisant peu de cas de la complexité des expériences personnelles et surtout des évolutions. Journaux intimes rapportant « à chaud » les événements, interview des acteurs de l'époque, jeunes adultes ou enfants, eux-mêmes rapporteurs du vécu de leur entourage, tous ces témoins choisis dans des milieux géographiques et sociaux divers, permettent d'appréhender la diversité des représentations, mais aussi de dégager des traits caractéristiques de la période.

La vie quotidienne du Jurassien renvoie immanquablement aux pénuries chroniques et aux insuffisances d'un ravitaillement, symbolisées, dans les villes, par les spectaculaires files d'attente devant les magasins. La recherche du nécessaire, souvent compulsive, occupe, il est vrai, une part significative du temps et des esprits des hommes et des mères de famille des milieux populaires.

Cependant trop d'écrits ont présenté des Français apathiques, repliés sur eux-mêmes, indifférents, pour ne pas dire plus, à tout ce qui n'était pas leur intérêt immédiat ; trop souvent des propos ont signalé que ces tâches triviales, ces soucis « alimentaires », auraient occupé toutes leurs pensées et leurs actions… Ces attitudes ont certes existé, mais il convient de nuancer, tant les situations et les réactions furent diverses. Les choses étaient loin d'être aussi simples.

On peut discuter un des poncifs récurrents qui voudrait qu'il y ait eu en France, jusqu'à la veille du débarquement, « Quarante millions de pétainistes »[1] passifs qui s'en seraient entièrement remis, avec une confiance aveugle, aux décisions du Maréchal et de son gouvernement. On l'a écrit et on l'entend encore souvent aujourd'hui.

N'échappant pas à ces schémas, les Jurassiens seraient-ils passés, sans coup férir, de l'idolâtrie au maréchal Pétain à celle du général de Gaulle ? L'image récurrente s'est largement imposée, du portrait du premier figurant en avers dans un cadre posé en évidence sur la table de nuit familiale, avec pour envers le portrait du second. On l'aurait vite retourné et exhibé dans l'été 1944. Les Jurassiens auraient-ils été autant de Janus ?

Si cette attitude était avérée, on comprend mal pourquoi, tout au long de la période, l'opinion publique fut l'objet de toutes les attentions des Renseignements généraux. Et leurs rapports sont loin de confirmer cette soumission absolue au pouvoir. On y voit bien que, le temps passant, la politique de Vichy a suscité l'indifférence, bientôt l'impopularité, enfin l'hostilité ; on comprendra vite que le pouvoir est ailleurs, à Berlin.

Ces rapports nous montrent des hommes et des femmes qui ne se contentent pas du discours officiel, qui se renseignent « ailleurs », qui se tiennent au courant de l'évolution du conflit et qui, quasi unanimement, rejettent la politique de collaboration et l'antisémitisme de Pétain.

À partir de 1942 surtout, on assiste à « une accélération de l'Histoire ». Les événements militaires deviennent globalement défavorables aux forces de l'Axe. Les exigences de l'occupant vont être de plus en plus lourdes et vont hâter le discrédit des autorités. L'attitude des Jurassiens, et sans doute bien au-delà, sera alors étroitement liée à l'évolution vers une guerre totale dans laquelle les civils vont devenir eux aussi des cibles.

Plus tard, leurs espoirs seront rivés à la rumeur d'un débarquement anglo-saxon sur nos côtes.

L'évolution du conflit et des rapports de forces qui interfèrent sur le quotidien nous a amenés à adopter souvent le mode de la chronique. Et si l'occupation du Jura prend fin officiellement le 12 septembre 1944, les problèmes rencontrés par les Jurassiens sont alors bien loin d'être réglés, aussi l'étude couvre-t-elle l'ensemble de l'année 1945.

Par ailleurs, pour mieux appréhender la période, il nous a semblé utile d'envisager les combats pacifiques que le peuple était prêt à mener dès la Libération. Ils peuvent se résumer à la reconstruction matérielle du pays et à la mise en place d'une nouvelle République. Les Jurassiens, comme leurs compatriotes, entendaient marquer celle-ci au sceau d'une démocratie nouvelle et d'une société réconciliée et plus égalitaire, après en avoir expurgé les « collaborateurs » et autres « profiteurs de guerre ».

1. Titre d'un ouvrage du journaliste Henri Amouroux.

AVANT-PROPOS

Le Jura et les Jurassiens avant-guerre

Un coin de la France rurale

Il convient, à la veille d'un désastre qui va remettre en cause l'unité du Jura comme celle de la Nation, de tenter de définir les représentations que ses habitants ont de leur département à une époque où cet échelon administratif fait encore sens.

Dans un environnement « étranger », le département reste une petite patrie aux caractéristiques particulières, qu'il faut connaître, chérir et protéger. Son étude est alors au programme des cours moyen et supérieur des écoles primaires. C'est dans ce cadre géographique que va se dérouler la vie de la très grande majorité de ces jeunes Jurassiens. Le département, qui apparaît pour beaucoup aujourd'hui comme un territoire obsolète, car étriqué, doit se mesurer à l'aune de la lenteur des communications et de la très faible mobilité géographique et sociale de l'époque.

■ ***In Manuel démographique et familial, organe de l'Alliance nationale contre la dépopulation.***

Et pourtant la modernité a déjà fait des « ravages » : à toutes les échelles, du village à Paris, l'exode rural est considéré comme un drame portant atteinte à la vitalité démographique, à la défense même du pays.

En moins d'un siècle, près d'un tiers de la population du Jura a été absorbé, englouti dans les « grandes villes ». La densité n'y est plus que de quarante-quatre habitants au kilomètre carré. Aussi toutes les forces publiques, et en premier lieu l'école, doivent-elles concourir à la lutte contre cette « dépopulation » ; il en va de la survie de « la race », terme alors couramment utilisé pour définir la population nationale.

À l'école primaire, on apprend donc ce qui constitue les principales caractéristiques du département : sa population bien sûr bien trempée, mais aussi ses terroirs, ses paysages emblématiques, ses productions, sa sociologie, voire son histoire et ses coutumes…

Le territoire

Pour cette « Étude de géographie régionale », cette initiation à la « géographie générale », on utilise alors un petit opuscule, *Le Département du Jura*, réalisé par un inspecteur du primaire ; il fait partie du viatique des écoliers de l'époque. Nous lui avons emprunté la carte ci-dessous ainsi qu'une « petite » partie de son contenu.

Dans la tradition académique de l'époque, c'est d'abord à la « géographie physique » que l'on accorde toute son attention, car elle est censée être l'*alpha* qui a déterminé l'implantation humaine et les caractères spécifiques de ses habitants. Voici le *résumé* qui sera récité par les élèves, souvent par cœur :

« Le département du Jura comprend trois parties très différentes : La PLAINE, Le REVERMONT ou VIGNOBLE, La MONTAGNE.

– La PLAINE. Cette plaine n'est pas uniforme. La BRESSE est légèrement ondulée (200 à 250 m). Le FINAGE, au voisinage du Doubs est absolument horizontal (180 à 200 m). Le nord du département est accidenté par les hauteurs de la SERRE (360 m).

– Le REVERMONT ou VIGNOBLE comprend les pentes de la montagne, de Saint-Amour à Salins.

– La MONTAGNE est formée d'une succession de 3 plateaux étagés que séparent des chaînes parallèles de plus en plus élevées à mesure qu'on avance vers l'est, de profondes vallées longitudinales et des combes. Le point culminant du département est au Crêt Pela (1 500 m).

Mais c'est au-delà du département que se trouve la chaîne la plus importante des Monts Jura : Le RECULET (1 720 m), Le CRÊT de la NEIGE (1 723 m), La DOLE (1 680 m). Deux cols permettent le passage en Suisse et vers le Pays de Gex : le col de Saint-Cergue et le col de la Faucille (1 323 m).

Le Haut-Jura blanchit dès le mois de novembre et la neige y séjourne jusqu'en mai… Il faut voir, au cœur de l'hiver, l'amoncellement des neiges… Deux ou trois jours de forte chute, et voilà les maisons enfouies dans la couche blanche jusqu'au premier étage. Les routes ont disparu… Toute circulation est interrompue jusqu'à ce que le chasse-neige, la charrue à neige comme on dit, sous l'effort de quinze à vingt chevaux ou bœufs vigoureux, ait déblayé les routes. Les traîneaux, seuls véhicules d'hiver de la haute montagne, peuvent alors circuler… »

Le même ouvrage donne des précisions comptables sur la population du département et sa répartition.

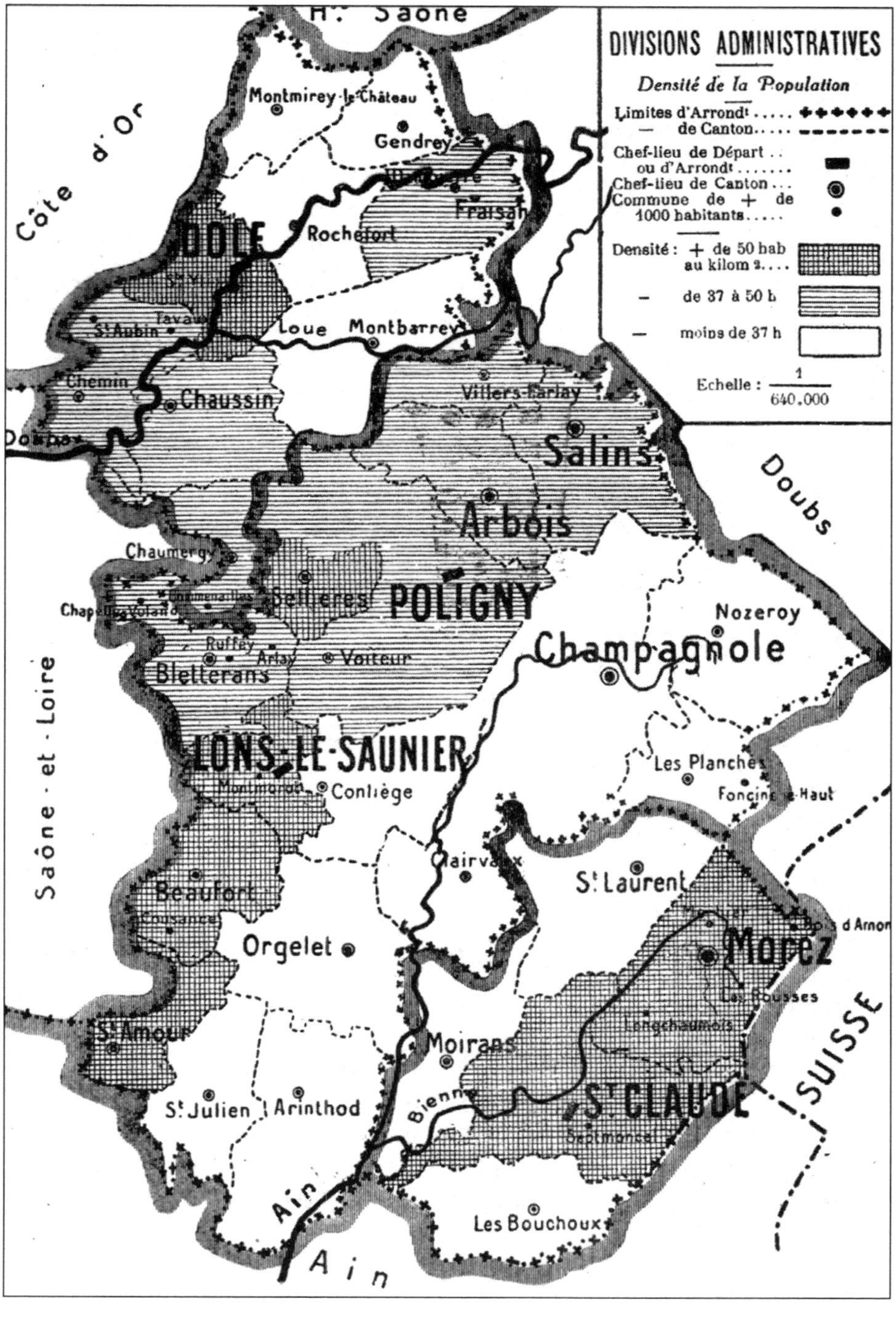

Les Jurassiens

DIVISIONS ADMINISTRATIVES
LES CANTONS
Arrondissement de Lons-le-Saunier

Chef-lieu	Population	Population cantonale	Chef-lieu	Population	Population cantonale
Arbois	3 627	6 398	Orgelet	1 279	4 913
Arinthod	864	5 034	Les Planches	203	2 386
Beaufort	966	6 754	Poligny	3 580	10 235
Bletterans	1 027	6 513	Saint-Amour	1 912	4 899
Champagnole	4 726	10 935	Saint-Julien	455	3 066
Clairvaux	1 002	4 589	Salins	4 563	8 045
Conliège	788	5 562	Sellières	885	3 894
Lons-le-Saunier	**14 661**	21 856	Villers-Farlay	535	4 106
Nozeroy	462	4 449	Voiteur	831	5 007

Arrondissement de Dole

Chaumergy	486	3 649	Gendrey	364	2 248
Chaussin	1 005	5 655	Montbarrey	317	3 992
Chemin	286	6 718	Montmirey	179	3 076
Dampierre	478	4 478	Rochefort	312	3 823
Dole	**18 117**	26 728			

Arrondissement de Saint-Claude

Les Bouchoux	516	2 766	**Saint-Claude**	**11 381**	19 307
Moirans	1 532	4 652	Saint-Laurent	979	4 495
Morez	4 892	10 569			

Sans surprise on y trouve toutes les caractéristiques d'un département rural avec son tissu de petits chefs-lieux de canton dont la plupart sont davantage assimilables à de gros bourgs ruraux qu'à de petites villes.

Remarques :

– L'arrondissement de Lons-le-Saunier doit son étendue à la disparition de celui de Poligny en 1926.

– Ces chiffres de 1936 seront à revoir à la baisse : en cause, les victimes de la guerre et surtout les très nombreux prisonniers.

– En 1940 la proportion des femmes déjà élevée depuis les carnages de la Grande Guerre va s'accentuer, comme celle des personnes âgées.

– Le fascicule destiné aux enfants des écoles ne semble pas avoir été actualisé depuis des temps bien anciens.

À la fin de l'étude, on étudie avec force détails la population rurale besogneuse censée avoir si bien su s'adapter aux conditions naturelles variées et souvent difficiles. Un chapitre est consacré à **« LA VIE DANS LE JURA »**, on y trace les principales caractéristiques des *« pays »*. L'habitation, fruit du terroir et des hommes, est privilégiée. Elle est abordée sous l'angle de sa fonctionnalité « professionnelle » bien davantage que comme le lieu de l'intimité familiale. Le contenu est significatif des mentalités jurassiennes, que l'on peut sans doute élargir à toute la France rurale à la veille de la guerre.

La *République au village* s'est appuyée sur ces mentalités ancestrales supposées du paysan « attaché à la glèbe ». Le patriotisme et le nationalisme exacerbés par la Grande Guerre, joints à la fierté de posséder un vaste empire colonial, ont exacerbé cet attachement à la terre, attachement encouragé par l'autorité incontestée des maîtres d'école, mais aussi par les partis politiques, de l'extrême droite aux radicaux, les partis « ouvriers » exceptés.

On ne manque cependant jamais de signaler les efforts consacrés à la modernisation : le changement dans la continuité.

> « Dans chaque "pays" aussi, l'habitation, comme les gens, a son caractère.
> – Dans la plaine aux terres profondes, lourdes et grasses, entre les étangs, les forêts de chênes, de charmes et de bouleaux, parmi les champs et les prés verts, se dispersent des habitations basses en terre ou en pisé et recouvertes parfois de chaume, car la pierre est rare dans la Bresse. De plus en plus l'aspect miséreux des chaumières bressanes disparaît. La brique et la tuile remplacent la terre et la paille… Que d'efforts il a fallu pour arracher à un sol ingrat, humide et fiévreux, les moissons abondantes… et pour tant d'efforts quelle maigre pitance… Bien améliorée, sa nourriture cependant reste frugale. Son travail, toujours, est obstiné.
> – Aux pentes du Revermont apparaissent les belles carrières où le vigneron a trouvé en abondance la pierre pour sa maison. De cette maison, la pièce d'honneur, c'est la cave, immense, où s'alignent autour des maîtresses pièces, le menu peuple des feuillettes… Il y a quelques années c'était un "**bon pays**" que le vignoble jurassien, pays de franche gaîté où l'on célébrait chaque année la fête joyeuse des vendanges. "À Arbois, on y rit, on y sonne, on y boit…"
> – La pierre abonde partout dans la montagne. C'est en beaux moellons qu'est bâtie la demeure du compagnon. Sur les hauteurs la maison est trapue, comme pour mieux résister au vent et au froid… L'exploitation et le transport des bois retiennent au-dehors les solides bûcherons. Et la plupart des fermes sont des ateliers. Ici le ronflement d'un tour se fait entendre, là la plainte aiguë de la pierre fine (diamant) sur la roue qui la polit, ailleurs le grincement des limes sur les pièces d'horlogerie ou sur les fines montures des lunettes et des pince-nez, ailleurs encore les grands coups sourds sur les caisses ou sur les cuveaux que l'on assemble. Voici des polisseurs de pipes, des fabricants de boîtes en bois, de tabatières, de mètres, etc. Malgré la multiplicité des ateliers (surtout dans les grands centres), l'industrie reste familiale. C'est plaisir de voir dans une pièce propre, où ronfle un grand poêle de fonte, l'activité joyeuse de la famille entière. Soir et matin le soin du bétail appelle les gens à l'étable. On trait les vaches, et le lait, dans de grandes "bouilles", est emporté à la fromagerie. En été, au tintement de

ses lourdes "sonnailles", le bétail s'éparpille dans les pâturages, gagne les hauts sommets, où des chalets, clos pendant huit mois, reçoivent pour la belle saison les bergers et leurs troupeaux.
L'aisance est le fruit de cette activité. Et avec l'aisance et les loisirs, le désir de connaissances plus étendues s'est développé... »

Bon Jurassien ne saurait être urbain ni plébéien ! On décèle dans le propos un discours centré sur le travail, la famille et la tradition rurale. Rien sur le Finage, d'une platitude bien peu jurassienne sans doute, ni sur sa riche céréaliculture, peut-être trop « industrielle » pour l'auteur. La société idéale n'est-elle pas celle de ces familles paysannes du Haut-Jura, soudées, laborieuses, indépendantes, instruites et qui ont de tout temps su « vivre et travailler au pays » évitant ainsi le si dommageable exode rural ?

Rien sur l'usine ; pas de place pour l'industrie, mais une image d'Épinal agreste révélatrice d'un monde qui aurait su dans sa sagesse éviter toute révolution.

Nul doute que l'inspecteur primaire auteur de ces propos, comme tous ceux qui sont sortis des écoles du département, a pu faire son miel des propos à venir, conservateurs et agrariens, de Pétain pour qui la terre ne saurait mentir. Les esprits étaient bien préparés à la Révolution nationale. Labourage et surtout ici, pâturages semblent être restés les immuables mamelles du Jura.

Villes et campagnes

Les villes, non mentionnées dans le fascicule, sont certes modestes, mais leurs habitants, si on y ajoute ceux des gros bourgs, représentent plus du tiers de la population du département.

Trois d'entre elles polarisent le territoire.

Lons-le-Saunier, le chef-lieu du département, ville administrative qui abrite la préfecture, les lycées et les écoles normales de garçons et de filles. Située au contact de la plaine et du premier plateau jurassien, elle bénéficie d'un environnement agricole prospère. Des établissements industriels spécialisés dans la transformation du lait et du gruyère – notamment des établissements Bel (La Vache qui rit), Grosjean (La Vache sérieuse) – utilisent une main-d'œuvre ouvrière, et de très nombreux commerces drainent une clientèle rurale importante.

Il en est tout autrement de Saint-Claude. Même si elle possède les attributs de sous-préfecture, son environnement montagnard haut jurassien ne lui permet pas de compter sur les campagnes voisines pour son approvisionnement. La principale – et de loin – activité agricole des environs est l'élevage laitier dans de petites fermes. Ici, en complément, les populations n'ont pu vivre et occuper les longs et rudes hivers enneigés qu'en développant très tôt artisanat et petite industrie. Pour ce faire, ils ont d'abord utilisé la ressource locale, le bois. Saint-Claude, plus ouverte sur l'extérieur, a très vite diversifié ses activités. La principale cité ouvrière du département, devenue la capitale de la fabrication de la pipe et développant le travail des diamants, a vite dépendu de l'extérieur pour ses matières premières.

L'environnement géographique de l'autre sous-préfecture, Dole, est encore différent. Nous sommes là dans le Bas-Jura, aux portes des riches terres agricoles du Finage, dans une région très ouverte sur l'extérieur, sur Dijon, et au-delà Paris, Besançon... par des voies de communication multiples, notamment le chemin de fer et le canal du Rhône au Rhin. Ville au passé prestigieux et au patrimoine historique hérité de son ancienne fonction de capitale du comté de Bourgogne, Dole a des activités et une composition sociologique assez proche de sa rivale Lons-le-Saunier. Mais contrairement à cette dernière, le monde ouvrier est à ses portes. Il peuple une partie des villages limitrophes de la nombreuse main-d'œuvre employée dans les grands établissements de Tavaux/Damparis, notamment l'usine Solvay. Et ces ouvriers, pour beaucoup, fortement syndicalisés à la CGT, font de ce secteur le bastion communiste important du département.

Ceci étant, pour bien appréhender les Jurassiens, il convient de les replacer dans l'univers quotidien de la grande majorité d'entre eux, le village. Bien sûr on est fort loin de la relative autarcie des siècles précédant la révolution des transports. Cependant, il n'en demeure pas moins que la composition sociologique du département relève d'un monde agricole encore largement replié sur lui-même.

■ ***Sarrogna, (canton d'Orgelet) en 1936.***

Les Allemands seront surpris de trouver ici une France rurale bien éloignée des représentations qu'ils avaient de ce pays du bien-vivre qui suscitait des convoitises. L'Occupant, souvent urbain et très sensible aux propagandes hygiénistes, manifestera une certaine répugnance, parfois du mépris, pour ces populations dont l'habitat et les modes de vie avaient assez peu évolué depuis la Grande Guerre.

Certes, depuis les années vingt, l'électricité avait fait son apparition au village, entraînant un tel essor des moteurs électriques que, vingt ans plus tard, le réseau se trouvait en surcharge.

L'habitat jouxtait l'étable et le fumier s'imposait dans la cour. Nul trottoir bien sûr, non plus que d'adduction d'eau potable à l'évier. Dans de nombreuses communes jurassiennes, on l'envisage à la fin des années trente, les premiers travaux de captage débutent pour certains particuliers. Mais il faudra attendre les années soixante pour que l'eau sous pression arrive dans toutes les maisons.

Les puits, les fontaines surtout, sont incontournables pour les hommes comme pour le bétail. Les bouses de vaches restent une aubaine… pour les jardins !

Hormis les routes d'intérêt général, aucun revêtement sur les voies vicinales. Et ce n'est que bien après la guerre, en installant le « tout-à-l'égout », qu'on en profitera pour les rendre plus avenantes.

Crançot, village du plateau, est représentatif de ces très nombreuses localités rurales où l'on vit entre soi, peuplé d'un peu plus de trois cent soixante habitants, ce qui correspond alors à la population d'une commune « moyenne ». Il est établi à une douzaine de kilomètres de la préfecture ; les services et les commerces de cette dernière lui sont donc facilement accessibles. À Crançot pourtant existe tout un assortiment de métiers « de bouche » : un boulanger, un boucher, un marchand de vin, quatre cafés-restaurants attestant des passages, mais aussi de la sociabilité villageoise. Ce sont aussi quatre épiceries, dont une succursale des « Docks jurassiens », ainsi que des professions étroitement liées à l'agriculture : un fromager, deux charrons/forgerons. Enfin deux charpentiers, un cordonnier, deux couturières et une sage-femme. Comme dans tous les villages de cette taille sont installés un curé et deux instituteurs (deux classes : petits/grands ou filles/garçons) : ici, le couple Renaud, le mari exerçant également la fonction de secrétaire de mairie. On y trouve aussi le toujours indispensable garde champêtre. C'est la plus grosse commune du secteur, y réside donc un receveur des contributions.

À noter que dans les villages, plus d'un petit commerce est tenu par une veuve dont il est fort à parier que le mari fut un poilu. Son activité professionnelle, souvent bien modeste, peut être considérée comme un appoint à une chiche pension.

Pimorin, village modeste de Petite Montagne, à l'écart de l'axe local de communications avec la préfecture, est davantage révélateur du cadre de vie et du relatif isolement d'une très grande partie des Jurassiens. Il y a bien un téléphone public, mais pour la Poste ou la « voiture publique » il faut gagner la commune voisine de Cressia. Pour envoyer un télégramme ou prendre le « tacot » (ou le car) à la gare du Chemin de fer vicinal, il faut gagner Orgelet, distant d'une quinzaine de kilomètres. Bien sûr on trouve au village, comme à peu près partout un couple d'instituteurs, un curé que l'on partage avec Loisia, dans la vallée du Suran, un garde champêtre, un receveur des Postes et téléphone, un café-restaurant, trois charpentiers, un épicier, un maréchal-ferrant et une société fromagère.

On peut donc « se passer » de la ville, même si certains profitent de son marché hebdomadaire.

Mais la vie des Jurassiens est loin de l'image d'un repli que laisserait entendre cet enfermement local, loin aussi d'un individualisme exacerbé ; au contraire, la vie quotidienne s'organise à l'intérieur de nombreux réseaux, d'associations multiples où l'on partage tout à la fois convivialité, formation civique, responsabilités, sens de l'intérêt commun, engagements et, bien sûr, intérêts.

Un monde solidaire

Une longue liste de lieux de sociabilité permet d'appréhender le grand nombre des sociétaires solidaires jurassiens.

On trouve des sociétés de consommation et d'autres de production.

Sociétés coopératives de consommation

La Solidarité arboisienne, L'Avenir à Bois-d'Amont – la Société coopérative des ouvriers des forges de Champagnole – la Société coopérative des employés PLM de Champagnole – la Société coopérative de la région de Dole – La Montagnarde à Étival – La Fraternelle à Saint-Claude – la Coopérative du syndicat agricole de Saint-Lothain – la Société coopérative des fonderies de Baudin à Sellières – La Prévoyance à Salins – L'Union agricole à Vadans – L'Union à Vaux-lès-Saint-Claude – la Société coopérative de consommation à Viry – L'Union à Voiteur…

Associations ouvrières de production

Fruitière vinicole d'Arbois – Société coopérative ouvrière de Bois-d'Amont – L'Union (entreprise de travaux publics) à Étival-Ronchaux – La Tournerie ouvrière (fabrication d'objets de tournerie en bois et en os) à Lavans-lès-Saint-Claude – Les Tourneurs réunis à Moirans – Les lunetiers réunis (fabrication et vente de lunetterie) à Morez – Société coopérative des lapidaires (taille à façon de la pierre fine et synthétique) à Septmoncel…

À Saint-Claude : Société coopérative Adamas (taille et vente du diamant), Le Diamant et Les Moulins (taille du diamant) ; Société coopérative ouvrière du bâtiment, Société coopérative L'Avenir du bâtiment (entreprise de plâtrerie & peinture), Société coopérative des ouvriers tabletiers (services à salade), La pipe (fabrication de pipes), La Virole (fabrication et garniture de pipes).

Syndicats multiples

En ville, une multitude de syndicats, patronaux et ouvriers renforcent les liens communautaires d'une société dans laquelle de nombreux Jurassiens se trouvent intégrés et protégés.

À Champagnole, un syndicat des travailleurs des métaux, un des travailleurs du bois, un des ouvriers du bâtiment. À Longchaumois, une Association syndicale des finisseurs de lunettes, monteurs, ébaucheurs de pince-nez du canton de Morez et environs.

À Lons-le-Saunier, un Syndicat des dames employées de commerce et de l'industrie, à Molinges, un Syndicat des ouvriers marbriers. À Saint-Claude, un Syndicat des ouvrières et ouvriers lapidaires en pierres fausses, entre autres ! À Dole, deux syndicats des cheminots, un des métallurgistes et parties similaires, un des ouvriers et assimilés des deux sexes travaillant en pâtisserie et confiserie !

Et dans le moindre village, le mouvement associatif est remarquable. Ainsi, dans la plupart des communes du plateau, on compte : une société de fromagerie, un syndicat d'élevage bovin, une Mutuelle agricole incendie, une Mutuelle d'assurance contre la mortalité du bétail, une société de sapeurs-pompiers, enfin l'inévitable société de chasse. Elles disparaîtront avec l'Occupation et la réquisition des fusils par les autorités. Plus d'un chasseur deviendra alors braconnier !

Quasiment toutes les communes rurales du département ont également leur fromagerie, « le chalet », qui est alors, avec le(s) café(s)-restaurant(s), un haut lieu de la sociabilité rurale. Les cultivateurs y portent leur lait – que l'on ne peut conserver longtemps à la ferme – deux fois par jour, matin et en fin de journée après la traite. Le soin des bêtes est alors achevé et on peut s'y attarder, échanger, « causer ». On y rencontre également ceux qui viennent se procurer leur lait journalier, le beurre et le fromage ; parfois aussi les gamins friands de « la rognure » des meules de gruyère que leur offrait le fromager. Ce « technicien » formé à l'École nationale d'industrie laitière de Poligny, parfois aidé par un « commis », était le salarié de la coopérative. Responsable de la qualité du fromage et donc du prix du lait, il n'était pas rare qu'il gère également une modeste porcherie utilisant le « petit-lait », résidu de la pressée du fromage : tout est bon dans le lait !

Gardons-nous d'une vision naïve qui voudrait que la vie de ces communautés dans les années d'avant-guerre se déroulât dans une ambiance toujours paisible. Les débats nationaux des années trente, si virulents, se déclinaient bien sûr à l'échelle locale où les fronts étaient d'autant mieux dessinés que chacun connaissait les convictions de l'autre. Les combats larvaires, gauche/droite, « laïcards/cathos », communistes/anticommunistes, émergeaient lors des élections.

Dans ce département rural, arrivaient en tête les conservateurs liés aux milieux catholiques et les radicaux-socialistes représentant une gauche laïque modérée. Loin derrière, la gauche, les deux formations ouvrières marxistes, le Parti socialiste SFIO dominant largement le Parti communiste (SFIC).

Ce monde rural tranquille, profondément démocrate, est à la veille d'être frappé par une catastrophe à laquelle personne n'avait été préparé. L'écrasement militaire s'accompagnera de la disparition de la République et, avec elle, de la mise à l'écart de ses élus.

De nombreuses forces joueront alors contre les solidarités qui, pour autant, ne s'effaceront pas totalement, et vont rejouer après la Libération.

Maurice Loisy. 17 ans en 1940. Lons-le-Saunier.

« Je suis né à Louhans, mais mes parents s'installent bientôt à Lons-le-Saunier, quai Thurel. Mon père est mécanicien à la SNCF. Je fréquente l'école Saint-Désiré que je quitte après mon certificat d'études, à 13 ans. J'entre alors comme apprenti dans une imprimerie, mais à la rentrée des classes de 1936 la scolarité obligatoire est portée à 14 ans, et je dois reprendre le chemin de l'école. À 14 ans, je suis embauché par l'imprimerie Déclume où j'apprends le métier de typographe.

Mes parents aménagent au "village neuf", cité des cheminots derrière le dépôt ferroviaire. Dès le plus jeune âge, j'ai la passion du sport et je suis inscrit à "La Jurassienne" ainsi qu'au club de rugby de la ville, le CSL. L'idole des garçons de notre quartier, le grand rugbyman Jean Ricart, réside là. Avant la guerre déjà, l'ambiance au club était très patriote et on entonnait souvent des chants patriotiques au cours de nos déplacements dans le car. On vivait entouré d'adultes qui avaient fait la Grande Guerre ; la plupart des instituteurs enseignaient les valeurs patriotes et nous emmenaient aux manifestations du 11 novembre. Je me rappelle notamment de messieurs Sergent et Delatour, mes instituteurs, qui seront d'ailleurs déportés en 1944. Plus tard, je suivrai Jean Ricart dans la Résistance dont il était un des principaux responsables à Lons... »

PREMIÈRE PARTIE

L'AN 40

CHAPITRE I

DE LA DÉFAITE ET DE SES CONSÉQUENCES POLITIQUES

La défense passive

Depuis le 3 septembre 1939, la France est officiellement en guerre. Aussi semble-t-il nécessaire de protéger les sites industriels qui travaillent pour la Défense nationale, et les populations voisines.

Les usines chimiques Solvay de Tavaux-Damparis en sont, qui fournissent environ 40 % de la soude nécessaire à la confection de la poudre. Aussi, une batterie de DCA est-elle installée à quelques kilomètres, à Parcey ; une douzaine de mitrailleuses sont déjà en batterie sur l'aérodrome proche et une vingtaine est en réserve, faute de mitrailleurs.

On s'inquiète. Les installations industrielles, vues d'avion, à 3 500 mètres, sont très visibles, notamment les artères de la cité et, surtout, trois bassins de six hectares remplis d'un liquide blanchâtre rejeté par l'usine. Mais on a les solutions : il suffira de goudronner les rues, au moins les plus visibles ; quant aux bassins, ce sera moins coûteux, on envisage de les recouvrir de plaques de liège et de déposer des branchages sur les rives. Sauf que l'on va s'apercevoir qu'un courant très fort anime les eaux des bassins. *Exit* le liège, « on va faire rechercher par des laboratoires de chimie, une substance qui permettrait de teinter l'eau » !

Manifestement l'offensive allemande n'est pas pour demain !

Mais un examen plus minutieux des clichés aériens fait apparaître que le groupe des maisons ouvrières attenant à l'usine « est extrêmement visible et attire très nettement l'attention ». La parade proposée est des plus simples là aussi : « Il suffira de les recouvrir d'un revêtement gris ou gris vert qui parviendrait probablement à en réduire la visibilité... » !

Puis l'expert militaire de décrire avec force détails le scénario de l'éventuelle attaque de l'aviation allemande, et celui de leur très probable échec :

> « Ces avions qui effectueront leurs missions entre 200 et 400 mètres d'altitude seront facilement atteints si les mitrailleurs sont de qualité. L'ordre d'arrivée des avions ennemis est le suivant : ils arrivent en longeant la rivière,

coupant l'aérodrome par le travers traversant la route, passant au-dessus des usines et se dirigeant ensuite vers les bois afin de se masquer. L'expérience a démontré ce qui précède, du fait que différents aéronefs ennemis[2] ont suivi à la lettre cet itinéraire en volant entre 8 000 à 9 000 mètres d'altitude. Le commandant de la Compagnie de l'air de Tavaux est formel à ce sujet. »

On reste confondu par ces certitudes qui donnent si fortement raison aux thèses sur l'impéritie de trop de militaires – parmi d'autres autorités – thèse que développera l'historien Marc Bloch.

Le spécialiste de l'armée de l'air conclut son propos en affirmant que pour défendre à la fois l'aérodrome et ces usines, on a suffisamment de mitrailleuses sur place. Sauf qu'il manque les hommes pour les utiliser, mais… il en a demandé. Or, il ne les obtiendra pas.

Le colonel Fondi de Niort, de l'état-major de la 1re Région aérienne, lui répondra le 7 octobre, « que les déficits relatifs aux mitrailleurs susceptibles de servir les pièces supplémentaires affectées aux différentes plateformes se font sentir partout… »

Les bombardements des installations industrielles et de l'aérodrome mettraient en péril les populations civiles proches. Pour protéger les deux mille deux cents habitants de Tavaux, il faudrait creuser 500 mètres de tranchées, et encore 400 mètres pour les quelque mille six cents habitants de Damparis. Manifestement ce n'est pas envisageable ; aussi devra-t-on se contenter, en cas d'alerte, de mettre à l'abri les élèves des écoles de Tavaux et Damparis, cités et villages. Et ce n'est pas peu ! Le rapport du directeur départemental de la Défense passive permet de se rendre compte du dynamisme démographique de l'agglomération :

École de Tavaux (cités) : 460 (20 classes de 20 élèves environ, 20 maîtres).
École de Tavaux (village) : 184 élèves. 5 classes.
École de Damparis-cités : 450
École de Damparis-village : 70

Un débat démocratique débute alors, qui n'en finit pas de susciter des oppositions de toutes sortes, et qui semble faire fi de l'urgence de la situation.

On envisage d'abord, en cas d'alerte, la dispersion des élèves de Damparis dans la carrière Solvay. Bon plan, sauf que, « après une visite minutieuse des carrières situées à 400 mètres environ de ces écoles, celles-ci se sont révélées très dangereuses… Nous avons constaté que bon nombre d'accidents surviendraient le cas échéant. » Il y a donc lieu de construire des tranchées dans les mêmes conditions qu'à Tavaux-cités.

Les élèves de l'Abergement seront tout simplement dispersés dans la campagne environnante et ceux de Tavaux-village vers le hameau de la Borde.

2. Marc Bloch, *L'Étrange défaite*, Gallimard (Folio), Paris, 1990.

Mais l'école étant proche de l'aérodrome et du passage des avions ennemis, il faudrait construire cinquante mètres de tranchées !

Et les choses se compliquent encore. On avait envisagé la construction d'abris plutôt que de simples tranchées, mais, après étude, il s'avère que ce n'est pas possible : le sous-sol est trop humide.

Enfin on découvre – il n'est jamais trop tard – la présence, dans certains sous-sols, d'un réseau de conduites de chauffage central. On imagine les dangers encourus par les occupants des abris si ces conduites étaient percées par des bombes !

Et puis les maires de Tavaux et de Damparis demandent l'abandon de tous ces projets au profit de l'étaiement des caves, car, « en cas d'alerte, les parents vont chercher leurs enfants et les gardent dans leurs maisons où ils se sentent à l'abri... »

Mais, nouveau rebondissement, un « détail » avait été oublié, le coût : un courrier du ministère de la Défense au préfet du Jura le rappelle : une cave dont l'occupation est limitée selon les règlements à vingt personnes est certes aussi efficace que la tranchée, et plus commode, mais coûte 3 fois plus cher... et donc « incompatible avec les ressources dont on dispose... »

Finalement la solution des tranchées va faire son chemin, et on va en définir le périmètre.

Les documents suivants[3] permettent de mesurer l'importance de la plus grande zone industrielle du département. Le 11 mars 1940, deux mois avant l'attaque allemande, une grande entreprise locale, la Société générale de fonderie de Damparis-Belvoye, Jacob-Delafon, indique au maire de la commune, les travaux nécessaires à la protection de ses employés.

> *Recensement des habitants de nos cités de Belvoye.*
> *Nous pensons que des abris pourraient être prévus pour les maisons dont nous donnons ici les détails :*
> 1. *groupe comprenant les maisons situées entre le café Vignier et l'ancien café des Acacias, celui-ci y compris, soit 44 habitants.*
> 2. *groupe comprenant les maisons situées plus loin que le café des Acacias, en allant du côté du canal et groupées autour de la maison dite de l'appareilleur des carrières. Soit 81 habitants.*
> 3. *groupe comprenant les habitants de l'ancienne Société des carrières, la cantine... Soit 72 habitants. Si on compte l'éclusier, il faudrait augmenter ce chiffre de 10.*
> 4. *groupe comprenant les maisons situées près de la vôtre dans lesquelles nous avons actuellement 38 habitants.*
> 5. *groupe comprenant les maisons de Beauregard où il y a 38 habitants auxquels s'ajoute, bien entendu, vous-même.*
> 6. *groupe comprenant le moulin de Beauregard, soit 23 personnes.*
>
> *Un abri pourrait être également fait dans les terrains qui se trouvent à gauche de la route en allant dans la direction de Dole.*

3. ADJ W 304.

Nous attirons également votre attention sur le fait qu'un groupe d'immeubles fait également partie de Damparis et devrait être préservé : c'est le café Frattini et les maisons qui l'avoisinent. Nous possédons nous-mêmes deux maisons situées sur le territoire de l'Abergement, tout à proximité de ce groupe d'immeubles et nos locataires pourraient se réfugier, le cas échéant, dans l'abri prévu pour les précédents. Il y a 18 habitants dans ces deux maisons.

Le fait que la cible majeure des Allemands puisse être ici l'aérodrome lui-même et ses bombardiers ne semble pas avoir été envisagé ici. De même aucune installation d'avions de chasse n'a été prévue, qui aurait pu être à même de dissuader les avions ennemis.

La « drôle de guerre » dans laquelle on s'était installé incitait à se hâter… on le fit, lentement.

Le 25 mars, à Champagnole, des entreprises sidérurgiques travaillent elles aussi pour la Défense nationale. Il faut les protéger et on convient, là encore, de protéger les enfants des écoles. On dresse l'état de « la Construction de tranchées de circonstance ». Ici aucune contestation ; il est vrai que les risques étaient réduits et que seuls étaient pris en compte les scolaires.

« *Récapitulation des ouvrages*
1. Route de Crotenay (120 élèves). 1 élément.
2. Près du cimetière (120 élèves). 3,5 éléments.
3. Champ de foire (360 élèves). 3 éléments.
Les travaux ont été exécutés en partie par les chômeurs, en partie par de la main-d'œuvre militaire. Il reste à poser les bancs et à aménager les WC.
La ville a fait couper dans la forêt les pins et sapinettes nécessaires au coffrage. »

Le sous-directeur de la Défense passive.

Bientôt les populations, mais aussi des militaires en nombre, ne verront qu'une solution pour se protéger de l'invasion allemande, la fuite devant l'inexorable avancée de la *Wehrmacht* et des « *stukas* » de la *Luftwaffe*.

Et rapidement notre aviation sera, en grande partie, clouée au sol et détruite…

Défaite, débâcle et exode

Samedi 8 juin 1940, quatrième jour de l'offensive allemande sur un front s'étendant de la Manche à l'Aisne. Le journal parisien *Paris-Midi* en fait bien sûr sa « Une ».

« *L'ACHARNEMENT DES DIVISIONS ALLEMANDES n'a d'égal que l'efficacité de notre artillerie et de notre aviation. Le centre de notre dispositif tient bon cependant que l'effort ennemi porte avec insistance sur notre aile gauche.* »

Cependant l'heure est au repli. Ce jour-là, les cheminots de Lons-le-Saunier reçoivent l'ordre de gagner en train, avec leur famille, le sud de la France. L'état-major français semble avoir admis que les troupes allemandes ne pourraient être arrêtées avant la Loire. Cette « frontière naturelle » devrait, comme la Marne en septembre 1914, permettre de stopper définitivement leur avance.

Le désastre incompréhensible, humiliant, la débâcle de ce qui restait de l'armée, et surtout l'exode, font s'effondrer tout ce à quoi on croyait. L'emportent, la peur née de l'arrivée imminente de la « horde barbare », qui parfois bombarde les fuyards, mais aussi le désarroi né de la quasi-disparition de toute autorité.

Face à ce désordre, on assiste à la résurgence de situations et de comportements que l'on croyait définitivement éradiqués par la « civilisation ». Comment alors s'étonner qu'ait succédé aux désillusions et au découragement, un impérieux besoin d'autorité ?

La défaite est bien évidemment l'élément fondateur de la prise de pouvoir d'une *camarilla* sous la férule du maréchal Pétain. On se tourne vers un chef tutélaire. Le rôle ne peut échapper à celui qui habilement, avec des soutiens bien peu républicains, a réussi à s'imposer comme le représentant de « la France forte », celle qui, se sublimant contre l'Allemand à Verdun, s'est crue « la » grande puissance européenne. C'est bien ainsi que la majorité des Jurassiens voit la situation. La IIIe République est rendue, à tort ou à raison, responsable de la défaite.

Dans la France de cet été 1940, la défaite est non seulement un écrasement militaire mais aussi le spectacle d'une partie de l'armée et du peuple français répandus sur les routes de l'exode, à la merci du vainqueur. Les autorités civiles et militaires ont failli.

Bien sûr, le Jura ne se trouvait pas sur les grands axes conduisant les Parisiens et les populations nombreuses du nord de la France et de la Belgique dans leur migration vers le sud. Cependant, les scènes si souvent décrites de l'exode ne l'ont pas épargné : Belges, Alsaciens, Lorrains, Franc-Comtois, dont bien sûr des Jurassiens, se sont retrouvés sur les routes du département dans l'espoir d'échapper au rouleau compresseur allemand. On possède bien peu de documents officiels d'un État défaillant dont des édiles, des fonctionnaires et des officiers, ne furent pas toujours les derniers à « déserter », utilisant parfois des passe-droits qui leur permettaient d'éviter les cohues.

Maurice Loisy. 17 ans.

« Après l'entrée en guerre, en tant que membre du club d'athlétisme "la Jurassienne", avec mes camarades, nous sommes recrutés par la Défense passive. Nous sommes dotés de casques plats et de masques à gaz hérités de 14-18. Nous faisons des exercices pour vérifier l'état des masques, et notre capacité à les utiliser. Ma tâche consiste, en cas d'attaque aérienne, à gérer le trafic à la sortie de la ville, sur la route de Macornay. Je me souviens d'un bombardement à haute altitude du terrain d'aviation de Courlans, un jeudi du mois de mai. Quand l'attaque est terminée, mes camarades et moi, nous sommes allés constater les dégâts. Les cibles allemandes étaient des bombardiers bimoteurs Potez 25, non armés, que l'on avait sans doute voulu mettre à l'abri des

Allemands. Ils étaient intacts ; par contre, de nombreux poulets des fermes environnantes y avaient laissé des plumes !
Mon père, trop âgé pour être envoyé au front, avait été mobilisé aux chemins de fer. Devant l'avancée allemande, le 6 juin, les cheminots de Lons-le-Saunier et leurs familles reçoivent l'ordre de se replier, avec le plus de matériel possible, en direction du sud. Nous nous rendons à la gare, mais, ordres, contre-ordres, et surtout la cohue, font que nous rentrons à la maison. La même situation se produit le lendemain. Finalement les cheminots et leur famille resteront à Lons.
Avec mon camarade Gaston Bornat, plus âgé que moi, nous décidons de partir quand même. Notre idée est de rejoindre l'armée qui s'est repliée au sud de la Loire et de nous y engager pour continuer la guerre. Commence alors un long périple dans les trains que nous quittons à leur terminus. Je me souviens être passé par Béziers, Nîmes, Montauban, Toulouse avant d'atteindre les environs de la frontière espagnole. Dans l'impossibilité de la franchir pour gagner ensuite les colonies africaines, nous nous replions sur Bordeaux. Dans une petite gare, nous tombons sur quatre autres Lédoniens avec lesquels nous poursuivons notre aventure. Quand nous atteignons Bordeaux, la ville venait d'être bombardée. Je me souviens d'une façade d'immeuble éventrée par une bombe et d'un lit avec ses chevets accrochés dans le vide. Gaston et moi comprenons alors qu'il n'y a plus rien à faire en France et nous décidons de trouver un bateau qui pourrait nous mener en Afrique ou en Angleterre. Pendant la nuit nous réussissons à monter clandestinement sur un navire hollandais à quai et à nous cacher sur le pont dans des rouleaux de cordages. Hélas, le lendemain matin, après une fouille minutieuse du pont, nous sommes rudement débarqués par les matelots et rejoignons nos quatre camarades. Avec eux, nous remontons la côte basque dans l'espoir de trouver une nouvelle occasion de nous embarquer et gagnons le bassin d'Arcachon. Notre périple nous amène à Louchats, bourgade située à une trentaine de kilomètres au sud de Bordeaux. Nous avons perdu toutes nos illusions à la vue de la débâcle de très nombreux civils, mais aussi de militaires français auxquels certains habitants faisaient payer jusqu'au verre d'eau demandé ! Nous avons vu aussi les soldats allemands, en short, torse nu, fanfaronnant en pays conquis…
Totalement démunis, nous avons demandé assistance à la mairie de Louchats qui, pour toute aide, nous a donné asile dans la cure vacante. Mon ami Bornat s'est fait embaucher dans une ferme, moi chez un sabotier, Théodore Dudésert. Je creusais des sabots et aidais son fils, réparateur de vélos. Nous sommes restés presque un mois. Fin juin, Gaston Bornat et moi décidons de rentrer à la maison. Nous gagnons la gare de Bordeaux envahie par les soldats allemands dont beaucoup étaient fortement alcoolisés. Nous réussissons à monter clandestinement dans un train et, comme pour l'aller, de train en train, en passant notamment par Grenoble, nous débarquons à Bourg-en-Bresse en une fin d'après-midi. Pas de correspondance pour Lons-le-Saunier, mais beaucoup de chance : c'est en auto-stop qu'on arrive jusqu'à Montmorot. »

Raymond Chamouton, Cressia. 10 ans en 1940.

« Une cuisine roulante de l'armée française, tirée par des chevaux, venait de passer. Plusieurs de ces animaux, blessés, avaient été abandonnés dans les champs…
On en a vu passer des réfugiés. Les premiers étaient des Belges. On comptait les voitures qui passaient avec les baluchons, on se demandait ce qui arrivait.
Des soldats montaient de Cousance et allaient sur Orgelet. De loin, on ne savait pas si c'était les Anglais ou les Allemands.
Avec nous, il y avait deux soldats français en déroute. Quand le groupe motorisé arriva à notre hauteur, on fut déçu de constater que c'étaient des Allemands ; ceux-ci ordonnèrent

aux deux soldats français d'aller se constituer prisonniers à Cousance, et ils poursuivirent leur chemin. Ce fut une femme du village qui dut dissuader nos deux soldats d'obéir ! Mon père, mobilisé en 1940, rejoint en moto son unité à Besançon. Mais celle-ci s'est déjà repliée. Il part la retrouver à Pont-d'Ain, toujours avec sa moto personnelle. La troupe a continué vers le sud. Il poursuit donc sa recherche, en vain, et se retrouve... à Narbonne ! Il profite de la mer et du beau temps, prend le train, charge sa moto, et... rentre au village. »

Marcel Bernard. Pimorin. Canton d'Orgelet.

« Je suis né en 1919. Le 8 juin 1940, j'ai été mobilisé au 8e régiment d'infanterie à Savigny-lès-Beaune. Dix jours plus tard, nous avons dû quitter la ville et gagner le sud ; nous avons cantonné près de Dax. Le 14 Juillet, avec mon unité, j'ai défilé dans les rues de Lourdes.
En septembre, le service militaire ayant été supprimé, je suis envoyé dans un Chantier de jeunesse près de cette ville. J'y suis resté jusqu'en février 1941.
Je rentre alors au village. Mon père[4] est arrêté par les Allemands en juillet, je reprends donc la petite ferme familiale avec ma mère. »

Andrée Jacquiot. Région doloise (Zone interdite).

« Je suis née le 11 octobre1917. En 1940 je vivais alors chez mes parents à Champvans, dans un immeuble appelé "le Castelet" et j'allais en bicyclette travailler à Dole comme employée dans un magasin de chaussures.
Le dimanche 16 juin 1940, deux side-cars montés chacun par trois Allemands, venant de Saint-Seine-en-Bâche, en Côte-d'Or, sont arrivés à Champvans.
Devant la maison se trouvaient les pompes à eau (nous n'avions pas encore l'eau courante). Avec mon frère nous les avons vus arriver depuis notre fenêtre. Ils nous aperçoivent, s'arrêtent, nous mettent en joue et nous font signe de descendre dans la rue. Ils voulaient se laver aux pompes et ont forcé mon frère à tourner la manivelle ; celui-ci rouspétait, mais il a été obligé de s'exécuter.
Cinq des six appartements de l'immeuble avaient été abandonnés par leurs occupants qui s'étaient enfuis à l'annonce de l'arrivée des Allemands. Les soldats ont alors ouvert les caves, forcé les portes des appartements et même découvert les lits pour vérifier que des soldats en fuite ne s'y cachaient pas. L'un des Allemands me fixe et me dit alors : "Vous ! Coucher avec moi ce soir !"
Depuis le début du mois, j'avais entendu les réfugiés qui traversaient Dole parler d'exactions commises par les Allemands sur les civil(e)s. Aussi la panique me gagne et dès le départ des deux side-cars, je me sauve avec mon frère chez nos cousins au hameau de Saint-François, à 5 km de Champvans. Nous y retrouvons bon nombre de Champvanais qui s'y étaient réfugiés.
Le lendemain nous avons appris que les Allemands étaient partis et nous sommes revenus à la maison.
Dans les jours qui suivirent, les Allemands ont installé une *Kommandantur* dans le local d'un vendeur et réparateur de cycles. La roulante était stationnée dans le parc du Castelet où un mât avait été mis en place ; le matin il y avait levée des couleurs. »

4. Communiste, accusé d'avoir poursuivi ses activités militantes, il est alors transféré à la prison de Montluc à Lyon avant d'être mis en détention administrative.

Madeleine Caseaux. 20 ans. Ney
Journal (extraits)

16 juin 1940
« [...] en dépit de mes parents, j'ai voulu partir à Mirebel[5] ; dimanche, à six heures du soir, au milieu d'une cohue indescriptible, accompagnée de mon frère. Nous étions obligés de nous arrêter à chaque instant pour laisser passer les convois. Arrivée à Mirebel, je me suis aperçue que j'avais eu tort de venir. Les gens étaient complètement fous. Les soldats, les évacués, envahissaient le village, et l'auberge, où je prenais pension d'ordinaire, était prise d'assaut. L'institutrice du village m'a trouvée bien courageuse et me conseilla de repartir le lendemain, car il n'y aurait sûrement pas de classe.
(De retour à Ney) : Je suis bien malheureuse ; ce matin, depuis 5 heures, les Boches[6] ont défilé dans la rue du village lentement pour se faire admirer. Cachés derrière nos persiennes, nous les avons regardés manger avec avidité des quignons de pain avec du beurre.

18 juin
Aujourd'hui, le croirais-tu, les Boches sont à Champagnole. Samedi, dimanche et lundi, nous avons vu passer une armée en déroute, une vraie armée de Bourbaki, une armée sans chef, sans but, démoralisée. En même temps s'effectuait le lamentable exode des populations civiles, la plupart complètement affolées, encombrant les routes, gênant le passage des troupes...

21 juin
[...] les Allemands paient royalement (mais avec l'argent volé aux Français dans le Nord) ; ils offrent du champagne... (Quelle générosité !) et ils sont polis... En revanche, ceux qui proclament qu'on sera mieux gouvernés sous le régime hitlérien, devront obéir. Déjà ce soir nous pouvons regarder Champagnole : aucun rai de lumière ne filtre parce que deux malheureux Allemands sont de sentinelle quelque part sur les boulevards, tandis que voilà près d'un an que les gendarmes bagarrent les gens sans pouvoir les faire obéir...
Nous avons eu ce soir des nouvelles des gosses de Ney[7]. Ils sont à Oyonnax, bien nourris paraît-il, et logés par une dame... Nous les attendons demain ou dimanche, car les routes sont de nouveau envahies par le même troupeau de fuyards qui rentrent maintenant dans leur foyer.

22 juin
Les nouvelles que nous avions reçues des gosses de Ney étaient fausses... Le petit boulanger qui est revenu hier soir a prétendu les avoir vus avant Lyon, mais ils voulaient poursuivre leur "Tour de France". Je commence à croire qu'ils continuent leur exode par plaisir... Pourvu qu'il ne leur soit rien arrivé !

---

5. Elle rejoint son poste d'institutrice stagiaire.
6. Il faut replacer ce terme insultant à la situation de l'époque, au tempérament de l'auteur ainsi qu'au caractère privé de son journal. C'est un terme qu'elle ne prononçait pas. À noter que la plupart des témoins, aujourd'hui, le bannissent.
7. En fait des adolescents du village, dont son frère qui témoigne ci-dessous.

23 juin

Triste dimanche. Toujours pas de nouvelles des petits... nous avons vu une file interminable de camions boches. La plupart ; emportés par leur élan, ne pouvaient réussir le tournant de la gendarmerie... Nous avons écouté ce soir les informations d'Angleterre. Les Anglais... disent que la paix acceptée par le gouvernement français est honteuse... la zone d'occupation boche s'étendra jusqu'à une ligne allant de Genève à Tours...
Nous avons écouté le discours radiodiffusé du maréchal Pétain. Le pauvre vieux ne peut presque plus parler... Mais pourquoi accuse-t-il tant Winston Churchill ? Ce que disait le premier Britannique était bien légitime, bien humain.
Il est vrai qu'à 84 ans, on est un peu marionnette... Le général de Gaulle (un Français celui-là, et un vrai !) est destitué parce qu'il a prononcé en Angleterre un discours qu'on ne nous communique pas, naturellement.
À Ney, rien de nouveau... »

Son frère, Jean Caseaux

« J'avais 17 ans lors de la défaite de 1940. J'étais scolarisé à l'école primaire supérieure de Champagnole. Tous les réservistes avaient été appelés, aussi y avait-il au village de nombreuses femmes seules pour assumer les charges de famille et le train de culture. Le 16 juin a donc été pour moi le dernier jour de classe.
J'ai vu passer de nombreuses personnes qui fuyaient devant la menace allemande, des camions chargés essentiellement de civils, mais aussi de militaires qui avaient perdu leur unité.
Des bruits couraient que les Allemands allaient réquisitionner les jeunes gens, aussi nous avons suivi le mouvement : avec seize camarades du village, nous sommes partis en vélo, le 17 juin, direction, le sud de la France. Nous sommes passés par Oyonnax, Lyon, Saint-Étienne avant d'atteindre un chef-lieu de canton de Lozère où nous avons séjourné deux jours avant de rentrer à Ney. Le seul incident sur le chemin du retour fut un barrage à Montmorot où les Allemands avaient interdit tout passage, réservant la voie à leurs divisions. Le lendemain on nous a laissé passer et nous avons rejoint notre village. Ney se trouvait alors en zone interdite, ce qui ne durera pas, la ligne de démarcation étant finalement installée plus au nord, à la sortie de Champagnole. »

■ ***Poste de contrôle de Ney. MRD. La Citadelle. Besançon.***

Renée Pommier. 12 ans en 1939. Lons-le-Saunier

« Nous nous sommes installés à Lons en 1937. Mon père, amputé, victime de la première guerre, était mort, à 42 ans. Ma mère était donc veuve avec six enfants ; nous vivions avec mon grand-père, de sa pension et de la retraite de mon père.
Pendant la débâcle, mes frères partent en vélo ; sur leurs conseils, ma mère nous conduit en gare, les filles et le grand-père. Il y a beaucoup de monde. Nous entendons les bruits d'avions… Finalement, nous rentrons à la maison. Nous ne serons guère au courant du déroulement de la guerre. »

Jean Machuron, 18 ans en 1940

« Mes études primaires terminées à Bonlieu, je passe le concours d'entrée à l'école professionnelle de Morez où je commence le 1er octobre 1936 en section menuiserie. L'année scolaire 39-40, au lieu d'apprendre le métier, je suis employé à faire des caisses à munitions pour les obus de 75. Ma scolarité, et celle de mes camarades, prend fin en juin au moment de la débâcle qui nous met sur les routes, fuyant l'invasion allemande.
Nous sommes plusieurs, en vélo, à rejoindre Thiers où nous devons retrouver l'école évacuée également, mais en chemin, elle est détournée à Voiron. Plusieurs professeurs étaient venus du Jura en voiture, mais ils sont bloqués par la pénurie d'essence. Mon besoin de gagner ma vie est pressant. Au bout de quelques jours, il semble possible de rentrer dans le Jura. En gare de Thiers, des chenillettes avaient été préparées pour rejoindre le front, avec les réservoirs pleins. Pendant que le professeur d'allemand détourne l'attention de la sentinelle, nous soutirons de l'essence des réservoirs, ce qui permet le retour des voitures. Quant à moi, je rentre en vélo avec un copain.
De retour dans le Jura, de nombreux cultivateurs étant mobilisés, le seul travail consistait à donner des coups de main dans les fermes pour pallier leur absence. Cet été-là, j'ai appris à faucher à la faux et à participer au battage des moissons ; les restrictions s'y faisaient moins sentir qu'avec les seuls tickets d'alimentation instaurés par le régime de Vichy.
J'ai dû attendre l'automne pour trouver du travail dans mon métier : toute l'activité économique était arrêtée… »

Outre les témoignages, souvent édifiants, nous avons puisé dans celui de Léon Werth, grand intellectuel parisien qui a un « pied-à-terre » dans notre département, à Saint-Amour.

Son regard d'humaniste clairvoyant, avisé, sans concession, est des plus révélateurs sur le choc enduré alors par une part non négligeable de la population française. Accompagné de sa femme, il se résout tardivement à quitter Paris en voiture pour sa résidence jurassienne où ils passeront une grande partie de la période. Leur fils les avait précédés et avait atteint la petite ville du Revermont en une journée ; eux mettront plus d'un mois pour le rejoindre ! *33 jours* est le nom que Léon Werth donnera au récit de cette aventure[8].

8. Son grand ami Saint-Exupéry emportera le manuscrit à New York, dans le but (non réalisé) de le faire publier ; il ne le sera que beaucoup plus tard. Léon Werth est aussi l'ami des grands historiens Marc Bloch et Lucien Febvre ; ce dernier a également une résidence secondaire à Saint-Amour.

Certes, son odyssée, qui le mène dans un premier temps à la Loire, se déroule bien loin de notre département ; mais, à une échelle différente, les expériences vécues, les comportements et les jugements sont semblables. Et comment résister au bonheur des mots et à la pertinence d'un témoignage si lucide ? :

« [...] j'ai vu, sans armes, la tête vers le sol, raclant de leurs souliers et parfois de leurs sandales l'herbe des bas-côtés, des fantassins isolés... Marchant comme des aveugles, comme des ombres débraillées. Étrangers aux paysans des charrettes, aux citadins des autos, aux formations militaires, ils sont seuls, comme ces mendiants qui ont renoncé à demander l'aumône. C'est le commencement de la déroute. Nous ne le savons pas. Nous les prenons pour des traînards, nous croyons que leurs régiments sont loin en avant. »

L'écrivain jurassien André Besson est aussi témoin de cette débâcle et de l'exode à Dole[9] :

« Depuis jeudi (13 juin), Dole a vu défiler jour et nuit en gare des trains bondés de civils et dans ses rues de pitoyables colonnes de réfugiés en provenance d'Alsace et de Lorraine. Ces fugitifs ont entraîné dans leur sillage des gens du nord de la Franche-Comté car un vent de panique souffle sur tout l'est de la France... »

Le 17 juin, les blindés légers de la 2e *Panzerdivision* occupent Dole :

■ ***Arrivée des Allemands à Dole, quartier Barberousse, le 17 juin 1940. Coll. Daniel Gilberti.***

---

9. André Besson, *Nos années d'espérance (1940-1944 »)*, Cêtre, 2008.

« Quelle va être la réaction des Dolois ?
Pendant quelque temps la population est littéralement ahurie, on ne comprend pas. On regarde avec des yeux ronds la ruée de la soldatesque sur nos magasins. Des affiches couvrent les rues, mêlant menaces et promesses…
Chacun se dépêche de faire des provisions car on craint la famine. »[10]

ORDRE

DU

COMMANDEMENT ALLEMAND

DOLE N° 1

1° A partir d'aujourd'hui, j'ai pris le commandement de la Ville.

2° J'attends de la population civile qu'elle suive sans condition tous les ordres du commandement. Ce n'est qu'ainsi qu'il y aura des relations supportables entre la troupe et la population.

Toute insoumission sera très sévèrement punie. Toute atteinte à la vie et à la propriété des troupes sera punie de mort.

3° La population ne doit plus circuler dans les rues entre 21 heures et 6 heures (heure allemande), c'est à dire entre 20 heures et 5 heures (heure française).

Toutes les horloges doivent être avancées d'une heure.

4° Tous les magasins doivent être ouverts constamment de 7 heures à 19 heures. Les soldats allemands ont l'ordre de payer. Cours : 1 mark vaut 20 francs ; 1 franc vaut 5 pfennig.

5° Tous ceux qui sont en possession d'armes à feu ou d'armes blanches devront les remettre au Commissariat de Police. Toute désobéissance sera punie sévèrement.

6° Le fait de loger, d'entretenir ou d'habiller en civil des prisonniers sera sévèrement puni.

7° Les mesures prescrites ci-dessus sont applicables dès ce soir 18 Juin.

Signé : GÜNTHER,
Commandant et Commandant d'Armes.

À quelques kilomètres de là, à Tavaux, la population jurassienne va découvrir les réalités de la guerre. Le 13 juin, la base aérienne avait accueilli les avions du groupe de bombardement basé à Til-Châtel[11], en Côte-d'Or, qui se repliait. Deux avions durent rester à Til : l'un en panne, pour l'autre, on avait oublié de prévenir le pilote !

Sans compter qu'on avait sous-estimé la réalité de la *Blitzkrieg* : le 15 juin, les troupes allemandes s'étant dangereusement rapprochées, tous les avions de la base reçoivent pour consigne de la quitter et d'aller se mettre à l'abri sur des terrains en Saône-et-Loire.

Bien sûr, on n'a pas omis de détruire et incendier une demi-douzaine de bombardiers qui étaient hors d'état de vol. Il était temps ! Le lendemain, 16 juin, en fin de matinée, des *Stuka*s bombardent les installations ferroviaires et les dépôts d'essence de la base aérienne, situés dans le village même. On relèvera onze morts dans la population tavelloise. Le château d'eau de Damparis est détruit, et plusieurs bombes tombent dans l'enceinte de l'usine Solvay.

10. Journal de Dole et de sa région. 7 octobre 1944.
11. Daniel GILBERTI, *in* Site Internet « Histavia21 ».

La voie ferrée longeant le camp d'aviation a subi les plus gros dommages. Deux trains militaires français qui se repliaient y sont désormais bloqués. Ce sont près de quatre mille hommes qui doivent les quitter et tenter de fuir devant l'arrivée imminente des Allemands. Les soldats débandés, pour beaucoup des Africains, requièrent l'aide des populations, se débarrassent de leurs armes et uniformes. La plupart seront vite repris et rejoindront les camps de prisonniers. Le contenu des trains est dédaigné par les Allemands qui avaient d'autres priorités, et il est abandonné au pillage des populations locales : « [...] couvertures, draps, bestiaux, subsistances et tout ce qui pouvait être pris avec les mains fit le bonheur des habitants alentour. »[12]

Mêmes scènes cataclysmiques à Arbois, à Champagnole,... qui se vident d'une partie très importante de leur population. À Saint-Amour et Mouchard les gares sont bombardées.

▪ ***Entrée des Allemands à Champagnole. Musée de la Résistance et de la Déportation (MRD). Besançon.***

Puis ils poursuivent leur progression vers le sud du Jura. Ils se sont frayé un chemin sur des routes encombrées de « 150 000 civils et presque autant de militaires »[13], c'est-à-dire un nombre bien supérieur à la population du département !

Lons-le-Saunier est occupé le 18, Saint-Claude et le Haut-Jura le lendemain...

Quelques jours auparavant, le 14 juin, Paris avait été déclarée ville ouverte. Le gouvernement, en repli vers Bordeaux, est bien décidé à faire de la Loire le nouveau front sur lequel « il faudra tenir coûte que coûte », le point de départ d'une contre-attaque victorieuse.

Nos réfugiés s'accrochent à cet espoir. D'ailleurs n'ont-ils pas vu des officiers français à bord de voitures particulières, se rendant au plus vite dans cette

12. *Ibid.*
13. Service éducatif des archives du Jura.

direction ? Même si la présence de femmes dans certains véhicules étonne... La pugnace armée française à laquelle on a réservé les routes principales ne ferait que se replier sur ces fameuses et énigmatiques « positions stratégiques préparées à l'avance ».

Mais ce projet et cette illusion sont vite abandonnés ; des ordres de décrocher ont été donnés. Seuls les cadets de Saumur, rejetant l'appel de Pétain du 17 juin qui ordonne la fin des combats, défendront héroïquement, mais en vain, quatre ponts sur la Loire.

Léon Werth et ses compagnons de déroute ne sont informés que par des rumeurs contradictoires ; ils pensent que les mauvaises nouvelles proviennent de la « cinquième colonne » et se complaisent dans le déni. Comment ces civils fuyant devant l'Allemand pourraient-ils s'imaginer que des unités sont débandées ? Même si les signes attentatoires au moral se font pressants, notamment ces soldats isolés toujours plus nombreux.

Et puis le quotidien et ses servitudes l'emportent sur toute autre considération. On est passé insensiblement de la haine de l'Allemand à celle de ses compagnons de débâcle et de misère, et parfois au mépris de soi-même. « C'est le délire d'intolérance de tous ces sédentaires subitement devenus des nomades. »

Cela laissera des traces bien après la fin de l'exode.

L'écrivain nous met cependant en garde, arguant de la nécessité de mettre les faits en perspective, de s'imprégner du contexte : « Que mon lecteur ne s'abandonne pas ici à une trop vertueuse indignation, qu'il ne juge pas du haut des sphères de la morale pure... Il ne faut pas juger ici comme on jugerait Boulevard de la Madeleine en tant de paix... »

Les Allemands ont devancé la caravane des réfugiés pour détruire les dernières poches de résistance de l'armée française sur la Loire, les pillages succèdent. Mais ces « détournements » de biens d'autrui concernent surtout ce qui a été abandonné ; les véritables larcins sont relativement rares. Rien à voir avec la razzia opérée par les Allemands, sur l'essence bien sûr, mais aussi sur les produits alimentaires. Et sans compter les ponctions qu'ils opèrent sur le cheptel dans les campagnes où tout est à leur merci.

Werth fait part de son doute qui gagne en ampleur, atteint l'Absolu, doute qui nivelle et balaie tous les repères et tous les référents : « Quoi est vrai ? La guerre, la politique, l'homme, Dieu ? »

La pénurie totale d'essence a immobilisé l'écrivain sexagénaire et sa femme pendant plus d'un mois dans le Gâtinais. Ils pourront reprendre la route grâce au carburant procuré par un sous-officier allemand qui a puisé, en toute illégalité, dans les stocks de son unité. Juste retour des choses ! Après avoir franchi la ligne de démarcation à Chalon-sur-Saône, ils atteindront finalement Saint-Amour.

À le lire, on mesure le fossé creusé entre une zone occupée qui porte localement encore les traces de la guerre et où on ne se sent plus guère en France, et la zone non occupée vécue comme un pays libre.

Les accords d'armistice signés le 22 juin ont placé Dole et sa région en zone interdite. Les Allemands, voulant en faire une terre de peuplement germanique, interdisent, sauf autorisation, le retour des populations françaises qui l'ont quittée lors de l'exode. En ce mois de juillet 1940, les heureux élus qui ont néanmoins obtenu l'autorisation de rentrer chez eux se dirigent en sens inverse, vers le nord. La patience sera de mise pour eux aussi lors des contrôles longs, méticuleux et hostiles.

Une habitante de Champvans

En 1938, mon père est décédé. J'avais sept ans quand j'ai dû quitter Champvans, ma mère et mes trois sœurs. Après les obsèques, ma mère m'a confiée à ma grand-mère maternelle qui habitait dans l'Aisne un village industriel, Effry.

Avec la guerre, ce village s'est trouvé sur la ligne de front, et, comme la plupart des habitants, nous nous sommes retrouvés sur les routes à fuir l'armée allemande, à pied, ma grand-mère, mon grand-père et sa canne, et moi... Régulièrement les avions allemands en piqué nous bombardaient et ma grand-mère se couchait sur moi dans un fossé pour me protéger des projectiles. Je ne sais pourquoi, mais nous allions en direction de la Belgique dont la frontière était proche, et nous avons fini par nous retrouver au milieu des lignes bombardées par les Allemands.

Le soir, on s'est entassés dans une bergerie et toute la nuit on a entendu les bombardements tout proches, et surtout des hurlements dont je me souviendrai longtemps. Au matin on a su d'où ils provenaient : des petits chars français bombardés étaient en feu, et les tankistes n'avaient pu en sortir. C'était horrible. Il y avait des cadavres partout ! Des Allemands armés de mitraillettes sont venus nous voir, ils recherchaient des soldats français qui se seraient cachés parmi nous.

Nous sommes retournés dans notre village qui avait été bombardé, notre maison était inhabitable ; sur mon lit se trouvait un obus qui n'avait pas explosé !

Les maisons vidées de leurs habitants ne manquaient pas, et nous en avons occupé une.

En 1942, ma mère est venue me chercher. J'avais 11 ans. J'ai été surprise en retrouvant Champvans. Là c'était un peu comme s'il n'y avait pas eu la guerre, et les Allemands n'étaient pas méchants.

Les Jurassiens sous l'État français

La ligne de démarcation suit les routes, les rivières et parfois les voies ferrées, mais ignore les populations et les découpages administratifs.

Les Jurassiens vont être séparés par l'armistice. Le Jura sera d'ailleurs le seul département de France à être divisé en trois zones :

- La zone « libre » ou non occupée, en gros, le sud du département.
- La zone interdite : Le nord et l'est du département, occupés par les troupes allemandes.
- La zone « occupée »[14] proprement dite : l'extrême nord-ouest du département, approximativement le canton de Chemin.

Ces deux dernières zones relèvent de la sous-préfecture et de la *Kommandantur* de Dole.

14. Nous les désignerons sous le terme générique de « zone occupée ».

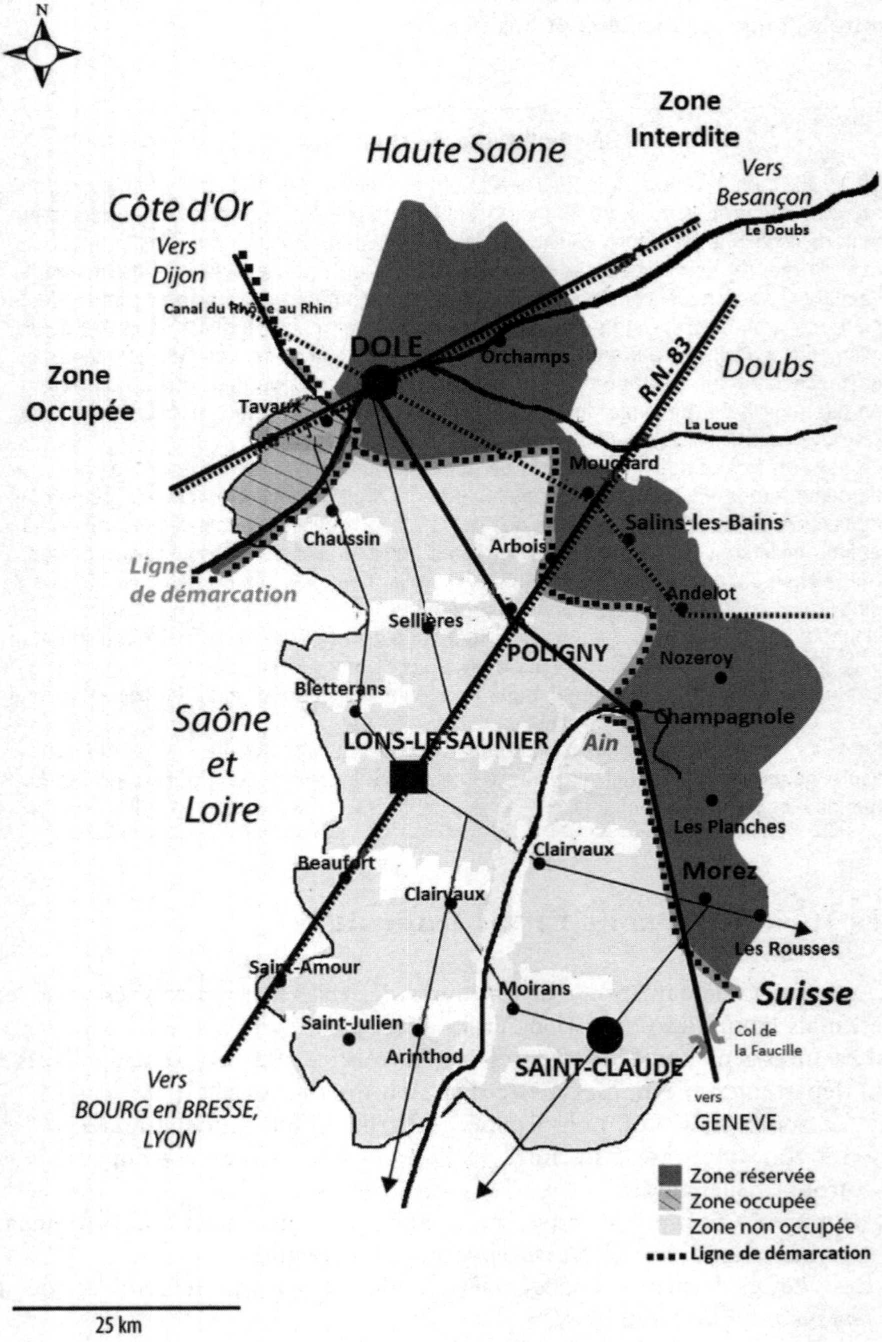
N
Zone
Interdite
Haute Saône
Vers
Besançon
Le Doubs
Côte d'Or
Vers
Dijon
Canal du Rhône au Rhin
DOLE
Orchamps
R.N. 83
Doubs
Zone
Occupée
Tavaux
La Loue
Mouchard
Salins-les-Bains
Chaussin
Arbois
Ligne
de démarcation
Andelot
Sellières
POLIGNY
Nozeroy
Bletterans
Champagnole
Saône
et
Loire
LONS-LE-SAUNIER
Ain
Les Planches
Clairvaux
Beaufort
Morez
Clairvaux
Les Rousses
Saint-Amour
Moirans
Suisse
Saint-Julien
Col de
la Faucille
Arinthod
SAINT-CLAUDE
Vers
BOURG en BRESSE,
LYON
vers
GENEVE
Zone réservée
Zone occupée
Zone non occupée
Ligne de démarcation
25 km

■ ***Douanier allemand. Région de Champagnole.***

■ ***Gendarmes français. Barrière de Buvilly. MRD. Besançon.***

Arrondissements	Zone non occupée	Zone occupée[15]	Total
Lons-le-Saunier	87 000	31 164	118 641
Dole	11 144	49 253	60 367
Saint-Claude	31 181	10 608	41 789
Total	129 325	91 502	220 797

Liste des communes séparées par la ligne de démarcation (établie par l'administration française le 5 septembre 1941).

15. Occupée et interdite.

Commune	Localisation de la mairie	Population totale en 1936	Population occupée
Les Rousses	ZO[16]	1 562	1 467
Prémanon	ZNO[17]	338	3
Morez	ZO	4 734	4 723
Morbier	ZO	960	818
Saint-Laurent	ZO	980	830
La Chaumusse	ZO	205	110
Chaux-du-Dombief	ZNO	400	0
Chaux-des-Crotenay	ZO	472	472
Le Vaudioux	ZNO	165	12
Cize	ZO	163	163
Champagnole	ZO	4 726	4 726
Ardon	ZNO	64	6
Le Pasquier	ZO	180	180
Vers-en-Montagne	ZO	217	217
Pont-d'Héry	ZO	176	176
Pupillin	ZO	212	212
Buvilly	ZNO	329	0
Arbois	ZO	3 627	3 612
Vadans	ZNO	283	0
Saint-Cyr	ZNO	113	18
Chamblay	ZNO	429	4
Écleux	ZO	178	174
Ounans	ZNO	383	0
Montbarrey	ZO	317	317
Belmont	ZO	171	165
Nevy-lès-Dole	ZNO	179	0
Parcey	ZO	537	533
Molay	ZO	287	285
Chaussin	ZNO	1 007	0
Champdivers	ZO	204	204
Peseux	ZO	184	179
Longwy	ZO	547	547
Petit-Noir	ZO	746	713
Augerans	ZO	76	76
La Loye	ZO	460	460
Beauvoisin	ZNO	173	0

16. Zone occupée.
17. Zone non occupée.

■ ***Montbarrey. Point de passage de la ligne de démarcation. MRD. La Citadelle. Besançon.***

L'armistice du 22 juin 1940 a réduit l'armée française à une armée d'armistice de cent mille hommes. Le 151e régiment d'infanterie (le 15.1) cantonnera à Lons-le-Saunier, avec des antennes à Poligny, Saint-Claude et Bletterans.

Le service militaire obligatoire est supprimé. Il est remplacé dès le 30 juillet 1940 par les Chantiers de jeunesse. Les jeunes de 20 ans de la zone non occupée sont sous l'autorité des cadres de l'active démobilisés ou des cadres de réserve. Ils passent six mois dans des camps installés dans la campagne et sont employés dans des activités d'intérêt général. Deux Chantiers installés dans le Jura, d'abord à Crotenay (Chantier nº 2, « Jehan de Vienne »), puis à Poligny, se consacreront à l'exploitation forestière. En 1941 le recrutement de ces Chantiers s'étendra à d'autres classes et sa durée sera allongée.

Jean Caseaux. Ney.

« Comme tous les jeunes gens de mon âge, je fus mobilisé pour les Chantiers de jeunesse. On nous envoya début novembre 1943 dans le département de l'Ain, à Crans, près de Chalamont. On nous déplaça le mois suivant à Digoin pour des travaux d'extension d'un camp d'aviation allemand, et quelques jours plus tard à Bron. Il s'agissait là de défricher les alentours d'un fort pour que la *Luftwaffe* y installe des batteries antiaériennes. Avec des camarades, je désertai, le 19 décembre : en train jusqu'à Lons-le-Saunier, puis à pied, je regagnai le village. Je devins clandestin, la journée à la ferme, la nuit dans des maisons d'accueil, comme les quatre requis au Service du travail obligatoire du village. On voyait peu les gendarmes de Pont-du-Navoy. »

Maurice Loisy

« Rentré à Lons, je suis embauché par le teinturier Fayard chez lequel travaille ma sœur. Une de nos activités est de teindre en vert les uniformes militaires rendus inutiles du fait que désormais l'armée française se limite à bien peu de chose : l'armée d'armistice. Ces uniformes, vert forêt, sont destinés aux Chantiers de jeunesse qui remplacent désormais le service militaire et auxquels je suis convoqué quand j'ai 20 ans.
Je refuse de m'y rendre et dois gagner la clandestinité avec mon ami Guy Vacle. C'est en vélo que nous gagnons Louhans, logés clandestinement chez un marchand de chaussures, monsieur Pavliscêk, ancien gérant du magasin Bata de Lons-le-Saunier. Son logement et sa boutique se situaient sous les Arcades, à proximité de l'hôtel du Cheval Rouge, siège de la *Kommandantur*. Guy et moi passons l'essentiel de notre temps cachés au fond de la maison, d'autant plus inquiets que le commandant de la garnison allemande loge tout à côté ! D'ailleurs, il vient souvent au magasin car le patron, d'origine tchécoslovaque, connaît la langue allemande et doit traduire les billets de dénonciations français. Notre logeur relève les noms des personnes dénoncées sur du papier carbone, et nous charge, Guy Vacle et moi, d'aller avertir les gens menacés d'arrestation. Nous n'avons pas toujours été bien accueillis, plus d'une personne ne nous a pas crus.
Un jour que, caché dans la cuisine, je lisais par curiosité *Mein Kampf* que mon logeur m'avait prêté, je suis surpris et terrorisé par l'arrivée du voisin, l'officier allemand. Il me rassure vite en me disant que ce que je lis est « *nicht gut* », nous ne serons jamais inquiétés.
L'été nous participons aux travaux des champs dans la campagne environnante où ma mère a de la famille. Après environ six mois de réclusion à Louhans, et comme nos parents devaient payer notre pension, nous rentrons à la maison où je me cache. Puis je retrouve du travail, d'abord chez mon ancien employeur, monsieur Fayard, puis à l'imprimerie Déclume.
Nous n'avons pas souffert de la faim dans la mesure où, dans la famille de ma mère, il y avait de nombreux cultivateurs de la Bresse louhannaise. Il était facile de s'y rendre à bicyclette mais aussi par le train. Mon père étant cheminot, le transport étant gratuit pour lui comme pour sa famille, et la complicité de ses collègues facilitait le ravitaillement. Par contre, après la Libération, je me souviens que le rationnement était bien plus strict. »

Le désastre est tel qu'il ne semble exister aucune alternative, aucune raison de croire à un retournement de la conjoncture militaire. Il y a bien eu le discours, si peu entendu, du général de Gaulle. Mais il apparaît si peu crédible !

Les rumeurs qui ont couru sur les bombardements intensifs et meurtriers de l'aviation britannique sur l'Allemagne ou l'entrée en guerre des Soviétiques sont vite démenties. Pire, les faits semblent donner raison à la propagande violemment anglophobe du régime : des bruits courent que les Anglais auraient réembarqué à Dunkerque, laissant nos soldats à la merci des Allemands. Et ce réembarquement est avéré, tout comme l'anglophobie en cours : dans les premiers jours de juillet, la *Royal Navy* de « la perfide Albion » a bombardé et coulé notre flotte à Mers el-Kébir, « assassinant » plus d'un millier de nos marins. Dans ces conditions, de Gaulle, qui selon certains aurait déserté pour se mettre à l'abri à Londres, peut-il être crédible ?

Le 10 juillet, le Parlement réuni à Vichy votera les pleins pouvoirs au Maréchal ; seuls quatre-vingts députés et sénateurs s'y opposeront. Le lendemain, la République disparaît et avec elle, très vite, tous les rouages de la démocratie.

Le maréchal Pétain, par son passé militaire, son aura et son âge, est apparu à des millions de ses concitoyens à la recherche d'ordre, de sécurité, comme le chef seul capable de tenir la dragée haute à un vainqueur qui ne pouvait que respecter ce glorieux vaincu.

Et puis de nombreux Français hostiles au Front populaire ont pu y voir une revanche de 1936. L'extrême droite ne s'y est pas trompée ; certains dans ses rangs n'avaient-ils pas dit qu'ils préféraient Hitler au Front populaire ? Seuls ceux, bien isolés, qui refusent obstinément la défaite, l'occupation, la disparition de la démocratie… lutteront contre ce raz de marée de popularité.

Sans doute ces propos demandent-ils à être nuancés, et peuvent-ils même être récusés en ce qui concerne les grandes villes et surtout les « bastions ouvriers ». Mais nous avons signalé que le Jura, comme la très grande majorité des départements, était très fortement marqué au sceau de la ruralité.

Dans toute la zone sud, y compris dans les plus petits villages, Pétain aura ses fidèles laudateurs à même de guider, mais aussi de surveiller leurs compatriotes, sur le chemin du renouveau de la France que prône le chef de l'État.

L'Administration préfectorale remaniée

Après avoir caressé l'idée de restaurer les anciennes provinces héritées de la « France éternelle » et plus particulièrement de l'Ancien Régime réhabilité, on se résout à garder le cadre départemental, même si on met en place de superpréfets de Région.

Ainsi le préfet du Jura non occupé relèvera-t-il désormais de Lyon. Dès le 17 septembre 1940, le préfet républicain Alfred Golliard, en poste depuis 1934, est révoqué[18]. Avec lui une partie du personnel de la préfecture est remerciée : deux rédacteurs principaux mais aussi le concierge !

À Saint-Claude, le sous-préfet Göpfert et le concierge ont dû également faire leurs valises.

À Dole de même pour le sous-préfet Arnaud qui sera remplacé en janvier 1941. La sous-préfecture est promue officieusement au rang de préfecture pour « les territoires du Jura et de l'Ain occupés ». Le sous-préfet est désormais sous la tutelle du préfet du Doubs, lui-même relevant du préfet régional en résidence à Dijon. Ses effectifs passent de quatre employés avant-guerre à une quarantaine en 1941. Pourtant, là aussi les sous-préfets successifs se plaindront des insuffisances des effectifs. Les préfets se plaindront d'une manière récurrente du nombre restreint de leurs collaborateurs dont plus de la moitié sont des auxiliaires.

Le temps est au soupçon et à la crainte, le gouvernement exige des fonctionnaires une totale soumission, et les rapports des RG insisteront longtemps sur la loyauté de la fonction publique.

Les préfets, outre l'administration du département, ont en charge le maintien de l'ordre et un contrôle politique rigoureux, mais aussi la mise en place d'une économie de plus en plus dirigée. Assistés au niveau départemental par un intendant, préfets et sous-préfets passent une bonne partie de leur temps à essayer d'assurer le fonctionnement du ravitaillement, vital à tous égards.

---

18. Alfred Golliard entrera plus tard dans la Résistance à Cluny (Saône-et-Loire). Il sera arrêté et déporté à Mauthausen.

Le nouveau régime ne va pas se contenter de la purge de ces hauts fonctionnaires, somme toute de tradition et qui ne choque pas outre mesure. Il a d'autres projets, notamment ceux du vieux programme de l'extrême droite qui n'a jamais admis le suffrage universel et la République. Un des premiers actes de Pétain, muni des pleins pouvoirs depuis le 10 juillet 1940, est d'y mettre fin.

Dans les départements, comme à Vichy, on en est revenu au concept d'élites naturelles ; aussi toutes les fonctions représentatives relevant de l'élection sont-elles bannies, et leurs titulaires soumis à la discrétion des autorités.

Mise à pied des élus

Les quatre députés jurassiens étaient alors le radical indépendant Louis Nachon, négociant en vin à Conliège, député de la circonscription de Lons-le-Saunier ; Maurice Bazin, URD[19] maire de Dampierre, vétérinaire, député de la circonscription de Dole. Dans la circonscription de Poligny, un autre homme de droite, André Baud. Enfin, et sans surprise, Saint-Claude avait envoyé à la Chambre l'ouvrier pipier socialiste et syndicaliste Arsène Gros.

Les sénateurs étaient tous les trois radicaux, ce qui montre l'orientation politique de la grande majorité de leurs électeurs, les maires, très majoritairement ruraux. Le sénateur Adrien Berthod, professeur, avait été ministre du Front populaire. Henri Léculier, médecin, grand propriétaire foncier, une autre grande figure du département, faisait autorité dans les milieux agricoles. Enfin le maire de Dole, Jean Adolphe Pointaire, qui décédera en 1942.

Ils sont tous renvoyés dans leur département avec ordre de ne se livrer à aucune activité politique hostile au nouveau régime.

Le commissaire spécial confirme qu'ils obtempèrent :

« Il n'y a jamais eu de manœuvres en vue d'une restauration (de la IIIe République) dans le Jura… Les parlementaires du département, notamment ceux des partis de gauche, se sont rapidement rendu compte que le relèvement du pays devait se faire en dehors d'eux, et ils se sont assez vite résignés à se taire, du moins dans les lieux publics. De sorte qu'il est possible d'affirmer que présentement aucun d'eux n'œuvre sérieusement contre le gouvernement PÉTAIN-LAVAL… Évidemment les autres non plus. En somme, à peu près tous comprennent qu'il serait vain de leur part de tenter, même localement, d'influencer l'évolution des esprits qui a lieu lentement, mais sûrement. »[20]

Les conseils généraux, dont celui du Jura élu en 1937[21], étaient fort éloignés du nouveau régime qui, par ailleurs, rejetait le principe même de l'élection. Ces assemblées, qui avaient bien peu de prérogatives sous la IIIe République, sont supprimées dès octobre 1940, de même que les conseils d'arrondissements.

---

19. Union républicaine et démocratique. Droite.

20. ADJ.332 W 45.

21. Voir Annexes.

Le pouvoir, en l'occurrence le préfet, trouvera vite un moyen de « recycler » ceux qui sont prêts à collaborer avec le nouveau régime, en les désignant à la très docile Commission administrative départementale. Cette assemblée, à l'effectif réduit et à très faibles pouvoirs, ne représente plus les territoires, son rôle se limitant à assister un préfet omnipotent.

L'ancien conseiller général de Saint-Amour, Jean Célard, la présidera. On trouve également dans cette commission des maréchalistes de la société civile comme Fernand Dalloz, industriel lapidaire, maire de Septmoncel ou Robert Chretin, avoué à Lons-le-Saunier, membre du tribunal d'honneur de la Légion. Et pour faire (un peu !) social, deux membres de professions qu'on ne s'attendait pas à trouver en si bonne compagnie : Joseph Bonnet, cultivateur à Loulle et André Vincent, ouvrier pipier à Saint-Claude. Tous sont d'ailleurs membres de la Légion française des combattants.

Au-delà de ces féaux du régime, l'opinion publique dans les campagnes a, dans son ensemble, peu apprécié que ses cantons perdent leur représentation. Et nombreux seront les ex-conseillers généraux remerciés, à garder une popularité indéniable.

Bientôt de nombreuses communes perdront leurs élus locaux.

Municipalités épurées

En septembre 1944, après la libération du département, le président du Comité départemental de Libération, dressera le bilan des attaques portées par l'État français contre les municipalités[22] :

« L'épuration administrative et politique a été considérable. Dans l'ensemble du département (toutes zones), cinquante-sept délégations spéciales[23] ont été instituées ; le nombre des maires, adjoints et conseillers révoqués ou suspendus a été considérable... »

Sans surprise, ce sont les édiles des villes qui vont être les premiers à se trouver dans le collimateur du nouveau régime, dès 1941 ; situation qui va perdurer les années suivantes. Nombreux seront les maires qui vont recevoir des courriers, de ce type[24] :

« Par arrêté préfectoral en date du 21 février 1942, M. Tournier Maurice, maire de la commune de Poligny est suspendu de ses fonctions pour une durée de trois mois. » Quelques jours plus tard, il sera déclaré « démissionnaire d'office ». D'autres avaient pris les devants, démissionnant plutôt que de servir le régime de Vichy.

---

22. ADCO. W 21.374.

23. Les délégations spéciales, en général composées de trois membres, dont un président, remplacent le maire et les conseillers municipaux lorsque ces derniers sont en majorité hostiles au nouveau régime.

24. ADJ.304 W 258.

Cependant, la chasse aux sorcières n'a pas été systématique ; la raison l'emportant, des maires de gauche ont été maintenus, même si souvent on leur affecte un premier adjoint que l'on sait tout dévoué au nouveau régime.

Ainsi, à **Morez**, ville située en zone interdite, c'est le préfet de Besançon qui est chargé de la nomination du maire. Il s'en explique[25] le 24 avril 1941 :

« Louis Paget, ancien membre du parti socialiste SFIO, élu contre une liste communiste, a été maintenu dans ses fonctions en raison de l'autorité que lui ont value sa bonne administration et son attitude courageuse et digne lors de l'occupation. M. Arbez, industriel, représentant les anciens éléments modérés[26], a été désigné comme 1er adjoint. En plein accord avec messieurs Paget et Arbez, une nouvelle municipalité et un nouveau conseil municipal ont été constitués qui groupent, dans un large esprit d'union, les représentants des divers intérêts et des diverses tendances de la ville, sous le signe de l'œuvre de reconstruction nationale. »[27]

À **Saint-Claude**, par contre, le pouvoir n'a pas hésité à remercier l'intégralité du conseil municipal socialiste et son maire, Jules Mermet.

À **Lons-le-Saunier**, point n'a été besoin d'une telle mesure, le maire Henri Mareschal, élu sous l'étiquette radical-socialiste en 1937, s'étant rallié au nouveau régime. Il restera à la tête du nouveau conseil municipal de la ville. Ce dernier sera remanié par le préfet et le 12 avril 1941, la nouvelle assemblée fera, à l'unanimité, allégeance en ces termes :

> « Les membres du conseil municipal de Lons-le-Saunier réunis en séance solennelle d'installation, en la présence de monsieur le préfet du Jura :
> Adressent au maréchal Pétain, chef de l'État français, l'expression de leur admiration et de leur affection ;
> L'assurant de leur dévouement absolu dans l'œuvre de rénovation qu'il a entreprise, persuadés avec lui que là est le salut de la Patrie. »

À **Dole**, le décès d'Adolphe Pointaire, le sénateur maire radical-socialiste, permettra au pétainiste Paul Amoudru de le remplacer.

Nous l'avons signalé pour Morez, en avril 1941, le préfet de Besançon est chargé de donner des renseignements sur les maires des villes de la zone interdite.

> « **Arbois** : Le maire sortant…, radical-socialiste Front populaire, ayant quitté sa ville lors de l'occupation et étant demeuré en zone libre, a été remplacé par M. le docteur Lefort, ancien maire d'Arbois, ancien radical indépendant, dont le loyalisme à l'égard de l'œuvre de reconstruction nationale est indiscutable et qui a réussi à réaliser l'union dans une ville très divisée par tradition.
> **Champagnole** : Gédéon David, resté en place. Ancien radical-socialiste dont le ralliement à l'égard de l'œuvre de reconstruction nationale est certain, a été maintenu dans ses fonctions. L'attitude de M. David a été digne

25. ADJ. 331 W 238.

26. Droite.

27. Ce qui n'empêchera pas M. Paget de prendre en charge la Résistance du secteur et, plus tard, d'être élu à la présidence du conseil général du département.

et courageuse lors de l'occupation et la nouvelle municipalité, comme le nouveau conseil municipal, ont été constitués dans un esprit d'entente entre les divers éléments de la population. M. le docteur Billot, conseiller général, représentant les anciens éléments modérés, ayant accepté les fonctions de 1er adjoint.

Salins. L'ancien maire…, radical-socialiste Front populaire, ayant quitté la ville lors de l'occupation et étant demeuré en zone libre, l'administration de la ville était assurée depuis par le 4e adjoint, M. le commandant Petit, radical-socialiste, qui s'est acquitté de ses fonctions dans des conditions honorables au milieu de multiples difficultés nées de l'occupation.

Toutefois la personnalité de M. Petit étant discutée à Salins, j'ai été amené à désigner comme maire de Salins M. Martin, conseiller honoraire à la cour d'appel, d'opinion indépendante, dont le loyalisme à l'égard de l'œuvre de reconstruction nationale est certain… Une liste de large union a d'ailleurs été constituée sans lui, qui groupe autour du nouveau maire les représentants des divers intérêts et des diverses tendances de la ville.

Tavaux. M. Male, cultivateur, maire sortant, ancien radical modéré et dont le ralliement est certain à l'égard de l'œuvre de reconstruction nationale, est maintenu dans ses fonctions en vue de réaliser dans cette commune mi-rurale, mi-ouvrière, l'union de tous les éléments en présence. »

À **Orgelet** on renvoie tous les élus au prétexte que « les membres du conseil municipal n'assistaient plus aux séances de l'assemblée et se désintéressent ainsi des devoirs de leur charge ». Pratiquaient-ils la politique de la chaise vide ? On les a remplacés dès novembre 1941 par une délégation spéciale de trois membres présidée par le pétainiste général en retraite Henri Karcher.

Certaines communes rurales ne sont pas à l'abri non plus[28] :

À **Ravilloles**, même reproche fait aux élus, et on y rajoute le fait qu'ils participaient à des « manifestations antireligieuses »…

En mars 1942[29], monsieur François Chevassus, des Moussières, sera « déclaré démissionnaire d'office de ses fonctions de maire », et bientôt de celle de conseiller municipal.

Un cas d'école : Champvans[30]

Les documents ci-dessous proviennent de la sous-préfecture de Dole, ils ont été recopiés par madame Marciat après la libération de la ville.

Première étape : la délation. 8 septembre 1941

Question du sous-préfet à un habitant de la localité connu pour ses convictions réactionnaires et ses ambitions :

« […] Je vous serai obligé de bien vouloir me faire connaître confidentiellement votre sentiment sur l'attitude politique et le comportement du conseil municipal de Champvans. »

---

28. ADJ. 304 W 258.

29. *Ibid.*

30. Archives S. Marciat - R. Roquelle.

Réponse :

« Le conseil municipal de Champvans élu en 1935 ne comptait que des socialistes SFIO [...]. Depuis deux conseillers ont démissionné et un troisième qui était devenu communiste et militant a été révoqué il y a quelques mois.
Tous sont demeurés fidèles à leurs anciennes idées qui sont d'ailleurs celles d'une grande partie de la population de Champvans qui se montre nettement hostile à la politique du Maréchal. Tels sont notamment les sentiments du maire, M. Lanouzières, qui subit l'influence néfaste de M. Marciat, mari d'une institutrice de Champvans, employé à l'usine Solvay qui, ainsi que sa femme, a toujours manifesté des opinions communistes.
Le maire travaille actuellement à l'usine Jacob, il n'a donc que peu de temps à consacrer aux affaires municipales, et comme l'adjoint, M. Breniaux est également ouvrier à l'usine Solvay, c'est pratiquement un conseiller municipal, M. Raison, auquel il a délégué la signature qui remplit la fonction de maire. L'attitude politique de ce dernier est la même que celle de M. Lanouzières.
Il est évident qu'un redressement sérieux s'imposerait, surtout en raison de la mentalité de la majeure partie de la population de Champvans. Malheureusement, il paraît assez difficile de trouver les éléments susceptibles de constituer une délégation municipale. »

Sans doute postule-t-il à prendre la relève, dénonçant par ailleurs nommément deux autres membres du conseil. Toujours est-il que ses propos ont été couronnés de succès.

Deuxième étape : la sanction collective. 6 octobre 1941 : Courrier du sous-préfet de Dole faisant fonction de préfet du Jura occupé.

« Objet : proposition de dissolution du conseil municipal de Champvans et nomination d'une délégation spéciale.
J'ai l'honneur de vous proposer la dissolution du conseil municipal de Champvans pour les raisons ci-dessous exprimées.
Champvans est une commune de l'arrondissement de Dole qui compte 880 habitants, naguère cultivateurs et aujourd'hui en majeure partie employés à l'usine de produits chimiques Solvay dont la direction est en Belgique.
L'usine Solvay située sur la commune de Tavaux occupe de 1 500 à 1 800 ouvriers, elle fut de tout temps un foyer d'agitation communiste.
À l'heure présente, il n'a pas été relevé de faits précis de propagande, mais il n'est pas douteux que les meneurs révolutionnaires, cantonnés dans l'expectative, sont prêts à la première occasion à démontrer à nouveau leur solidarité avec les chefs bolchevistes.
Or il se trouve que les éléments les plus suspects de l'usine Solvay ne sont pas domiciliés à Tavaux même, mais sur le territoire de Champvans.

Aussi, l'assemblée municipale est-elle composée d'extrémistes en majeure partie socialistes mais nettement inclinés vers le communisme.
Sous le prétexte de la difficulté de trouver en cette commune une délégation spéciale, mon prédécesseur, M. le sous-préfet Arnaud a négligé de soulever cette situation qui provoque la surprise si ce n'est l'indignation des populations alentour.
Certes, il convient d'observer que le maire et ses acolytes se gardent publiquement de toute démonstration contraire à la révolution nationale, mais dans les actes bénins d'administration courante, les habitudes de camaraderie électorale persistent, décourageant les bonnes volontés et provoquant les réactions indignées des éléments sains qui ne demandent qu'à faire preuve d'initiatives et d'allant.
Au reste, si le maire de Champvans et son conseil municipal se gardent de témoigner publiquement leur sympathie en faveur de la Russie, ils se couvrent, comme tant d'autres, du paravent commode de patriotisme frelaté qu'est le gaullisme.
Dans ces conditions, tant pour l'administration municipale de la commune qu'au point de vue psychologique, la dissolution du conseil municipal de Champvans s'impose et j'ai l'honneur de vous proposer à ses lieux et place, la délégation spéciale qui pourrait être composée de la manière suivante :
L'énoncé des motifs pourrait être conçu dans les termes suivants :
"Considérant que le conseil municipal de Champvans ne contribue pas d'une manière suffisante à l'œuvre de la Révolution nationale [...]." »

Troisième étape : la vengeance personnelle. 3 septembre 1942
Ordre du sous-préfet de Dole au commissaire de police chargé des RG :

« Je vous demande de diligenter une enquête sur madame Marciat, institutrice à Champvans, et me préciser notamment si, depuis le 25 juin 1940, elle s'est livrée à une activité antinationale quelconque. »

Réponse du commissaire :

« Le retour de M. Marciat Camille[31] à Champvans ne m'apparaît pas souhaitable pour des raisons d'opportunité. Il ne faut pas oublier en effet qu'il fut avant son exil en opposition sournoise et efficace au maire actuel. Je crains par ailleurs que sa réintégration aux usines Solvay n'apporte le cas échéant un élément de trouble parmi le personnel ouvrier.
J'estime que la meilleure solution serait d'encourager pour la rentrée prochaine, la nomination de madame Marciat à un poste suffisamment éloigné du centre ouvrier de Dole-Tavaux-Damparis-Champvans, auquel cas je ne

31. Né le 13 avril 1903. Ouvrier aux usines Solvay de Tavaux. Militant communiste et à la CGT dès les années trente, manifestant clairement son opposition à l'Occupation et à Vichy, ce qui lui vaut, d'avril 1942 à mai 1943, d'être astreint par les autorités de Vichy, « pour connivence avec des individus suspects au niveau national » à plus d'un an de résidence aux Planches-en-Montagne.

verrai aucun inconvénient à ce que cesse la résidence surveillée du mari qui pourrait alors rejoindre sa famille[32] dans sa nouvelle résidence. »

Où l'anticommunisme, le soutien à Vichy, la protection des « amis » et la peur de la classe ouvrière le disputent à l'ignominie.

Et la liste des communes mises entre les mains des présidents des commissions spéciales va vite s'allonger[33].

Et pourtant les tâches imparties aux élus de ces modestes communes étaient bien loin de revêtir un caractère politique. Qu'on en juge à partir du dépouillement du « Registre des délibérations » d'une modeste commune de Petite Montagne, d'environ deux cent cinquante habitants.

On y traite bien sûr du budget et des élections municipales, de l'attribution de l'affouage[34] et du reboisement, ainsi que des rares travaux d'intérêt général. La mobilisation va venir parfois troubler cet ordonnancement immuable des activités villageoises. Un conseil municipal demande à l'unanimité la mise en vente d'une parcelle de bois à couper : « par suite du manque de main-d'œuvre, du fait de la mobilisation, les affouagistes sont dans l'impossibilité d'effectuer l'exploitation. »

Sinon, ce qui occupe une partie non négligeable des débats, et de la dépense publique, c'est l'aide sociale. Il est vrai que la plupart des communes sont composées pour une très forte majorité d'une population agricole aux trains de culture fort modestes que les aléas peuvent vite faire basculer dans l'indigence. Dans les campagnes, la misère est loin d'avoir disparu, et l'on trouve des personnes qui ne mangent pas toujours à leur faim et souffrent du froid l'hiver. Et les législateurs ont mis en place tout un arsenal de mesures de solidarité.

Évidemment, même s'il n'y est jamais fait mention, la guerre et l'Occupation n'ont pu qu'aggraver des situations sociales difficiles. Au premier rang des personnes dans le besoin, on trouve les Vieillards invalides et incurables (VII) auxquels le préfet fixe régulièrement un « taux théorique » d'allocation mensuelle attribué par la commune, un minimum vital qui, en mai 1941, se décline ainsi :

Alimentation : 80 francs, logement : 10 francs, vêtement : 15 francs, chauffage : 40 francs, éclairage : 15 francs, soit au total 160 francs.

D'autres personnes âgées dans le besoin bénéficient de l'assistance médicale gratuite (50 francs par mois en 1937) ainsi que d'autres subsides qui seront reversés, le cas échéant, à l'hôpital psychiatrique départemental de Saint-Ylie, ou, le plus souvent, à l'hospice des vieillards de Lons-le-Saunier où plus d'une personne âgée finira ses jours.

Lorsqu'une difficulté vient mettre en péril l'équilibre précaire d'une famille, celle-ci se tourne tout naturellement vers le conseil municipal qui examine les demandes, ainsi de celle traitée lors de la séance du 27 octobre 1940 :

---

32. Ils ont 2 enfants.

33. En Annexe.

34. Attribution de coupes de bois aux particuliers dans les communes forestières.

« Le conseil, après examen de la demande d'assistance médicale gratuite formulée par M. Félix B, pour sa fille Marie, actuellement en traitement à l'hôpital Édouard-Herriot de Lyon, et dont le médecin traitant prescrit le port d'un appareil orthopédique d'un coût de 750 francs. Considérant que la situation pécuniaire de la famille est des plus modestes et que la naissance attendue d'un septième enfant va augmenter considérablement les charges d'un ménage ne recevant encore aucune aide de ses enfants, l'aîné n'a que 7 ans », va, à l'unanimité, donner un avis favorable.

L'assistance médicale gratuite est également là pour financer une opération chirurgicale, un dentier, un séjour dans un sanatorium de la Côte d'Azur...

Les femmes en couches, qui en ont fait la demande et qui relèvent d'une assistance, perçoivent elles aussi une allocation journalière qui sera prolongée par une prime d'allaitement. Les plus déshéritées d'entre elles sont l'objet de la commisération et de l'aide communale. La solidarité publique jouera aussi quand un fils, soutien de famille, viendra à faire défaut. C'est le cas notamment quand il est requis pour le service militaire, plus tard par le Chantier de jeunesse.

De même on soutiendra la famille d'un cultivateur de ce village, connu pour poursuivre clandestinement son militantisme communiste, et qui a été mis en résidence administrative dans un autre département.

Avec la guerre, la commune devra participer de ses deniers à d'autres dépenses. Dès mars 1941 le conseil municipal vote un crédit pour aider à la confection du colis des onze prisonniers de la commune. En octobre, sur demande du Comité d'entraide des prisonniers (organisme de la Légion), cette aide sera fortement augmentée

Et la solidarité dépasse les limites communales : en janvier 1942 le conseil vote un « crédit extraordinaire pour paiement des fournitures scolaires des enfants réfugiés ». Encore convient-il de signaler que les maires sont harcelés par la Légion !

La guerre et l'Occupation, que le conseil municipal s'évertue à désigner sous le nom de « circonstances actuelles », vont « imposer un gros surcroît de travail » au secrétaire de mairie et aux maires. Ces derniers reçoivent désormais une rétribution, qui va être régulièrement revalorisée. Mais celui qui semble avoir le plus profité, pécuniairement parlant, des « circonstances actuelles » est incontestablement le secrétaire de mairie. Il faut dire que dans les communes rurales, quasiment toute l'activité administrative lui est dévolue. À son allocation de base régulièrement réactualisée, va bientôt s'ajouter une prime de dix francs par habitant qui porte ses émoluments à plus de cinq mille francs alors que l'indemnité du maire se limite à mille deux cents francs.

Quant au garde champêtre, comme en témoigne le registre, « les circonstances actuelles imposent un gros surcroît de travail qui l'oblige à se déplacer fréquemment pour remise de plis, témoignages, tambourinages, affichages... » Aussi ses services seront-ils mieux rémunérés. Enfin, même évolution pour la rémunération de la gérante de la cabine téléphonique.

Très vite, les dures réalités de la vie quotidienne vont occuper les esprits d'une grande partie de la population : la défaite, l'armistice, l'occupation, les exigences de l'occupant et le blocus mettent en place une pénurie durable qu'il est nécessaire de gérer.

Le Ravitaillement général

Malgré l'entrée en guerre en 1939, le gouvernement français s'était opposé à la mise en place d'un organisme planifiant et organisant le ravitaillement ; pour les politiques, il fallait éviter que cette mesure impopulaire inquiétât les Français. Ce n'est qu'en mars 1940 que des décrets-lois adoptés par le gouvernement de Paul Reynaud organiseront un ravitaillement auquel la défaite donnera le coup de grâce.

Dès l'été 1940, la situation économique est inquiétante du fait de l'exode qui touche également agriculteurs et commerçants, des pillages du vainqueur, de la division du territoire en différentes zones, de la rupture des sources d'approvisionnement extérieures…

Le 13 août, dans un discours aux Français, Pétain évoquera « le spectre, qu'on croyait à jamais banni, de la hideuse famine ».

Et de préciser les grands principes auxquels le ravitaillement devra répondre : « C'est pourquoi des mesures de rationnement ont dû être prises, afin que tous, pauvres et riches, aient leur juste part des ressources de la Nation. »

D'autant que l'armistice prend en compte les principes internationaux qui veulent qu'il faille entretenir son occupant. En outre ce dernier ayant survalorisé drastiquement le mark par rapport au franc, peut se procurer à bon compte ce dont il a besoin en tarissant la consommation nationale.

Mais, c'est l'été, et les moissons qui réclament tant d'attention et de personnel ! Des réfugiés et des soldats évadés rentrent au foyer. On attend le retour des autres prisonniers qui, on l'espère, ne saurait tarder.

En septembre est enfin créé un secrétariat d'État au Ravitaillement relevant du ministère de l'Agriculture. Il est chargé de gérer au mieux le rationnement en évitant famine, spéculation et stockage. Mais il n'échappe pas au contrôle et aux ponctions de l'occupant.

Le libre commerce de la plupart des produits n'existe plus, les commerçants étant intégrés dans des groupements d'achat et de répartition spécifiques dans lesquels les grossistes ont la part belle. Obligation est faite aux consommateurs de se servir dans les boutiques désignées.

Dès le début du mois de décembre, les principaux producteurs agricoles sont invités à adhérer à la Corporation nationale paysanne (ou Corporation paysanne). Cet organisme, syndicat unique, regroupe sous l'autorité de l'État, l'ensemble des structures agricoles d'avant-guerre, ainsi que les organismes de crédit. En encadrant le monde agricole, il devient, là encore, une véritable courroie de transmission pour le régime. Dans quasiment chaque commune, la Corporation paysanne est représentée par un syndic local, chargé notamment de la répartition des réquisitions.

Chaque commune rurale et chaque paysan se voient attribuer un contingent de produits agricoles à livrer au Ravitaillement général qui fixe les « prix de la taxe ». Et les syndics se verront souvent suspectés de défendre les intérêts de leurs collègues paysans – notamment les « gros » – au détriment des populations urbaines.

Dès la mise en place du système, les agriculteurs se plaindront de la modicité des prix qui leur sont imposés par l'Administration. Et pourtant les prix à la consommation sont jugés exorbitants, les intermédiaires ayant prélevé leur tribut, la pénurie chronique faisant le reste.

Va rapidement se poser le problème des moyens à mettre en place afin d'éviter que des producteurs ne cachent une partie de leur récolte et l'écoulent à des prix plus rémunérateurs.

L'Intendance, vite impopulaire, va recenser les ressources, tenter d'obliger les producteurs à lui vendre les quantités imposées. Elle doit également contrôler les organismes stockeurs où les agriculteurs sont astreints à déposer leurs livraisons, avant de les répartir au mieux auprès des consommateurs du département, et parfois au-delà. Tâches qui demandent l'adhésion des producteurs, une logistique (capacités de contrôle, de stockage, de transport...) et une impartialité qu'elle n'aura jamais.

Le ravitaillement et la pénurie généralisée qui l'accompagne sont symbolisés par l'attribution à tous les habitants, fin septembre, d'une carte individuelle permettant de se procurer, en quantité par définition limitée, les produits de base indispensables à l'alimentation : pain, viande, pâtes, sucre. D'autres suivront pour les besoins du quotidien. Dans chaque carte, une feuille de coupons numérotés, échangés chaque mois à la mairie contre des tickets. Ils permettent, moyennant le règlement en argent du prix imposé par les pouvoirs publics, de s'approvisionner auprès des commerçants patentés. La quantité elle aussi est fixée. Encore fallait-il que les lieux de vente soient achalandés, ce qui fut loin d'être le cas !

Sur cette carte sont mentionnés le département, la commune, le nom du titulaire, sa nationalité, sa profession, son sexe, sa date de naissance...

Gare à celui qui l'égare ou qui a dû gagner la clandestinité !

Les consommateurs sont répartis en fonction de leurs besoins supposés, variables selon l'âge et la profession. On finit par mettre au point huit catégories[35] :

E	Enfants de moins de 3 ans.
J 1	Enfants de 3 à 6 ans.
J 2	Enfants de 6 à 13 ans.
J 3	Adolescents de 13 à 21 ans[36].
A	Adultes (de 21 à 70 ans).
T	Adultes travailleurs de force (de 21 à 70 ans).
C	Adultes se livrant à des travaux agricoles.
V	Personnes de plus de 70 ans.

35. Voir Annexes.

36. Catégorie créée ultérieurement.

D'emblée, les quantités promises sont bien en deçà des rations nécessaires. Ainsi, avec la catégorie A pour laquelle chaque adulte va recevoir de 1 300 à 1 500 calories, on est bien loin des 2 200 calories reconnues nécessaires pour effectuer un travail « normal ». Et le Ravitaillement général sera vite dans l'incapacité de les fournir : dès la fin 1941, elles seront revues à la baisse.

La carte T donne droit à des suppléments de pain, de viande, de vin... Les critères de l'obtention de ce document, qu'on devine convoité, sont loin d'être clairs. En tout cas Pétain, âgé de 84 ans en 1940, se l'est attribuée. Il n'est pas certain qu'elle lui ait été d'une grande utilité !

Par ailleurs le Ravitaillement met en place une solidarité entre les départements, prenant en compte, théoriquement, les spécificités, les atouts et les faiblesses de chacun dans ce domaine. Le Jura, qui depuis longtemps avait fait le choix de l'élevage laitier, se doit de livrer, au département du Rhône notamment, un contingent imposé de lait, de beurre, mais aussi de viande. Mais, pour cette denrée notamment, cette réputation d'abondance tenait davantage de représentations urbaines et administratives infondées que de réalités, le département étant depuis longtemps importateur net.

Par ailleurs ses déficits chroniques en céréales panifiables étaient bien avant-guerre, palliés par du blé et de la farine en provenance de départements bourguignons. Mais les bonnes récoltes, les moyens de transport et la bonne volonté de l'occupant ne seront pas souvent au rendez-vous. Et le « grenier à blé » du département, la plaine doloise, le Finage, est situé en zone interdite...

Dès le début, les livraisons du monde agricole sont bien loin de celles escomptées. Pétain se sent trahi par le paysan, celui qu'il présente à longueur de discours comme le modèle de la nouvelle société qui va naître de la Révolution nationale.

Les plaintes montent de tout le pays contre les insuffisances du ravitaillement, contre l'occupant qui se goberge et, indirectement contre l'armistice. Aussi Pétain, dans son discours de rentrée du 9 octobre, se sent-il obligé de préciser :

« Ce rationnement nous a été imposé, à la fois par la sévérité de la défaite (dont il n'est pas responsable) et par la volonté du vainqueur. »

À Saint Amour, quelques jours plus tard, Léon Werth, témoin perspicace, écrit dans son journal : « Les paysans font grève. Ils vendaient au marché de Louhans (Saône-et-Loire) la volaille tuée, à 30 francs le kilo. La préfecture ou l'Intendance, je ne sais, la taxèrent[37] à 15 francs. La semaine suivante le marché fut sans volailles. Les paysans étaient restés chez eux. »

Nul doute que, comme la volaille sur les étals, les prix au marché noir ne se soient alors envolés !

Début novembre un rapport du commissaire principal des RG[38] signale que le ravitaillement préoccupe de plus en plus les « masses populaires ». Il insiste sur leurs difficultés à se procurer du bois de chauffage alors que l'hiver approche.

---

37. Achetèrent.

38. ADJ. 332 W 45.

Par ailleurs les familles de prisonniers ont de plus en plus de difficultés à garnir les colis qu'ils envoient en Allemagne où la nourriture est bien chiche. Les produits alliant valeurs énergétique et gustative : saucissons, biscuits, pain d'épices, voire chocolat, atteignent des prix qui pour beaucoup, deviennent inabordables.

Les conditions de vie de la population ont toujours été une préoccupation majeure des pouvoirs publics. La bataille du ravitaillement a constitué un enjeu d'opinion considérable, elle devait être gagnée afin de s'attacher le soutien durable du peuple, urbain notamment. Ses difficultés récurrentes fourniront des armes aux ennemis du régime.

Cependant elles ne le déstabilisent pas véritablement, car la vindicte populaire est détournée contre d'autres responsables, réels ou supposés.

Le premier, et de loin, est bien sûr l'occupant, le « doryphore » qui se gave des richesses de la si riche France. On met également en cause, à tort

■ *Légende : « À ta place, je ne lui mettrais pas d'huîtres dans son colis. Pense donc, si la censure les ouvre ! »*
Caricature parue dans l'Almanach Vermot de 1941.

et à raison, les fonctionnaires du Ravitaillement général, jugés incompétents, voire prévaricateurs, et ce, parfois, au plus haut niveau. Il faut que des têtes tombent : on renvoie le secrétaire d'État en charge du Ravitaillement. Sont également mis en cause : l'égoïsme des paysans qui alimentent le marché noir, les « intermédiaires », bien entendu, ces « affameurs » qui font valser les étiquettes sur le marché libre, stockent en attendant la hausse et enfin, le réseau déficient des transports...

Il n'en reste pas moins que, cela va de soi, la responsabilité, au moins par défaut, en incombe à l'État.

Ce dernier va également perdre de sa crédibilité sur d'autres terrains que celui de la vie quotidienne, et va très rapidement montrer sa vraie nature idéologique et ce qu'il en est de ses rapports avec l'occupant.

L'évolution rapide du régime vers un sectarisme politique des plus réactionnaires, puis bientôt la collaboration, vont entraîner un divorce entre une partie de la population et le gouvernement.

Durcissement du régime et collaboration

Le 3 octobre 1940, sans qu'aucune pression de l'occupant n'ait été exercée, le premier « Statut des Juifs » décidé par Vichy paraît au Journal officiel. L'année suivante, un second statut aggravera la situation de cette catégorie de Français. Cet antisémitisme d'État inquiète, notamment dans les milieux catholiques, par ailleurs plutôt favorables au régime et peu soupçonnés de sympathie à l'égard des Israélites. De nombreux chrétiens voient surtout dans cette politique une atteinte à la religion dont ils pourraient, un jour, être eux-mêmes les victimes.

Une des clauses de cette loi est l'éviction des Juifs de la fonction publique. Aussi obligation est-elle faite aux fonctionnaires de « dénoncer » leur éventuelle judaïté.

Aucun d'entre eux n'échappe à cette ignominieuse déclaration. Ainsi Joannès Chambon, le bras droit du sous-préfet de Saint-Claude, par ailleurs grand invalide de la Première Guerre mondiale, dont les états de service patriotes sont impressionnants[39] doit-il se plier à la règle.

Le 24 octobre a lieu l'entrevue de Montoire entre Hitler et Pétain. Ce dernier annonce sa politique de collaboration par un discours radiodiffusé le 30 de ce mois. Les masques tombent.

> (Extraits) : « [...] Cette première rencontre, entre le vainqueur et le vaincu, marque le premier redressement de notre pays.
> C'est librement que je me suis rendu à l'invitation du Führer. Je n'ai subi, de sa part, aucun "Diktat", aucune pression. Une collaboration a été envisagée entre nos deux pays...

39. A.D.J. 331 W 95.

MINISTERE DE L'INTERIEUR

Bureau du Personnel

DECLARATION

en vue de l'application de la Loi du 3 octobre 1940 sur le statut des Juifs.

(A retourner au Bureau du Personnel)

Nom du déclarant : CHAMBON

Prénoms : Joannès

Date et lieu de naissance : 11 mai 1894 à St Pierre d'Albigny (Savoie)

Grade ou emploi Secrétaire en chef à la Sous-Préfecture

Domicile : St Claude, 2, rue Victor Considérant

Ascendants dans la ligne paternelle	Votre grand-père dans la ligne paternelle est-il ou était-il de race juive ? non	(1)
	Votre grand-mère dans la ligne paternelle est-elle ou était-elle de race juive ? non	(1)
Ascendants dans la ligne maternelle	Votre grand-père dans la ligne maternelle est-il ou était-il de race juive ? non	(1)
	Votre grand-mère dans la ligne maternelle est-elle ou était-elle de race juive ? non	(1)
Conjoint	Votre conjoint est-il juif ? non	(1)

Pouvez-vous vous prévaloir de l'article 3 de la Loi du 3 octobre 1940 en excipant d'une des conditions suivantes :

1°) Etes-vous titulaire de la carte du Combattant 1914-1918 ? oui (1)

2°) Avez-vous été cité au cours de la campagne 1914-1918 ? oui (1)

3°) Avez-vous été cité à l'ordre du jour au cours de la campagne 1939-1940 ? (1)

4°) Etes-vous décoré de la Légion d'Honneur à titre militaire ou de la Médaille Militaire ? oui (1)

Fait à St Claude le 28 Décembre 1940

SOUS LA FOI DU SERMENT

Le Déclarant :

J. Chambon

« C'est dans le cadre d'une activité constructive du nouvel ordre européen, que j'entre aujourd'hui dans la voie de la collaboration. Ainsi, dans un avenir prochain, pourrait être allégé le poids des souffrances de notre pays, amélioré le sort de nos prisonniers, atténuée la charge des frais d'occupation. Ainsi pourrait être assouplie la ligne de démarcation et facilités l'administration et le ravitaillement du territoire. Cette collaboration doit être sincère. Elle doit être exclusive de toute pensée d'agression… Cette politique est la mienne. Les ministres ne sont responsables que devant moi… »

Les promesses alléchantes attendues de cette collaboration ne seront pas oubliées. Par contre, on exemptera longtemps le Maréchal de ses responsabilités dans la collaboration, les faisant porter sur le chef du gouvernement, Pierre Laval.

On a bien conscience à Vichy de la gravité de la décision qui peut signer la fin du mythe patriotique du Maréchal. On s'inquiète, on sait les Français profondément germanophobes ; aussi demande-t-on aux préfets de sonder l'opinion publique. Toutes les ressources des Renseignements généraux sont mobilisées : à défaut d'élections et de droit à la parole, on tente de sonder les cœurs, on rédige rapport sur rapport…

Dès le lendemain du discours, le vendredi de la Toussaint, jour chômé, les cafés bruissent de rumeurs. Et tout le personnel des RG est de service. On est d'ailleurs en droit de se demander dans quelle mesure celui-ci peut passer incognito dans une petite ville comme Lons-le-Saunier, où tout se sait ! Et donc de s'interroger sur la pertinence des rapports…

> « Hier 1er novembre, le personnel du service s'est répandu dans divers cafés de la ville. Les propos qui ont été entendus confirment que d'une façon générale les populations ont pleinement confiance dans les pourparlers engagés entre les Allemands et nos dirigeants.
> Peu de personnes s'attardent encore à une critique de ces contacts : actuellement chacun s'efforce de supputer les avantages qui résulteraient de ces entrevues. Beaucoup de gens en attendent des modifications sérieuses de la situation actuelle comme la disparition de la ligne de démarcation ; d'autres escomptent une libération proche des prisonniers de guerre, etc., etc. Il ne faut pas perdre de vue que les difficultés du ravitaillement absorbent encore beaucoup de personnes. »[40]

Une dernière phrase qui en dit long sur les soucis quotidiens, voire sur leur instrumentalisation.

Apparemment, le lendemain, les autorités ne sont pas plus rassurées que cela. Le travail s'étant fait dans l'urgence, il demande à être complété et affiné, donc nouvelle enquête, nouveau rapport. Et c'est dans un autre lieu que l'on tend l'oreille : dans un wagon de 3e classe, le commissaire spécial de police, de retour de Vichy, relève les mêmes impressions : « la masse » ne critiquerait pas le contact établi par le maréchal Pétain avec le Führer. CQFD…

Une autre enquête va porter sur l'influence des partis politiques qui pourraient exploiter le thème de la collaboration ; il en ressort que le Parti communiste, que l'on craint, semble avoir cessé toute activité dans le département. D'ailleurs ses forces se trouvent surtout en zone interdite, dans les villes ouvrières de Dole, Damparis, Champagnole… Quant à leur audience dans le principal bastion ouvrier de la zone « libre », Saint-Claude, les menaces sont claires : « Comme il y a des chômeurs… personne ne se soucie d'aller accroître leur nombre. Du reste tous les militants du parti ont été individuellement informés qu'au cas où ils se livreraient à la moindre propagande, ils feront l'objet des mesures prévues par la loi. »[41]

---

40. ADJ. 332 W 45.
41. Ibid.

Quant à l'extrême droite collaborationniste, les « partis nationaux » collaborationnistes[42], PPF[43] et PSF[44], elle n'aurait aucune audience dans le département.

Cette autre enquête du 23 novembre, encore une fois, rassure : « [...] en vérité, soit à la ville, soit à la campagne il n'y a aucun mécontentement en profondeur et nul trouble n'est à redouter. » À une condition cependant, et pas des moindres : que « les réunions publiques restent interdites et ne viennent permettre à certains agitateurs professionnels de souffler sur le feu ».

Elle confirme aussi les difficultés du quotidien, l'apathie politique supposée d'un peuple bien mal considéré :

> « Devant les difficultés rencontrées pour se procurer la plupart des aliments de première nécessité, les gens ont avant tout le souci de se renseigner sur les possibilités de trouver rapidement ces aliments, car en ces temps de pénurie générale, les ménagères n'ont pas assez de la matinée pour faire tous leurs achats de vivres.
> En cette époque difficile, le "matérialisme sordide[45]" ne paraît pas avoir abdiqué ses droits.
> C'est dans les cafés et le dimanche qu'il faut aller pour entendre discuter de la collaboration avec l'Allemagne, de l'attitude adoptée vis-à-vis de l'Angleterre, etc. Mais le plus souvent ces sujets ne sont traités que superficiellement et seulement par une élite... »

Et l'inspecteur d'étaler ses convictions fort peu démocratiques, à moins qu'il ne veuille rassurer ses supérieurs sur ses positions politiquement correctes : « Au vrai les masses n'ont jamais demandé autre chose que d'être dirigées, gouvernées [...]. Et toutes les mesures prises dans les divers domaines par le gouvernement du maréchal Pétain sont toujours bien accueillies parce que les masses savent parfaitement que le Maréchal est incapable de s'inspirer d'autre chose que de l'intérêt général si souvent sacrifié auparavant aux intérêts privés. »[46]

Il est incontestable qu'à l'automne 1940, très nombreux sont les Français qui estiment que Pétain ne peut faire autrement que de plier devant les exigences d'Hitler. On pense cependant que, ménageant l'avenir, et prêt à saisir la moindre opportunité, il va se rebeller. Il pratiquerait un habile double jeu, ayant dans sa manche la carte de Gaulle, prête à sortir, au cas où...

D'ailleurs, le Maréchal semblera leur donner raison en renvoyant Laval le 13 décembre, montrant par là, pense-t-on, ses fortes réticences quant à la collaboration.

Dès l'entrée de l'hiver, les paysans du Revermont « sont absolument indifférents à tout ce que dit et fait le gouvernement, s'il ne s'agit de restrictions

---

42. Favorables à une collaboration plus importante, voire militaire, avec l'Allemagne.
43. Parti populaire français fascisant créé par Doriot.
44. Parti social français créé en 1936, remplaçant les Croix-de-Feu.
45. Critique adressée au Front populaire par l'extrême droite.
46. ADJ. 332 W 45.

et de réquisitions »[47]. Cette indifférence de bon nombre de Jurassiens sauve alors le régime, mais le freine aussi dans sa volonté d'instaurer la Révolution nationale.

Les populations ont compris que le pouvoir n'est pas à Vichy mais à Berlin. L'écoute de la radio officielle est délaissée au bénéfice des radios qui se livrent à une « propagande antinationale ». Si bien que désormais l'écoute des radios étrangères est interdite dans les lieux ouverts au public.

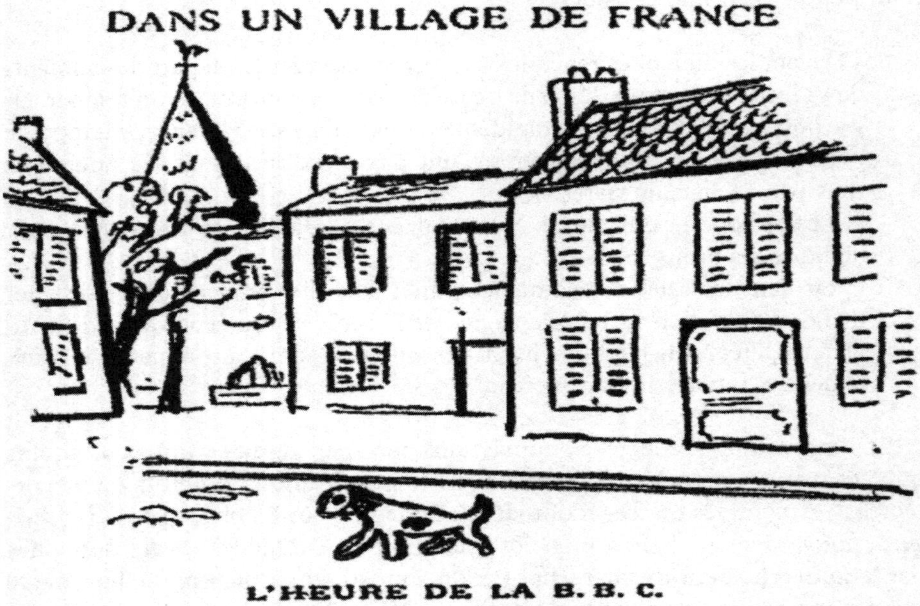

■ *Tu grognes parce qu'ils t'obligent à être rentré chez toi à 23 heures précises. Innocent, tu n'as pas compris que c'est pour te permettre d'écouter la radio anglaise ?*
Dessin de Van Moppès. « France », Londres 1940.

L'état d'esprit de la population, on l'a vu, intéresse au plus haut point l'État qui se renseigne aussi secrètement ; les informations recueillies par les RG ne lui suffisant pas. Quoi de mieux pour sonder les cœurs que de s'introduire dans l'intimité épistolaire des Français ? C'est ce qu'on fait notamment à l'Hôtel des Postes de Lons-le-Saunier où est établi un « contrôle postal ». Le rapport en date du 15 décembre 1940 qui en émane[48] nous apprend qu'au cours de la quinzaine qui vient de s'écouler, pas moins de vingt mille deux cents lettres ont été lues ! On s'intéresse bien sûr d'abord aux « menées communistes », et on ne trouve rien. Le sujet est dangereux et la population commence à se méfier !

47. Léon Werth, *op. cit.*
48. ADJ. 304 W 66.

Ce qui intéresse, c'est d'abord le ravitaillement. Pour les deux zones, au cours de la quinzaine écoulée, plus de mille six cents courriers y ont fait allusion : « pour 604 "optimistes", on compte 805 "pessimistes". »

Et de relever, produit après produit, les moindres allusions sur le ressenti des Jurassiens. « La comparaison avec la dernière décade fait ressortir une augmentation du pessimisme occasionnée par la rareté de certaines denrées. Les plus rares sont le lait, le charbon en cette période hivernale, l'huile, le beurre et le café. Seules les pommes de terre rallient une majorité d'optimistes. »

Et puis, en vrac, on résume les informations et les appréciations qui reviennent le plus souvent, ou qui semblent dignes d'intérêt : « Les lois sur la corporation agricole, la famille, la réorganisation des municipalités laissent la majorité indifférente » ; à « Poligny, il passe onze trains de charbon par jour dirigés d'Allemagne vers l'Italie... »

Sujet sensible, le Chantier de jeunesse de Crotenay, dont le courrier (envoyé et reçu) est minutieusement épluché. Un contrôle massif a eu lieu le 29 novembre et un autre le 13 décembre. Il a consisté à dépouiller plus de sept cent cinquante lettres. On y a scruté le moral des troupes et on en rend compte : seule une poignée de jeunes fait preuve de « mauvais esprit », une centaine aurait « bon moral », les autres ne manifesteraient que de l'« indifférence ».

Mais tous les auteurs de ces courriers ne sont pas dupes et ils se doutent que leurs lettres seront ouvertes ; certains jouent les naïfs, prévenant leur correspondant de la censure. Il arrive sans doute que le personnel chargé du contrôle soit distrait de sa tâche ardue, répétitive et malsaine. Ainsi de ce florilège d'un jeune du Chantier à sa petite amie de Dordogne :

« [...] c'est étonnant que tes lettres soient toutes ouvertes par la censure, et tu comprends que quelqu'un le fait exprès [...] ».

Ou encore : « Je fréquente des étudiants en lettres et en droit. Nous discutons abondamment de politique, je n'aborderai pas ce sujet ici, de peur que ma lettre ne t'arrive pas. » Encore qu'il en parle, et fort habilement...

D'autres en rajoutent. Faut-il prendre au premier degré cette lettre écrite à une amie de Levallois-Perret : « Notre grand Maréchal, une fois de plus, a sauvé la France, il a caché un trésor dans certains bois de France, ce trésor c'est nous les jeunes... Hier la jeunesse, "force vitale de la France", tombait dans un abîme de débauche. Une âme saine dans un corps sain, voilà le Français de demain... Des hommes forts dans une Nation forte, telle doit être la France de l'avenir... »

Et celle adressée à l'abbé Lambey à Lons-le-Saunier par un jeune Jurassien qui fait son service dans un Chantier de jeunesse de l'Ariège. Elle est sans conteste dans le « prêt à penser » vichyssois et a dû passer la censure avec les félicitations, ou le sourire amer et goguenard de celui qui l'a décachetée...

« [...] Le soldat de 40 ne valait pas celui de 14 (du moins dans l'ensemble), cela se comprend, on voit mal comment une génération, élevée dans l'amour du plaisir, de la vie facile et quand ce n'est pas dans les principes antimilitaristes, aurait compris la valeur du sacrifice et le sens du mot "Devoir"... »

Dans ces échanges épistolaires, peu de chose concernant la guerre, hormis quelques jugements fort contrastés sur les Britanniques dont certains envisagent déjà la victoire finale. Il est vrai que les jeunes embrigadés dans les Chantiers ne sont guère au fait de ce qui se passe à l'extérieur.

Ailleurs, cependant, on s'intéresse parfois de très près aux événements militaires. En ce début décembre, la guerre italo-grecque retient l'attention et les populations jurassiennes applaudissent aux succès de la Résistance hellène. Bien évidemment on souhaite ardemment la défaite rapide des armées de l'Axe, la libération du territoire et le retour des prisonniers.

L'aide portée à ces derniers est la grande cause nationale. Et pas plus que l'aide sociale, Vichy n'entend pas la laisser à la seule Croix-Rouge, indépendante du pouvoir. Le gouvernement crée le Secours national, contrôlé par les fidèles Légionnaires qui savent instrumentaliser leurs actions sociales, comme le montre le contenu de cette affiche du 14 novembre 1940 :

« Pour le Secours d'Hiver Français !

Vous répondrez à l'appel du chef vénéré qui, récemment encore, répétait aux prisonniers les paroles d'espoir et de confiance traduisant l'amour du pays pour ses fils malheureux.

Vous apporterez vos dons sans délai à vos mairies. Si vous ne pouvez vous déplacer, vous les remettrez aux enfants des écoles et aux représentants des Associations de Jeunesse qui seront chargés de les recueillir à votre domicile.

Vous réunirez couvertures, chaussures, linges, sous-vêtements, chandails, chaussettes, en un mot tous les effets, même les plus usagés, pour que, grâce à vous, nos prisonniers, nos réfugiés, les familles sans foyer ou sans ressources, aient moins froid, puissent vivre quand même. »

■ ***Saint Claude. La maison du peuple, siège de la Fraternelle et la cathédrale. Vue depuis les rives de la Bienne.***

Car l'hiver est là, qui suspend les grandes opérations militaires. Se nourrir et se chauffer deviennent des préoccupations prioritaires. Même si les rapports officiels disent que les restrictions seraient accueillies avec calme et espoir, ils ne passent pas sous silence que les familles ayant des prisonniers en Allemagne vont se priver davantage que les autres pour la nourriture. Elles devront utiliser une partie de leurs tickets personnels pour l'achat de marchandises destinées à la confection des colis du prisonnier.

Dans la région de Saint-Claude, les frimas rendent difficile tout approvisionnement en bois de chauffage. Mais encore se sent-on relativement privilégiés par rapport aux Jurassiens que les accords d'armistice ont placés sous l'autorité allemande : ceux de Morez et de ses environs, mais aussi, beaucoup plus nombreux, les habitants de la région doloise.

En zone interdite

On espère, dans ce département où la ligne de démarcation est omniprésente, que la politique de collaboration du maréchal Pétain permettra au plus vite l'assouplissement des contrôles, voire leur disparition. Mais on est loin du compte, même si les Renseignements s'efforcent d'être optimistes : « Sur la ligne de démarcation les autorités allemandes font preuve de moins de rigueur à l'égard des personnes tentant de pénétrer irrégulièrement en zone occupée. Alors que précédemment ces personnes étaient retenues 3 ou même 5 jours et occupées à divers travaux, elles sont présentement après arrestation refoulées le même jour en zone libre. »[49]

Au moins les Allemands ont-ils amélioré leur efficacité !

La politique national-socialiste s'impose très vite dans cette zone interdite appelée à terme à être intégrée au *Reich*. Le 18 octobre les autorités allemandes ont placardé un « **Avis aux Juifs** », à l'entrée de la ligne de démarcation, au pont de Parcey ; il leur est interdit de la franchir pour se rendre dans la zone interdite, et toute infraction sera punie d'emprisonnement ou d'une amende. Dès la fin novembre une ordonnance du chef de l'administration militaire allemande en France, oblige les Juifs à s'inscrire dans les préfectures ou sous-préfectures. Cela en dit déjà long sur le rôle imparti par l'occupant à l'Administration française !

Les Jurassiens s'inquiètent du sort des habitants de cette zone interdite, parfois des parents proches, dont on est souvent sans nouvelles. On sait que le comportement de l'occupant n'y connaît pas d'entraves.

Si Vichy est très bien renseigné sur l'opinion publique de la zone « libre », il n'en est pas ainsi en zone occupée : à défaut de personnel et de Légionnaires, il est contraint de glaner, difficilement, renseignements et rumeurs. La préfecture de Lons-le-Saunier contrôle les passages de la ligne ; elle a installé des inspecteurs : un à Poligny, un à Rahon (pour le passage du pont de Parcey) et un troisième à Ney. Ils y récoltent des renseignements communiqués par des agents, et surtout par des réfugiés qui gagnent la zone « libre ». Ils rédigent régulièrement des rapports dont le contenu, peu vérifiable, relève parfois de la rumeur.

---

49. ADJ. 377 W 7.

Jean Caseaux. Ney.

« Ce qui a le plus pénalisé les habitants du village qui comptait à l'époque environ trois cents habitants, ce fut la fin de toute relation avec Champagnole, la barrière étant quasiment hermétique. Même le courrier avec nos connaissances de Champagnole devait se limiter aux cartes officielles. Les villages, situés à proximité de villes dont ils se trouvèrent séparés par la ligne de démarcation, ont été fortement pénalisés. Et à Ney nous étions loin de toute agglomération d'importance. Il n'y avait pas d'épicerie au village ; cette situation très fâcheuse obligea les habitants à se rendre pour le ravitaillement à Doucier ou Pont-du-Navoy, et à Clairvaux ou Poligny pour d'autres services. Et ceci jusqu'au 1er mars 1943. Je ne pus qu'une seule fois me rendre à Champagnole, chez le coiffeur, grâce à un bûcheron du pays qui avait un *Ausweis* et qui me fit passer pour son commis. Il faut dire qu'un douanier allemand, le "père Antoine", ancien blessé de la Grande Guerre soigné à Lyon, se montrait particulièrement arrangeant. Il paiera de sa vie les services rendus aux habitants.

En ce qui concerne le ravitaillement, presque tous les habitants du village étant des agriculteurs, on ne peut pas dire que nous avons souffert de la faim, sauf peut-être les jeunes en pleine croissance. Mais il n'y avait rien de trop. Heureusement, dans les fermes, l'abattage traditionnel, "familial", du cochon notamment, s'est poursuivi. Mais l'administration du ravitaillement réduisait automatiquement la ration de viande fraîche des familles qui tuaient la bête. Il ne fallait donc pas s'étonner que les abattages clandestins nocturnes se multiplient, avec des ruses de Sioux. Pour éviter les bruits, la bête était assommée avant d'être mise à mort. Et le saloir se remplissait.

Parfois, des personnes qui voulaient faire des cadeaux à leur famille, partaient à bicyclette vers une localité voisine et se faisaient arrêter par des agents nommés par l'autorité qu'on appelait les "contrôleurs du ravitaillement" et dont la mission était de lutter contre le marché noir.

L'un de ces agents, appelé familièrement "Le petit chapeau", était célèbre pour sa sévérité dans toute la région, et principalement dans la Combe d'Ain. Je fus arrêté et fouillé en allant ravitailler en vélo ma sœur et son mari, instituteurs à Châtillon : je leur portais des produits de la ferme, du beurre et des œufs notamment.

Par ailleurs les hommes ont souffert des restrictions en vin et en tabac.

Après la disparition des contrôles sur la ligne de démarcation, on vit arriver de nombreux Champagnolais dans le besoin qui venaient se ravitailler dans les fermes du pays. On vit peu d'Allemands dans le village, hormis quelques-uns qui fréquentaient le café. Ce qui m'a le plus surpris, c'est de constater comme ils appréciaient la nourriture, le beurre, le fromage... à croire qu'ils devaient être bien mal nourris chez eux.

Après le débarquement en Normandie, c'était la pagaille totale, l'administration avait perdu toute autorité. On ne se cachait plus, on allait à Champagnole tranquillement. »

Le commissaire spécial Daubigney, en charge des passages au poste de contrôle du pont de Parcey, fait état des renseignements relatifs au comportement avéré ou supposé des autorités allemandes en zone interdite :

– Ces autorités germaniseraient la Lorraine en « invitant » de nombreux Français habitant Metz et sa banlieue à gagner la zone non occupée.
– À Nancy, les Lorrains sont recensés et contraints de signer une déclaration de nationalité allemande ; sinon c'est l'expulsion en zone non occupée.
L'aide et l'hébergement que les Alsaciens-Lorrains reçoivent des populations jurassiennes de la zone non occupée, comme les informations qu'ils procurent, ravivent un profond sentiment antiallemand.

■ ***Allemands rue du Commerce à Lons-le-Saunier. Coll. A. Daroles.***

– Par ailleurs, le commissaire observe que nombreux sont les prisonniers français évadés des camps de France ou d'Allemagne, qui passent clandestinement la ligne de démarcation pour se rendre en zone libre. Leur fuite serait parfois facilitée par leurs gardiens !
– À Dole, à la mi-octobre, l'occupant aurait procédé au recensement des maisons et des appartements non habités pour y loger son très nombreux personnel. Les Allemands veulent déjà récupérer ceux laissés vacants par leurs occupants réfugiés en zone « libre » auxquels ils ont interdit le retour, sous peine de refoulement, voire d'internement dans des camps de concentration[50].
– Ils commencent à ponctionner de la main-d'œuvre et à recruter de jeunes « volontaires » pour aller travailler en Allemagne, usant de promesses alléchantes. Et s'il le faut, ils ne s'embarrassent pas de promesses ni de scrupules, exigeant d'eux qu'ils acceptent n'importe quel emploi, allant même jusqu'à menacer de les envoyer d'office.

Tous ces renseignements envoyés à Vichy sont d'une fiabilité non avérée. Quel crédit accorder à cette information signalant que : « Le moral des troupes (allemandes) a beaucoup baissé. On signale des cas de refus d'obéissance, ainsi que des désertions. Plusieurs officiers auraient laissé voir nettement leurs doutes sur la bonne issue de la guerre pour l'Allemagne. Un lieutenant se serait suicidé à la terrasse d'un café. Très rares sont les militaires s'abordant en faisant le salut hitlérien. »[51]

50. ADJ. 377 W 7.
51. *Ibid.*

Ne serait-ce pas de « l'intox » ? Le commissaire s'interroge et fait la part du feu :

> « Contrairement à certains renseignements recueillis, cependant de bonne source, certaines unités allemandes compteraient encore de nombreux soldats animés d'un esprit combatif et confiants dans la victoire finale. Toutefois, même ces éléments dont le moral est bon trouvent que la guerre traîne en longueur. Ils admettent aussi que les soldats qui vont en permission sont souvent obligés de se mettre à l'abri dans des caves en raison des bombardements anglais. Cependant ils prétendent que ces bombardements faits au hasard sont peu efficaces. »

L'occupant est insatiable : pas de petits profits, ni de petits besoins. Les Allemands exigent qu'on apporte d'urgence à la *Kreiskommandantur* de Dole les vêtements, surtout des manteaux, dont les soldats français et belges s'étaient délestés lors de la débâcle. Le butin du pillage des trains bloqués à Tavaux a dû peser dans cette décision. Ces éléments d'uniformes avaient été une aubaine pour les réfugiés et les populations.

Tout doit être contrôlé, surtout la circulation des véhicules. Ainsi en décembre, les marchands de pneus, ceux de bicyclettes exceptés, devront obtenir l'agrément des autorités allemandes pour vendre des pneumatiques et chambres à air neufs, usagés ou rechapés. La pénurie est déjà là, mais aussi la volonté de l'occupant de réduire drastiquement la circulation des civils.

Les contraintes pleuvent. Le camouflage des lumières est rigoureusement obligatoire dès la tombée de la nuit jusqu'à la pointe du jour ; les autorités allemandes, mais aussi françaises, sanctionnent les contrevenants.

Et en décembre 1940, à la stupeur quasi générale, a lieu un des premiers sabotages résistants : un câble téléphonique de l'armée allemande a été coupé sur le territoire de la commune de Tavaux. Le coupable n'ayant pas été découvert, la population de la localité est punie, prise en otage : elle devra fournir deux hommes chargés de la garde permanente, jour et nuit, pendant deux semaines, sur le lieu du sabotage. Première mise en pratique de la menace qui pèsera tout au long du conflit sur les populations civiles.

Très vite, préventivement, les Allemands vont imposer un service de surveillance des sites stratégiques, réquisitionnant notamment des gardes-voies, bien rémunérés il est vrai, pour le réseau ferré. Cela n'empêchera pas que d'autres habitants des localités situées à proximité des voies seront requis et redouteront cette tâche qui occupera une partie de leurs nuits.

Le jeudi 19 décembre, les Allemands réquisitionnent tous les cars, camions, camionnettes de Dole. Ils stationnent sur la place Grévy à Dole où ils attendent un millier de soldats et aviateurs qu'ils devront transporter au terrain d'aviation de Tavaux qu'on agrandit pour la *Luftwaffe*. Leur mission exécutée, les chauffeurs ne pourront pas s'éloigner de leur résidence sans une autorisation de la *Kommandantur*. D'ailleurs cela leur serait assez difficile dans la mesure où les Allemands ont fait main basse sur les carburants qu'ils stockent en quantité.

C'est toute la population doloise qui va souffrir de cette forte présence allemande, la garnison mais aussi des troupes de montagne qui y ont pris leurs quartiers d'hiver, et qu'il faudra loger, nourrir et distraire.

En cette fin d'année, on s'est installé dans une Occupation que l'on sent devoir durer. On ne compte plus guère sur un retour rapide des prisonniers, ni sur l'amélioration d'un ravitaillement déjà bien compromis dès l'automne.

DEUXIÈME PARTIE

1941-1942, AUTORITARISME ET COLLABORATION

CHAPITRE I

UN ÉTAT RÉACTIONNAIRE

Le Jura sous l'ordre nouveau

Le choc de la défaite est passé, l'État français met en place l'ébauche de la Révolution nationale qui doit régénérer le pays. Les critiques s'amplifiant, Vichy va entrer dans une phase de consolidation qui, à défaut de l'adhésion populaire, va passer par la répression.

Le régime n'est pas serein, qui poursuit son encadrement de la population et organise ses fidèles. Le 8 février 1941 sont créés « Les Amis de la Légion », ou « Volontaires de la Révolution nationale, citoyens désireux de s'associer aux anciens combattants ». Ils recrutent dans leurs rangs les soutiens du régime trop jeunes pour avoir combattu en 14-18 ou en 40, mais aussi des femmes. Ils rejoindront les Légionnaires dans la « Légion française des combattants et des volontaires de la Révolution nationale ». Si cette organisation n'est pas admise en zone occupée par les Allemands, elle sera fortement présente en zone sud, comptant plus de neuf mille adhérents dans le département.

Une petite partie de la liste nominative manuscrite des « Volontaires de la Révolution nationale » de Lons-le-Saunier (33 pages sur 187) nous est parvenue. Elle aurait été dérobée dans les locaux de la police allemande après le départ de Lons-le-Saunier de cette dernière, le 26 août 1944.

Cette liste tronquée compte près de cinq cents noms. Elle donne un aperçu du nombre très important des adhérents locaux. Et on peut la considérer comme un panel suffisant pour en tirer quelques informations révélatrices sur ces nouvelles recrues du pétainisme.

La date de l'adhésion est mentionnée : la très grande majorité a pris sa carte en 1941 ; l'année suivante, on tombe à moins de quatre-vingt-dix adhésions, une douzaine en 1943 et seulement trois en 1944. Sans doute l'essentiel du vivier pétainiste a-t-il adhéré l'année de la création des « Volontaires », mais on ne peut écarter, pour expliquer cet affaissement du recrutement, la chute de popularité du Maréchal liée à la collaboration.

Il semble confirmé que Pétain ait eu davantage prise dans les villes que dans les campagnes jurassiennes. Comme les légionnaires, les volontaires ont eu bien peu de succès dans les milieux de gauche. Les « classes populaires » sont peu représentées ; ainsi le nombre d'ouvriers est insignifiant : moins de dix, dont cinq de l'usine à gaz que dirige le chef local de la Légion !

Sur cette liste on retrouve en nombre des épouses de légionnaires, « sans profession » pour la plupart, et leurs enfants indifféremment dénommés « étudiants ».

Les catégories sociales les plus représentées sont d'abord les employés, secteur où les femmes sont très présentes. Arrivent en seconde position les artisans et les commerçants. Les industriels, cadres et professions libérales viennent ensuite. Des fonctionnaires aussi : une douzaine d'enseignants parmi lesquels les professeurs l'emportent largement sur les instituteurs. Ils y retrouvent leur hiérarchie : l'inspecteur d'académie, la directrice du lycée de jeunes filles, le proviseur et le censeur du lycée Rouget-de-Lisle. Figurent aussi un inspecteur de police, le directeur départemental des Archives, le directeur de la Banque de France. Ces fonctionnaires avaient-ils le choix ?

Cependant, sans surprise, on trouve des convaincus : l'évêque de Saint-Claude et le directeur et rédacteur en chef de la *Croix du Jura*.

La Légion, étroitement subordonnée au gouvernement, se doit d'être, en zone « libre », le meilleur instrument de la Révolution nationale. Mais les querelles intestines, la médiocrité de beaucoup, voire « le recrutement d'individus douteux », font désordre et suscitent des démissions.

Plus grave, le commissaire des RG pourra écrire en janvier : « L'état d'esprit de la population vis-à-vis de la Légion n'est pas excellent ; on en est même arrivé à la surnommer "La Légion étrangère" ! Il arrive donc que son zèle et son aveuglement à l'égard du Maréchal aient pris le pas sur son patriotisme. »

Il est vrai que les espoirs mis dans le gouvernement sont soumis aux dures réalités imposées par l'occupant. Le renvoi de Laval en décembre de l'année précédente n'a pas changé la nature du régime qui est loin de renier la politique de collaboration. Et celle-ci ne semble avoir entraîné aucune des concessions allemandes annoncées alors pour la justifier.

L'armistice a été signé depuis huit mois, et des deux côtés de la ligne de démarcation, les Jurassiens s'étonnent de sa persistance. On comptait sur la notoriété de Pétain et sur la collaboration d'État pour obtenir de l'occupant au moins un assouplissement. Il n'en est rien. L'amélioration cosmétique montée en épingle l'année précédente est loin de s'être confirmée, bien au contraire ! L'inspecteur en poste à Poligny dresse un tableau assez sombre de la situation : de très nombreux habitants partis lors de l'exode n'ont toujours pas pu regagner leur foyer en zone interdite, et pourtant les nombreux « passeurs » stipendiés ne chôment pas.

L'administration manque de personnel, et il lui est très difficile de contrôler les passages, comme les nombreux trafics menés par « des individus plus ou moins louches », parfois organisés en véritables bandes. La population supporte mal que l'essentiel du commerce s'y fasse à ses dépens : l'occupant, par des intermédiaires bien protégés, vient faire ses emplettes de l'autre côté de la ligne. Munis d'un mark surévalué, ils se procurent des œufs, du beurre et de la viande à des prix prohibitifs, « asséchant » le marché.

En zone interdite, les Allemands exercent leur autorité discrétionnaire d'une manière moins détournée et plus dommageable pour l'économie et le ravitaillement. En mars, on apprend[52] qu'ils ont réquisitionné tous les camions de la zone interdite et, très vraisemblablement, de toute la zone occupée. On signale « de source sûre » que les propriétaires de voitures automobiles, à l'exception du service de santé et des transporteurs de denrées périssables, ont dû remettre leur permis de circulation automobile aux autorités allemandes, propriétaires de gazogènes inclus : rappelons qu'il faut économiser non seulement l'essence mais aussi les pneus !

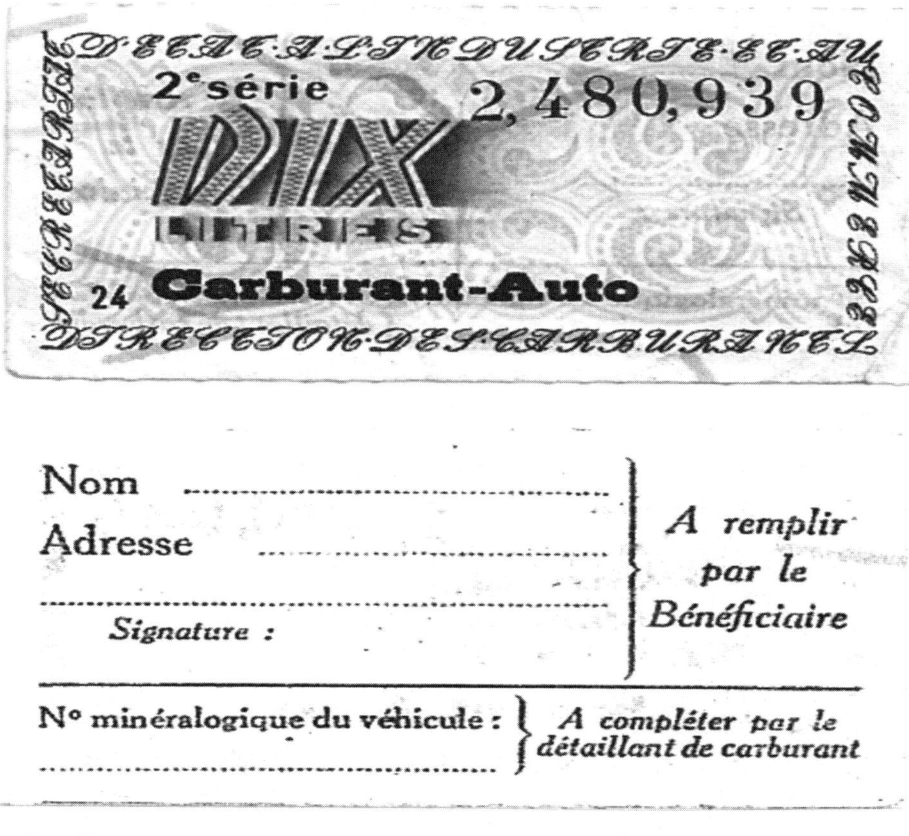

SECRETARIAT D'ETAT A L'INDUSTRIE ET AU COMMERCE

2e série 2,480,939

DIX LITRES

24 Carburant-Auto

DIRECTION DES CARBURANTS

Nom ....
Adresse ....
....
Signature :

A remplir par le Bénéficiaire

N° minéralogique du véhicule :
....

A compléter par le détaillant de carburant

■ ***Bon d'essence. Arch. J.-D. Michel.***

Même si, dans cette partie occupée du département, il n'est pas aisé de mesurer l'impact de la propagande gaulliste sur l'opinion publique, celle-ci commence à être sensible en zone « libre » : les rapports officiels signalent que l'écoute des radios étrangères est significative, voire efficace. Le 22 mars la BBC a lancé la « campagne des V » de la Victoire. On constate le mois suivant une recrudescence d'inscriptions de ce signe de soutien à la Résistance, et de croix de Lorraine sur des maisons et des établissements publics du département. Ces insignes seraient arborés par « beaucoup trop de jeunes gens et de jeunes filles ». Cependant les autorités ne sont pas encore inquiètes : elles ne

52. ADJ. 377 W 7.

veulent y voir que de puériles manifestations de sympathie, qui ne sauraient être représentatives de l'opinion publique des Jurassiens, acquise, veut-on penser, « dans son ensemble », au maréchal Pétain.

Les choses ne sont cependant pas aussi simples : la jeunesse notamment, s'accommode mal des faux-semblants, et elle est particulièrement perméable à l'esprit de résistance.

Un rapport sur l'opinion publique, réalisé à la mi-mai, suite à la réception par Hitler de l'amiral Darlan, chef du gouvernement, semble attester d'une rupture entre la jeunesse et le vieux Maréchal[53] :

> « … Dans les lycées, dans les collèges, dans les écoles communales même, se forment des groupes "gaullistes" et ces groupes représentent souvent la majeure partie des écoliers. Les jeunes sont donc particulièrement touchés par la propagande anglaise qui atteint même les soldats.
> En une dizaine de jours, cinq désertions ont été constatées au 151e RI[54]. Ces cinq soldats se sont dirigés sur Marseille dans l'espoir, sans doute, de rejoindre l'armée dissidente…
> Si on n'aime plus guère les Anglais, on déteste toujours les Allemands et seule la présence du maréchal Pétain fait accepter, quoique sans joie, une politique de collaboration que l'on considère malgré tout comme seule planche de salut en cas d'effondrement de l'Empire britannique. »

À l'écoute des émissions d'origine anglaise ou suisse, on espère apprendre un revers allemand, sans trop d'illusions toutefois. Et il n'est pas nécessaire d'être « gaulliste » ou « communiste » pour partager la germanophobie jurassienne.

Certains commencent à comprendre pourquoi Hitler a tenu à maintenir en place un gouvernement français « indépendant », ce qu'il n'a pu réaliser dans les autres pays occupés. Pétain qui assume toute la politique, a mis toute l'Administration française, police en tête, au service de l'occupant. Sans celle-ci, que pourrait-il faire, et avec quels effectifs retirés des fronts ? Pour éviter que le Maréchal et son gouvernement ne soient discrédités et inopérants, l'occupant leur a laissé quelque latitude pour mener leur propre politique intérieure et n'a en rien exigé que celle-ci s'aligne sur celle du IIIe *Reich*. Le durcissement de la législation antisémite française est surtout le fait des milieux d'extrême droite français qui ont des ministres à Vichy, et désirent complaire à l'occupant. Ainsi, nous l'avions annoncé, un second statut des Juifs dans la zone non occupée est-il institué : les Juifs devront désormais se faire impérativement recenser auprès de l'Administration.

Léon Werth s'exécutera le 9 juillet :

> « Je vais à Lons (le Saunier) pour y déclarer qu'aux termes de la loi du 2 juin 1941, je suis juif. Je me sens humilié non pas d'être juif, mais d'être présumé, étant juif, d'une qualité inférieure. C'est absurde, c'est peut-être un défaut

53. ADJ. 332 W 45

54. Régiment d'infanterie de l'armée d'armistice cantonnant essentiellement à Lons-le-Saunier dans les casernes Michel et Bouffez.

d'orgueil, mais c'est ainsi... Comme d'autres vont déclarer leur cheptel et le poids de leurs cochons, j'allai à la préfecture déclarer que j'étais juif. »

Et les rapports officiels sur l'opinion publique « dans un des départements les plus heureux de France », laissent poindre un vrai malaise. On met en cause l'incompréhension de « la grande masse du peuple jurassien. », trop sensible à la propagande antinationale.

Le conflit évolue. Le 22 juin, la radio a annoncé l'invasion de l'URSS et les victoires foudroyantes de la *Wehrmacht.* Les mauvaises nouvelles s'enchaînent : on apprend l'offensive allemande contre la Grèce et la Yougoslavie, vite vaincues...

Et le gouvernement français de se féliciter de ce qu'il pense être la victoire définitive de l'Allemagne à laquelle on se doit de participer. Il en va de l'avenir de la France dans la nouvelle Europe que l'Allemagne met en place ! Si l'on veut se voir attribuer une place de choix, il est temps de collaborer davantage, d'aider à la victoire finale. C'est dans ces circonstances que dès le 18 juillet, Vichy met sur pied la Légion des volontaires français contre le bolchevisme (LVF), composée de supplétifs qui se battront avec les SS, et sous leur uniforme. Les cheminots de Lons-le-Saunier feront une action pour retarder le départ de ces légionnaires sur le front de l'est.

Cependant l'opinion publique jurassienne veut encore croire que tout n'est pas perdu. Les espoirs reposent désormais sur l'attitude de Roosevelt. Même si on continue à reprocher aux États-Unis d'avoir torpillé les « légitimes » revendications françaises après la Première Guerre mondiale, les Jurassiens, dans leur très grande majorité, sont convaincus que les États-Unis ne tarderont pas à entrer en guerre aux côtés des Britanniques.

En cet été 41, la grande majorité des Français commence à sérieusement mettre en question la politique de Vichy. De tous les milieux montent des critiques sur la mise en place du programme de Révolution nationale, sur la collaboration et sur l'incapacité à assurer le ravitaillement de la population. Le 12 août Pétain réagit, dans une intervention radiophonique, vite désignée de « discours du vent mauvais ». (Extraits) :

> **« Français,**
>
> J'ai des choses graves à vous dire. De plusieurs régions de France, je sens se lever depuis quelques semaines, un vent mauvais. L'inquiétude gagne les esprits, le doute s'empare des âmes. L'autorité de mon gouvernement est discutée, les ordres sont souvent mal exécutés [...]. Un véritable malaise atteint le peuple français [...].
>
> Quant à la collaboration offerte au mois d'octobre 1940 par le chancelier du *Reich* dans des conditions dont j'ai apprécié la grande courtoisie, elle est une œuvre de longue haleine et n'a pu porter encore tous ses fruits [...]. D'autres tâches absorbent le gouvernement allemand ; des tâches gigantesques où se développe, à l'Est, la défense d'une civilisation et qui peuvent changer la face du monde [...].
>
> Nos difficultés intérieures sont faites surtout du trouble des esprits, de la pénurie des hommes et de la raréfaction des produits [...]. »

Le gouvernement tente à nouveau de sonder les « diverses classes sociales ». On s'inquiète en premier lieu de la réaction des ouvriers dont, à vrai dire, on ne peut espérer davantage, qu'« une attitude correcte » face à la misère qui s'accroît et à l'imminence de la mise en place de la Charte du travail. Celle-ci regroupera à partir du début octobre, ouvriers et patrons dans la même organisation. Peu sont dupes. Aussi cette pierre angulaire des nouveaux rapports sociaux devant mettre fin définitivement à la « lutte des classes », est-elle mise en place dans l'indifférence quasi générale de la classe ouvrière jurassienne. Les regards se portent surtout sur celle de Saint-Claude où le corporatisme maréchaliste risque fort de se heurter à la tradition ouvrière cégétiste.

Quant aux instituteurs, créatures d'une IIIe République honnie par le régime, ils n'ont pas bonne presse auprès du pouvoir, même si tous les rapports signalent leur loyalisme. On va purger ce corps de ses « moutons noirs ». On avait d'ailleurs commencé à la fin de l'année précédente. Le 23 décembre 1940, l'instituteur de Plasne, réputé communiste, avait été déplacé d'office dans le Cantal « pour activité contraire à la rénovation nationale ». Celui de Courlans est déplacé dans les campagnes de la Petite Montagne, à Villechantria, pour « manifestation d'opinions marcsistes (sic) voire communistes » ; celui de Chamblay doit gagner lui aussi le canton de Saint-Julien, à Louvenne, « déplacé d'office » pour « tendance à sympathiser avec les idées communistes, bien qu'ayant rompu toute attache avec le parti ». Il n'est pas certain que dans cette contrée isolée conservatrice, tous deux aient pu faire beaucoup d'émules !

Un instituteur communiste de Dole est relevé de ses fonctions et Marcel Néplaz, instituteur à Montbarrey, communiste lui aussi, est envoyé en Haute-Saône sur l'insistance du maire de la commune, militant d'extrême droite. Mêmes causes, mêmes effets pour sa sœur, madame Gaffiot, institutrice à Sergenaux déplacée d'office au Vésiney car les institutrices peuvent également représenter un réel danger pour l'unité de la Nation ! L'une d'elles, en poste à Pont-de-Poitte, est révoquée et condamnée par le tribunal militaire « pour distribution de tracts d'origine étrangère de nature à nuire à l'intérêt national ». Celle de Thoiria est suspendue trois mois de ses fonctions pour « propos antigouvernementaux concrétisant des idées hostiles à l'œuvre de rénovation nationale ». Sa collègue du Vernois (commune de Commenailles) car « affiliée à la CGTU[55] et manifestation de sentiments antimilitaristes » est déplacée d'office et va rejoindre ses camarades à Morval, petite commune du canton de Saint-Julien, décidément promu canton de redressement, alors que sa collègue de Saint-Jean-d'Étreux est envoyée à Prénovel, car « présumée antinationale ».

Ce sont également des couples d'instituteurs qui doivent déménager : les titulaires du poste double de Ravilloles sont déplacés d'office à Passenans pour « idées hostiles à l'œuvre de rénovation nationale », ou encore celui de Commenailles, déplacé d'office dans le département de l'Ain car « militants communistes et propagande active. La femme aurait été affiliée à la CGTU. »

55. Syndicat « communiste » né de la scission de la CGT.

Au délit communiste mis en place par Daladier et dont la répression s'accentue, vient se joindre celui d'hostilité au pouvoir en place.

Il y a cependant bien peu à dire sur « les menées communistes et gaullistes », selon un rapport préfectoral : « Il aurait suffi d'arrêter six communistes pour mettre fin dans le département à toute activité antinationale. »

Les agriculteurs bénéficient d'un traitement de faveur et feraient preuve « d'un remarquable esprit dans l'ensemble ». D'autant que la moisson a été excellente et que le beau temps persistant laisse augurer des vendanges prometteuses. Et pourtant parmi eux également les sujets de mécontentement ne manquent pas, se résumant à un seul mot : les réquisitions.

Pour eux, le vin manque au plus mauvais moment, celui des travaux estivaux, « où les cultivateurs fournissent un gros effort (récolte des regains, battage, préparation de la terre aux semailles d'automne) ».

On vient en outre d'apprendre qu'un prélèvement serait fait sur la récolte des pommes de terre. On y est d'autant plus hostile qu'on pense qu'il est destiné aux Allemands. Les producteurs de laine, les éleveurs de porcs et de veaux, se plaignent des prix trop bas qu'on leur impose ; de surcroît, ils doivent désormais livrer eux-mêmes leur production dans les gares et les centres qui leur sont eux aussi, imposés. C'est que l'Administration n'a plus les moyens de transport, ni l'essence, ni le personnel, pour récupérer les productions réquisitionnées, voire en assurer la bonne conservation et la distribution. Combien de pommes de terre pourrissent-elles dans les lieux de stockage ? Il arrive que des agriculteurs se réunissent et décident de ne plus livrer dans ces conditions.

Davantage sans doute que les cultivateurs, les commerçants et les industriels, dans leur grande majorité, sont favorables au gouvernement.

À Lons-le-Saunier même, on ne se cache guère pour écouter les radios étrangères. Ainsi des policiers ont-ils entendu clairement, à la TSF, depuis la rue Saint-Désiré, la phrase : « Ce salaud de Darlan »[56]; ils vont interroger l'auditeur qui n'hésite pas à leur répondre qu'il écoute assez fréquemment les émissions britanniques, mais aussi « évidemment, toutes les émissions de la radio nationale (zone libre et parfois zone occupée), ainsi que la Suisse ». Le seul grief qui lui est fait est que l'émission est audible depuis la rue. Il promet qu'il ne recommencera pas, sous peine de se voir confisquer son poste. On en restera là ! Mais les choses vont rapidement évoluer. En octobre, un décret de Vichy interdira « la réception et l'audition, en quelque lieu que ce soit, public ou privé, des émissions radiophoniques des postes britanniques ou des autres postes étrangers ou non, se livrant à une propagande antinationale ».

Cette interdiction n'empêchera pas l'écoute de la radio étrangère, devenue clandestine ; pas plus qu'elle n'entraînera le développement de la lecture des organes officiels d'information.

On peut comprendre le peu de succès de la presse locale, peu renseignée ou/et entièrement dévouée au régime, et dont la flagornerie déçoit même les plus zélés.

---

56. L'amiral Darlan, chef du gouvernement de février 1941 à juin 1942. Il sera alors remplacé par Laval.

Le sous-préfet de Saint-Claude nouvellement nommé, Raoul Hoff, reçoit un journaliste de *L'Écho de la Montagne.* L'article que ce dernier lui consacre sous le titre « Un sous-préfet – Révolution nationale » est sans surprise : « À peine installé, monsieur Raoul Hoff [...] se distingue par une activité qui le rendrait tout à fait sympathique si la sympathie qu'il nous a inspirée n'était pas déjà un fait acquis [...]. En quittant le bureau de M. Hoff où nous a été fait un si cordial accueil, nous apercevons au passage une fine gravure du portrait du Maréchal, tiré à un tout petit nombre d'exemplaires, l'affectueuse dédicace “au commandant R. Hoff”, écrite de la main du chef de l'État, nous confirme que c'est bien à un sous-préfet “Révolution nationale” que nous venons de parler. »

Dans son rapport mensuel à Vichy, le préfet Fernand Musso signale l'état d'esprit des Jurassiens : « Comme je vous l'ai souvent signalé, l'esprit du département du Jura est toujours bon [...]. Il n'est pas douteux qu'un courant continu de confiance circule de plus en plus entre le pays et le gouvernement ». Sans doute grâce à l'action de ce fonctionnaire, « le vent mauvais » qui souffle sur la France n'a-t-il pas touché les Jurassiens ! Du moins veut-il en convaincre ses supérieurs car, à dire vrai, les moyens mis à la disposition du commissariat spécial au niveau départemental semblent pour le moins insuffisants pour « sonder les cœurs » avec pertinence : la bien modeste Peugeot 202, mise à sa disposition « ne peut assurer un service normal surtout en montagne », et ne parlons pas de l'hiver ! Une demande de voiture plus puissante a été adressée, en vain. Mais même si dans sa grande majorité, la population jurassienne continue à faire confiance en la politique intérieure du Maréchal, le préfet doit concéder que de nombreux « hommes d'âge mûr [...] n'ont pas complètement abandonné le mythe démocratique encore fortement enraciné en eux et qu'il leur est difficile de détacher le mot « Liberté » de celui de « Démocratie ».

Le préfet en convient : « [...] peu de gens admettent sans discuter la réalisation d'une politique de collaboration avec l'Allemagne. Si certains suivent le gouvernement dans cette voie, ce n'est que par discipline, mais non vraiment de cœur [...] presque toute la population souhaite la victoire des Britanniques [...] et on espère, tous les jours, que la grande République américaine déclarera, à son tour, la guerre à l'Allemagne. »

Les jugements et les comportements sont affectés par les exactions et les pénuries de toutes sortes. Le gros problème reste le ravitaillement. Pétain se doit d'abord de réagir face aux cultivateurs qui continuent à traîner des pieds pour honorer leurs obligations. Il l'avait déjà fait au printemps dans un discours prononcé à Pau le 20 avril. Mais cela n'a servi à rien, aussi se sent-il contraint de leur faire des concessions. Après les avoir félicités pour leur participation au ravitaillement, il prend acte « des malentendus qui peuvent exister entre les services du ravitaillement et les producteurs des campagnes ». Désormais les décisions des réquisitions seront prises à la base. Une commission mixte sera établie dans chaque canton, elle regroupera l'administration, les maires et les syndics de la corporation paysanne. Avec ces derniers, on introduit le loup dans la bergerie.

Le Maréchal a clairement fait ses choix sociétaux : « [...] le gouvernement veut donner à la paysannerie la place qui lui a été trop longtemps refusée par la nation [...]. Le citadin peut vivre au jour le jour. Le cultivateur doit prévoir, calculer, lutter [...]. Quoi qu'il arrive, il fait face, il tient, c'est un chef [...] il constitue, avec le soldat, les garanties essentielles de l'existence et de la sauvegarde du pays [...]. Paysans mes amis, je vous fais confiance et je compte sur votre dévouement pour m'aider à relever la France et à la sauver de la famine. »

Le préfet rajoute sa touche locale :

« Au point de vue social, on peut donc considérer comme un des plus sains de France le département du Jura de la zone non occupée [...]. La misère, la pauvreté sont des maux que l'on rencontre rarement dans ce pays où l'on obtient, sans difficulté, les quantités de produits accordées à chaque consommateur. »

Les Jurassiens ne sauraient donc se plaindre !

Les réalités vont vite lui donner tort.

L'hiver précoce contraint les paysans à rentrer leurs bêtes à l'étable alors que le fourrage engrangé est bien maigre. Pour pallier cette carence préjudiciable au cheptel voué à la production laitière, ils aimeraient vendre quelques bêtes pour la boucherie. Mais encore faudrait-il obtenir l'accord des autorités ! À défaut, ils abattent clandestinement. Le manque d'aliments du bétail pousse également de nombreux paysans à réduire leur élevage de porcs, mais aussi de volaille, et donc la production d'œufs va s'en ressentir.

La pénurie ne touche pas que la production agricole. Par manque d'articles, on décide de fermer les quincailleries l'après-midi. La rumeur se répand que ces commerçants, qui ont obtenu cette mesure, vont pouvoir réaliser des stocks qu'ils vendront dès que les prix auront inévitablement grimpé. Et puis ils auront du temps pour aller faire leurs emplettes au marché noir !

La production métallurgique, là où elle ne s'est pas effondrée par manque d'énergie, de matière première et d'hommes, est entre les mains ou au service de l'occupant. Pour faire face à la pénurie d'un métal dont les Allemands ont besoin, le maréchal Pétain fait feu de tout bois, faisant même appel aux ressources patrimoniales. Il décrète le 11 octobre qu'il « sera procédé à l'enlèvement des statues et monuments en alliage cuivreux, sis dans les lieux publics et les locaux administratifs afin de remettre les métaux constituants dans le circuit de la production industrielle ». On va les fondre.

Cette décision est prise à l'instigation du *Militärbefehlshaber in Frankreich*. Dans chaque département une commission décidera du choix des statues sacrifiées. Si on pouvait comprendre la nécessité de cette nouvelle réquisition, alors que le métal manque pour réparer les machines et les outils agricoles, on découvrira vite que le produit ainsi récolté, les effigies de nos héros, partent en métal à canon pour l'ennemi.

Grave erreur politique que de s'en prendre à ce patrimoine local, mémoire et fondement de l'histoire, de la liberté, de la démocratie de ces communautés dans lesquelles la République a enfoncé ses racines. C'est notamment le cas pour l'emblématique statue de bronze de Voltaire qui, depuis la fin du XIXe siècle, rappelait aux Sanclaudiens le combat victorieux du philosophe et de son collaborateur Christin, maire de la ville, contre le servage que l'évêque leur faisait subir. Vichy prend d'ailleurs conscience de l'ampleur du phénomène de protestation contre ce qui est perçu comme une entreprise de censure de la mémoire. La révolte se propagera à partir du début de 1942. À Poligny, le 17 mars, pendant la nuit, une équipe locale de patriotes enlève la statue du « Vigneron » qui devait être envoyée à la fonte le lendemain. Cette intervention ne pouvait que rapprocher les populations d'une Résistance encore très embryonnaire. La statue, érigée au niveau de symbole du patriotisme local, retrouvera sa place à la Libération.

À quelques kilomètres de là, à Salins-les-Bains, la même aventure adviendra à la statue d'un enfant du pays, le général Cler, réalisée par le sculpteur Jurassien Jean-Joseph Perraud en 1865. Elle aussi sera cachée par des résistants, en janvier 1943. On la sortira de sa cache, dépôt d'ordures, avant de la réinstaller triomphalement avec une grue de l'armée américaine, à la date symbolique du 11 novembre 1944.

Très vite la collecte des œuvres d'art métalliques montrera ses limites. On va instaurer un impôt métal sur les particuliers.

Le pillage des personnes et des collectivités locales, mais aussi le blocus, pénalisent lourdement le pays. Le système D, aux marges d'une légalité intransigeante et dure aux faibles, prend alors souvent le dessus quand il s'agit de se procurer l'essentiel. Mais la police sait pouvoir compter sur de « bons Français ». Léon Werth écrit le 15 octobre :

> « Les lettres de dénonciation pullulent. Les inspecteurs ont encore fait, hier, à la gare (de Saint-Amour) une belle capture, une femme qui transportait six œufs.
> Une moitié de la France moucharde l'autre. Mais le plus étonnant [...] est que la partie mouchardée ne semble éprouver ni colère, ni dégoût, ni indignation envers la partie mouchardante (*sic*). »

La situation est autrement plus compliquée dans la région interzone. En décembre, un rapport du commissaire principal des RG à la ligne de démarcation à Poligny[57] convient que, malgré la répression du marché noir, les chevaux font l'objet d'un fort trafic avec la complicité des autorités d'occupation. Il lance un cri d'alarme : ses inspecteurs n'ont aucun moyen de transport à leur disposition, alors que les gendarmes qui surveillent les points de passage doivent être prochainement retirés.

En zone interdite on note que la population fait montre de nervosité, d'impatience et de mécontentement à l'égard de l'occupant. De plus, on se sent délaissés par Vichy, la zone non occupée serait bien mieux ravitaillée. Et puis les bouches à nourrir augmentent : des troupes allemandes de retour du front russe viennent de prendre leurs quartiers d'hiver. Leur solde, les fruits de leur

57. ADJ. 377 W 7.

butin de guerre, leur mark surévalué (1 mark = 20 francs), font exploser les prix et tarissent le marché. Il est entendu que les Allemands paient en général le double du prix affiché.

Cependant quelques lueurs d'espoir en cette fin d'année, car on apprend à la radio clandestine que l'armée Rouge contre-attaque !

Autre nouvelle : la flotte de guerre américaine du Pacifique a été bombardée par les Japonais à Pearl Harbor le 7 décembre, ce qui a mis fin aux dernières hésitations de l'Administration américaine. Les États-Unis entrent en guerre auprès des Anglais et des Russes. C'est gagné, pense-t-on, ce n'est plus qu'une affaire de temps !

Tous les espoirs des Jurassiens résident dans les victoires des Alliés car la Résistance intérieure reste fort timide, ses effectifs sont bien maigres et discrets, voire inexistants aux yeux de la plupart des gens. Les rapports officiels témoignent d'ailleurs, laconiques, « qu'aucun fait de propagande antinationale, gaulliste ou communiste n'a été relevé dans le secteur ».

Cependant, les mêmes sources, à la veille de Noël[58] sont sans fard : La population jurassienne, « dans sa grande majorité ne veut toujours pas admettre la politique de "collaboration" avec l'Allemagne », même si beaucoup la pensent inéluctable.

Et puis, si « on prend les Anglais pour ce qu'ils sont, on les préfère toujours aux Allemands… »

D'ailleurs peu d'étrangers semblent trouver bon accueil auprès de la population jurassienne : « La haine contre les Italiens est encore plus forte que celle qui dresse encore les Français contre l'Allemagne. » Mussolini, allié des Allemands, ne nous a-t-il pas déclaré la guerre « après la bataille », le 10 juin 1940 ? N'occupe-t-il pas une partie de notre territoire ? Or, on a appris à la radio que le chef du gouvernement, l'amiral Darlan, a rencontré son homologue transalpin, le comte Ciano, entrevue de vaincu à vainqueur. Grand seigneur, le Duce a promis de libérer la « totalité » des prisonniers français. Les Jurassiens sont outrés et ne se considèrent absolument pas vaincus par une « armée italienne d'opérette » qui, profitant de la débâcle, a fait sans coup férir bien peu de prisonniers.

Et pourtant, notre département, notamment les centres ouvriers, tels Saint-Claude et une partie du Haut-Jura, avait bien intégré les nombreux immigrés italiens qui, avec les lois du Front populaire, étaient devenus Français. Plus d'un s'engagera dans les combats de la Résistance jurassienne. Cependant, si nombre d'entre eux avaient fui la répression fasciste, d'autres, venus pour le seul travail, soutiennent Mussolini qui leur aurait rendu leur fierté. Ils sont donc censés être favorables à l'occupant, d'autant qu'ils sont exempts des réquisitions de main-d'œuvre pour l'Allemagne. Ils bénéficient de ce « privilège » en tant que ressortissants d'un pays allié. Par ailleurs, beaucoup de ceux qui ont acquis la nationalité française en sont protégés car occupant souvent des emplois nécessaires à la reconstruction du pays, notamment celui de maçon. Il n'en faut pas plus pour faire ressurgir d'anciens démons et créer des tensions au village !

---

58. ADJ. 332 W 45.

La Légion française des combattants

Après la Première Guerre mondiale, de nombreuses associations d'anciens combattants avaient été créées ; la majorité d'entre elles s'étaient affiliées à l'Union fédérale des combattants (UFC) ou à l'Union nationale des combattants (UNC) ; à elles deux elles regroupaient plus d'un million huit cent mille adhérents. En novembre 1939, ces deux organismes étaient sur le point de se fédérer au sein d'une Légion des combattants français.

Pétain saura se servir de cette dynamique, caressant l'espoir de faire de ses fidèles anciens combattants les troupes à même de soutenir son pouvoir. Dissolvant leurs associations, il les enrégimentera dans la Légion française des combattants qu'il crée le 29 août 1940, et leur fera prêter serment :

> « Je jure de continuer de servir la France avec honneur comme je l'ai servie sous les armes. Je jure de consacrer toutes mes forces à la patrie, à la famille, et au travail. Je m'engage à pratiquer l'amitié et l'entraide vis-à-vis de mes camarades des deux guerres, à rester fidèle à la mémoire de ceux qui sont tombés au champ d'honneur. J'accepte librement la discipline de la Légion pour tout ce qui me sera commandé en vue de cet idéal. »

Aux niveaux national, départemental, cantonal et souvent local, on l'a vu, les Jurassiens, comme tous les Français, n'ont plus de représentants, plus de référents, plus de « guides », de « leaders d'opinion ». Plus de presse indépendante non plus. À quels saints désormais se vouer ?

Les légionnaires, parangons de toutes ces vertus qui auraient tant manqué à la République, deviendront les courroies de transmission bien huilées du Maréchal. Ils occuperont tous les postes clés pour la mise en application de son programme, la Révolution nationale.

La Légion, le nom fleure la discipline, le nombre, l'abnégation, le patriotisme et l'engagement militaire.

Les Allemands, inquiets de cette organisation d'anciens combattants, l'interdiront dans la zone occupée.

Toutes les associations, tous les anciens combattants n'y ont pas adhéré. Les membres de la « gauche » Front populaire, avertis de l'homme et de ses soutiens, ne s'y sont pas laissé prendre. Bien entendu, ceux de la droitière Union nationale des combattants la rejoignent en très grand nombre. Les anciens Croix-de-Feu du colonel de La Roque, devenus Parti social français (PSF), ultranationalistes et ennemis jurés de la gauche, viendront dans l'été 1941 grossir leurs rangs. La plupart arrivent donc avec un bagage idéologique qui ne trompera bientôt personne. Dans leur écrasante majorité ce sont des anciens combattants de la Grande Guerre, et les insignes de la Légion d'honneur ornent souvent les vestons de leurs chefs désignés, des hommes mûrs, qui se reconnaissent dans leur Maréchal et sont souvent tentés de porter un regard critique sur les conditions de « l'étrange défaite » de 40.

Sur les dix-sept membres du comité départemental de la Légion du Jura, ils ne sont que trois à avoir participé à ce désastre. Dans ce comité, on trouve des officiers de la Grande Guerre, dont un colonel, les autres étant pour la plupart des « bourgeois », commerçants, industriels, membres des professions libérales... Leur omnipotent président départemental est Robert Morel, le directeur de l'Usine à gaz du secteur électrique de Lons-le-Saunier depuis 1931. Caporal en août 1914, blessé par balle en Champagne en 1915 « en conduisant sa section à l'assaut des tranchées ennemies », invalide de guerre, Légion d'honneur... bardé de décorations et de présidences d'associations dans le monde des anciens combattants.

L'Almanach de la Légion française des combattants pour l'année 1942 dresse la liste des membres du comité de Saint-Claude : trois industriels, un directeur d'usine, un ingénieur, un comptable, deux artisans, trois négociants, un receveur des finances, un docteur en médecine et un « employé de commerce ». Il est vrai que ce dernier, d'origine sociale modeste, était grand mutilé de guerre 14-18, chevalier de la Légion d'honneur, médaille militaire et croix de guerre. Le comité a ses entrées à l'hôtel de ville : deux de ses membres sont aussi de la délégation municipale de Saint-Claude.

À la tête de la section de Lons-le-Saunier présidée par le maire de la ville, Henri Mareschal, on trouve des membres de la plupart des « vieilles familles » de la bourgeoisie locale.

Les légionnaires sont partout, dans le moindre village, organisés, dirigés par des notables ou des officiers en retraite nommés et stipendiés par le régime, tous inconditionnels de Pétain qui les a chargés d'être les croisés de sa Révolution nationale. Ils sont « les yeux et les oreilles » du Maréchal, les mouchards parfois, les gardiens du bien-pensant toujours, les liens qui se veulent indispensables entre l'Administration et le peuple. Souvent victimes du suffrage universel, et revanchards du Front populaire, ils seront nombreux à peupler les nouvelles équipes municipales.

Ils sont patriotes, bien sûr, mais qui ne l'est pas ? Le régime a eu l'habileté de rendre indissociables les noms de « Pétain » et de « Nation » ; toute critique portée au premier, comme au gouvernement, est condamnée lourdement, comme étant « antinationale », communiste ou gaulliste.

Précisons que tous ces pétainistes, tant s'en faut, ne furent pas les tenants d'une idéologie fascisante. Dans leur commune où ils soutiennent bien sûr la politique de Vichy, ils se feront même souvent les défenseurs des plus démunis, n'hésitant pas à critiquer les insuffisances du ravitaillement et les injustices. Nombreux seront ceux qui, plus tard, se sentant abusés, quitteront l'organisation, prenant conscience de l'évolution du régime.

Nous avons pu consulter le Registre des délibérations de la Légion du secteur de Chaussin[59], chef-lieu de canton du nord du département, peuplé à l'époque d'un millier d'habitants. Il relate ses actions, de sa création à la fin du mois de juillet 1942.

Ainsi, le 23 mars 1941, le chef départemental Robert Morel, flanqué de son responsable à la propagande, le commandant Legrand, est à Chaussin ; il y

59. Archives Ch. Velin.

préside la mise en place de la section légionnaire dont il désigne le président et les membres du bureau. Il compte bien faire adhérer à la Légion les quelque deux cent trente adhérents locaux de l'UNC, en attendant d'y adjoindre les jeunes anciens combattants de 39-40 et les futurs « Amis de la Légion » dont le principe a déjà été arrêté.

Il ne serait pas infondé de penser qu'il ait sorti de sa poche, en fin de séance, cette motion « approuvée par les applaudissements unanimes » :

> « Les légionnaires de la section intercommunale de Chaussin [...] acclament leur glorieux chef, le maréchal Pétain, et affirment leur fierté de continuer à servir sous ses ordres, expriment au chef de l'État français leur vive reconnaissance pour les réformes réalisées en vue de la rénovation nationale et leurs vœux sincères pour la poursuite jusqu'à l'achèvement et le succès de l'œuvre entreprise, et, considérant l'urgente nécessité de la justice pour atteindre ce but, suggèrent que le procès des responsables de la débâcle (de l'effondrement) soit confié à un jury légionnaire sous la présidence et l'action effective du chef de la Légion.
>
> Vive Pétain – Vive la France »

Où l'on passe de la fidélité, de la subordination à l'ancien chef militaire, au soutien au régime mis en place, et à la chasse aux sorcières.

> « Puis l'assistance entière s'est rendue sur la place de la Mairie où se groupaient déjà en l'attendant, la musique, les pompiers, les enfants des écoles et une foule nombreuse et où eurent lieu le salut aux couleurs et la prestation de serment des légionnaires. »

Une réunion du bureau de la section en date du 23 mai semble devoir confirmer cette attente : « Il est donné connaissance d'une circulaire reçue tout récemment sur la propagande, l'opposition, la presse, etc. demandant de fournir chaque mois (le 20) verbalement ou par écrit, un rapport sur ces sujets. »

On veut manifestement en faire des mouchards, mais l'étude des rapports rédigés suite aux multiples réunions (15 jusqu'à la fin juillet 1942) de cette section n'accorde pas crédit à ce rôle de délateur ; mais peut-être s'est-il exercé en toute discrétion...

Nous verrons que l'essentiel de l'activité des légionnaires de Chaussin est dirigé vers le soutien à leurs camarades prisonniers en Allemagne ou de ceux qui ont réussi à s'enfuir. Cette forte implication relevant des prérogatives d'une association d'anciens combattants ne saurait faire oublier que ces légionnaires sont au cœur du système pétainiste qu'ils représentent au niveau local. D'ailleurs, à Chaussin, comme ailleurs, c'est l'un d'entre eux, en l'occurrence leur secrétaire-trésorier, qui sera nommé à la tête de la délégation spéciale. Ce sont eux qui s'assurent que les prescriptions du gouvernement sont bien appliquées, ainsi, « conformément aux prescriptions du directoire national de la Légion, le 11 novembre (1941) sera journée de recueillement dans le travail. Le programme sera le suivant : à 9 h 45 : rassemblement sur la place et départ du cortège à l'église pour assister à la messe solennelle dite à la mémoire des camarades des deux guerres morts pour la France. Après la messe, le cortège se rendra sur la place, face au monument aux morts où auront lieu le dépôt d'une gerbe et le salut aux couleurs ». Et de préciser, toujours tatillon dans ses rapports, « s'il est possible de trouver encore des fleurs malgré les gelées précoces de ces jours derniers ».

Cependant, en mars 1942, quand la Légion sera prise en main par un pouvoir qui affiche sa collaboration et qui à cet effet entend la restructurer, on trouve une certaine nostalgie ; ainsi de ces propos consignés dans le compte-rendu de l'assemblée des présidents des sections autonomes du canton tenue le 1er mars 1942 :

> « C'est avec regret sans doute que nous voyons morceler notre vieille association cantonale d'anciens combattants qui fut créée en 1920 (UNC), association dissoute et remplacée il y a un an environ par l'actuelle Légion française des combattants… »

Même si le propos se termine par : « Nous restons tous naturellement parfaitement unis », chez nombre de légionnaires, cette nostalgie s'accompagnera d'une désillusion de plus en plus forte qui les conduira à la rupture avec Vichy et sa politique.

Mais les responsables départementaux, soutiens inconditionnels de Vichy, tiennent à prouver la force, l'unité, mais aussi leur mainmise sur le mouvement. Ainsi « l'Union départementale a décidé d'offrir un cadeau au maréchal Pétain qui sera remis par le président départemental, M. Morel. Participation individuelle de chaque légionnaire et volontaire : 3,50 francs, somme prélevée par anticipation sur la caisse de la section : 148 x 3,50 = 520 francs »

L'ouverture de la Légion aux « volontaires » a permis l'adhésion de jeunes pétainistes prêts à en découdre par la force avec les ennemis de Vichy. Joseph Darnand, originaire de Coligny, va les organiser dans un Service d'ordre légionnaire (SOL). Collaborationniste, raciste, antisémite virulent, Darnand est de ceux qui rêvent de voir Vichy mener à terme l'alliance avec le *Reich* en combattant à ses côtés et en intégrant une Europe allemande. En janvier 1942, Pétain le désigne chef national du SOL. Outre leur totale dévotion à Pétain, ses membres font serment de « lutter contre la démocratie, la lèpre juive et la dissidence gaulliste ». À peine deux cents dans le Jura, « mal encadrés, éparpillés dans un département où les moyens de transport sont rares, ils ne seraient d'aucun secours ». Jouant essentiellement un rôle de dénonciateurs, ils sont de plus en plus détestés par la population.

Les légionnaires « traditionnels » vont désormais être cantonnés et faire porter l'essentiel de leurs efforts dans le domaine du social. Soulager la misère n'est-il pas le meilleur moyen de rallier le peuple au régime ? Les difficultés du ravitaillement, les pénuries, les prix qui s'envolent… leur offrent un vaste champ d'action. Avec l'appui du Secours national qu'elle a en main, la Légion va notamment mettre en place des restaurants à bon marché. L'un d'eux est créé à Lons-le-Saunier le 10 mars. On y distribue des plats à emporter pour une somme modique. Afin de faciliter le ravitaillement de ce restaurant, un grand jardin légionnaire a été mis à sa disposition par la mairie[60].

Ceci ne suffit pas à donner aux légionnaires une image de bons samaritains, et ils sont rendus complices de toutes les exactions du régime. Sans doute leur fait-on payer les agissements de leur service d'ordre. On le leur fait comprendre, anonymement bien sûr, ainsi qu'en témoigne ce tract découvert le 29 août à Voiteur[61] :

> « La Légion a brisé cette union sacrée qui a toujours fait la force de la France aux heures de danger. Légion-désunion.
> Pour mieux nous exploiter et davantage nous asservir, Berlin avait besoin de notre désunion : il imagina Vichy. À son tour le gouvernement de Vichy eut recours à la désunion pour s'imposer : il monta la Légion.
> Commerçants, ayez le courage de ne pas être légionnaires pour vos gros clients, ouvriers pour vos patrons, industriels et fonctionnaires pour le dieu ÉTAT. Français aimez la liberté comme vos pères et brisez les chaînes que vous vous forgez les uns les autres depuis deux ans.
> En vous inscrivant à la Légion il y a deux ans, vous étiez peut-être de bonne foi. Aujourd'hui vous ne pouvez pas rester de bonne foi légionnaire.
> Secouez les chaînes du dieu-ÉTAT car l'ÉTAT ce n'est pas la Patrie, ce n'est pas la France. Les hommes et les gouvernements passent, la France reste… Voyez la France et servez-la, mais ne soyez pas les valets de l'équipe gouvernementale.
> Vichy c'est la plus honteuse et la plus abominable équipe qu'il soit possible d'imaginer. »

Plus d'un légionnaire a déjà anticipé ce vœu en démissionnant. On estime alors que sur la dizaine de milliers d'entre eux qu'aurait comptés le mouvement en 1941, ils ne seraient plus qu'environ deux mille à rester fidèles au pouvoir. Et rares sont ceux qui continuent à porter leur insigne.

Vichy sait qu'il ne peut pas compter sur une Légion discréditée et divisée pour défendre sa politique et, éventuellement, s'opposer par la force à une révolte populaire. La faiblesse des soutiens du régime inquiète en haut lieu. Les Renseignements généraux de Lons-le-Saunier, dans leur rapport du 24 septembre, signalent que la tendance antigouvernementale et surtout anti-collaborationniste ne fait que croître, et ils en viennent à envisager le pire, un « événement grave ». Dans ce cas pourra-t-on compter sur le 151e régiment d'infanterie de l'armée d'armistice cantonné pour l'essentiel à Lons-le-Saunier ? On en doute, car il compte dans ses rangs un grand nombre d'Alsaciens-Lorrains dont le patriotisme et le désir de chasser l'Allemand sont intacts. Accepteront-ils d'intervenir pour exercer ce qui est désormais leur seul rôle, maintenir l'ordre ? Ils sont d'autant plus hostiles et inquiets que des bruits courent : leurs « compatriotes » résidant en zones occupée et interdite

60. ADJ. 332 W 133.
61. ADJ 304 W 39.

seraient arrêtés par les Allemands, en vue de les incorporer dans la *Wehrmacht*. Ils en sont même à se demander si le gouvernement français n'aurait pas l'intention de livrer aux autorités d'occupation leurs frères réfugiés en zone libre.

Et ils peuvent compter sur le soutien des Jurassiens qui partagent de plus en plus leur hostilité à l'égard du régime et de son évolution dangereuse :

> « La propagande peut faire tous ses efforts, parfois bien maladroits, les Anglo-Saxons peuvent bombarder sans pitié nos populations civiles, les internements administratifs peuvent même se multiplier, la grande majorité de la population jurassienne, bien connue pour son entêtement, ne veut pas entendre parler de collaboration. »

■ ***Plasticage du siège du SOL, place de la Liberté à Lons-le-Saunier, 29 juillet 1942. MRD. La Citadelle. Besançon.***

Placard du SOL
« Français :
Voilà l'activité des Communo-Gaullistes !
Vive le MARÉCHAL
Vive la France. »

CHAPITRE II

ÉCONOMIE ET CONSOMMATION EN BERNE

L'agriculture : crise et fraude

Durant ce terrible hiver 1942, surtout dans la région interzone, la pénurie continue à peser lourdement sur les corps et le moral. Le commissaire spécial des RG en poste à Poligny dresse l'état du ravitaillement en février. Il confirme que la faim a gagné les populations les plus fragiles : « Les habitants qui ne possèdent rien et qui n'ont pas des parents cultivateurs, qui sont obligés de s'adresser aux épiciers, se plaignent qu'aucune distribution de légumes secs, de pâtes ou de conserves ne soit prévue en cette période d'un hiver rigoureux, alors qu'il est impossible de trouver des légumes verts[62]. »

Plaintes lancinantes, tout au long de la période, et qui iront en s'exacerbant. Elles concernent aussi l'insuffisance et la mauvaise qualité du vin, la cherté du bois de chauffage et la difficulté de s'en procurer, l'insuffisance notoire de la ration de viande...

On signale que des vaches qui pèsent en moyenne six cents kilos n'en pèsent plus guère que trois cent cinquante et ne donnent qu'un ou deux litres de lait par jour ; de plus la tuberculose guette le bétail mal nourri. Rappelons que les paysans, qui rencontrent de très grandes difficultés à nourrir leurs bêtes jusqu'à la fin de l'hiver, sont vendeurs. L'offre de bovins est si forte que les prix des animaux sur pied s'effondrent. Et qui va acheter dans les foires des bêtes qu'on n'a pas l'autorisation de tuer et que l'on ne peut nourrir ? Une solution vite trouvée : les abattages clandestins.

Faute de foin, le bétail est parfois nourri avec des céréales panifiables, au grand dam de la population mais aussi de l'Intendance qui perquisitionne, souvent brutalement. Car la soudure du blé doit être assurée à tout prix. Les autorités et l'opinion pensent que, si le blé fait défaut, ce ne peut être que parce que les paysans ne déclarent qu'une partie de leurs récoltes. Pour remédier à cette situation, l'Administration va d'abord mobiliser les maires ; mais on va aussi s'appuyer sur les « autorités morales » locales : les instituteurs et les curés, ainsi que, bien entendu, sur les légionnaires, chevilles ouvrières de « la bataille

62. ADJ. 332 W 5.

du blé » (ou du pain). On passe outre aux « bonnes excuses » des producteurs, voire des syndics, qui allèguent, parfois à juste titre, qu'ils n'ont toujours pas été payés pour des livraisons de blé effectuées à l'automne précédent, et que du blé réquisitionné est resté sur place depuis des mois faute de sacs vides pour le ramasser… Ils réclament que les contrôles se fassent au battage, ou au moulin et non à la moisson qui surévaluerait systématiquement la récolte en grains. Ils mettent également en cause les meuniers, très vieille antienne, qui prélèveraient indûment une partie des farines et qui font preuve de « trop de fantaisies dans l'estimation du prix d'achat qui peut flotter dans des proportions qu'ils jugent excessives ». Alors que les grands moulins sont contrôlés, ils reprochent aux petits meuniers de gaspiller le blé en extrayant trop de son, livrant ainsi des farines trop blanches et donc en moindre quantité.

Le gouvernement prend la chose très au sérieux et met en place, au printemps 1942, des commissions communales dont le but est de convaincre les producteurs récalcitrants. Ainsi ce courrier du chef de la Légion de Pannessières daté du 30 mars, adressé au président départemental de la Légion :

> « Comme suite à votre dernière circulaire relative au problème du blé, je me suis strictement conformé aux directives que vous m'avez données. J'ai communiqué votre lettre à M. le curé et à M. l'instituteur, M. le maire étant souffrant. Hier, dans son sermon, M. le curé a engagé les cultivateurs à livrer immédiatement au ravitaillement tout leur disponible en blé sous peine d'engager gravement leur conscience. M. l'instituteur fera de même auprès des parents d'élèves.
> Quant à moi, en plein accord avec mon comité légionnaire, tous ensemble, nous ferons pression auprès des cultivateurs que nous connaissons comme récalcitrants, par la douceur d'abord, par la menace s'il le faut, pour les obliger à livrer leur blé immédiatement au Ravitaillement général. »

À Orgelet, le comité local des céréales est présidé par le maire, responsable cantonal de la Légion, le général Karcher ; on y trouve le président local de la Légion, le curé, le directeur d'école et un paysan, tous légionnaires. Et le procédé fonctionne, en partie ! À la suite d'une réunion de tous les agriculteurs de la commune, une trentaine de paysans, apeurés ou convaincus, viennent s'inscrire et livrent au total vingt et un quintaux de blé.

À Vincelles ce sont douze agriculteurs qui doivent se délester de près d'une tonne de blé à la minoterie Pont ; il faut dire que la plupart d'entre eux, membres de la Légion, ont dû se sentir quelque peu contraints !

À Rahon, les résultats sont moins évidents, le responsable de la Légion s'en émeut, même s'il n'a pas hésité à user d'une méthode coercitive qu'il revendique : « Cette action n'aurait donné que des résultats médiocres si des perquisitions concomitantes n'avaient pas été exercées par une équipe mobile envoyée par les autorités. Si quelques-uns accomplissent leur devoir national, les autres n'ont pas le sens communautaire et cela se constate pour toutes les impositions ou collectes [...]. La fermeté seule peut les y contraindre. Souhaitons que cette fermeté ne se relâche point et, mieux encore, qu'elle s'étende à d'autres domaines où elle est aussi nécessaire. »

Ce monsieur se sent menacé et déplore n'être « armé que d'une autorisation : c'est peu ! Espérons toutefois que ce sera suffisant ». Effectivement, malgré son autorisation de porter une arme, il ne peut s'en procurer une !

En revanche, plus souvent, il arrive que le maire du village, hostile à Vichy ou défenseur de ses administrés paysans, freine des quatre fers les actions de cette mission, et que la Légion locale en profite pour le désigner à la vindicte officielle. Ainsi, à Arthenas, le responsable légionnaire de la « collecte » signale au chef départemental qu'il « a été encore aux prises avec le maire et son secrétaire [...] pour la constitution du comité local. Leur intention était encore de se passer du concours de la Légion d'abord, mais aussi du curé et de l'instituteur. J'ai menacé le maire et le secrétaire de mairie, de vous et de M. le préfet. »

Cette traque compulsive du blé si nécessaire au ravitaillement, n'épargne pas le Haut-Jura où pourtant les moissons sont des plus réduites et aléatoires ! Les quantités récupérées, certes faibles, en disent long sur le désarroi des gouvernants contraints de gratter les fonds de tiroirs. Mais les autorités ne semblent pas toujours se donner les moyens pour améliorer la récolte de céréales panifiables. Dans la plaine du Finage[63], ce sont les services de l'Intendance qui seront rendus responsables de la mauvaise récolte. En juillet 1942, le chef légionnaire du district rend compte à ses supérieurs : « Je crois devoir vous signaler que dans la région de Chaussin les cultivateurs de certaines communes manquent de ficelles-lieuses pour assurer dans de bonnes conditions la récolte des céréales et que ce déficit, parfois important, risque de compromettre le rendement de la récolte actuellement en cours. » Or, la presque totalité de la moisson est faite par des moissonneuses-lieuses, la pénurie de main-d'œuvre ne permettant pas d'effectuer la moisson par fauchage à la main. Là aussi, la solidarité est active ; les cultivateurs qui ne possèdent pas de moissonneuses utilisent celle des voisins.

La ration de pain a encore diminué et les ménagères éprouvent en fin de mois des difficultés à se procurer cet aliment indispensable. Et ce qu'on entend par « pain » est déjà bien loin de ce qu'il est convenu de désigner comme tel : sa composition est des plus hétéroclites ; il a pris des couleurs où le gris est dominant, est devenu en quelque sorte un ersatz incorporant, à défaut de froment, des farines de céréales secondaires : orge, seigle, maïs, mais aussi des farines de faines, de glands, de marrons, de fèves et de produits indéterminés...

Les restrictions en légumes ont donné un nouvel essor à la culture des jardins. « De nombreuses friches ont été déchaumées et il est curieux de constater l'activité qui règne le dimanche dans les jardins et champs situés autour des villes. »

L'hiver approche, les provisions et les rations du ravitaillement s'amenuisent, voire ont disparu.

---

63. Plaine fertile aux champs ouverts, aux riches cultures céréalières, située au sud-ouest de Dole.

Dans tout le Jura, la liste des problèmes dénoncés s'allonge : les porcs, les pommes de terre sont achetés à bas prix par le Ravitaillement ; mais les semences, elles, sont vendues beaucoup trop cher dans des centres souvent éloignés des besoins : on signale le cas de ce cultivateur de Poligny qui doit aller chercher ses semences à Saint-Amour !

Des Allemands bien sûr participent aux trafics en tous genres qui se développent sur la ligne de démarcation. Déjà, le 18 mars, un télégramme classé « SECRET » adressé par le ministère de l'Intérieur[64] aux préfets de la zone libre se veut comminatoire !

> « Veuillez réprimer très énergiquement trafic clandestin marchandises destination zone occupée. Stop.
> Effectuer fréquentes vérifications dans gares et sous réserves dérogations admises au sujet des colis familiaux et bagages à main, déférer parquet individus expédiant ces produits sans autorisations.
> Appliquer tout particulièrement aux individus se livrant marché noir pour compte autorités allemandes sanctions prévues. Stop.
> Refoulement sur zone occupée agents allemands et italiens notamment lorsque ces étrangers se livrent activité différente de celle mentionnée sur leur sauf-conduit. Stop. »

Cette dernière décision ne doit bien sûr pas être connue de l'occupant.

Les produits exotiques font bien sûr défaut. Du fait de l'Occupation, de la guerre et du blocus, le commerce extérieur de la France a pratiquement disparu, y compris avec nos colonies. Le chocolat est toujours hors de prix. Or il est fort prisé pour son goût mais aussi pour sa valeur nutritive. Par ailleurs peu pondéreux, il est précieux pour les colis des prisonniers

Remèdes à la faim

C'est sous ce titre anodin, trivial et ponctuel d'un article de *l'Almanach de la Légion française des combattants*, édition 1942, qu'est traité le problème crucial du ravitaillement et des pénuries alimentaires. La caricature ne manque pas de sel ni d'autodérision. Aucun article, aucune phrase de cet ouvrage de propagande de plus de trois cents pages ne fait la moindre allusion au Ravitaillement général… Il faut éviter un sujet qui fâche relevant de l'autorité de l'État. Il ne s'agit ici que de conseiller et consoler des ménagères confrontées à une grave pénurie dont on semble ignorer l'origine.

Le système D, consistant à composer des menus originaux, semble avoir mobilisé diététiciens et herboristes, docteurs Diafoirus à même de livrer des « recettes s'appliquant surtout aux éléments de substitution », « recettes de bonnes femmes » où la faim sous-jacente et parfois le grotesque, le disputent à la supercherie.

---

64. ADJ.377 W 7.

Les soupes et potages sans pommes de terre

« Les soupes reprennent le rôle important qu'elles ont joué dans toute l'alimentation humaine de tous les temps. Lorsque l'on ne peut plus faire qu'un seul plat, c'est une synthèse de tous les éléments disponibles et c'est la soupe.

Tout peut aller dans la soupe : eaux de cuisson des légumes, petits restes de plats de toute espèce trop peu abondants pour être présentés à nouveau, fanes de carottes, côtes de choux-fleurs, feuilles légèrement défraîchies de la salade, queues de cresson, eaux de cuisson des pâtes et du poisson, échantillons de toutes sortes de légumes. »

Potages aux miettes de pain

« Les miettes de pain représentent un agent de liaison excellent. Il faut recueillir soigneusement dans une boîte toutes les miettes provenant de pain coupé, de dessertes, etc. on peut les conserver au naturel ou après les avoir fait sécher au four. Elles constituent un élément précieux de la confection des soupes et des puddings comme des hachis.

Voici une formule de potage provençal : dans une cuillère d'huile d'olive, faites dorer une tasse à thé de miettes de pain ainsi qu'une tête d'ail hachée que vous pouvez remplacer par un oignon. Mouillez avec un litre d'eau chaude dans lequel vous mettez une pointe de safran et un brin de thym.

Laissez bouillir à petit feu pendant une vingtaine de minutes. Si vous disposez d'une eau de cuisson de poissons, ce potage deviendra délicieux. »

Bien sûr aucune allusion au nombre de calories fournies par un tel breuvage !

Par contre on y songe quelques pages plus loin :

Gland du chêne

« C'est une réserve d'amidon, de calories, tout comme le haricot, le pois, la châtaigne. Son germe contient, comme celui des céréales, de la graisse, des phosphatides, des vitamines, du tannin qui en fait un tonique.
Son goût âpre lui est enlevé par plusieurs "blanchissages" de cinq minutes au bicarbonate de soude.
On termine la cuisson dans de l'eau pure. Une fois cuits à l'eau on peut préparer les glands en purée avec du lait, du chocolat, ou bien comme des haricots ou des pois chiches.
C'est une nourriture très fortifiante, dynamogène. »

Les citadins malchanceux ne peuvent se rendre aisément dans les forêts de chênes pour la glandée. Par contre ils peuvent se procurer dans les friches urbaines « l'ortie dioïque » :

> « C'est l'ortie commune piquante ; ses feuilles portent des multitudes de poils invisibles qui rejettent, lorsqu'on les touche, un liquide rubéfiant nommé acide formique, lequel est son moyen de défense. Les jeunes plantes peuvent nous fournir une nourriture appréciable, tonique par leur tannin, antianémique par leur chlorophylle, motrice par leur acide formique.
> Les cuire dans une très petite quantité d'eau dans laquelle on aura ajouté un dé à coudre de bicarbonate de soude…
> On les consommera en plat d'herbes ou bien en soupe. Nous les recommandons aux paralytiques. »

Elle peut figurer en bonne place sur les tables. Le bicarbonate de soude ne semble pas être contingenté ! Voilà de quoi faire passer rutabagas et topinambours pour mets de choix !

L'ortie est aussi recommandée pour la basse-cour et le bétail, avec quelque précaution cependant !

> « Nous conseillons d'en donner aux volailles, mais humectée et hachée, dans la pâtée. C'est un excellent stimulant de la ponte.
> Donnez-en aussi aux grands animaux pour favoriser la lactation des femelles et l'engraissement de tous. »

Et il ne s'agit là que d'un florilège extrait d'un chapitre de treize pages écrit en 1941 alors que la pénurie n'a pas encore atteint son paroxysme.

Mais, malgré la propagande et la commisération officielles, la solidarité nationale est parfois bien oubliée, et certains comportements avérés alimentent le discrédit des nouveaux dirigeants.

Le 22 décembre, le préfet reçoit ce rapport du service de contrôle du Ravitaillement général (extraits)[65] :

> « J'ai l'honneur de vous rendre compte de ce que, depuis quelque temps, des contrôleurs du Ravitaillement ont été amenés à constater que certaines

---

65. ADJ.331 W 52.

notabilités de la ville profitaient d'occasions "exceptionnelles" pour s'offrir des repas "hors série dans des restaurants situés en dehors de la ville".
Le 20 novembre une réunion de "personnages" s'est tenue au lieu-dit "Le retour de la chasse", bifurcation des routes de Clairvaux et de Saint-Maur.
Le 6 décembre, certains de ces mêmes "personnages" se sont trouvés à une réunion de famille à l'hôtel du Belvédère (territoire de Crançot), réunion organisée par le Secours national.
Les repas pris sont généralement copieux et toujours en contradiction avec la réglementation sur les restaurants. »

Un rapport en date du 18 décembre précise le menu par le détail :

Pâté maison.
Raves rouges vinaigrette.
Civet de lapin.
Pommes mousseline.
Poulet.
Salade.
Fromage.
Tarte maison.

« Il faut ajouter à cela du café et dix-huit bouteilles de vin fin, le tout d'une valeur de 1 515 francs. Il est entendu que le prix d'un repas sans vin est de 35 francs. »

Enquête est menée : « [...] la rumeur publique, et particulièrement plusieurs personnes dignes de foi et dont l'honorabilité ne saurait être mise en doute, nous ont fait connaître que le prix de ces repas était voisin d'une

"Je ne comprends pas qu'il n'y ait pas de viande quand on voit tous les cochons qui sont arrivés en France depuis deux ans."

■ *Dessin paru dans* **La Marseillaise** *à Londres en juin 1942.*

centaine de francs[66] par personne et que le règlement devait être fait sur les comptes du Secours national.

Parmi les convives on remarque le maire de Lons-le-Saunier, par ailleurs responsable départemental de l'organisme caritatif du Secours français, et son successeur à ce poste, monsieur Henri Capiod[67]. »

Épilogue : procès-verbal est dressé... à la restauratrice !

▪ ***Cette photographie ne figure pas, bien entendu, dans l'Almanach de la Légion ! Coll. A. Daroles.***

Les assiettes de ces enfants des beaux quartiers parisiens réunis dans le célèbre « restaurant Pierre » de la place Gaillon sont sans doute bien garnies ! Le portrait du Maréchal qui chérit une jeunesse saine, avenir de la France, semble s'accommoder des réclames d'alcool, figurant sur les coiffes en papiers des charmants convives. Nous sommes le 30 décembre 1941.

Quel contraste avec les fêtes de fin d'année des enfants de la grande majorité de la population jurassienne !

On s'est installé dans une occupation que l'on sent devoir durer. On ne compte plus guère sur un retour rapide des prisonniers ni sur l'amélioration d'un ravitaillement déjà bien compromis dès l'automne.

---

66. En février 1943, les salaires mensuels à Saint-Claude seront portés à 300 francs pour les diamantaires et 200 francs pour les pipiers. ADJ. 304 W 123.

67. Il a successivement exercé les professions d'artisan plâtrier, de droguiste, de directeur des pompes funèbres, puis de quincaillier. Sa gestion au Secours national fera l'objet de nombreuses critiques.

CHAPITRE III

LA COLLABORATION

L'évolution de la politique de Vichy est très directement liée aux heurs et malheurs des troupes allemandes.

Début 42, leur pression s'accroît, en liaison directe avec les difficultés rencontrées par l'armée allemande sur le front russe.

Le 12 février, à la grande satisfaction des populations, on apprend que la division allemande qui cantonnait depuis l'automne à Champagnole, Andelot, Morez, Frasne, Pontarlier et au camp du Valdahon, va partir sur le front russe.

Les troupes allemandes auraient montré leur inquiétude et leur mauvaise humeur de quitter un pays où elles avaient pu voir confirmée l'expression populaire chez eux :

« wie Gott in Frankreich leben »

(heureux comme Dieu en France)

Elles ne partiront pas les mains vides. On apprend, « de source non contrôlée, mais paraissant sérieuse »[68], qu'elles vont procéder, avant la fin du mois à la réquisition d'un nombre important de chevaux, avec leur harnachement. Effet collatéral redouté, on s'attend à ce que ces paysans ainsi démunis ne viennent « en fraude, la nuit, se procurer des bêtes de trait en zone libre ».

La ponction de l'occupant sur les pays occupés qui voient augmenter les réquisitions en tous genres, accentue la haine de l'Allemand, le rejet de la collaboration et, avec elle, du régime.

L'affaire est entendue, le gouvernement est pour les Allemands, et toute défaite qu'ils essuieraient serait également la sienne. Le commissaire spécial[69] reconnaît que « dans ce département pourtant si sain, on envisagerait comme un événement heureux l'écrasement des armées allemandes par les troupes russes, même si le péril communiste devait menacer notre pays [...]. Bourgeois et paysans ont l'effroi du communisme, mais le peuple russe est admiré et chacun souhaite sa victoire [...]. »

---

68. ADJ. 377 W 7

69. ADJ. 332 W 46

■ ***Défilé de la garnison allemande à Champagnole.***
Coll. « Champagnole, Culture & Mémoire »

La Relève

En avril, cédant à la pression allemande, Pétain reprend Laval comme chef du gouvernement. Ce dernier ne tardera pas à amplifier considérablement la collaboration d'État.

Le mois suivant, un rapport des RG montre le fossé qui existe entre la politique de collaboration de plus en plus affirmée du pouvoir et le sentiment des Jurassiens[70] :

> « L'Allemagne est toujours considérée comme la seule ennemie de la France. Les Anglais ont pu nous prendre Madagascar, les Américains les Antilles, nos usines peuvent être bombardées par nos anciens alliés, l'opinion publique ne réagit pas, les Anglais et les Américains étant les ennemis de l'Allemagne.

70. ADJ. 332 W 46.

Aux yeux de la grande majorité de la population, tout ce que raconte la radio britannique est exact. Partout la haine de l'Allemagne ne fait que s'accroître [...].
La brutalité dont ils font preuve sur la ligne de démarcation ne fait que renforcer qu'aucune entente n'est possible avec eux [...]. Il n'est pas, en effet, de l'autre côté de la ligne, de commune, si petite soit-elle, où l'on ne prépare pas une "liste noire" où sont inscrits toutes les femmes et tous les hommes suspects d'avoir eu des rapports d'amitié avec les Allemands. »

Penserait-on déjà au « grand soir » de la Libération ?

En zone interdite notamment, l'Administration française est de moins en moins audible. Le sous-préfet de Dole[71] signale qu'« ici, l'opinion est plutôt stagnante et apathique ». Dans les milieux urbains où les communautés ouvrières sont assez nombreuses, notamment dans les environs de Dole, « aucune préoccupation ne se manifeste autre que celle du ravitaillement ». Encore que le fonctionnaire nuance ses propos en précisant que dans « les cantons de la montagne on rencontre toujours un accueil sympathique et discipliné ».

À Dole d'ailleurs, plusieurs manifestations de femmes ont eu lieu, notamment le 21 mai 1942. Les arrivages de légumes sur le marché s'étant trouvés insuffisants, « les ménagères n'ayant pu être servies se sont dirigées vers la sous-préfecture ». Et le sous-préfet, un rien cynique et satisfait de lui, d'informer son supérieur qu'elles « ont été dispersées sans difficulté à la seule annonce de distributions normales de légumes secs qui devaient être faites quelques jours après [...] et dont j'ai seulement avancé la date. »

Une seule manifestation a eu lieu dans le Haut-Jura occupé, à Morez, sa meneuse a été écrouée.

En zone « libre », Vichy n'échappe pas non plus aux critiques, et on commence à s'organiser. Ainsi le 12 juin, Léon Werth d'écrire : « Sur les murs, le gouvernement a fait placarder ces affiches qui visent à discréditer la Résistance. C'est donc qu'elle existe et qu'une partie non négligeable de la population du bourg et des villages environnants la soutient ! »

Il signale également le désintérêt marqué que manifeste la population, surtout les paysans, à l'égard de la Légion locale, « monde fait de hobereaux, de boutiquiers et d'adjudants en retraite ».

L'opinion des Français ne saurait infléchir la marche en avant de Laval – soutenu par Pétain –, vers une collaboration ouverte et théorisée. Un mois après son retour, le 22 juin, le chef du gouvernement prononce un discours radiodiffusé qui ne va pas améliorer sa popularité :

« [...] Je souhaite la victoire de l'Allemagne, parce que, sans elle, le bolchevisme, demain, s'installerait partout [...].
Ouvriers de France ! C'est pour la libération des prisonniers que vous allez travailler en Allemagne ! C'est pour notre pays que vous irez en grand nombre ! C'est pour permettre à la France de trouver sa place dans la nouvelle Europe que vous répondrez à mon appel. »

---

71. ADCO. W 21.365.

■ ***Sud de la France. Convoi de volontaires du SOL en partance pour la Relève en Allemagne. La Documentation française.***

Il décrète ainsi la Relève : pour trois jeunes Français qui accepteront de partir travailler outre-Rhin, un prisonnier sera libéré. Désormais c'est aux Français de payer de leur personne le choix fait de la collaboration. L'engagement contre celle-ci n'est plus simplement affaire de principe patriotique. D'autant que dans la zone interdite le « volontariat » est vite devenu obligatoire ; aussi certains travailleurs français commencent-ils à passer clandestinement la ligne de démarcation.

M. Lem qui occupe par intérim les fonctions de sous-préfet de Dole, sera chargé par son supérieur de faire un rapport sur le succès rencontré par la Relève dans son secteur. La tâche est ingrate. Après une introduction servile : « [...] chacun rend hommage à l'idée magnifique de la "Relève" », il ne peut cacher la réalité : « Toutefois, les milieux ouvriers eux-mêmes, qui sont les principaux intéressés (en tant que victimes désignées du départ en Allemagne) sont peut-être plus réticents. »

Mais il faut trouver une explication politiquement correcte qui ferait oublier le rejet de la politique de collaboration : « le côté sentimental de cette "Relève" les laisse évidemment absolument froids, en raison de cet antagonisme regrettable que l'on peut constater entre la classe ouvrière et la classe paysanne ». À noter que cet « antagonisme » ne pouvait que se nourrir du fait que les fils de paysans n'étaient pas requis.

Reconnaissant qu'il y a fort peu de volontaires, il l'explique par :

- Les risques qu'ils encourraient dans des usines allemandes bombardées par l'aviation anglaise.
- Le fait que le département est rural et qu'il n'y a pas de chômage.
- Le caractère casanier des montagnards et des artisans qui renforcent « la réticence bien française à s'expatrier ».

Quant à ceux qui s'engagent, ils ne le font pas par solidarité, ni pour « le côté sentimental » mais « surtout en vue des salaires élevés qu'on leur promet, ou bien, pour les plus jeunes, dans un esprit d'aventure et croyant réaliser une expérience nouvelle ».

Ils seront déçus !

En zone sud, le discours radical du chef du gouvernement inquiète les autorités : comment va réagir une opinion publique déjà si hostile à la collaboration ? Les préfets régionaux diligentent en toute hâte des enquêtes d'opinion sur l'impact de l'intervention de Laval. Ainsi de cet ordre du chef régional des RG à Lyon, adressé à ses services départementaux :

> « Prière de me fournir, par téléphone, le texte d'un compte-rendu d'une quinzaine de lignes, faisant connaître en toute objectivité et sincérité, les réactions des populations de votre juridiction à la suite du discours du chef du gouvernement »

Et le rapport ci-dessous transmis au préfet de Lons-le-Saunier qui le fera suivre en haut lieu, à Lyon et à Vichy, respecte ces exigences :

> « J'ai l'honneur de vous rendre compte que le discours prononcé par M. Pierre Laval, chef du gouvernement, a été accueilli avec une sorte de stupeur par la grande majorité des habitants du Jura. Les milieux populaires craignent de voir certains d'entre eux désignés d'office pour aller travailler en Allemagne.
> L'impopularité de M. Pierre Laval, qui avait cependant gagné quelques sympathies ces derniers temps, grandit encore.
> Un conflit sourd pourrait s'élever entre les cultivateurs (exemptés) et les ouvriers, ces derniers ne marquant aucun enthousiasme à l'idée de se rendre en Allemagne. Peu de volontaires accepteront, dans le Jura, dans un pays que les Francs-Comtois continuent à considérer comme seul ennemi de la France. »

Au total, l'appel de Laval sera suivi de bien peu d'effet. Parmi les partants, nombreux sont ceux qui le font par devoir filial, soucieux du retour d'un parent prisonnier. Certains cependant y verront une aubaine leur permettant de se mettre au service de l'Allemagne considérée par eux comme un pays de cocagne.

C'est le cas ici, en gare de Marseille, de ces membres du SOL, bras armé de la Légion, thuriféraires de la collaboration. Encore faut-il préciser que Darnand, alors en poste à Nice, avait largement recruté son SOL dans « le Milieu » local.

■ ***Propagande de Vichy. Photo Keystone. Source : « La Documentation photographique ».***

L'évolution de l'état d'esprit de la population se confirme au mois de juillet. C'est pour faire diversion et endiguer le mécontentement qui monte, que le gouvernement multiplie les « coups médiatiques ». Dans ce registre on peut mentionner « la journée de la jeunesse, héritière de la Nation », qui s'inscrit dans le cadre de la « CONTINUITÉ NATIONALE ». Elle aura lieu le dimanche 12 juillet et sera placée sous les auspices du ministère de l'Information.

On a bien compris que la jeunesse était un vecteur de propagande de choix :

> « De nombreuses expériences prouvent que les adultes, et en particulier les parents, sont particulièrement sensibles aux idées qui se dégagent d'un spectacle organisé par leurs enfants.
> C'est pour cette raison que nous demandons aux enfants et aux jeunes des villages de France d'inviter leurs parents à une célébration préparée et organisée par eux. La journée comprendra, autant que possible, une partie sportive et un jeu historique... »[72]

Mais ces initiatives ne suffiront pas. Si les manifestations du 14 juillet se sont déroulées dans le calme, présence des autorités, de la police et de la Légion oblige, on a cependant perçu une hostilité sourde contre le gouvernement. La méfiance à l'égard des « organismes d'esprit gouvernemental » s'est accrue. Et les inscriptions gaullistes sont devenues plus nombreuses, des drapeaux américains ou anglais sont plus souvent accrochés...

Les sempiternels rapports sur l'évolution de l'opinion[73] ne sont guère encourageants pour le pouvoir.

> « Le paysan franc-comtois qui n'était cependant pas entièrement hostile à la Révolution nationale, calme de nature, ennemi de tout excès, paraît devenir nerveux et irritable. Il est vrai que la proximité de la zone interdite influe certainement sur l'état d'esprit du Jurassien pour qui l'Allemand reste la bête noire.
> On fusille encore beaucoup de l'autre côté de la ligne et les moindres faits qui se produisent en zone interdite, souvent amplifiés quand ils parviennent jusqu'à nous, ne font qu'exaspérer cet état d'esprit. »

On y apprend que les ouvriers « gardent jalousement leurs théories syndicalistes », même si les fractures demeurent, qui vont freiner la mise en place du syndicat corporatif unique. « Les syndicats chrétiens paraissent marquer une certaine répugnance à l'idée de fusionner avec les anciens syndicats affiliés à la CGT. »

Quant aux agriculteurs, ils ne font pas confiance au gouvernement, et encore moins aux Allemands, qui leur ont promis que le départ d'ouvriers français en Allemagne permettrait le retour d'agriculteurs prisonniers ; ceux-ci sont bien peu nombreux à avoir été libérés, et dans quel état ! Mais leur déception vient aussi de ces jeunes ouvriers qui refusent de partir en Allemagne, de leur égoïsme supposé et de « leur endoctrinement politique » !

Cependant le monde agricole ne devrait pas poser de gros problèmes, la conjoncture s'annonçant satisfaisante : une récolte abondante de regain, donc plus de fourrage, des bonnes moissons. Et les autorités ont augmenté leur prix d'achat du blé...

---

72. ADJ. 304 W 26

73. ADJ. 332 W 46I.

11 novembre 1942

La zone sud occupée

Les radios ont annoncé que les troupes anglo-saxonnes avaient débarqué le 8 novembre dans nos territoires d'Afrique du Nord. La presse et les discours officiels tentent d'utiliser la fibre patriotique et l'anglophobie latente pour transformer ce débarquement en acte de trahison contre la souveraineté nationale. Ce serait un nouveau Mers el-Kébir, la perfide Albion profitant de nos malheurs pour accaparer notre empire colonial. En vain !

En zone occupée le rapport du sous-préfet[74] est sans ambiguïté : il signale que la population a accueilli d'un œil très favorable l'occupation de l'Afrique du Nord par les troupes anglo-américaines, y voyant la promesse d'une libération relativement proche du territoire.

Par contre les messages du Maréchal et du chef du gouvernement condamnant cette « invasion », « n'ont eu qu'une influence extrêmement minime sur l'opinion publique. Ces messages ne sont d'ailleurs parvenus qu'aux oreilles de quelques-uns, car la radiodiffusion française est de moins en moins écoutée, et c'est surtout à la radio suisse que la population a recours pour les informations. »

Le rapport mensuel des RG pour la zone sud montre une opinion publique tout aussi favorable que celle du nord au débarquement allié en Afrique du Nord : « Les Jurassiens, en général, s'accrochent de plus en plus à l'idée d'une future victoire anglo-saxonne. Le peuple, qui semblait être atteint d'une sorte de désespérance, reprend goût à la lutte, mais pas, hélas, dans le sens que désirerait le gouvernement. »

Henri Béraud, alors élève externe du lycée Rouget-de-Lisle de Lons-le-Saunier, jeune résistant membre de « Combat », a écrit ses souvenirs de l'époque. Il note que la radio suisse romande (Radio-Sottens) et la radio britannique ont annoncé le débarquement américain en Afrique du Nord le dimanche 8 novembre vers 7 heures du matin. S'il remarque la joie populaire qui s'est manifestée dans la journée dans les rues de la préfecture, il se souvient aussi du « silence radio du côté de Vichy ».

Trois jours plus tard, les radios étrangères annoncent qu'Hitler a décidé d'envahir la zone « libre ». À Dole, l'autorité allemande avait fait procéder à cet effet à la réquisition de dix-sept camions de quatre à six tonnes ainsi que d'une vingtaine de voitures hippomobiles. Cette réquisition avait été prévue pour deux jours, mais un mois après, les véhicules n'auront toujours pas été restitués.

Dans l'après-midi du 11 novembre, ils déversent les soldats allemands à Lons-le-Saunier.

Habile, un message émanant du chef du gouvernement interdit à l'Administration d'employer le terme d'« armée d'occupation ». Il faut utiliser celui de « forces d'opérations ». On veut ainsi faire croire que les Allemands ne sont là que provisoirement, pour nous protéger des envahisseurs anglo-saxons.

74. *Ibid*

D'ailleurs, à Lons-le-Saunier, ils se sont faits relativement discrets. Ils y passent la nuit avant de gagner Bourg-en-Bresse et Lyon au plus vite. Le 13 novembre, il n'y a plus d'Allemands dans la ville.

Pendant ce temps, le 151ᵉ régiment d'infanterie de l'armée d'armistice stationné à Lons-le-Saunier est dirigé par trains dans le sud de la France afin d'empêcher ladite invasion. C'est dans l'indifférence générale que les troupes partent et reviennent quelques jours plus tard, le 26 novembre. Le 27, la radio annonce que les Allemands ont pris Toulon où la flotte se saborde. Information bien accueillie dans le département qui craignait que les bâtiments de « la Royale », ne tombent entre leurs mains. Le même jour, l'armée de l'armistice est dissoute, et les militaires sommés de livrer les casernes à l'occupant.

Les populations, depuis longtemps désabusées, ne réagissent pas, même si le départ de la troupe fait perdre aux commerçants une clientèle importante.

Les militaires d'origine alsacienne ou lorraine, menacés d'être engagés dans la *Wehrmacht*, sont exfiltrés très discrètement. Ils vont trouver refuge dans des familles à la campagne qui montrent en les accueillant leur patriotisme et leur espoir de voir ces soldats reprendre un jour les armes. Dans la région de Beaufort comme à Saint-Didier, ils seront nombreux à trouver gîte, couvert et complicité.

Quant aux officiers démobilisés, à en croire un rapport bien postérieur pourtant (mars 1943), alors que la Résistance locale s'est étoffée et aurait besoin d'encadrement[75], ils sont rentrés chez eux et, « en grande majorité, ils sont restés dans l'expectative et attendent les événements ».

Manifestations patriotiques

Déjà, avant l'invasion de la zone non occupée, désormais désignée zone sud, le « vainqueur de Verdun » avait décrété l'interdiction de commémorer, le 11 novembre, l'anniversaire de la victoire de la Grande Guerre. Il s'agissait de ne pas rappeler des souvenirs fâcheux au vaincu de 1918 : interdit le traditionnel dépôt de gerbes aux monuments aux morts, jusqu'alors cérémonie des plus suivies par la population, les anciens combattants et bien sûr les autorités civiles et militaires.

Les directives de la Résistance entendues à la BBC sont claires : il faut manifester, repérer les personnes sur qui on peut compter et montrer qu'on est les « vrais patriotes » ! Le régime ne s'y trompe pas, qui mobilise toutes les forces de l'ordre, dont la Légion, pour empêcher tout rassemblement ! Mais le sentiment patriotique, le respect dû aux morts pour la France et les mots d'ordre de la Résistance sont respectés, du moins dans les principales villes : Saint-Claude, Poligny et Lons-le-Saunier. Dans la préfecture, des gendarmes casqués, armés de mousquetons, barrent la route à hauteur de l'hôtel de Genève, et des agents de ville cyclistes sont postés devant le monument aux morts, dissuadant les manifestants qui devaient, suivant les consignes de Londres, s'y retrouver le midi.

---

75. ADJ. 304 W 136.

Dans les villages, les victimes que l'on vient honorer en masse sont des personnes connues, des pères, des frères, des maris. Les enfants des écoles, à qui les maîtres rappellent régulièrement les sacrifices de leurs aînés et le culte de la patrie, sont mobilisés. Spontanément, malgré l'interdit, certains comptent bien aller à nouveau se recueillir et déposer des fleurs, c'est-à-dire participer simplement à une manifestation curieusement dénoncée par Vichy comme étant « antinationale » !

Les gendarmes ne se sentent pas toujours à même de juguler ces rassemblements, quand ils n'en sont pas complices... Dans ce cas la Légion ne faillira pas.

À Saint-Julien le président local de l'organisation pétainiste s'empresse de dénoncer le « meneur », monsieur Émile Roposte, à qui sera retiré son dernier mandat électif de conseiller municipal. Il avait été, deux ans plus tôt, un des premiers conseillers généraux « démissionnés d'office ». Le président de la Légion va rentabiliser son déplacement en dénonçant pour la même incartade un autre habitant du bourg, Ernest Carraz, commis de perception, prisonnier de guerre rapatrié, fils d'un ancien combattant de la Grande Guerre. Mais l'employé est très apprécié par ses chefs et la population et on ne peut le suspendre « sans heurter l'opinion publique ». Le chef départemental de son service, sommé de l'admonester, saura le défendre habilement en le sermonnant « pour avoir, même inconsciemment, et sans ostentation contrevenu aux directives gouvernementales ».

À Bletterans, le gouvernement et ses soutiens locaux ne peuvent guère compter sur la brigade de gendarmerie acquise aux « séditieux ». Et on ne semble pas non plus pouvoir s'appuyer sur des légionnaires locaux peu motivés. Le hasard pourrait-il seul expliquer le passage en bicyclette, à proximité du monument aux morts, du commandant Legrand, chef départemental de la propagande de la Légion, habitant la préfecture ? Il voit monsieur Philibert Culas, l'ancien maire de Bletterans, déchu par arrêté préfectoral l'année précédente, déposer une gerbe au monument. Et notre responsable légionnaire d'aller au plus vite signaler le délit à la brigade et à la direction départementale de la Légion, précisant que « de nombreuses personnes, dont les enfants des écoles l'ont accompagné dans ce geste[76]. » Et la gendarmerie, que l'on sent bien peu motivée, de se trouver dans l'obligation de diligenter immédiatement une enquête aux multiples rapports ! Enquête qui, sans surprise, ne débouchera sur aucune condamnation, les anciens administrés de monsieur Culas, instituteurs en tête, défendant la coutume patriotique et les aspects personnels et mémoriels des dépôts de gerbes.

Dans la commune voisine de Ruffey, c'est le boucher, chef local de la Légion, futur maire et milicien, qui dénonce à la brigade de Bletterans et à ses supérieurs, le dépôt de gerbes soi-disant organisé par Marius Jouans, authentique résistant il est vrai, conseiller municipal de la commune. Et la sanction ne tardera pas : le préfet le déclare « démissionnaire d'office » dès le 14 décembre suivant[77]. Cette dénonciation opportune permettra au délateur de prendre possession de la mairie...

76. ADJ. 304 W 38.

77. ADJ. 331 W 140.

Et dans tout le département on assiste à des manifestations et à des dénonciations similaires. Ainsi ce courrier du préfet[78] adressé au maire de Hautecour, commune limitrophe de Clairvaux-les-Lacs, en date du 28 décembre :

> « Il m'est signalé que le 11 novembre dernier, M. Benoit René, adjoint au maire, et M. Benoit Robert, conseiller municipal, se seraient associés à une manifestation devant le monument aux morts » (de Clairvaux).

La démarche est tardive mais la rancune tenace, notamment pour nombre de candidats de droite ayant été écartés des responsabilités municipales par le suffrage universel en 1936. Le maire, dans sa réponse au préfet, blanchit ses conseillers et, en creux, fait état de ses sentiments à propos de l'interdiction de manifester : « [...] à mon avis l'acte qu'ils ont accompli le 11 novembre n'est que la reconnaissance qu'ils gardent en leur cœur, à leurs aînés qui ont fait le sacrifice de leur vie pour la patrie et ne doit pas être considéré de la part des auteurs comme une intention de ne pas observer les instructions formelles du gouvernement. »

Ils seront cependant sanctionnés, comme d'autres conseillers municipaux de Clairvaux, dénoncés par le même légionnaire qui se félicite de ces sanctions : « [...] c'est avec les deux mains que j'applaudis aux sanctions prises contre les dirigeants responsables. » On apprend par ailleurs que ce délateur réclame à cor et à cri la dissolution du conseil municipal de Hautecour « qui non seulement n'est pas sympathisant du Maréchal, mais en est l'adversaire résolu ». Notre homme brigue lui aussi la direction de la commission spéciale qui le remplacera ! Il est fort à parier que dans la délation, la revanche et la chasse au *cursus honorum,* Hautecour, comme Ruffey, n'ont pas constitué des cas isolés.

À Conliège, aucune ambiguïté sur les intentions « antinationales » de ceux qui, dans la nuit du 10 au 11 novembre, ont fixé deux drapeaux américains (de très petit format : 10 cm x 10 cm), et un drapeau tricolore, sur le monument aux morts, ainsi que deux autres drapeaux américains sur la fontaine voisine. Rappelons que les Américains avaient, trois jours auparavant, débarqué sur les côtes d'Afrique du Nord. On essaie en vain d'en faire porter la responsabilité au maire radical-socialiste Charles Nachon.

Quelques jours avant Noël, l'état-major de liaison 711 allemand, la *Feldgendarmerie,* les services de police *(SD)* et autres militaires allemands s'installent à Lons-le-Saunier dans le quartier de la gare. Ils prendront notamment possession des hôtels Doise et Carrier, et de bien d'autres immeubles nécessaires à leur administration mais aussi à leurs logements, à leurs soins : le lycée de jeunes filles sera transformé en hôpital militaire.

Avec l'invasion de la « zone libre », la ligne de démarcation va bien entendu perdre de sa pertinence, mais la zone sud restera « privilégiée », l'occupant y sera moins présent.

---

78. Ibid.

L'année 1942 a été un tournant dans l'évolution de la guerre et les populations civiles vont subir les conséquences des difficultés militaires et économiques allemandes. Hitler impose désormais à l'Allemagne et à tous les pays occupés une économie de guerre. La France devient le jardin, le fournisseur « privilégié » de l'Allemagne. Aussi les prélèvements vont-ils considérablement s'accroître, rendant le quotidien de plus en plus difficile. Les statistiques nationales en témoignent.

CHAPITRE IV

CHRONIQUES URBAINES EN ZONE SUD

■ *Saint-Claude, la Bienne et le pont de Pierre.*

Saint-Claude et ses environs en 1942

Janvier

Le rapport du commissaire des RG est sans nuances : « Beaucoup de ménages se heurtent à bien de difficultés matérielles pour nouer les deux bouts. La classe moyenne et la classe riche ne semblent pas souffrir. »

Dans la première catégorie se trouvent notamment les familles d'ouvriers pipiers. Environ la moitié d'entre eux seraient frappés par le chômage. Dans cette ville pourtant amputée d'une partie de sa population – plus de trois cents Sanclaudiens prisonniers de guerre ne sont toujours pas rentrés –, la question du ravitaillement domine toutes les autres. Et l'hiver, rendant les routes de la plaine nourricière peu praticables, pénalise lourdement le ravitaillement. Même les choux-raves et les navets ont vu leur arrivage diminuer, et ce mois, il n'y a pas eu de distribution de pommes de terre. Et on apprend que les quatre kilos par personne attribués fin décembre n'étaient en fait que l'anticipation de la ration de janvier ! Quelques arrivages bien improbables d'oranges et de marrons destinés aux enfants, ainsi qu'une petite quantité de citrons, font diversion. Les populations de cette ville ouvrière, surtout leurs enfants, souffrent de la faim et de carences alimentaires. Heureusement les cantines scolaires mises en place par la municipalité fonctionnent normalement ; cependant leurs effectifs pâtissent de défections engendrées par les froids extrêmes et la maladie. Alors qu'elles accueillaient, pour une somme modique, plus de neuf cents élèves en décembre, leurs effectifs n'atteignent pas huit cents en janvier.

Le froid aidant, les débits de boissons de la ville conservent leur clientèle. Les cafés sont un lieu de sociologie très prisé et… chauffé ! Malgré la faiblesse des stocks et le ravitaillement difficile en apéritifs, la vente du vin à la carte a pu être pratiquée normalement. Par contre, pour le bois de chauffage, les particuliers ont toujours des difficultés à en obtenir et il est cher. Des dérivés de moindre qualité, qu'on ne trouve d'ailleurs pas en suffisance dans les entrepôts locaux, le remplacent. Le charbon lui aussi fait défaut.

Les chaussures manquent également et les magasins de la ville sont dans l'incapacité d'honorer les bons qui leur sont réservés.

Février

Pas vraiment d'améliorations sur le front du ravitaillement, même si on peut à nouveau abattre bovins, veaux et ovins. En revanche, on enregistre une déception : il n'y a pas eu de répartition et de vente de poissons dits « VIVAGEL » qui, le mois précédent, avaient apporté une relative variante dans l'alimentation où choux-raves et choucroute tiennent toujours lieu de plats de résistance.

Les jeunes enfants ont eu droit à quelques noix et à de bien miraculeuses dattes. Par contre la pomme de terre reste un luxe. La ration individuelle mensuelle s'est élevée péniblement à deux kilos. Et là aussi nouvelle désillusion : la distribution de fin janvier était en fait à décompter de celle de février ! La consommation aurait pris un mois d'avance sur la distribution !

Même les personnes argentées ne peuvent améliorer leur ordinaire sur le marché forain libre du samedi qui se tient traditionnellement à la Grenette : faute d'approvisionnements en provenance du Bas-Jura, il n'a pu se tenir.

Autre grosse déception, et qui fait parler, la grande quantité de bois de chauffage que la ville avait prévu pour les nécessiteux a été vendue, à un prix certes modique, mais encore trop élevé pour beaucoup : 41 francs les 100 kg. Cependant une distribution de charbon a pu avoir lieu, malgré les nombreuses chutes de neige qui perturbent la circulation.

Devant ces difficultés qui pénalisent surtout les personnes âgées condamnées à l'inaction, les « jeunes » pétainistes, en collaboration avec leurs aînés légionnaires du Secours national, ont ouvert depuis le 10 février, rue de la Poyat, un local chauffé dit « Foyer du Vieillard ». « Il permettra aux nécessiteux et à tous ceux qui ont froid ou qui sont seuls, de passer un après-midi plus agréable. »

Autre lieu de sociabilité où l'on est à l'abri du froid et en compagnie : les magasins. À l'instar des cafés, et bien que médiocrement achalandés, ils sont très fréquentés.

Mars

La couche de neige, encore importante fin février, a entièrement disparu. On commence à envisager le printemps et la culture si nécessaire d'un jardin. Un effort très important, encouragé par les autorités, est fait pour le développement des jardins ouvriers. De nombreux Sanclaudiens ont loué un carré de terre qui peut être parfois distant de vingt-cinq ou trente kilomètres de la ville. Ces terrains, pourtant réputés incultes, vont être ensemencés, sauf que les graines de semence se font rares.

Si le ravitaillement en viande semble correct, les pommes de terre manquent toujours. On pallie cette pénurie par des distributions de « topinambours, choux-raves, choucroute de choux-raves, betteraves ». Et une livraison de bien improbables figues est parvenue à Saint-Claude. Les jeunes des catégories J2 et J3 en recevront chacun 250 grammes.

On se préoccupe déjà de rentrer le bois pour l'hiver prochain ! La rumeur selon laquelle sera instituée une « carte de bois » pour gérer sa pénurie inquiète fortement.

Depuis le 16, la municipalité a institué une « soupe populaire » qui permet de nourrir plus de trois cents « personnes misérables » : elle distribue à un prix modique deux tiers de litre de soupe aux titulaires de la carte V (vieillards), aux pères et mères de familles nombreuses non titulaires de la carte T (travailleurs de force), et « aux personnes pouvant justifier du bien-fondé de leur demande ».

Confirmant les difficultés de l'heure, le « Foyer du Vieillard » a encore plus de succès que le mois précédent.

Par ailleurs le chômage inquiète, car les usines continuent à être mal ravitaillées ; en ville on envie les paysans des campagnes environnantes.

Et, nous l'avons signalé, le Haut-Jura n'échappe pas à la bataille du blé consistant à faire rendre gorge aux producteurs qui conservent indûment des céréales : à Septmoncel trois cultivateurs, sur environ une trentaine, ont accepté de répondre favorablement et de mettre à la disposition du ravitaillement soixante-cinq kilos d'orge ! Cependant on est ici à mille mètres d'altitude ! Les collecteurs sont plus tolérants à Lajoux et aux Molunes où « il ne faut compter sur rien, car l'année dernière la première neige a recouvert quelques champs d'orge avant la maturité ». D'autres petites communes du Haut-Jura, Vulvoz, Choux, Chevry, Larrivoire et Ranchette sont taxées chacune de quelques centaines de kilos de cette céréale. Dans ces deux dernières communes on met en cause les maires qui auraient manqué de zèle dans cette campagne, « car ce sont des antigouvernementaux notoires », on les menace, et le responsable légionnaire d'écrire au sous-préfet : « J'aurai l'occasion de vous reparler de leur attitude. »

Avril-mai

Dans le bourg ouvrier de Molinges, les populations, qui n'ont pas perçu le supplément d'alimentation promis par le service du Ravitaillement, souffrent et se plaignent. La Légion locale les soutient, « s'énerve et s'irrite contre les services publics qui ne mettent pas assez de bonne volonté pour lui donner satisfaction, ce qu'ils qualifient d'injuste avec raison ». Elle obtient d'ailleurs environ deux mille kilos de pommes de terre de semence qu'elle va distribuer.

Mais la population ouvrière du Haut-Jura reste hostile au régime. À Saint-Claude la nouvelle de la nomination de Pierre Laval comme chef du gouvernement a été très défavorablement commentée par la population. Cette hostilité dépasse même les clivages politiques traditionnels comme le signale le rapport : « Il est important de signaler que beaucoup de personnes, même réputées “à droite”, semblent ne pas donner une adhésion entière à l'appel qui a été lancé tant par le Maréchal que par le nouveau chef du gouvernement. Dans l'ensemble la politique dite “de Collaboration” n'est pas vue d'un œil enthousiaste. C'est toujours la même confiance sereine qui règne à Saint-Claude, en ce qui concerne la victoire des Anglais. »

Le 4 avril, l'enlèvement par le Comité de récupération des métaux non ferreux, de la statue en bronze de Voltaire inaugurée en 1887, n'a pas amélioré la cote du gouvernement et de la municipalité. Mais la réouverture du marché hebdomadaire du samedi à la Grenette, quelques jours plus tard, semble avoir fait oublier l'incident ; les queues devant les légumes frais en provenance de Louhans y sont impressionnantes. Le poisson Vivagel et les carpes vendues à l'unité sont à nouveau sur les étals.

Le préfet semble s'intéresser au sort de la population de la ville, publiant le 18 mai un arrêté[79] dont les modalités d'application, fort complexes, laissent perplexe devant les difficultés « à s'y retrouver » dans les arcanes du ravitaillement. Malheur à celui qui ne les maîtrisait pas !

> « Article 1er : dans la ville de Saint-Claude, une distribution de conserves de poissons sera faite aux consommateurs de toutes les catégories pendant le mois de mai 1942...

79. ADJ. 304 W 26

> Art. 2 : cette distribution sera effectuée contre remise du ticket-lettre “DZ” de la feuille de denrées diverses du type spécial imprimé en marron foncé, du mois de mai 1942, en vigueur dans les centres “US”, à l’exclusion des tickets imprimés en violet prune en vigueur dans les autres centres.
> Art. 3 : la ration est de 175 à 200 grammes par consommateur. La multiplicité des formats ne permet pas une distribution d’un poids absolument égal pour tous les consommateurs.
> Les boîtes pesant plus de 200 grammes ou moins de 175 grammes seront délivrées par combinaison éventuelle avec d’autres formats contre plusieurs tickets.
> Art. 4 : les tickets-lettres “DZ” collectés par les détaillants devront être renvoyés aux grossistes… »

De plus, chaque Sanclaudien a reçu deux œufs et un kilo de pommes de terre et donc, « dans l’ensemble le ravitaillement familial paraît maintenant en bonne voie », à condition bien sûr de pouvoir y ajouter les produits d’un jardin…

Les cantines scolaires continuent à bien fonctionner, de même que la Soupe populaire : plus de mille cinq cents litres de soupe sont vendus tous les jours de 17 à 19 heures, à environ deux mille personnes.

Cela ne permet pas pour autant de faire diminuer les nombreux vols alimentaires signalés, concernant essentiellement le pain, les pommes de terre, les lapins, le bois et le vin. Et on se plaint souvent de la disparition mystérieuse de son chat !

Juin

Dans la matinée du 11, une délégation ouvrière s’est rendue à l’hôtel de ville pour protester contre la vie chère et les insuffisances du ravitaillement. Un attroupement d’environ deux cents personnes s’est constitué : « Il n’y a eu ni hurlements, ni manifestations bruyantes, ni menaces à l’adresse du gouvernement ou des pouvoirs publics. Le rassemblement a duré environ 15 minutes. La délégation ouvrière était constituée par des éléments des anciens partis “de gauche” et “d’extrême gauche”. M. Delolme, premier adjoint, les a reçus.

La vente du vin et la quantité allouée à chaque consommateur entraînent également de nombreuses récriminations dans le monde ouvrier ; les vins, faussement dits “d’appellation contrôlée” sont inabordables et on entend assez souvent cette expression “dans la bouche populaire : le combattant de 1914-1918 a tenu le coup parce qu’il a pu boire du vin !” »

Cependant quelques distributions inattendues font chuter la tension, telles celles d’un kilo de pommes de terre nouvelles et de quelques œufs par personne.

Les cantines scolaires fonctionneront jusqu’à la fin du mois pour reprendre vraisemblablement à la rentrée d’octobre. Près de cinq cents enfants les fréquentent. Ce chiffre est en diminution : beaucoup d’enfants sont déjà partis à la campagne pour y exercer pendant l’été le métier de berger.

De même, ici en raison des difficultés croissantes de l'approvisionnement, la Soupe populaire, à la grande déception de très nombreux bénéficiaires, ne fonctionne plus depuis le 20 juin.

Les vols de denrées alimentaires augmentent tant, que la nuit, on doit multiplier les patrouilles de gardiens de la paix pour protéger les jardins potagers ! Ce qui n'empêche pas de nombreuses plaintes pour vols de légumes. Et les carences alimentaires sont telles qu'à Saint-Claude, en ce début d'été, un rapport signale que « l'amaigrissement, résultat de sévères restrictions, paraît devenir inquiétant chez certaines personnes ».

Juillet-août

La municipalité de Saint-Claude a dû lancer un appel au calme à la population et a affirmé tout mettre en œuvre pour favoriser les moyens d'approvisionnement de la ville. Elle a même promis qu'un kilo de pommes de terre serait distribué à chacun, sous peu...

Le mécontentement des ouvriers qui tiennent un jardin est d'autant plus grand qu'ils sont contraints de consommer leur récolte qu'ils comptaient mettre en conserve pour l'hiver « déjà redouté et qui arrive tôt dans les montagnes ».

À quelques kilomètres de la sous-préfecture, le vice-président de la section Ravilloles-Cuttura de la Légion prend fait et cause pour les consommateurs de son secteur. Dans un courrier au chef départemental des services civiques de la Légion[80], il signale « un mal qui règne dans ma région. En effet la population va bientôt se voir restreindre très sérieusement au sujet de la viande, et je crois que d'ici peu nos tickets ne seront pas utilisés ». C'est bel et bien l'Intendance qui est mise en cause : à défaut de pouvoir s'en prendre à ceux qui abattent clandestinement (paysans, maquignons, spéculateurs...), elle le ferait payer aux consommateurs en ne donnant pas suffisamment de viande aux bouchers des communes. Attend-on des dénonciations ?

À Septmoncel, bourg ouvrier d'environ huit cents habitants situé à 1 000 mètres d'altitude, à une dizaine de kilomètres de Saint-Claude, la très grande majorité des adultes sont ouvriers lapidaires. On craint d'être obligé de fermer les usines cet hiver par manque de charbon et d'électricité alors que l'éclairage est nécessaire à ce métier de précision.

Et les ouvriers qui comptaient sur la récolte d'un petit jardin ont vu leurs espoirs s'envoler les 10 et 17 juillet. Des pluies torrentielles et des orages de grêle ont alors détruit en grande partie les récoltes.

Dans cette bourgade du Haut-Jura, on ne reçoit presque aucun légume. Un seul camion de trois tonnes est venu faire une livraison pour le mois. Aux habitants de se débrouiller. Chaque semaine, une dizaine d'ouvriers vont au marché à Bourg-en-Bresse. Départ en train à 3 heures du matin, retour à minuit. Beaucoup de travailleurs ne peuvent s'y rendre, faute de temps et d'argent. Les tarifs de la SNCF ayant augmenté, les voyages se sont réduits et les légumes reviennent cher !

---

80. ADJ. 332 W 135

Et le rapport de la JOC d'en conclure : « De tous ces faits il résulte que l'hiver va nous arriver sans un légume. Les ouvriers vont n'avoir exclusivement que le morceau de pain porté sur la carte. »

Car le Service du ravitaillement est bien chiche pour ces ouvriers qui travaillent neuf heures par jour sur une machine, « les yeux et l'attention rivés sur un métier délicat et qui demande une technique intellectuelle et matérielle ». En effet l'administration, estimant qu'ils font un travail non pénible, leur attribue la carte A, commune à tous les adultes.

Ces ouvriers, plus ou moins anémiés, doivent encore, après le travail, faire « des kilomètres pour avoir un litre de lait. Dans le secteur de Lajoux-Lamoura le même cas se pose. On est grincheux en famille, on a l'obsession continuelle de manger ».

■ ***Levée des couleurs lors de la fête de la Légion dans la cour du collège Rosset, le 23 août 1942. MRD. La Citadelle. Besançon.***

Fin d'année

À l'automne la Jeunesse ouvrière catholique avait effectué une enquête sur la misère[81] dans le Haut-Jura, notamment à Saint-Claude et à Septmoncel ; elle y avait dressé un inventaire des cas sociaux les plus révélateurs. Morceaux choisis :

> « – Une famille, composée d'une vieille grand-mère et de deux petits-fils de 13 et 16 ans qui travaillent tous les deux, mange depuis plusieurs jours un plat de courge à l'eau aux deux repas. Ils restent tous les mois huit jours sans pain.
> – Dans une famille, la maman est obligée d'interrompre tous les quinze jours son travail à l'usine, se trouvant trop fatiguée et faible par le manque de nourriture.
> – Une famille de cinq personnes, père, mère, trois enfants de 4 à 14 ans, au printemps, ramassait des orties pour faire la soupe, seul légume qu'ils pouvaient y mettre.
> – Une pauvre vieille qui ne tient plus debout ramasse de l'herbe dans un champ pour la faire cuire.
> – Une famille de quatre personnes dont deux enfants réfugiés. L'aîné des enfants a fait deux mois d'hôpital. Le père est reparti en zone occupée. La mère n'ayant pas de jardin a demandé aux voisins leurs cartes de légumes qu'ils n'utilisaient pas. Certains jours elle n'a rien à donner à ses enfants ; ce sont les voisins, ouvriers plus favorisés, qui leur passent un peu de nourriture. »

Les pénuries vont encore s'aggraver avec l'hiver. L'année se termine avec la collecte du si impopulaire impôt métal qui a rapporté plus de deux tonnes de métaux cuivreux. Aucun incident n'a été relevé après l'arrêt obligatoire des usines pendant une période de dix jours à l'occasion des fêtes de Noël et du Nouvel An, il est vrai que la plupart des patrons avaient décidé de payer leur personnel.

Par ailleurs, plusieurs entreprises ont dû ramener à trente heures la durée hebdomadaire du travail. Il s'agit de ménager les stocks de matières premières et surtout de se conformer aux directives concernant la restriction de l'énergie électrique. De ce fait de nombreuses entreprises du Haut-Jura, notamment les tourneries sur bois, sont condamnées à ne fonctionner qu'une dizaine de jours par mois. Si les employeurs, là aussi, assurent à leurs ouvriers un salaire minimum[82], on sait que ça ne pourra pas durer.

La diminution des stocks d'ébauchons[83] inquiète les « pipiers ». Il faudra travailler au ralenti pour les faire durer quelques mois. On ne peut donc plus s'approvisionner en Afrique du Nord depuis qu'elle est occupée par les Alliés

---

81. ADJ.332 W5.

82. ADJ. 304 W 136.

83. Morceau de racine de bruyère.

anglo-saxons. C'est de là-bas que provenait la racine de bruyère nécessaire à la fabrication des pipes.

Les diamantaires manquent eux aussi de matière première, mais également de spécialistes. En effet, la plupart d'entre eux étaient des « Israélites étrangers, excellents ouvriers en cette matière, qui ont été l'objet de mesures d'internement ».

Une bonne nouvelle : l'usine de « L'ébonite » a repris son activité.

Comme tous les hivers, la population de Saint-Claude manque de tout. Faute d'arrivages de légumes, les marchés hebdomadaires des 25 décembre, 2 et 9 janvier n'ont pu se tenir. Les deux suivants ne furent presque exclusivement approvisionnés qu'en choux-raves. Le service du Ravitaillement a bien tenté de pallier partiellement cette pénurie de légumes par une distribution... de pâtes alimentaires. Mais, si l'on en croit les autorités, la situation devrait s'améliorer pour les prochains mois... On y annonce des distributions de confitures, de poissons de conserves, de légumes secs et de conserves de légumes. Ces promesses paraissent crédibles : on rappelle que la répartition de volailles promise a bien été réalisée à l'occasion des fêtes de fin d'année.

Mais il y faut la foi du charbonnier quand l'élémentaire n'est pas assuré et que, comme le signale le sous-préfet[84] : « Depuis plusieurs semaines la viande de boucherie est de très mauvaise qualité. » Le problème est vite réglé : faute de ravitaillement, cinq boucheries de Saint-Claude n'ont pu ouvrir le 9 janvier.

Certes on peut alléguer une excuse fort valable à ces difficultés que rencontre le Ravitaillement : la neige abondante qui réduit, voire suspend les communications avec la plaine nourricière et la préfecture. Tout le Haut-Jura est alors coupé du monde, même la distribution prioritaire du courrier, assurée par automobile, doit se faire à pied ou en traîneaux

Dans toute la région, les matières premières manquent, mais aussi les nécessaires lubrifiants pour les machines. Les artisans, s'ils veulent maintenir leur activité, sont obligés d'acheter leur bois au marché noir.

Dans l'ensemble du Haut-Jura, à Saint-Claude notamment, les heures de travail ont été réduites et malgré les accords avec les employeurs pour en atténuer les conséquences, les salaires vont s'en ressentir alors que les prix augmentent.

Cependant les RG ne craignent pas ici une révolution car la majorité des ouvriers « est d'essence socialiste, mais d'un socialisme extrêmement libéral, ennemi du communisme avec lequel les ouvriers jurassiens n'ont jamais consenti à s'allier. Coopérateurs dans l'âme, ils n'ont jamais été fortement touchés par cette sorte de guerre civile permanente établie par la lutte des classes ».

Ce qui n'a pas empêché la municipalité pétainiste de réclamer une augmentation conséquente de ses effectifs de police, qu'elle a obtenue !

---

84. ADJ. 324 W 123.

Lons-le-Saunier, hiver 42

■ ***Lons-le-Saunier, quai Thurel : l'hôtel des Postes et la Vallière.***

La Vallière ne sera pas recouverte avant les années cinquante, au grand dam des populations qui, à la belle saison, y voient pulluler les rats…

Rapport en date du 18 décembre, réalisé par les RG[85] sur Lons-le-Saunier :

> « Population : dernier recensement en 1936 : 14 661 habitants. Avec l'afflux des réfugiés : 16 200.
> Le maire est M. Henri Mareschal, 55 ans, administrateur de la Banque populaire du Jura, élu en 1937 avec l'étiquette du parti radical-socialiste et membre de la “Libre Pensée”. M. Mareschal a apparemment évolué depuis l'armistice dans le sens d'un ralliement au maréchal Pétain et à son œuvre, et proclame publiquement son adhésion à la Révolution nationale. Peu aimé de la population, il fait l'objet de nombreuses critiques. »

Dans la ville, la Légion des combattants, présidée par l'industriel Charles Mercier, compte environ 1 200 membres. « À remarquer que depuis quelques mois beaucoup de légionnaires évitent de porter l'insigne et n'assistent pas régulièrement aux réunions. »

On l'a signalé, depuis décembre, tous les services allemands sont installés dans la préfecture. Avec la présence des Allemands, la délation et la collaboration sous toutes ses formes, vont prospérer et la peur s'installer.

L'implantation de l'occupant dans la préfecture va se poursuivre. Les Allemands exigent les droits dus à la puissance occupante. Ils confisquent

85. ADJ. 331 W 52.

des locaux, des établissements scolaires, plus tard le lycée Rouget de Lisle, l'École normale d'instituteurs, l'hospice des vieillards… Et on ne peut rien leur refuser.

Le 9 janvier 1943, le commissaire de police spéciale de Lons-le-Saunier informera le préfet que les autorités allemandes sont depuis un mois à la recherche d'un hôtel. Ce dernier doit comporter des aménagements sanitaires complets nécessaires à la santé de la troupe : il s'agit d'y installer une maison de tolérance qui leur sera réservée. Ayant trouvé les hôtels de la Pomme d'Or et des Halles d'une hygiène douteuse, et insuffisamment confortables pour les ébats de leurs soldats, ils poursuivent leurs recherches. Le fonctionnaire de police ne cache pas son agacement, signalant que le nombre des hôtels restant à la disposition de la population française dans la préfecture serait déjà insuffisant par suite des réquisitions de l'occupant. S'il ne s'agit pas ici de l'aspect le plus lourd de l'Occupation, ces attitudes souvent provocatrices, et ces exigences toujours honorées, participent du rejet de l'Allemand et alimentent les discussions de comptoir aux dépens du régime qui s'en accommode.

La collusion du SOL avec l'occupant accroît son impopularité. Dans l'été, une bombe avait déjà endommagé son local, place de la Liberté. Devant cette hostilité qui se fait menace, plusieurs de ses membres ont déjà donné leur démission.

La ville, proche des centres de production agricole, et lieu de résidence de l'Administration et de l'occupant, est relativement bien ravitaillée, même si, là comme ailleurs, les légumes sont rares et les tickets de matières grasses pas toujours honorés.

Les services du préfet sont particulièrement sensibles au regard que les Lédoniens portent sur le gouvernement et sa politique de collaboration. Comme de coutume, on a demandé aux RG de sonder l'état de l'opinion publique. Le résultat interroge :

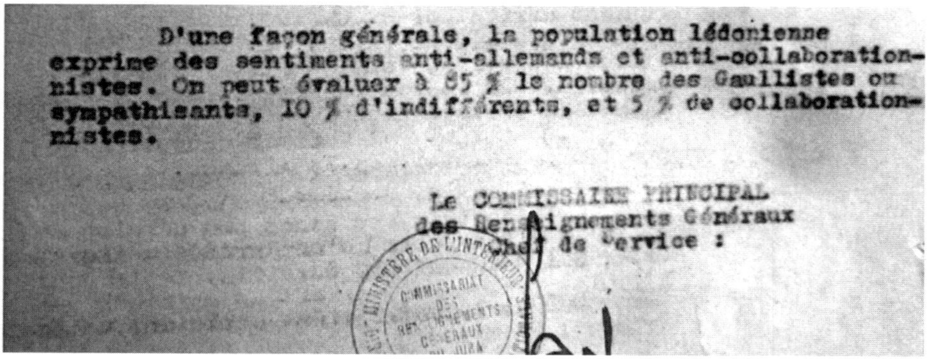

D'une façon générale, la population lédonienne exprime des sentiments anti-allemands et anti-collaborationnistes. On peut évaluer à 85 % le nombre des Gaullistes ou sympathisants, 10 % d'indifférents, et 5 % de collaborationnistes.

Le Commissaire Principal des Renseignements Généraux Chef de Service :

■ ***Signé : Castaing***

« D'une façon générale, la population lédonienne exprime des sentiments anti-allemands et anti-collaborationnistes. On peut évaluer à 85 % le nombre des gaullistes ou sympathisants, 10 % d'indifférents, et 5 % de collaborationnistes[86]. »

Le commissaire principal des RG

86. « Collaborationnistes » est utilisé ici dans le sens de favorable à la politique de collaboration du gouvernement.

Les pétainistes ne seraient qu'une très petite minorité ! Leurs rangs, même grossis du marais des « indifférents », n'atteindraient pas le cinquième de la population de la ville. Pourcentages inattendus et peu en phase avec l'opinion très répandue et instrumentalisée que la grande majorité de la population – voire toute – était pétainiste ! Nous ne sommes plus en 1940, certes, mais le pire, notamment la Milice, est à venir ! Pétain aurait-il déjà perdu l'essentiel de son crédit ? Cependant il convient de nuancer ces chiffres et la part belle faite aux supposés « gaullistes ». Parmi eux, nombreux sont sans doute ceux qui croient encore au double jeu de Pétain. Aussi pourrait-on légitimement classer une partie de ceux-ci dans une catégorie volatile, les « pétainistes de circonstance ». Ces opportunistes patients n'hésiteront pas à rejoindre le camp du vainqueur présumé, et ce n'est certes plus l'Allemand.

Lons-le-Saunier compte bien sûr un nombre relativement élevé de fonctionnaires, plus de quatre cents, dont une quarantaine pour les seuls services préfectoraux, auxquels il faut ajouter une communauté solide de plus de trois cent vingt cheminots.

Par contre, on y trouve relativement peu d'industries, mais une entreprise dominante : les Établissements fromagers BEL dont le personnel est de l'ordre de six cent cinquante personnes. « Elle est autorisée à faire effectuer 60 heures de travail/semaine, toutefois les services de fabrication ont un horaire de travail variable du fait de l'importance des fabrications. Il est en général de 45 heures/semaine (5x9) ».

Les ouvriers ne sont pas mensualisés et leurs salaires horaires sont réglementés par arrêté du préfet régional. Là, comme partout ailleurs, les émoluments des femmes sont nettement inférieurs à ceux des hommes. Les manœuvres de plus de 18 ans touchent un peu plus de six francs alors que « les petites mains » en gagnent moins de cinq.

Selon les RG : « L'état d'esprit de ces salariés est bon dans son ensemble, le personnel n'appartient pas à des tendances politiques trop marquantes. Aucun élément communiste n'a pu être découvert. »

Il est vrai que, globalement, les salariés de l'établissement apparaissent comme relativement privilégiés par rapport à leurs collègues des autres entreprises de la ville, dans la mesure où ils bénéficient de « réalisations sociales », surtout depuis le changement de patron.

Tout comme les paysans, les employés de cette branche alimentaire sont épargnés par la Relève qui faisait que tous les hommes de 18 à 50 ans et des femmes célibataires de 21 à 35 ans salariés, pouvaient être réquisitionnés pour aller travailler en Allemagne.

Dans la filière alimentaire également, les fromageries Grosjean frères, « la Vache sérieuse », se situent dans un faubourg de la ville ; c'est un établissement beaucoup plus modeste, n'occupant qu'une quarantaine de personnes, autant de femmes que d'hommes. Là aussi, des « réalisations sociales » répondent à la nécessité d'avoir une main-d'œuvre apte au travail et qui ne perd pas un temps précieux pour l'entreprise et le personnel dans les files d'attente. Chaque ouvrier a été doté d'un lopin personnel dans le jardin collectif de l'entreprise, à charge pour lui d'y cultiver des pommes de terre.

La lunetterie Lizon emploie plus d'une centaine d'employés, essentiellement des manœuvres. C'est la seule entreprise du Jura pour le surfaçage des verres de lunetterie. Du fait du contingentement de l'électricité dont la consommation est réduite des deux tiers par rapport à l'avant-guerre, les horaires hebdomadaires imposés ont été ramenés à quarante-huit heures et les ouvriers doivent travailler en partie la nuit, aux heures creuses. Le rendement aussi aurait été fortement réduit du fait de la sous-alimentation chronique de sa main-d'œuvre, et ce malgré la mise à disposition du personnel, de jardins. Une caisse d'entraide a également été créée. L'entreprise ne pourra pas échapper à la Relève, mais l'entregent de ses dirigeants lui permet de le faire *a minima ;* seul un jeune mécanicien devra partir en Allemagne.

Les autres « grands » employeurs de la ville sont l'entreprise de charpente/menuiserie Roch qui compte plus de soixante-dix ouvriers et dispose également de jardins collectifs.

Quant à l'entreprise de travaux publics Tonetti, environ cent vingt ouvriers, elle a dû laisser partir en Allemagne une dizaine de maçons, des Italiens...

Parmi les salariés, seuls les employés de bureau et les cadres sont mensualisés, les autres étant payés à l'heure, voire aux pièces. Aussi les revenus mensuels sont-ils bien loin d'être assurés. L'Usine à gaz fait exception, tous ses employés mensualisés ont des salaires qui font des envieux.

Enfin les Établissements de confection Dissard sont une petite entreprise assez représentative du monde du travail urbain traditionnel. Ils ont mensualisé la douzaine d'hommes qu'ils emploient, mais pas la cinquantaine de femmes qui sont payées à la tâche. Une caisse d'entraide a été mise en place,

■ ***Lons-le-Saunier, place de la Liberté, soldats allemands et statue du général Lecourbe. Coll. A. Daroles.***

permettant au personnel la confection des colis aux prisonniers et l'achat collectif de légumes. Elle vient ponctuellement soulager la misère de ce terrible hiver 1942.

Coup de froid également sur l'espoir de voir le gouvernement prendre ses distances avec une collaboration de plus en plus insupportable : la radio a annoncé début décembre que Laval a fait un gros cadeau de fin d'année à l'occupant : les dépôts d'armes de feu de l'armée d'armistice.

CHAPITRE V

ÉGOÏSMES ET SOLIDARITÉS

Collecte pour « nos » Nord-Africains

La métropole n'est pas seule à alimenter ses enfants :

« Au moment où la ration de pain est l'objet des préoccupations constantes du gouvernement, il faut savoir que sans le blé de l'Algérie, la soudure en France ne pourrait être assurée[87]. »

Mais, nous l'avons vu, les arrivages vont prendre fin en novembre 1942 avec le débarquement et l'occupation de ces territoires par les armées anglo-saxonnes et, bientôt, sa prise en charge par la France Libre.

Le 11 avril 1942, le journal *Le Nouvelliste*[88] publie une lettre du préfet du Jura annonçant la décision de Vichy de décréter une « quinzaine impériale ». Son but est, à défaut de pouvoir se glorifier de la situation présente du pays, de mettre en valeur l'importance de notre puissance coloniale. Une journée sera plus particulièrement dévolue à la reconnaissance et à l'assistance à prodiguer aux habitants de nos possessions d'Afrique du Nord :

> « La France le doit à l'Afrique du Nord pour une triple raison : de reconnaissance, d'humanité, et d'intérêt. Reconnaissance des services rendus au prix des plus lourds sacrifices dans les moments les plus tragiques de notre histoire, et plus particulièrement sur les champs de bataille où les musulmans nous ont démontré leur définitive intégration dans la communauté française. Humanité, car c'est un devoir élémentaire d'entraide auquel la France n'a jamais failli de venir au secours... »

Quant à la troisième raison, l'intérêt, elle va de soi et l'emportera sur les autres considérations. Dans le même journal, un mois plus tard, il est clairement souligné que : « L'ouvrier agricole musulman [...] en l'absence de cheptel qui ne peut être nourri (et de machines) par manque de carburant,

---

87. ADJ. 304 W 26.

88. Ibid.

peut seul assurer la cueillette des olives, des légumes, la vendange, la moisson. » On ne pouvait mieux dire qu'en privant le fellah de son exploitation et de son bétail au profit des colons, on en avait fait un ouvrier agricole bien démuni et à leur merci. Mais on ne l'oublie pas, on compte sur lui car « lui seul, en définitive, peut permettre l'exportation vers la France de toutes sortes de denrées qui lui sont absolument indispensables… »

Sauf que ces ouvriers agricoles ont été réduits à une telle misère qu'ils n'ont pas les moyens de se vêtir, et donc de travailler ! « L'ouvrier agricole en effet, à moitié nu, ne peut, à cause des intempéries et en raison de la simple décence, de laquelle il est très respectueux, se livrer aux travaux dont dépend l'importance de la récolte. »

Le journaliste s'émeut des dommages collatéraux qui ne vont pas tarder à se manifester chez nous ! « Cette situation risque d'avoir les plus fâcheuses répercussions sur le volume de la production agricole de nos trois possessions nord-africaines. Couvrir l'ouvrier agricole musulman c'est donc permettre de nourrir le consommateur français. »

Le gouvernement, conscient de cette situation délicate, mais déjà bien démuni, va décréter une collecte. Le journal prend alors le relais auprès des populations en métropole :

« Pour la collecte du 28 mai, dès maintenant, fouillez vos greniers. »

Vide-greniers bien particulier, et ciblé, qui ne saurait, *a priori,* mettre en cause l'économie ménagère, car il « est consacré à la collecte des débris (*sic*) de textile au profit des indigènes nord-africains… il s'agit de donner non pas de vieux vêtements entiers, mais surtout des débris de textiles les plus variés, tels que toiles, cotonnades, soieries, doublures, tissus d'ameublement, imperméabilisés, et même toiles à sac. Chacun peut, sans tarder, préparer sa contribution, dont le ramassage organisé par le Secours national, se fera le jeudi 28 mai. »

Un courrier ministériel, adressé aux préfets, avait précisé que, « indépendamment des textiles susceptibles de fournir des vêtements aux musulmans nord-africains, il conviendra également de collecter, si possible, des vieilles chaussures ainsi que toutes matières susceptibles de permettre la confection des chaussures ».

Et *Le Nouvelliste* de préciser encore une fois dans ses colonnes, sans sourciller sur le fossé qui sépare les tâches imparties aux deux protagonistes : « Les travailleurs nord-africains peinent pour assurer notre subsistance. Nous donnerons en échange tout ce qui, dans nos armoires et nos greniers, pourra servir à les vêtir. »

Bel exemple de l'échange inégal entre Nord et Sud, le premier ayant détruit l'économie de subsistance du second.

Le Secours national mobilise ses troupes et, comme de coutume, instituteurs et enfants des écoles pour faire du porte-à-porte.

Mais les résultats sont loin d'être à la hauteur des ambitions officielles. Pour l'ensemble du département, la collecte ne dépassera que de peu quatre tonnes. Quelques succès sont obtenus dans des communes où la municipalité a toujours fait preuve de prosélytisme à l'égard du régime. C'est le cas à Orgelet où le général Karcher a réussi à faire récupérer « 75 kg de textiles divers ». Dans la commune voisine de Dompierre-sur-Mont (5 kg), Cressia, environ 15 kg. Et c'est tout ! Aucune des autres communes du canton n'a donné quoi que ce soit. Parfois les maires fournissent une explication à cet échec ; celle de celui de Chaumergy est laconique, mais frappée au coin du bon sens : « Ma commune étant essentiellement agricole, et en raison des restrictions actuelles, tout est utilisé. » Son collègue de Cesancey est plus explicite sur la misère des temps dont il n'entrevoit aucune amélioration : « Les habitants se sont débarrassés depuis longtemps des chiffons inutilisables et ne veulent pas se défaire à l'heure actuelle de tout ce qui peut encore leur servir. »

On va acheminer à Marseille, par train, ces ballots de débris qui seront alors désinfectés et utilisés à la fabrication de vêtements dont on peut envisager la qualité et le confort...

La Légion entend que ses bonnes œuvres soient connues et rejaillissent sur un régime discrédité accusé de négliger les pauvres. Un article de deux pages paru dans toute la presse locale sous le titre : « La Légion au secours de l'enfance » signale qu'elle « met au premier rang de son activité les services sociaux ». Et de dresser le catalogue de ses interventions : « les colis à nos chers prisonniers », « se pencher sur les femmes de nos absents qui peuvent être anémiées, fatiguées », « les enfants de nos prisonniers »...

Enfance en péril

Les pénuries et les carences alimentaires sont sérieuses dans les familles ouvrières de la région doloise, à un point tel qu'un rapport du sous-préfet signale sans complaisance que, « en cette période, la jeunesse subit un réel état de déficience physique provenant du rationnement général ». Des voix autorisées envisagent même de supprimer les épreuves orales aux divers examens de fin d'année et d'assouplir les programmes scolaires jugés trop chargés pour des corps sous-alimentés. Les enfants de la région industrielle de Dole-Tavaux-Damparis ne sont d'ailleurs pas les seuls à être touchés.

À Saint-Claude, dès le début du printemps 1942, les difficultés de la soudure en blé sont de plus en plus ressenties : « ville ouvrière, la cité de la pipe souffre du manque de ravitaillement et les petits Sanclaudiens sont les premières victimes... malgré les efforts des pouvoirs publics dans le domaine du ravitaillement[89]. » Propos tenus par la direction nationale de la Légion. Encore une fois, Saint-Claude et ses environs, terres ouvrières, échappent à cette image idyllique d'un Jura, corne d'abondance.

Sa modestie n'est pas évidente quand elle prétend arriver « au miracle de faire en pleine disette briller de convoitises des yeux trop habitués à des assiettes vides ou à des tranches de pain sec et squelettique... »

89. ADJ. 332 W 133.

Le service social de la Légion, à Vichy, se préoccupe de trouver aux petits Sanclaudiens des faubourgs, pour l'été, une terre d'accueil où « pendant un minimum de trois mois, nos petits Jurassiens iront se refaire les joues et les muscles dans des régions plus favorisées et, sous un climat idéal, respireront à pleins poumons l'air des campagnes[90]. »

L'Union des légionnaires de la région d'Agen se propose d'accueillir un premier convoi de cinquante enfants d'ouvriers de Saint-Claude et de Molinges.

Après quelques péripéties, quarante-sept enfants seront finalement accueillis dans des familles de légionnaires de La Réole (Gironde).

Par courrier à son collègue, le responsable jurassien recommande « tout spécialement ces enfants, fils d'ouvriers d'une région particulièrement hostile à nos idées ».

Et de préciser : « La réussite de ces vacances sera pour nous un très gros bénéfice moral... » S'il n'y a pas d'acte gratuit, reconnaissons qu'il existe des propagandes moins généreuses.

D'autres convois d'enfants sont même prévus car la demande est forte. Quand la Légion de La Réole demande qu'on fixe une date pour le départ du convoi, Henri Dunod, le responsable sanclaudien de la Légion, signale qu'il serait judicieux de la fixer après le 4 juin, car, à Saint-Claude « la première communion et la confirmation ont lieu les premiers jours de juin. Si le départ devait se faire avant cette date, un certain nombre d'enfants, et des meilleurs, ne pourraient pas profiter de ce séjour ».

Arrivés à La Réole, les petits Sanclaudiens et Molingiens, toujours d'après la presse, « vivent des jours heureux parmi de bien braves gens qui les nourrissent sainement » ; cet extrait d'une lettre envoyée par une hôtesse à la maman d'un petit « faubourier » de Saint-Claude, le confirme : « Je crois que rien que cette tranquillité lui vaut beaucoup pour sa santé. Mon mari lui a déjà préparé un fortifiant avec du vin rouge vieux et des feuilles de noyer macérées pendant 48 heures et un peu de sucre. Ceci est très bon, nous en donnions à notre fils quand il avait son âge. »

Nul doute que cette médication bordelaise a été plus agréable à boire, sinon plus efficace, que la traditionnelle huile de foie de morue !

Les enfants, pour la plupart, partent, munis de leur carte d'alimentation et d'autres « papiers » : certificats religieux, certificats de scolarité, cartes de lait, de savon, de pommes de terre...

Un second séjour de cinquante autres petits Haut-Jurassiens devait avoir lieu dans la Drôme, mais il ne pourra être réalisé, les familles d'accueil devant accueillir des enfants évacués du Var. De plus, comme le signale le responsable drômois, les familles (légionnaires) paysannes de son département « n'acceptent que très difficilement de recevoir des enfants des villes... et nous avons beaucoup de mal pour loger quelques enfants des villes de la Drôme ». Quel regard portent ces familles sur ces enfants des milieux populaires urbains ?

Enfin, toujours au dire du responsable légionnaire drômois : « Le ravitaillement est très difficile dans notre département et pendant plus d'un mois,

90. ADJ. 332 W 133.

de nombreuses communes ont manqué totalement de pain. » Le Jura est loin d'être le seul département à rencontrer des difficultés.

La Légion jurassienne prendra elle-même en charge directement des enfants dans le besoin, et le fera savoir. L'année suivante, elle fait paraître un article dans *L'Écho de la Montagne* et *Le Nouvelliste*[91]. Quelle envolée lyrique quand elle raconte sa prise en charge de sept ou huit enfants du Haut Jura, dont voici quelques extraits :

> « Le jeudi 17 juin à l'aube d'un jour pluvieux et froid, un groupe de fillettes auxquelles se joignait un tout petit bonhomme, accompagnées de leurs parents, stationnait sur le quai de la gare de Saint Claude.
> C'était là un petit convoi que la Légion dirigeait sur sa maison de repos pour les enfants déficients de Vic-sur-Cère, dans le Cantal, pour un séjour de plusieurs mois...
> Le visage et les yeux des voyageuses reflètent leur joie intérieure, mais la misère de leur jeune corps s'accuse dans la crudité du jour sale et rappelle à notre mémoire, avec un nostalgique et poignant regret, les formes potelées, roses et fermes d'une enfance heureuse et bien nourrie.
> L'animation est grande dans le compartiment réservé. La conversation générale s'émaille du coq à l'âne, de réflexions drôles ou naïves, d'expressions de contentement, mais aussi, en leitmotiv, de mots : tickets, points textiles, rationnement, que nous ne connaissions pas à leur âge et qui leur sont aussi familiers que ne l'étaient pour nous d'autres mots : babas, choux à la crème, éclair au chocolat, dont la signification pour elles serait obscure... »

Échanges de bons procédés : des familles d'accueil paysannes jurassiennes recrutent de jeunes bergers ; ainsi, et cette année, la demande sera avancée du fait de la mise en pâture précoce. Le responsable de l'Union départementale de la Légion du Rhône adresse ce message rassurant à son collègue de Lons-le-Saunier : « Comme convenu, nous allons essayer de vous placer, de préférence comme bergers, le nombre d'enfants lyonnais convenu. D'ores et déjà nous pensons vous assurer pour juillet un chiffre important. »

Nul doute qu'ils seront bien accueillis... et les vaches bien gardées !

Nombreuses sont aussi les familles urbaines jurassiennes dans le besoin qui désirent placer leurs enfants pendant les vacances, et pourtant le département ne peut honorer la totalité de cette demande saisonnière.

À Neublans, une famille d'agriculteurs a fait sa demande en février pour embaucher un petit berger. La ferme est bien modeste avec ses quatre vaches et quelques volailles et lapins. Le cultivateur demande un garçon d'une douzaine d'années, qui sera logé dans la maison, ira à l'école le matin seulement et aidera à de petits travaux. Il faudra que ce berger reste du 15 mars au 15 octobre. Il semblerait que cette situation réponde globalement aux normes en vigueur.

---

91. ADJ. 332 W 133.

Les services sociaux, Assistance publique et dispensaires, sont attentifs à leurs conditions d'accueil, mais leurs maigres effectifs et les difficultés des déplacements ne permettent pas toujours d'éviter les abus. On veut croire que l'exemple qui suit est exceptionnel : dans un village du sud du département, une veuve de la Grande Guerre, à la tête d'une ferme assez importante pour l'époque en Petite Montagne – une quinzaine de bêtes environ – prend un jeune commis âgé « de 7 à 8 ans et de faible santé » pour l'aider d'août à novembre. Elle est dénoncée par des habitants du village pour mauvais traitements. Le petit Jean était « employé à la garde du troupeau, souvent à des heures tardives, seul dans les parcours de montagne ; sa nourriture aurait été insuffisante et certainement bien différente de celle de la famille. »

Ce cas ne peut faire oublier que des Jurassiens accueillent aussi des enfants dans le seul but de leur venir en aide. Ainsi cette famille d'Augisey, un couple d'instituteurs sans enfant, jouissant d'une excellente réputation, confirmée par le maire et le curé, qui « désire recevoir un petit Lyonnais pendant trois mois afin de lui faire profiter du bon air et de la vie de la campagne ». Et cela tous les ans.

Le Jura apparaît à juste titre, pour nombre de Français, notamment dans les milieux populaires des villes industrielles de la région parisienne, comme un département privilégié. Il bénéficie d'une véritable rente rurale et les bombardements alliés y sont des plus improbables, à quelques sites près. La Légion, le Secours national, mais aussi les départements participent à l'entraide interrégionale, et on appelle à des jumelages. Le Jura a « adopté » la ville de Blanc-Mesnil, ville industrielle et ouvrière de l'Est parisien qui souffre de la faim, mais aussi désormais des bombardements alliés. Le département lui alloue une subvention conséquente et accueillera en nombre ses réfugiés, notamment ses enfants.

Le 15 juillet, un convoi de plus de cent enfants arrive à Poligny. Les personnes qui les accueillent appartiennent pour l'essentiel aux classes moyennes de la ville et sont d'horizons très divers : on y rencontre aussi bien l'abbé Bois que le garagiste Vuillet, ou encore monsieur Jurquet, le principal du collège qui, par ailleurs, abrite dans son établissement, en toute illégalité, des enfants juifs.

Plus tard, au début de l'automne, Salins-les-Bains, que la garnison allemande aura quitté, accueillera pour l'hiver des réfugiés originaires de Paris et du Midi. Ils augmenteront les effectifs du collège moderne de plus de quarante nouveaux élèves. À l'instar de son collègue de Poligny, le principal du collège, Régis Billaud, y cachait déjà des enfants juifs.

Malgré cette arrivée massive de jeunes réfugiés, la ville, qui comptait plus de mille cinq cents ouvriers, n'aura droit à aucune distribution supplémentaire de pommes de terre et autres denrées !

Aide aux prisonniers

Revenons aux activités de la section légionnaire de Chaussin[92] ; elles semblent s'être limitées aux prérogatives, en temps de guerre, d'une associa-

---

92. Archives Ch. Velin.

tion d'anciens combattants. En l'occurrence, « le problème », c'est le sort des quarante-huit soldats de la commune retenus prisonniers en Allemagne, et l'aide à leurs familles. La confection et l'envoi mensuel du « colis du prisonnier » occupent la plus grande partie des quarante pages du recueil de leurs délibérations prises entre mars 1941 et la fin juillet 1942.

Lors de la réunion du 21 juin, la section légionnaire crée en son sein un comité d'entraide aux familles de prisonniers. Elle dresse la liste des prisonniers de la commune, la fait authentifier par le maire et s'adresse à la Croix-Rouge de Lons-le-Saunier pour qu'elle lui procure, en collaboration avec le comité d'entraide de la Légion, les « vivres et denrées » nécessaires à la confection de ces colis. À charge pour la Légion locale d'en faire elle-même la répartition et de les vendre sans bénéfice aux familles des intéressés.

Pour son premier envoi, la Légion a décidé d'envoyer gratuitement un colis à chaque prisonnier ; pour financer l'opération, chaque section est appelée à organiser des quêtes et des collectes sont organisées.

> Lors de la réunion de son bureau le 14 juillet, la chose semble être ficelée, « Les membres du Bureau se sont attelés dès le 2 juillet, d'abord à la confection de boîtes carton type en utilisant au mieux tous les cartons de diverses tailles recueillis chez les commerçants, puis à la préparation des colis dont chacun contient » :

1 kg de pain de guerre	200 grammes de sucre en morceaux
1 paquet de tabac	600 grammes de savon en 2 morceaux
2 paquets de cigarettes	Une paire de lacets de souliers en cuir
2 tablettes de chocolat (500 g)	1 boîte de crème de gruyère
2 boîtes de conserve de bœuf en gelée (300 g)	2 paquets de biscuits
3 boîtes de conserve de sardines à l'huile	

Et elle n'est pas avare de détails sur ses réalisations. On se veut exhaustif dans la tâche réalisée :

> « Tous ces articles emballés dans la boîte carton bien ficelée, cette boîte carton elle-même enveloppée soigneusement dans une solide feuille de papier goudron armé et ficelée solidement. L'étiquette spéciale bien collée… ces vivres et denrées devant être cédés aux familles des prisonniers de guerre sur présentation de l'étiquette spéciale destinée au colis à envoyer mensuellement. »

On imagine ces « vieux soldats » dans ces tâches d'épiciers, comptant, pesant et emballant…

Il y a bien sûr, comme pour le ravitaillement, les incontournables retards sur le calendrier : ainsi, pour le colis de juillet, les rations n'ont été distribuées à la mairie que le 2 août… Pour les mois à venir, les familles devront les payer au prix de leur contenu, la Légion prenant en charge les frais connexes : déplacements à Lons-le-Saunier pour récupérer les marchandises, frais de correspondance, transports, annonces… C'est au son du tambour que les familles concernées sont invitées à apporter à la permanence locale de la Légion l'« étiquette spéciale » envoyée par le prisonnier et qui est nécessaire à l'envoi.

Le colis du mois d'août dérogera peu au contenu traditionnel, mais les quantités y sont réduites :

500 g de chocolat : 9,30 francs	300 g de sucre : 2,20 francs
1 boîte de conserve : 10,30 francs	2 paquets de cigarettes : 2,40 francs
500 g de pain de guerre : 3,80 francs	1 boîte de fromage : 4,50 francs

En septembre, on veut réduire le coût, aux dépens du chocolat et au bénéfice du vermicelle, et on n'oublie pas l'hygiène :

250 g de chocolat	100 g de vermicelle
1 boîte de conserve de 300 g	140 g de sucre
1 boîte de sardines	1 paquet de 50 g de tabac
500 g de pain de guerre	Savon

Le mois suivant, on supprime le chocolat, remplacé par la boîte de fromage ; sans doute « la Vache qui rit » avait-elle des stocks !

On supprimera également le savon, car il faut rendre aux épiciers de Chaussin l'avance qu'ils en avaient fait pour le précédent colis.

Mais, malgré ce dévouement à la cause des prisonniers, les légionnaires locaux ne comptent apparemment pas que des amis.

Un de ses membres, le curé d'Asnans s'était déjà fait traiter de « corbeau » par un groupe de jeunes gens.

Les choses vont prendre une autre tournure : lors de sa réunion du 17 novembre 1941, il est fait état de « certaines réflexions méchantes ou imbéciles colportées par des personnes de Chaussin tendant à suspecter et mettre en doute la probité des membres du Comité relativement à l'emploi judicieux et parfaitement honnête des fonds recueillis jusqu'à ce jour »…

La réaction des légionnaires est immédiate, désormais ils ne prendront plus à leur charge les frais occasionnés par la confection des colis. Aux familles de juger les responsables de cette décision !

Et des problèmes afférant à ces colis ne manquent pas. Les vivres du mois d'octobre ont bien été touchés depuis la mi-novembre, mais, vu l'imminence de l'envoi du colis gratuit de Noël, ils seront conservés pour un envoi ultérieur. De plus, mesure de rétorsion de l'occupant, l'envoi des colis est suspendu pour un mois.

Le colis de Noël, dont le contenu a été dévoilé par le journal *Le Nouvelliste*, sera exceptionnellement plus conséquent, mais la Légion le prend à sa charge. Vichy fera un effort, et entend qu'on le sache : dans chaque colis figurera l'inscription : « Le chocolat contenu dans ce colis vous est offert à l'occasion de Noël par le gouvernement »

Pain concentré : 500 g	1 saucisson : 250 g environ
Conserves de poisson : 3 boîtes	Pain d'épices : 250 g
Sucre : 250 g	Confitures concrètes (?) : 250 g
Pâtes alimentaires : 250 g	1 paquet de tabac ou 4 paquets de cigarettes
1 boîte de fromage : 170 g	2 paquets de cigarettes
Chocolat : 500 g	Potages concentrés : 40 g

On n'aura sans doute pas assez de saucisson pour tout le monde, aussi sera-t-il alors remplacé par une boîte de conserve de viande.

Désormais il sera possible aux familles de faire parvenir chaque mois un autre colis, contre présentation de la fameuse étiquette spéciale, et paiement de la somme de **55** francs : il contiendra :

1 pain de guerre	1 boîte de sardines
1 boîte de 300 g de bœuf	1 paquet de tabac
250 g de chocolat	1 morceau de savon
150 g de sucre	1 boîte de fromage
250 g de nouilles	1 pipe

À la demande du prisonnier, par courrier, et toujours sur présentation de l'incontournable « étiquette spéciale » visant à éviter les fraudes, quelques vêtements ou sous-vêtements pourront également être envoyés.

L'accueil des prisonniers évadés qui ont franchi clandestinement la ligne de démarcation jouxtant les limites de la commune requiert également toute l'attention des anciens combattants légionnaires. Et la gare de Chaussin, en zone libre, ne manque pas d'intérêt pour ces soldats de retour au pays. Lors de leur réunion du 20 septembre 1941, les légionnaires font état du fait que « depuis quelque temps, et le cas se renouvelle assez fréquemment, des prisonniers évadés se présentent soit à la gendarmerie, soit à la mairie, soit à la Légion, pour obtenir soit un gîte pour la nuit, soit des vivres pour continuer leur route ».

À cet effet la Légion a passé marché avec le propriétaire de l'hôtel de la Gare, monsieur Bach pour le couvert, et on leur a trouvé des gîtes. Le Comité paiera.

Rapports villes- campagnes

En 1942, on ne peut que constater le fossé qui se creuse entre le peuple urbain et les paysans. Ces derniers, exemptés de la Relève, craignent désormais d'être victimes de leur relatif bien-être qui contraste avec les grandes difficultés du peuple des villes à se nourrir, ce dont ils les rendent en partie responsables. « Une crainte s'infiltre en eux actuellement : celle de voir un jour les ouvriers affamés des villes se précipiter dans la campagne pour s'y gaver tout leur saoul gratuitement. »

À la ville, pour un grand nombre, « presque tout fait défaut », même dans les modestes cités du département. Les pouvoirs publics en sont conscients, et la population urbaine va bénéficier de suppléments familiaux alimentaires (légumes secs, pâtes…) nationaux et régionaux. Cependant le critère retenu repose exclusivement sur la taille de la ville, si bien que les petites communes « sociologiquement » urbaines n'y ont pas droit. En zone nord, autour de Dole, c'est le cas de Foucherans, Tavaux, Damparis, Azans notamment, dont les habitants sont pour les trois quarts des ouvriers d'usine et où les cultivateurs, bien peu nombreux, produisent uniquement pour leur consommation familiale. C'est aussi le cas de Montmorot et Perrigny en zone sud.

Le sous-préfet de Dole[93], M. Tribouillet, prend manifestement fait et cause pour les populations aux bien modestes salaires. Il dénonce les syndics agricoles, petits maîtres locaux et intouchables des réquisitions pour le ravitaillement, qui « sont trop portés à borner leur rôle à la stricte protection des intérêts paysans ». Ils ne seraient que les fidèles représentants des paysans qui, « eux-mêmes ont une regrettable tendance à ne considérer que leurs propres intérêts et à méconnaître la solidarité qui doit exister entre les populations rurales et urbaines. Par exemple, dans les communes rurales proches des centres urbains où habitent de nombreux ouvriers, la création de jardins ouvriers rencontre l'opposition sourde mais tenace de certains syndics qui paraissent croire que cette création lésera les intérêts paysans ».

Le haut fonctionnaire connaît bien ce monde rural qu'il doit visiter, dans la mesure où ses faibles attributions en essence[94] le lui permettent. Au cours des mois d'octobre et novembre, il n'a d'ailleurs pu se rendre que dans quatre communes où se posaient des problèmes.

Le sous-préfet s'est déplacé dans le vignoble. À Villette-lès-Arbois, il parvient à convaincre le président de la délégation spéciale de ne pas démissionner. À Arbois et Pupillin, c'est sur la taxation des vins d'appellation contrôlée qu'il est attendu. Il ne semble pas avoir convaincu des viticulteurs déterminés à défendre leurs « privilèges ».

À Tavaux il entend les doléances des paysans très inquiets par l'intention des Allemands de développer les installations du camp d'aviation. Leur hostilité à ce projet est fondée sur les dangers de bombardements alliés potentiels, et, surtout, sur le fait de voir leurs terres, les plus fertiles du département, leur être confisquées. Mais ici le maître du jeu est l'occupant que ne saurait braver le sous-préfet, et l'argument des cultivateurs se présentant comme les défenseurs du ravitaillement populaire ne le convainc pas. D'autant que certains agriculteurs du riche Finage sont dans le collimateur de l'Administration. Ainsi, en cet automne 1942, le commissaire aux RG de Dole, accompagné du contrôleur du service des prix a mené enquête dans les communes de Petitnoir et de Santans. Celle-ci a permis de découvrir que plusieurs cultivateurs se livraient à un commerce frauduleux de lentilles. L'un s'étant montré particulièrement agressif, fut condamné à un mois d'internement.

Il est évident que la défense acharnée de rentes de situation et les pratiques frauduleuses participent aux pénuries alimentaires chroniques qui touchent

93. ACDO. W 21.363.
94. ACDO. 21.363.

les milieux populaires urbains, d'autant que l'état des récoltes est plutôt satisfaisant.

Dans le Finage, celle des pommes de terre a été si bonne qu'elle a permis aux habitants des villages les plus démunis, c'est-à-dire « petits fonctionnaires, vieux retraités, ouvriers d'usine... » de pouvoir s'approvisionner auprès des cultivateurs locaux. Pour une fois, après les réquisitions du Ravitaillement général et la vente privée à leurs clients traditionnels, ils ont pu participer directement à l'alimentation populaire.

Ici, dans cette contrée de grandes fermes, les choix de cultures se font de plus en plus en fonction du profit à en tirer. Ainsi, les emblavures ont régressé au bénéfice de la culture des légumes secs, jugée plus rentable par le cultivateur.

Par contre, davantage que le pain, c'est la viande qui est rare. Le cheptel a fortement diminué, une des causes en étant le redondant manque de fourrage. Faute de pouvoir nourrir tout le troupeau à l'étable, de nombreux paysans doivent vendre une partie de leurs bêtes. Par ailleurs les réquisitions du ravitaillement, doublées de celles de l'Allemand en zone occupée, ont décimé le troupeau. Au manque de viande de boucherie va s'ajouter, plus dramatique pour les jeunes enfants, le manque de lait. La chute de cette production quand les vaches sont à l'étable va être alors d'autant plus brutale ; on estime que dès ce mois de novembre, la production laitière ne représente que 70 % de celle de l'été.

Les temps à venir s'annoncent particulièrement durs pour les Jurassiens les plus exposés.

Une enquête sur la misère dans la zone non occupée[95], menée par la Jeunesse ouvrière catholique jurassienne, a permis de dresser ainsi la situation des personnes les plus fragiles de Lons-le-Saunier.

> « Quelques faits pris au hasard dans un début d'enquête parmi les plus typiques.
>
> Il faut actuellement compter... quatre-vingt-six familles qui, cet hiver, auraient besoin d'être secourues pour diverses raisons (salaire bas) en rapport du coût de la vie, charge de famille, réfugiés, impossibilité du ravitaillement... »
> – Rue des Cordeliers : deux personnes de plus de 70 ans manquant de provisions. Ont droit à la retraite des vieux. Démarches entreprises par la JOC réussies. Pas de charbon. Éclairage par pétrole, un litre par mois.
> – Même rue : mari travaille à la ville, huit enfants de moins de 13 ans à charge. Ne peuvent faire les files devant les magasins. Mère souvent malade.
> – Rue Jean Jaurès : quatre enfants à la charge de la mère. Mère au travail partiel.
> – Les Mouillères : dans une famille de dix personnes, on ne peut se ravitailler à cause de la cherté de la vie.

95. ADJ. 332 W 5.

– Rue Saint-Désiré : une famille de dix enfants a encore pris, au cours de l'hiver, des enfants à charge, orphelins et réfugiés. Ont besoin d'être aidés.
– Rue du Commerce : vieille personne seule prise en parrainage par une famille ouvrière qui l'aide et lui donne à manger. Mais la famille a des difficultés pour vivre.
– Rue des Salines : famille de trois enfants, l'un est au sana. La mère est obligée de lui adresser des colis, les autres se privent pour lui.
– Route de Villeneuve : famille de quatre personnes : grand-mère, deux jeunes filles infirmes qui ne peuvent guère travailler qu'un peu de lingerie à domicile. Seul un fils de santé précaire travaille comme employé.
– Rue Sébile : famille de trois enfants réfugiés de Strasbourg, père prisonnier ou disparu, aîné de 8 ans, mère ayant le souci de toute la famille.
– Rue Regard : famille de cinq enfants, père seul, travaille comme manœuvre dans un chantier. Ne peuvent guère se ravitailler.
– Champ de foire des chevaux : famille de trois personnes, le mari, tuberculeux, bricole à la maison, enfant travaille, femme travaille avec un salaire dérisoire.
– Rue de la Comédie : famille de quatre personnes, mari seul travaille et gagne 1 200 francs par mois, ne peuvent arriver à joindre les deux bouts. Vivent dans une pièce non aérée.
– Quai Thurel : veuve de 74 ans, seule, névralgies, maladie de cœur, logement froid, location 50 francs par mois. Neveux ouvriers, ne font rien pour elle, sont surchargés de travail et de famille…

Le Comité jurassien de l'association catholique présidée par Henri Richard, du Vernois, décide de lancer une « campagne de Fraternité » pour laquelle sont mobilisées les Jeunesses ouvrières et agricoles ainsi que la Ligue féminine catholique. Cette association poursuit deux buts :

1. « Faciliter l'alimentation des gens qui meurent de faim dans les villes.
2. Rapprocher les milieux paysans et ouvriers par une compréhension plus grande. »

Des parrainages entre familles ouvrières des villes et familles paysannes sont mis en place, ces dernières envoyant des « colis familiaux ». Et l'association de conclure, un rien pessimiste : « Il y a encore de braves gens dans notre Jura [...] (mais) tout ceci est bien insuffisant pour soulager les misères actuelles qui [...] sont grandes en ville. »

La collecte est un succès, de nombreux paysans catholiques se mobilisent ; M. Richard l'écrit dans son courrier au préfet en date du 21 novembre, précisant les efforts réalisés dans certaines communes :

« Chaussin : 37 tonnes de choux-raves, 5 tonnes de raves.
Vaudrey : 20 tonnes de choux-raves et 200 kg de courge.
Les Essards : 3 tonnes de choux-raves.
Plasne : 2,4 tonnes de raves.

> Vincent : 16,5 tonnes de choux-raves, 5 tonnes de raves, 3 tonnes de courges et 100 kg de choux.
> Soit, au total, 62 tonnes de légumes que nous avons sur les bras (peut-être 100 demain)... »

Le problème est que l'essentiel de ces stocks va leur rester « sur les bras » et n'atteindra jamais le consommateur urbain. En effet, faute de l'indispensable autorisation allemande, le préfet ne pourra pas mettre de camions au service de l'association catholique. Son président le déplore : « Du côté paysan, on me signale, en bien des cas, que ces légumes sont en souffrance dans les cours des fermes, seulement couverts d'un peu de paille. »

Encore une fois, l'intendance n'a pas suivi. Et on le supporte de plus en plus mal : l'inefficacité du pouvoir tranche trop visiblement avec la solidarité tant prônée par Vichy.

Les exemples ne manquent pas de la solidarité des cultivateurs à l'égard des populations urbaines voisines. Ainsi, à titre d'exemple, à Condamine, à une dizaine de kilomètres de Lons-le-Saunier, Edmée Renaud témoigne : « Des Lédoniens de condition modeste viennent régulièrement se ravitailler, en bicyclette, ou par le car gazo ; ils se procurent quelques légumes, des œufs, du beurre... »

Parmi ces gens qui recherchaient de quoi agrémenter un quotidien bien maigre, se trouvaient des ouvriers et des enseignants, et on peut penser que les prix pratiqués étaient « normaux », fort éloignés de ceux du marché noir. Ceux qui leur procuraient ces denrées ne se sont pas enrichis.

Le père de Jacques Roybier venait en vélo, depuis Lons-le-Saunier, se ravitailler à Moutonne où il avait des relations. De très nombreux citadins avaient conservé des attaches, souvent familiales, à la campagne. Ils alimentaient la noria de vélos fréquentant les fermes. Jamais la bicyclette n'avait si bien porté son surnom de « petite reine » et, vu la rusticité des engins de l'époque, on reste confondu par les distances parcourues, souvent la nuit, avec, au retour, des charges parfois conséquentes.

Mais la solidarité du Jura des champs à l'égard du Jura des villes trouvera vite ses limites, et l'administration échouera dans ses démarches pour amener les paysans de Ruffey, Saint-Germain-lès-Arlay et Villevieux à livrer du lait à la population de Lons-le-Saunier... Encore faudrait-il connaître les conditions dans lesquelles on leur avait proposé le marché...

Un peu partout, des syndics et des maires ne veulent plus assumer la responsabilité de la répartition des impositions, sources d'ennuis et d'inimitiés multiples au village. L'Intendance s'en réjouit, compte y imposer son personnel, car « l'agent du Ravitaillement général effectue ce travail sans aucune préoccupation de clocher, et l'équité y gagne ».

Le monde de l'entreprise

Les entreprises qui travaillent pour les Allemands peuvent garder leur personnel et faire des bénéfices conséquents : « Ce n'est un secret pour personne que les industriels du Jura gagnent beaucoup d'argent, et plus particulièrement ceux de Saint-Claude où les pipiers, dans la mesure où le courant électrique leur est accordé, travaillent pour l'Allemagne à qui ils vendent, à des prix records, les pipes de toutes qualités. »

Pour beaucoup, l'occupation n'est qu'une période au cours de laquelle ils auront fait de gros bénéfices.

Et le patron de cette usine n'est pas un ingrat :

« Lors d'un des derniers discours du Maréchal, l'usine Chapuis-Comoy a fait le nécessaire pour que des haut-parleurs soient installés dans ses locaux[96]. »

Par ailleurs de nombreuses entreprises profitent de leurs marges pour prendre en compte les difficultés que rencontre leur personnel. Commisération, solidarité et nécessité de maintenir la force de travail des ouvriers se conjuguent pour mettre en place des mesures sociales. Quand M. Bel laisse à son gendre, M. Fievet, la direction des établissements de La Vache qui rit à Lons-le-Saunier, « l'état d'esprit s'améliore considérablement ». Il donne à l'entreprise « une impulsion plus sociale » prenant en compte les malheurs du temps et les évolutions ébauchées ailleurs dans les années trente.

Sont mis en place : un comité social d'entreprise, une association d'entraide du personnel, une colonie de vacances à La Rixouse pouvant accueillir quatre-vingt-dix enfants, un service social où sont employées des infirmières et des assistantes sociales qui rendent des visites à domicile aux familles nécessiteuses, une caisse de secours, une cantine d'usine qui peut servir deux cents repas le midi aux personnes dans le besoin et enfin des cultures collectives sur 25 hectares

Mais la conjoncture, notamment le manque d'énergie, ne permet pas à toutes les entreprises de conserver leur personnel. En revanche, l'occupant est de plus en plus à la recherche de main-d'œuvre pour l'Allemagne. Dans la région de Morez notamment, de nombreux ouvriers désignés pour le départ en Allemagne tentent de franchir clandestinement la ligne de démarcation. Sur toute cette ligne, les patrouilles allemandes sont redoutables, utilisant fréquemment des chiens et tendant des embuscades aux passeurs.

Ces faits sont confirmés par M. Tribouillet, le sous-préfet du Jura occupé. Dans son rapport du 2 octobre[97], il signale que de nombreuses communes situées le long de la ligne de démarcation, côté zone occupée, sont astreintes aux réquisitions du service des douanes allemandes. Les maires y rencontrent d'ailleurs des difficultés considérables. Plusieurs d'entre eux ont été arrêtés, accusés d'avoir facilité des passages clandestins et beaucoup démissionnent. Aussi le sous-préfet va-t-il les visiter pour qu'ils reviennent sur leur décision. Il se rend à Morbier, Chatelay et à Aiglepierre, municipalités en état de crise municipale en raison de la démission ou de l'arrestation du maire. Et le gouvernement qui n'en peut mais, n'échappe pas aux critiques sur son impuissance avérée à protéger son peuple.

---

96. ADJ. 332 W 46.

97. ACDO W 21354.

M. Tribouillet ne pratique pas la langue de bois de son prédécesseur[98], en témoignent les termes de son rapport concernant la zone occupée :

« L'état d'esprit vis-à-vis du gouvernement est d'une passivité qui confine à l'indifférence. »

Il n'est pas plus politiquement correct lorsqu'il aborde les difficultés que rencontre la Relève :

« L'appel du gouvernement en faveur de "La Relève" n'a suscité que peu d'échos... Je dois devoir signaler que dans une forte majorité, les ouvriers qui demandent à partir travailler en Allemagne sont, lors de l'enquête à laquelle il est procédé sur chacun d'eux, l'objet de mauvais renseignements. »

Les Allemands ont demandé au sous-préfet de recruter pas moins de mille ouvriers pour l'extension du terrain d'aviation de Tavaux. Ils ont en outre besoin de cinquante bûcherons et d'autant de manœuvres pour les chantiers de l'Organisation Todt. Mais il y a d'autant moins de candidats que le travail ne manque pas dans la région doloise. Le sous-préfet, avec une mauvaise volonté évidente, a bien recruté des « oisifs », mais en nombre très insuffisant. Quant aux bûcherons, il apparaît que la plupart sont déjà occupés dans des entreprises travaillant pour... l'armée, la marine ou l'aviation allemandes. Il se dit que les autorités allemandes envisageraient l'emploi de militaires démobilisés, mais il y en a ici bien peu.

La synthèse des rapports mensuels des préfets de la zone occupée, réalisée à Vichy pour le mois de décembre 1942, confirme que le Jura est loin de constituer une exception :

« Les préfets constatent que la lassitude a repris les esprits.

De toute part, la population voit ses espoirs déçus. Elle souhaitait avant tout la fin de la guerre et de ses maux, et c'est avec découragement qu'elle accueille cette nouvelle année qui sera encore plus dominée par les préoccupations d'ordre matériel. »

---

98. Il sera d'ailleurs renvoyé, ce qui lui vaudra d'être nommé préfet du Jura à la Libération.

TROISIÈME PARTIE

1943, LES ILLUSIONS PERDUES

CHAPITRE I

DURCISSEMENT DU RÉGIME ET DE L'OCCUPATION

Madeleine Caseaux, jeune institutrice à Châtillon en zone sud, a tenu son journal dans lequel elle note les faits de la vie quotidienne, le regard qu'elle porte sur l'actualité et ses humeurs

« 18 janvier 1943...
Enfin, bonne nouvelle, les Russes avancent toujours (à ce qu'ils disent, mais je veux les croire), et les boches reculent. Un ban pour les Moujiks !

Février : En Russie tout va très bien, Stalingrad est reprise, une smala de boches et de généraux prisonniers ! Décidément la victoire approche.

27 février 1943. [...] Le plâtrier-maçon[99] sent ses armées faiblir sans doute. Après sa véritable levée en masse (il a mobilisé les enfants de 15 à 18 ans pour travailler en Allemagne afin d'envoyer le maximum d'hommes sous les drapeaux), devinez ce qu'il fait ? C'est en France qu'il recrute maintenant sa main-d'œuvre. Les jeunes gens des classes 20, 21 et 22, sont recensés afin de partir dans un bref délai pour le service obligatoire du travail. Une minime partie restera en France, le reste sera envoyé en Allemagne. Seuls les agriculteurs resteront (Dieu seul sait pour combien de temps !). Et tous, pêle-mêle : ouvriers, étudiants, employés, instituteurs, artisans, tous doivent se présenter pour servir la grande Allemagne [...].
Oh ! Honte pour la France et ces Français indolents, sans courage et sans idéal ! Je ne veux plus être Française, je veux être Papoue, Lapone, sauvage, s'il n'existe plus dans notre beau pays que j'aime quelques-uns de ces hommes francs, valeureux, braves, qui ont fait autrefois la grandeur de la France.
Il est vrai qu'il y a une contrepartie adoucissante à cet état de choses (un sirop fade pour faire avaler une pilule empoisonnée), la ligne de démarcation va être assouplie. Munie de carte d'identité, une personne pourra passer d'une zone à l'autre, la correspondance reprendra librement. Aussi, que de battage autour de cette affaire, alors que le principal n'a pas changé. Pétain et sa clique restent à Vichy... »

99. Hitler.

La Milice

Début janvier, Pétain, qui connaissait les méthodes expéditives du SOL, dirigé par Darnand, lui avait donné son autonomie, mais ce service restait dans le cadre de la Légion. Le 30 janvier Laval lui donne son indépendance en la transformant en Milice. Si elle est mise sous l'autorité directe du chef du gouvernement, Darnand qui la dirige aura désormais les mains libres et le soutien indéfectible de Laval et de Pétain. On pense que la Milice sera à même, en partenariat avec les forces d'occupation, d'étouffer dans l'œuf toute forme de rébellion et d'éradiquer le péril bolchevique qui reprend vigueur. L'extrémisme collaborationniste de cette formation entraînera le régime sur le chemin d'une collaboration aveugle et d'un État totalitaire.

La mise en place de cette structure en dit long, en creux, sur la montée de l'opposition au pouvoir, le développement de la Résistance et les déboires de l'occupant.

L'armée Rouge marche vers l'ouest et l'hypothèse de la victoire alliée et de la Libération prend corps. Preuve s'il en était besoin, « on sent poindre une inquiétude des bourgeois face aux victoires soviétiques ». La plupart des possédants craignent la remise en cause de leurs acquis.

La Milice, garde prétorienne et bras armé d'une collaboration sans faille, se met en place. À Lons-le-Saunier, le 28 février se tient son assemblée constitutive départementale dans la salle du cinéma Palace. On y a mobilisé le ban et l'arrière-ban des notabilités autour du préfet. En bonne place, on remarque le président départemental de la Légion, les chefs de section de cette organisation, des maires, dont ceux de la préfecture de Saint-Claude, suivis des chefs de services des diverses administrations. Au total, avec les miliciens, environ deux cent cinquante personnes sont présentes, pour la plupart des fonctionnaires « invités ».

Les discours des personnalités semblent minimiser les aspects extrémistes du programme et des tâches imparties à cette organisation. On parle de la Milice comme d'un « grand mouvement national ouvert à tous. Tous les Français et Françaises y trouveront selon leur âge et leur capacité, le moyen de servir », et que ce « n'est pas une sorte de police supplétive, mais un groupement de Français révolutionnaires nationaux chargés de lutter contre le marché noir et toutes les forces occultes qui entravent l'œuvre de redressement entreprise par le Maréchal… » Un professeur au collège de Saint-Claude indique cependant que « la Milice française va s'attaquer au plus imminent et redoutable des dangers : le communisme. Elle entend détruire cette passion terroriste… »

Un haut-parleur installé à l'extérieur a diffusé les discours. Un défilé des miliciens du département dans les rues de la préfecture a clos la cérémonie qui s'est déroulée sans aucun incident.

Le dimanche 14 mars ont lieu les réunions constitutives de la Milice locale à Saint-Amour et à Saint-Claude. Dans la petite ville du Sud-Jura, l'auditoire ne compte que quelques dizaines de personnes, là encore, pour la plupart des fonctionnaires « invités ». Le service d'honneur est assuré par les douze miliciens de la ville, en tenue. La réunion s'est également déroulée sans incident. Nous verrons qu'il n'en sera pas de même dans la préfecture du Haut-Jura.

Et les relations entre la Légion et la Milice vont rapidement se détériorer.

■ ***Défilé de la Milice à Lons-le-Saunier, 28 février 1943.***

Le Service du travail obligatoire (STO)

De bonne source, le bruit courait que, devant l'échec patent de la Relève, celle-ci évoluait vers une réquisition de main-d'œuvre qui devait toucher environ deux cent cinquante mille travailleurs. Les ouvriers et les spécialistes requis s'en inquiétaient fortement. Les exigences d'une économie allemande en manque de main-d'œuvre, le choix politique et idéologique désormais affirmé de Vichy de jouer la carte de la victoire des nazis, donnaient crédit à ces bruits.

C'est dans ces circonstances que Laval prend la décision d'instaurer le Service du travail obligatoire, décision qui se révélera funeste au régime.

Globalement, ce sont les mêmes catégories qui en sont exemptées : les forces de l'ordre, Milice incluse bien entendu, les soutiens de famille, les jeunes libérés du service militaire et des Chantiers de jeunesse, les employés de services publics indispensables, notamment les cheminots et les postiers… mais surtout les fils d'agriculteurs qui « nourrissent le pays »… et l'occupant ! Toute une nébuleuse de métiers ruraux nécessaires : maréchaux-ferrants, forgerons, réparateurs de machines agricoles, bourreliers, sabotiers, charrons et tonneliers, employés des fruitières (fromagers et leurs aides), de même que le personnel des organismes agricoles ne sont pas requis non plus. Pas plus que les employés des entreprises de battage et de travaux agricoles, Pétain s'est toujours voulu l'homme de la terre, et le ravitaillement est bien sûr prioritaire. Et puis encore sont exemptés les personnels des exploitations forestières si nombreuses dans le Jura, les bûcherons, dont beaucoup dans le Haut-Jura travaillent déjà pour l'Organisation allemande Todt. De crainte que des « terroristes » ne se cachent parmi eux, ils doivent porter sur eux leur carte de travail. Alors que des réfractaires, voire des résistants, ont pris le maquis, les autorités françaises et occupantes sont en droit de se méfier de l'homme des bois.

Une partie de ces « privilégiés », notamment la Corporation paysanne – qui craignent de perdre leur immunité en cas de multiplication des réfractaires – réclame que les affectés spéciaux, ouvriers des usines de guerre qui n'avaient pas été mobilisés en 1939, ne soient plus exemptés. De même ils trouvent intolérable que les étrangers installés sur le sol français ne partent pas. Déjà qu'en cette période le pain est compté !... Et les troupes de Mussolini occupent les départements alpins ! On semble oublier que ces étrangers, en majorité des travailleurs du bâtiment, de nationalité italienne, sont fort utiles pour la reconstruction du pays.

Sont donc concernés les jeunes âgés de 20 à 22 ans, des gens de la ville pour la plupart, et les oisifs. La propagande a gonflé les effectifs, mais cela ne suffit pas, tant s'en faut ! Les autorités ont fait savoir que cette mesure permettrait le retour en France de spécialistes. De plus, le sort de trois cent mille prisonniers devrait s'en trouver amélioré ; ils seraient désormais considérés comme des travailleurs « libres » et pourraient même bénéficier de congés en France.

Il est vrai que la population jurassienne, dans sa majorité, n'était pas, *a priori*, hostile au principe de ce travail obligatoire, escomptant des contreparties dont l'Allemagne aurait donné des gages. On veut croire que le retour des spécialistes permettra une reprise économique, que le poids de l'Occupation sera allégé et que la ligne de démarcation disparaîtra.

Bien sûr les RG sont chargés d'enquêter sur « l'attitude des diverses classes » de Jurassiens face au STO[100]. Dès le 23 février, un rapport au préfet évoque des jeunes gens concernés, qui « trouveraient normal de payer comme leurs aînés leur tribut à la France », estimant que le retour des « spécialistes » permettra à l'industrie française de se relever. Considéré ainsi, le STO serait une mesure d'équité et de patriotisme !

Dans un premier temps, peu de réactions de la part des requis dont beaucoup espèrent encore rester en France, au service de l'Organisation Todt ou dans une entreprise, voire la leur, travaillant pour les Allemands. Mais on s'apercevra vite que le plus grand nombre sera désigné pour rejoindre l'Allemagne, et plus d'un jeune requis ne s'y résoudra pas.

L'opinion à l'égard du STO va rapidement évoluer comme doit le reconnaître le préfet Bosc dès le 1er mars 1943[101] : « Les Jurassiens rejettent en grand nombre cette mesure. »

100. ADJ. 304 W 123.
101. ADJ. 304 W 110.

Il constate que si les requis se présentent sans problème à la visite médicale, plus d'un ne se rend pas à l'Office de placement allemand, et gagnera la clandestinité.

Mais « les pères de famille et les fonctionnaires surtout s'inquiètent sur leur sort. Ils ne pourront pas, à l'exemple des jeunes célibataires, quitter leur emploi et fuir, laissant derrière eux leur famille dans le dénuement. »

Les premières défaillances inquiètent d'ailleurs bien au-delà de l'Administration et des partisans de la collaboration, les exemptés se sentent menacés. Les Allemands semblent d'ailleurs avoir anticipé cette réaction hostile par l'extension de la mesure et commencent à recenser les hommes jusqu'à 31 ans !

Sans surprise, les paysans qui « ont appris avec satisfaction que leurs fils seraient laissés dans les exploitations agricoles... considèrent que le STO pour les jeunes gens de 20 à 22 ans est une institution de solidarité nationale ».

Et cette phrase de conclusion qui ne manque pas de sel venant du monde paysan :

« Tous les Français doivent être égaux et contribuer au relèvement du pays. »

Reflet d'une vision bien en cours à Vichy et dans les campagnes, que les jeunes ouvriers, pour beaucoup urbains, et les « oisifs », eux aussi de la ville, qui semblent rechigner à participer au STO comme à la Relève, étaient des mauvais Français.

Les données officielles[102] renseignent sur la prétendue obéissance – ou résignation – des Jurassiens à participer à l'effort de guerre allemand. Pour l'ensemble de la zone sud, sur les trois cent soixante-quinze premiers jeunes de 21 à 23 ans, convoqués à la visite médicale à Lons-le-Saunier, seuls quarante-cinq s'y sont présentés, dont une petite vingtaine a été déclarée « inapte ». Parmi les absents, quatre-vingt-dix-sept sont de bien énigmatiques « excusés ». Au total ce ne sont donc que dix-huit jeunes gens qui monteront dans les wagons à destination de l'Allemagne, et onze pour la côte atlantique. Il n'est pas interdit de penser, comme il sera vite de coutume, qu'en cours de route certains aient pris la clef des champs !

Les jeunes ouvriers des villes, les plus concernés, sont persuadés que la classe ouvrière est directement visée, voire sacrifiée sur l'autel de la collaboration. Les industriels et les artisans sont eux aussi hostiles à ces départs qui vont les priver d'une partie de leur personnel, ces absences pouvant mettre leur entreprise en difficulté. Plus d'un sera complice de ses ouvriers réfractaires qu'ils continueront parfois à faire travailler clandestinement.

Les jeunes gens des classes moyennes sont également touchés. Et on peut comprendre l'inquiétude de ces parents aisés face au départ de leurs héritiers en Allemagne, de surcroît pour exercer un travail manuel ! La plupart de leurs garçons n'ont jamais exercé un métier et ne sont sortis du cocon familial que pour faire des études supérieures. Certains s'inquiètent davantage des retards que cela va engendrer dans leurs études que des conditions du séjour en Allemagne de leur fils. Les fonctionnaires, les instituteurs notamment, ne

---

102. ADJ. 304 W 145.

sont pas épargnés. Le clergé lui aussi s'inquiète de la réquisition de jeunes séminaristes qui portera préjudice au recrutement déjà difficile des curés. Et la Jeunesse ouvrière chrétienne risque de payer un lourd tribut.

La population de Saint-Claude s'est distinguée par un refus collectif de laisser partir ses fils en Allemagne. Sa composition sociale, sa couleur politique, les difficultés de vivre, difficultés dont bien sûr les pouvoirs publics sont rendus responsables expliquent ce refus. Le contexte économique et social est tel que la ponction de main-d'œuvre pour le STO va encore pénaliser les entreprises de Saint-Claude et de sa région, car, malgré la pénurie de bois et principalement de racines de bruyère, les tourneries et les fabriques de pipes de la région ne débauchent pas.

Surtout, au dire du sous-préfet de la ville[103], le Service du travail a été ici particulièrement exigeant et jugé injuste. Faut-il y voir une vengeance politique ? Toujours est-il que, au lieu de ponctionner 1/8e des jeunes recensés, comme il était alors coutume, c'est 1/3, soit cent quarante jeunes gens desquels on exige la signature d'un contrat de travail pour l'Allemagne. De plus, cette opération est menée brutalement et le recensement de nouvelles classes laisse prévoir de nouveaux départs. À lire le sous-préfet, « certains éléments de la population ne voient dans ces opérations qu'un "exode" sans contrepartie, de tous les éléments sains et vigoureux ».

D'autant que la région avait déjà payé un lourd tribut, plusieurs artisans avaient été désignés pour assurer la Relève et quelques spécialistes avaient dû partir en Allemagne. Ce nouveau départ d'ouvriers outre-Rhin est d'autant plus rejeté que les industriels avaient compté, bien au contraire, embaucher des jeunes Français au titre du STO et récupérer des oisifs âgés de 21 à 31 ans !

Le sous-préfet appuie ses dires sur le résultat de la Relève dans son arrondissement : « Pour un seul et unique prisonnier rapatrié ce mois-ci, 31 jeunes gens sont partis pour l'Allemagne, et de nombreux ouvriers ont été appelés individuellement. »

D'où la vindicte des trois cents Sanclaudiennes qui, le samedi 13 mars, défilent dans les rues de la ville avant de se rendre devant le monument aux morts où elles chantent *La Marseillaise* et crient leur opposition farouche à ces départs.

Le lendemain, dimanche, en fin de matinée, nouvelle manifestation, sérieusement étoffée, au même endroit, contre les départs en Allemagne des jeunes Sanclaudiens.

Or, dans le même temps, à proximité, se tient l'assemblée constitutive de la Milice du secteur, avec le même auditoire captif qu'à Lons-le-Saunier et Saint-Amour. Mais ici, elle va jouer de malchance et sa sortie sera beaucoup moins glorieuse. Un peu après midi, « la sortie des membres de la Milice eut pour effet d'irriter la foule qui les a conspués au cri de : "la Milice en Russie" ». Miliciens d'autant plus détestés par la population que ses membres sont dispensés du STO. De là à penser que certains d'entre eux y ont adhéré

---

103. *Ibid.*

pour y échapper aux dépens des autres, et que leurs fils devront les remplacer ! On en vient aux mains, plusieurs miliciens sont rossés, les autres s'esquivent piteusement. Le nombre de manifestants enfle, les forces de l'ordre l'évalueront à environ mille cinq cents personnes. Le rapport de police fait le bilan[104] :

> « Le commissaire de police de Saint-Claude a été blessé au visage. La foule surexcitée n'a cessé de crier : "Ils ne partiront pas en Allemagne", "La Légion au poteau". *La Marseillaise* a été entonnée à différentes reprises et une gerbe a été déposée au monument aux morts. »

L'affaire n'en restera pas là. Le lendemain les autorités réagissent en arrêtant plusieurs manifestants, arrestations qui déclenchent une nouvelle manifestation. Devant l'hôtel de ville, on demande bruyamment la libération des camarades. C'est que les magistrats municipaux, désignés par le régime, les chefs de service et les employés de mairie sont ici, comme dans bien d'autres villes, soupçonnés de faire tout leur possible pour accélérer le recensement des jeunes hommes astreints au STO.

L'heure n'est pas à l'apaisement, on va employer les grands moyens. On fait appel à un détachement de GMR[105] venu de Lyon pour épauler la gendarmerie. Plusieurs personnes sont arrêtées... Tout rentre dans l'ordre, mais, le lendemain, plutôt que de se rendre à la convocation de l'Office de placement en Allemagne, les requis, avec la complicité des populations, sont partis se réfugier dans des chalets d'estive de la montagne environnante. Là des cultivateurs, la Fraternelle et bientôt la Résistance, les prendront en charge.

Les femmes de Saint-Claude, femmes au foyer et ouvrières, épouses et mères, se sont trouvées en première ligne pour garder « leurs hommes ». Dans le même temps, à quelques kilomètres de là, à Septmoncel, bourg ouvrier, ce sont encore des femmes, une vingtaine, qui adoptent la même démarche, manifestant devant le monument aux morts contre le STO. Elles regagneront leur domicile après avoir elles aussi chanté de *La Marseillaise*. Ces femmes et la population n'oublieront pas, le sous-préfet en a conscience : « Les mesures de rigueur prises envers certains manifestants, le maintien de celles-ci, le déploiement des forces de police ont creusé entre la population et les autorités un fossé qui sera d'autant plus grand que la répression se montrera plus sévère. »

Le rejet du STO se développe. Dans la zone nord, un tiers seulement des jeunes gens qui y sont astreints, va rejoindre le Centre d'hébergement. La ligne de démarcation est proche ! En zone sud, Léon Werth écrivait le 4 mars : « Les gendarmes vont dans les fermes de Bresse ou de montagne et demandent si on n'y abrite pas un mobilisé en fuite. Ils mettent à cette sorte de travail peu d'acharnement. » Les « défaillants » sont recherchés, mais les gendarmes n'y mettent effectivement pas toujours le zèle attendu, certains allant jusqu'à prévenir les parents de leur visite imminente.

---

104. ADJ. 304 W 129.

105. Groupe mobile de réserve : équivalent de ce que seront les CRS.

Et la Résistance ne va pas manquer d'exploiter le mécontentement montant, soutenant les réfractaires et appelant leurs camarades à faire de même. Un papillon de propagande qu'elle a apposé à Montmorot le 4 mars précise qu'en ne répondant pas à l'appel à se rendre en Allemagne, les ouvriers français aideront leurs camarades russes[106]. Un tract d'inspiration gaulliste intitulé « HITLER-LAVAL veulent votre sang », découvert le 16 mars à Lons-le-Saunier, invite lui aussi les jeunes gens à ne pas partir en Allemagne.

Le 22 mars 1943, peu après 22 heures (heure du couvre-feu), évitant ainsi toute manifestation, le premier convoi de près de cent vingt Jurassiens était parti de la gare de Lons-le-Saunier pour l'Allemagne, via Dijon.

Par ailleurs, devant cette fuite des requis, les réquisitions pour le STO vont prendre de moins en moins en compte les besoins locaux en main-d'œuvre. Pressé par les événements, on ne consulte plus les commissions de peignage qui répartissaient les requis en fonction des nécessités des différents secteurs de la production. Le départ en Allemagne des ouvriers du bâtiment ainsi que celui d'autres spécialistes « provoque dans les entreprises un malaise général ». Les Allemands envoient en Allemagne des conducteurs de poids lourds, des ouvriers du textile, des cuirs et peaux… qui seraient ici bien utiles, et les réquisitions de matériaux s'accentuent. Sans compter qu'une grande partie des scieries du Jura ont été réquisitionnées par l'occupant !

En ce printemps 1943, les RG dressent un état de l'opinion publique[107], qui ne doit pas rassurer le régime :

> « Un grand nombre de ménages d'ouvriers qui vivaient largement il y a deux ans, ne vivent actuellement qu'avec le strict nécessaire. Les ouvriers du département s'attendent tous à être dirigés sur l'Allemagne dans un avenir plus ou moins rapproché…
>
> Si la bourgeoisie est profondément anticommuniste, considérant qu'une victoire de la Russie provoquerait un anéantissement complet de la France, cette classe n'est pas pour cela partisane d'une politique de collaboration avec l'Allemagne.
>
> Les agriculteurs sont mécontents à la suite de la raréfaction des chevaux, suite à une nouvelle réquisition de l'occupant et se plaignent que les réquisitions du Ravitaillement général sur le bétail de boucherie deviennent de plus en plus lourdes.
>
> Les industriels se plaignent de la pénurie de matières premières et certains envisagent déjà la fermeture de leurs usines sous peu paralysées par le manque d'ouvriers spécialistes.
>
> Quant aux fonctionnaires, surtout ceux qui débutent, ils estiment qu'il leur est impossible de vivre avec la mensualité qu'on leur octroie. Avec les retraités et les petits épargnants, ils sont dans une situation vraiment critique qui les oblige à dépenser leurs petites économies pour arriver à vivre. Ils n'en continuent pas moins à exercer leurs fonctions avec zèle et dévouement. »

---

106. ADJ. 304 W 123

107. ADJ. 304 W 124.

Une éclaircie cependant dans ce tableau bien sombre, l'annonce de l'envoi en permission en France d'une partie des prisonniers français en Allemagne qui, en vertu des accords passés entre Laval et le *Gauleiter* Sauckel, vont bénéficier du statut de travailleurs libres, « a produit une bonne impression ».

Ce n'est cependant pas cette décision qui va rendre le STO plus populaire. Désormais la montée dans le train à destination de l'Allemagne se fait dès la sortie de la visite médicale ; « l'évaporation » dans la nature de plus d'un requis reconnu « bon pour le service » n'est pas étrangère à cette mesure !

À Dole, le commandant de gendarmerie critique, dans son rapport, cet abus de pouvoir, mais la direction locale de la main-d'œuvre collabore étroitement avec l'occupant, et va jusqu'à le menacer !

Mais on va devoir composer avec les réfractaires. Pour ramener les requis dans le « droit chemin », on promet le pardon et des avantages à ceux des classes de 39 à 42 qui régulariseraient leur situation : ils ne seraient pas dirigés vers l'Allemagne. Si les résultats ne seront pas à la hauteur des espoirs des autorités, il est indéniable que plus d'un réfractaire éprouvant les très dures difficultés de la clandestinité se laissera tenter par cette promesse. On estime que cette décision va entraîner, dans la seule zone nord, le retour dans leur famille de plus de cent trente jeunes et une réelle détente auprès de l'opinion publique. Ce sera autant de jeunes en moins dans les maquis !

Au total, deux cents jeunes Jurassiens ont régularisé leur situation ; mais il en reste encore environ six cents dans la nature... Et ce chiffre risque fort d'augmenter. En effet, des informations, en provenance des camps des Chantiers de jeunesse du département, font état du fait que dans certains groupes, les requis du STO n'ont pas rejoint leur unité. De peur que leurs camarades menacés du départ ne fassent de même, on a suspendu les permissions. Une partie des anciens militaires de l'encadrement ne cachent pas leurs craintes de voir les jeunes livrés à la merci de l'occupant et les soutiennent.

Jean Machuron

« J'ai travaillé à Lons-le-Saunier dans une entreprise de menuiserie-charpente jusqu'en juillet 1942, date à laquelle j'ai été appelé au 8e Groupement des Chantiers de jeunesse au Châtelard, en Savoie. Les camions allemands chargeaient des jeunes du camp requis pour le STO en Allemagne. Mais les nombreux virages de la route pour sortir du massif des Bauges permettaient de sauter des camions et de se diriger vers les maquis de Haute-Savoie par le col de Leschaux.

J'étais de la classe 42 qui devait partir au STO et pour ne pas risquer de me faire prendre dans le Jura, je suis resté en Savoie avec un faux certificat de recensement qui m'a permis de travailler aux Eaux & Forêts comme charbonnier et j'ai commencé à participer à la Résistance à l'automne 1943... »

À Lons-le-Saunier, au cours du mois de mai, ce sont sept convois qui seront organisés pour emmener les requis : quatre vers l'Allemagne, trois vers les côtes de l'Atlantique (Lorient et Saint-Nazaire) où ils vont rejoindre l'Organisation Todt qui construit le mur de l'Atlantique dont les travaux s'accélèrent.

Hitler émet de nouvelles exigences, et Vichy d'obtempérer par la loi du 31 mai 1943 qui élargit une nouvelle fois l'assise du recrutement, mettant fin aux sursis des étudiants et supprimant des exemptions diverses.

Enfin, les Allemands se plaignent de la collusion des médecins français avec les réfractaires, et pour rendre leur collecte de main-d'œuvre plus efficace, ils vont réduire le nombre, jugé scandaleusement excessif, des requis déclarés inaptes après les visites médicales. Les autorités françaises obtempèrent et menacent ces médecins jugés complaisants, d'interdiction d'exercer la médecine, voire même d'être envoyés au STO !

Un épisode est révélateur de la collaboration de l'Administration et de sa crainte de s'attirer les critiques allemandes. Alors que trois médecins français aux qualités reconnues sont proposés pour effectuer les visites médicales, le service français responsable du STO fait du zèle et adresse une note classée confidentielle au préfet du Jura[108], alléguant que ces praticiens « sont Alsaciens-Lorrains et, de ce fait, semblent peu désignés pour un travail où une collaboration étroite et quotidienne avec les médecins allemands est nécessaire. En particulier, le docteur Yung a été expulsé d'Alsace-Lorraine… Je crois qu'il serait très utile que le choix d'un médecin pour faire passer les visites médicales dans le Jura se porte sur un patricien animé de tout autre sentiment (on devine lequel !). Le travail de désignation des jeunes gens pour l'Allemagne serait ainsi grandement facilité pour la direction départementale du STO. »

Autre marque de bonne volonté des autorités françaises : la plupart des exemptions au STO, dont une partie de celles des paysans, sont supprimées. Mais devant le nombre croissant de réfractaires, les exigences allemandes vont s'élargir à d'autres catégories. Le recensement des classes plus âgées va se confirmer, ainsi que la réquisition des affectés spéciaux. Une partie de la population s'en inquiète fortement et un rapport fait état des rumeurs à propos de ces nouvelles mesures qui seraient « le prélude à une déportation massive des hommes et des jeunes gens vers l'Allemagne, répondant aux vœux du chancelier Hitler exprimés dans sa dernière proclamation d'entraîner l'Allemagne et les autres pays occupés aux côtés du Reich dans sa lutte contre le bolchevisme[109]. »

On sait par la radio que l'Allemagne a subi les pertes élevées, mais qu'elle persiste dans sa volonté de faire une guerre totale, par tous les moyens.

D'où ce besoin pressant de main-d'œuvre : ouvriers, employés, fonctionnaires. À la rentrée scolaire, l'Inspection académique doit dresser la liste des nombreux postes laissés vacants par les jeunes instituteurs requis et celle des réfractaires. Ces derniers perdent leur salaire, sont signalés aux autorités françaises et allemandes, recherchés. Pour l'ensemble de la zone interdite, ils seront douze à être révoqués. Pour la zone sud, l'inspecteur d'académie dresse la liste nominative des quarante et un jeunes instituteurs du département (classes 40

108. ADJ. 247 W 317.
109. ADJ. 304 W 129.

et 41) astreints au STO[110] ; huit sont mobilisés en France (Organisation Todt), quatorze sont exemptés ou sursitaires et dix-sept comptés défaillants.

De nombreux requis qui étaient partis en Allemagne et auxquels on avait accordé quinze jours de vacances dans leur famille, en ont profité pour déserter et se sont évanouis dans la nature. On menace donc de supprimer ces permissions. L'intensification des bombardements alliés sur les sites industriels allemands explique en grande partie ces refus d'aller ou de retourner en Allemagne. Et puis ceux qui en sont revenus ont décrit les conditions de vie en Allemagne. On est loin du tableau idyllique dressé par les recruteurs allemands, surtout pour la main-d'œuvre étrangère, les conditions de vie y sont très difficiles et on n'y mangerait pas à sa faim !

Le mécontentement croissant ne pouvait que nourrir le soutien à la Résistance qui recrute parmi les réfractaires du STO et commence à recevoir du matériel parachuté par les avions britanniques.

La trêve des confiseurs va provisoirement suspendre les départs vers l'Allemagne. On rassure les cultivateurs inquiets pour leurs fils qui, pour la première fois, avaient été recensés. Ils garderont leur exemption du STO !

---

110. ADJ. 247 W 554.

CHAPITRE II

PRODUIRE ET CONSOMMER

L'agriculture

En ce début d'année, le préfet, désireux de montrer son efficacité, rassure son supérieur de Lyon : « On peut faire confiance au paysan jurassien qui fait preuve d'une bonne volonté évidente. » Il prend leur défense : le Ravitaillement général taxerait beaucoup trop le Jura dont le rendement en blé, 10,5 quintaux par hectare, serait surévalué. Il remet également en cause la méthode de taxation, critiquant le fait que « la taxation, fixée loin du terrain, dans des bureaux, ne prend pas en compte les réalités des terroirs ni les aléas de la production. C'est alors la porte ouverte aux récriminations légitimes en cas de mauvaise récolte, mais aussi à des surplus vendus sous le boisseau, en cas de récolte abondante. »

Statistiques agricoles. Récolte de 1943

Culture	Rendement/ha	Surfaces (ha)
Blé	9 à 12 quintaux	9 760
Avoine	9 quintaux	3 760
Orge	9 quintaux	2 305
Pommes de terre	?	2 621

Animal	Poids moyen (kilos)	Prix (francs)
Bœufs & vaches de trait	400	15 365
Vaches laitières	350	38 579
Veaux	40	14 588
Moutons		11 000
Porcs (plus de 6 mois)	60 à 70	836

Sans parler des dimensions des fermes et de l'importance des troupeaux de l'époque, les rendements des cultures et le poids des animaux ont bien peu à voir avec nos standards actuels. Une vache laitière avait alors une production annuelle en lait d'environ 2 000 litres par an. Aujourd'hui une vache montbéliarde pèse en moyenne 700 kg et donne plus de 7 tonnes de lait par lactation ! Quant au blé, ses rendements sont actuellement de l'ordre de 70 quintaux/hectare.

À noter également la part très importante des surfaces arables consacrées aux céréales secondaires, notamment à l'avoine nécessaire à la nourriture des très nombreux chevaux de trait. Autre culture qui occupe des surfaces considérables, celle des pommes de terre, féculent de culture facile et aisément conservable, qui connaît un véritable regain pendant ces années de pénurie alimentaire. Encore faut-il veiller à ce que les doryphores ne viennent pas anéantir la récolte. La chasse à ces ennemis du tubercule devint une campagne nationale, et elle est restée dans les mémoires des contemporains. Les enfants des écoles rurales furent alors mobilisés et parfois rémunérés au poids d'insectes ramassés !

Enfin, le manque d'engrais, voire de fumier, a rendu les récoltes aléatoires ; le cheptel se réduit d'autant que les épizooties, comme la fièvre aphteuse, sont encore fréquentes.

On a souvent réduit les pâtures au profit des cultures et le foin manque pour le bétail. À tel point que cette année-là, on a dû avoir recours à des ersatz improbables, comme en témoigne ce courrier du 18 mai 1943 adressé par le directeur général de la Légion, au chef de la Légion du Jura[111] :

> « Je vous prie de bien vouloir attirer l'attention de vos Commissions d'études techniques sur les deux questions suivantes :
>
> 1. l'Union départementale (de la Légion) de l'Ain a signalé dans un rapport les possibilités de pallier le manque de fourrage par l'utilisation de feuilles fraîches, sèches ou ensilées (feuilles d'orme, de frêne, d'acacia, de peuplier, de charme, de saule, de tilleul, de chêne, etc). Les marcs de raisin, de groseilles, etc., ont également une valeur nutritive ainsi que les feuilles de rebut des choux ; les joncs, roseaux et ajoncs coupés très tôt peuvent également être utilisés.
>
> 2. Mon attention a été attirée par ailleurs sur la question de l'utilisation de la main-d'œuvre au-delà de 50 ans. La rééducation de la main-d'œuvre inapte physiquement paraîtrait opportune à une époque où le manque de main-d'œuvre se fait particulièrement sentir.
> Je serais donc heureux de connaître sur ces deux questions les avis de vos Commissions d'études afin de pouvoir présenter des suggestions aux pouvoirs publics. »

Il est vrai que les bras manquent, pour les récoltes notamment. Trouver des ouvriers agricoles, souvent saisonniers, et qui toucheront un maigre salaire, n'est pas chose aisée.

---

111. ADJ. 332 W 135.

Dans la zone occupée, le rapport du sous-préfet de Dole[112] montre que la situation n'est pas plus encourageante. Les probables réquisitions allemandes vont encore aggraver la pénurie de main-d'œuvre, notamment dans les fermes. Et puis la ligne de démarcation « que tous ceux qui se sentent menacés à un titre quelconque s'empressent de franchir » ne va rien arranger et sera d'autant plus facile à franchir que le service de garde y a été notablement diminué.

Dans le Finage, où se trouvent les meilleures terres arables du département, les autorités allemandes procèdent à une nouvelle réquisition de chevaux, ce qui va entraîner de grosses difficultés pour les travaux agricoles.

Par ailleurs, le sous-préfet déplore que les agriculteurs aient traîné des pieds pour semer les oléagineux. Une directive ministérielle avait pourtant imposé une superficie conséquente à leur réserver : il fallait pallier les insuffisances de matières grasses animales. Les agriculteurs avaient objecté que leur terroir n'était pas propice à ce type de culture que, d'ailleurs, ils maîtrisaient mal. La récolte décevante a semblé leur donner raison, mais la cause était ailleurs : les autorités militaires allemandes ayant imposé aux cultivateurs la culture de pommes de terre pour leurs propres besoins, il a bien fallu s'exécuter ! Cela bien évidemment aux dépens des oléagineux.

La récolte de blé a été satisfaisante, mais l'Intendance se plaint des cultivateurs : il n'y aurait pas le compte, loin de là, entre les quantités moissonnées et le blé livré au Ravitaillement ; les paysans répugnent à se plier à l'arrêté préfectoral qui leur impose de livrer l'intégralité des quantités fixées.

Et ces détournements ne concernent pas que les seuls « céréaliers » qui alimentent le marché noir, mais aussi les petits paysans, par atavisme et crainte de « manquer ».

Un témoin d'un village du canton de Beaufort. 10 ans en 1940

« Nous habitions un écart à environ deux kilomètres du village. Mes parents tenaient une petite ferme. Nous avions une dizaine de bêtes[113], un cheval de trait, des moutons, quelques cochons, et bien sûr des poules et des lapins.

On n'avait pas trop à manger, mais on n'a jamais manqué de rien, même si les pommes de terre accompagnées de lard étaient souvent au menu.

La moisson était pour nous, enfants, une des grandes distractions de l'année, même si nous ne chômions pas. La machine à battre passait dans chaque ferme. Elle était reliée au moteur du tracteur, où, rarement, elle fonctionnait à l'électricité. Il y avait même une chaudière à vapeur traînée par des bœufs. Et on s'entraidait ; au moins une quinzaine de personnes qu'il fallait nourrir et désaltérer. Rien ne devait manquer à ces gueuletons. Les femmes avaient confectionné le pain, des miches en quantité, on avait tué une bête et fait le plein de vin. Il y avait bien la ration de vin du ravitaillement qu'on allait récupérer dans des seaux de laiterie, mais il n'était pas très bon, et insuffisant. On descendait chercher du vin chez des vignerons de Rotalier. On leur portait du bois dont ils manquaient, et on remontait du vin et de la goutte. On en fabriquait d'ailleurs aussi, dans l'alambic communal. Pas de battages, ni de grand repas, sans proposer du

112. ADCO.W 21. 363.

113. Bovins.

marc, de la gnôle, dont il se faisait alors grande consommation. Plus d'un ne reprenait pas le travail après !
Les hommes fumaient aussi beaucoup, et pour les gros fumeurs, la ration du ravitaillement ne suffisait pas. Certains même cultivaient du tabac pour leur consommation. C'était pas facile : il fallait le faire tremper dans une mixture sucrée, surveiller son séchage... Paraît-il, il était plutôt mauvais, surtout qu'à l'époque certains chiquaient.
Avant d'aller le faire moudre, on récupérait une partie du grain que l'on cachait dehors, de crainte des fouilles. On le mettait dans une sapine[114] qu'on couvrait au mieux, sous un sapin. Il n'y avait pas de bâches à l'époque.
On menait le reste au moulin Pont, à Vincelles. Pour ça on avait une autorisation, un bon pour un voyage pour faire moudre les quatre à cinq cents kilos déclarés ! Mais on avait beaucoup plus de grain, et mon père faisait, avec le même bon, un deuxième voyage, illégal, dans la journée... Le cheval souffrait !
Le minotier n'avait pas le droit de nous livrer de la farine blanche, alors, à la maison, on devait la tamiser tant bien que mal pour en enlever le son. On ne mangeait pas du pain blanc.
Ceux qui allaient faire moudre dans les petits moulins moins contrôlés, comme à Charnay, ramenaient bien de la farine blanche, mais ça faisait la queue, on pouvait y attendre 24 heures ! Et étaient-ils dans la légalité... ?
Comme tous les cultivateurs, chaque semaine, nous faisions nous-mêmes notre pain, et les galettes, dans le four familial...
Il y avait des enfants de l'Assistance publique, dans beaucoup de maisons, tout un groupe à l'école. Ils avaient faim, ils étaient blancs. À l'école, on ne parlait de rien, on se méfiait de tout le monde, surtout de ceux qui allaient à la messe. On chantait bien sûr : *Maréchal nous voilà* et on participait au lever des couleurs. Et, à côté des cours, on cultivait, mal, un champ de pommes de terre. Il fallait ramasser les doryphores.
L'instituteur était aussi secrétaire de mairie. Les maires étaient des vieux à l'époque... Ils ne savaient pas ce qu'ils signaient, c'est le secrétaire de mairie qui faisait tout ! »

Le sous-préfet va là encore devoir porter la bonne parole, voire la menace, « faire comprendre aux agriculteurs leurs obligations et leur devoir ». Il se rendra à Chemin, chef-lieu du canton, principal producteur de blé du Jura, où il a convoqué tous les maires. Il s'est bien gardé de convoquer les syndics agricoles qu'il voue aux gémonies, les accusant auprès de son supérieur dijonnais d'être les suppôts de leurs mandants : « Leur action tend en toutes circonstances à opposer les intérêts des populations rurales à ceux des citadins. Nombreux sont ceux qui devraient être relevés de leur fonction dans le Ravitaillement général. Il serait souhaitable de doter les préfets à l'égard des syndics agricoles de pouvoirs analogues à ceux qu'ils détiennent à l'égard des maires. »

Problème qui perdure, la chute du nombre des bovins adultes propres à la boucherie. Le manque local de fourrage est aggravé par le fait qu'on ne peut plus le faire venir de secteurs excédentaires car les moyens de transport

114. Cuveau en bois de résineux.

font défaut. Les expéditions traditionnelles de fourrage sont compromises par les très fortes réquisitions de l'occupant sur le foin mais aussi sur le matériel roulant de la SNCF. Les wagons manquent et on estime à mille quintaux de foin et de paille retenus dans les centres de stockage. Aussi on livre au Ravitaillement des bêtes, souvent jeunes, dont le rendement en viande est bien faible, voire des vaches laitières ! Et l'appréciation du sous-préfet est catégorique : « On peut s'attendre pour la fin de l'année à un prélèvement de bovins qui diminuera gravement la quantité destinée à la boucherie. »

La production laitière est au plus bas. Il a fallu réduire la ration journalière à un quart de litre de lait écrémé. Pour cela on a augmenté la réquisition moyenne en la faisant passer de trois à trois litres et demi par vache. Cette mesure a permis de réduire le déficit dans la distribution du lait qui atteignait huit cents litres journaliers dans le seul secteur de Dole. Mais on ne pourra peut-être pas pérenniser cette mesure si la production ne s'améliore pas. Le sous-préfet exhorte les producteurs « à prendre certaines conditions de propreté qui leur sont actuellement totalement étrangères. (Il) redoute, pendant les chaleurs [...] des accidents de tourne qui entraîneraient la perte de milliers de litres de lait ». Du côté des producteurs on fait porter la responsabilité des faibles rations à la distribution : il y aurait trop de petits commerçants. Bon moyen de faire oublier que de nombreux agriculteurs gardent une partie non négligeable de leur lait et font tourner clandestinement les barattes ! Toujours est-il qu'en ce début d'année 1943, à une saison où, il est vrai, les traites sont plutôt maigres, on n'a pu honorer les tickets de rationnement présentés par les consommateurs. L'incompréhension et l'ire des Jurassiens se portent sur l'insuffisance criante de ce produit et de ses dérivés si nécessaires à l'alimentation des enfants en bas âge notamment. On ne supporte pas que dans un département laitier, on soit incapable d'assurer régulièrement la ration de beurre, pourtant bien chiche et régulièrement réduite. À l'automne la ration mensuelle de beurre va encore se réduire, passant à quarante grammes. La croissance des jeunes enfants pâtit de plus en plus d'une attribution parcimonieuse d'un lait écrémé. Là aussi, le pouvoir qui fait tant de propagande nataliste et hygiéniste est pris en défaut. Le Secours national comme la Croix-Rouge et l'Assistance publique font état du développement du rachitisme parmi les enfants des classes populaires. Le conseil municipal de Dole s'en émeut et demande que les enfants de moins de 18 mois reçoivent du lait entier ; et le sous-préfet de s'y associer pour préserver : « l'avenir de notre race si menacée ».

Le Ravitaillement général tente bien de compenser les lacunes les plus criantes en distribuant des suppléments, parfois des œufs, des pâtes alimentaires, de la saccharine... On livre occasionnellement du « chocolat national » pour les jeunes enfants, une crème sucrée recouverte d'une mince couche de chocolat. Plaisir rare en ces temps de pénurie, mais qui ne suffit pas à calmer les demandes récurrentes de rations supplémentaires de matières grasses.

Mais à la campagne notamment, on pouvait faire appel à une grande ingéniosité pour faire face à la misère des temps :

Mme Colette Rolandez. La Pesse (canton des Bouchoux). Altitude : 1 200 mètres. Commune située à la frontière entre Jura et Ain et à une vingtaine de kilomètres au sud de Saint-Claude.

« J'avais cinq ans en 1940, mes parents étaient lapidaires indépendants à domicile. Avant la guerre, ils travaillaient à l'atelier communal qui traitait avec la coopérative lapidaire de Septmoncel. Avec la fermeture de l'atelier de La Pesse, le fondé de pouvoir de cette entreprise nous apportait les pièces que mes parents taillaient à l'atelier sur un établi installé au jour devant une fenêtre. Mon père était également garde champêtre. Le métier de mes parents a été florissant pendant les années de guerre ; le travail n'a jamais manqué, au contraire. Je me souviens que mon père faisait souvent de longues journées qui se terminaient fort tard. Nous faisions partie des familles aisées du village et nous n'avons jamais eu faim.
Mon père cultivait un jardin et deux champs de pommes de terre qu'on récoltait en quantité ! Mais les doryphores sont arrivés en même temps que les Allemands ! c'est pour ça qu'on leur a donné le même nom. À l'école l'instituteur avait mis en place une corvée de doryphores : on allait les ramasser dans les champs et le maître les brûlait.
Au début de la guerre, mes parents avaient acheté, avec mon oncle receveur des Postes, chacun un sac de 100 kg de farine. Il était pendu au grenier à l'abri des rongeurs et nous était très utile. Ma mère faisait de la pâtisserie, mais aussi des nouilles qui séchaient sur des fils. Toujours avec mon oncle, ils élevaient un cochon dans le jardin de la Poste, et puis nous avions des lapins... et nous nous procurions des œufs dans les fermes, que nous conservions dans un bocal rempli d'un liquide.
Au village il y avait plusieurs magasins, dont un boucher, un boulanger. Le pain n'était pas terrible. En plus, à l'école, le maître nous en distribuait une ration quotidienne, avec, parfois, des bananes sèches.
L'hiver, un paysan nous apportait du lait tous les jours à la maison ; à la belle saison j'allais le chercher. Mon père en retirait la crème qu'il mettait dans un bocal ; bien secoué, on obtenait du beurre.
On stérilisait les légumes, on allait aux grenouilles, aux escargots, aux champignons, aux fruits des bois, notamment les myrtilles dont on faisait des confitures.
On avait un parent à Marseille qui récupérait sur le port et nous envoyait du café vert que nous faisions griller. Certains remplaçaient le café par des faines ou des racines de chicorée grillées.
Somme toute, pour la nourriture, il n'y a pas vraiment eu de différence par rapport à l'avant-guerre. Comme mon père avait cessé de fumer, il échangeait son tabac contre d'autres produits.
Dans le pays la seule céréale qui poussait était l'orge que les cultivateurs portaient au moulin de la Borne au Lion avant que les maquisards ne s'y installent.
Pour le chauffage on avait bien sûr le bois, mais aussi des bons de charbon. Mon oncle avait même remis en exploitation une tourbière.
Les voitures étaient rares au village, mais on se déplaçait bien peu. Quand il fallait aller à Saint-Claude, c'est souvent un des deux négociants en fromage qui nous transportait.
On avait un poste de radio que mes parents écoutaient au travail, toute la journée. J'étais trop petite pour comprendre les discussions des adultes, mais j'ai le sentiment que les gens étaient neutres, qu'il n'y avait pas de clan pétainiste, il fallait survivre, c'est tout.
Il y avait bien des réfractaires au STO qui travaillaient la journée à la fromagerie, et on savait qu'il y avait beaucoup de maquisards à proximité, à la Borne au Lion, mais on ne les voyait pas. On a peu vu également les Allemands au village, mais on savait qu'ils pillaient et quand on craignait leur arrivée, on cachait ce qui pouvait les intéresser en l'enterrant dans le jardin. Ma tante m'a raconté qu'elle avait vu un cosaque dévorer goulûment le plat

de viande, une daube, qu'elle avait caché sous un plan de rhubarbe dans son jardin.
Je me souviens aussi de cet Allemand qui m'avait montré la photo de sa petite fille, et qui m'avait offert un bonbon très convoité que ma mère me fit jeter, de peur qu'il soit empoisonné…
Quand les Américains sont arrivés au village, l'émoi fut provoqué par la présence d'un Noir dans leurs rangs. C'était une première fois !
C'est d'ailleurs un Américain qui a décroché à l'école le portrait de Pétain ! »

Confirmant l'unité et la « neutralité » des habitants de cette commune, aucun Comité local de Libération n'y sera mis en place.

En ville, les problèmes pour subvenir aux besoins de la famille seront autrement plus complexes. À Saint-Claude, il a fallu beaucoup d'énergie à cette femme seule pour faire face à la situation :

Daniel Léger. 2 ans en 1940

« Nous habitions à Saint-Claude. Mes parents étaient ouvriers diamantaires à la coopérative Le Diamant.
Mon père, mobilisé en 1939, soldat du génie, fut très tôt fait prisonnier alors que, sans défense, sans fusil, sans combat et sans chef, il creusait une tranchée. Emmené en Allemagne, il ne rentrera qu'en 1945.
J'étais malade et souvent alité. Ma mère avait aussi à charge ma grand-mère qui n'avait aucun revenu. À l'origine pipière, elle avait choisi de travailler dans l'autre industrie de Saint-Claude, la taille du diamant. Cette activité payait bien davantage et marchait très bien pendant la guerre, comme toutes les activités de luxe. Et comme elle était très habile, elle ramenait à la maison un salaire très enviable. Elle pouvait sans problème nourrir la famille et profiter du marché noir. Elle n'a jamais gagné si bien sa vie ! Elle ne demandait aucune aide pour envoyer régulièrement les colis du prisonnier à mon père.
Et puis, elle troquait les rations de tabac et de vin de mon père.
Elle allait de temps en temps se ravitailler en produits laitiers au hameau de Grand-Châtel où nous avions des parents qui m'hébergeaient parfois, me permettant de "prendre l'air". Elle prenait le train jusqu'à Jeurre, puis poursuivait à pied.
Je me souviens de la Libération, des Jeeps américaines à Saint-Claude et du chewing-gum que nous donnaient les GI.
Mon père est rentré, sans aucune haine envers les Allemands. Il fut employé comme docker, alors qu'il n'était pas de robuste constitution, puis ouvrier agricole dans une ferme où il fut bien traité. Il n'en a jamais voulu aux Allemands et a trouvé normal qu'on fasse apprendre leur langue aux élèves. »

À la campagne, les paysans se plaignent de l'énorme imposition, pour la seule zone sud, d'un million cinq cent mille œufs, répartis en deux périodes de collecte, l'une du 1er février au 31 mai pour les deux tiers, l'autre du 1er juin au 31 juillet ! Et l'Administration aux abois impose de nouvelles taxes sur les volailles, les lapins, les oléagineux et les fruits… confortant la certitude des paysans d'être les « vaches à lait » du système.

Contre toute attente, le Jura, a été inscrit dans la liste des départements excédentaires pour la viande de boucherie ! C'est dire ce qui se passe ailleurs ! On ne peut faillir, surtout auprès du département du Rhône, celui du préfet régional ! Non seulement il faut livrer les trois cents veaux convenus, mais on en exige un supplément de sept cents ! Et quand on en a livré dix pour alimenter les Chantiers de jeunesse du département, il ne reste que cent cinquante bêtes pour la population, les « titulaires des marchés ». Le préfet du Jura doit admettre que le marché de la viande « demeure très critique, que l'approvisionnement des centres de Lons-le-Saunier et Saint-Claude a été déficitaire, et les rations hebdomadaires dans ces localités n'ont pu être distribuées d'une façon normale ».

Canton de Beaufort. Un jeune garçon, d'une famille de « petits » cultivateurs, témoigne :

« Je me souviens, tout au début de la guerre, du boucher qui passait avec une camionnette. Il tirait le morceau de viande du camion et le débitait à même le plancher, même l'été ! On était moins difficile qu'aujourd'hui !
Pendant la guerre, les marchands forains ne passaient plus. Par contre un boucher de Cousance venait régulièrement chez nous tuer un de nos moutons. Il avait vite fait de décoller la peau avec une pompe à air. Il emmenait la carcasse attachée sur son vélo. Mon père me demandait de l'aider à pousser son vélo dans la côte derrière chez nous. Mon père aussi tuait des bêtes dans les fermes du voisinage. Un jour il a été dénoncé, mais il n'y a pas eu de suite.
On n'avait jamais mangé autant de viande. On entendait souvent : “J'ai de la viande, est-ce que vous en voulez ?”, car bien sûr on ne pouvait pas la conserver longtemps !
Pour le reste, on allait au ravitaillement à Cousance, à pied, par les sentiers. J'accompagnais ma mère. Elle y achetait des marchandises diverses, du tissu que l'on payait avec des coupons, des outils. Mais on apportait aussi du beurre…
Des gens qu'on connaissait, de la famille aussi, venaient se ravitailler chez nous, comme dans toutes les fermes. On leur vendait au prix normal, en douce. Certains venaient de loin, en vélo. Un couple de cousins venait même de Lyon, en tandem. D'autres Lyonnais venaient par le train et descendaient à Cousance ou à Beaufort. Ils montaient chez nous avec le vélo qu'ils avaient mis dans un wagon. C'est qu'il n'y avait pas beaucoup de voitures à l'époque !
La seule réquisition qu'on nous faisait, c'était, tous les ans, celle d'une vache qu'on devait mener à Beaufort. Bien sûr on ne prenait pas la meilleure ; mais c'est sur le poids approximatif de la bête qu'on était payé…
On n'était pas les plus à plaindre. Au village, il y avait des pauvres, les gens qui n'étaient pas cultivateurs, comme les couturières, les retraités… Il y avait aussi deux familles de Juifs qui ne furent d'ailleurs jamais dénoncées.
Et puis, le jeudi et le dimanche, quand c'était la saison, l'instituteur qui en avait reçu l'ordre des autorités nous demandait d'aller dans les bois ramasser les faines et les glands qui étaient transportés à Lons. Je crois qu'on en faisait de la farine qu'on mélangeait avec celle du blé et d'autres, pour faire le pain.
Comme nous étions une famille nombreuse, nous avions le droit de ne pas mener notre lait au chalet et de le garder pour nous. On le transformait en beurre. Ma mère faisait des flans et autres plats. Comme toutes les femmes de l'époque, elle savait bien cuisiner…
On mangeait beaucoup de viande de porc. On possédait une truie dont on vendait les porcelets, sauf deux qu'on tuait après les avoir nourris avec le petit-lait. »

Avant-guerre l'approvisionnement des Jurassiens était basé sur la complémentarité des terroirs à l'échelle départementale et à l'échelle nationale. Celle-ci existait depuis très longtemps entre le Jura laitier du plateau et de la montagne d'une part, le Jura céréalier de la plaine et le Revermont viticole d'autre part. Le département, qui, dans une grande partie de son territoire, avait développé l'élevage laitier, était déjà déficitaire en viande et devait en importer. De même la farine et le blé provenaient d'autres départements et d'Afrique du Nord.

L'Office national interprofessionnel des céréales (ONIC), créé par le Front populaire était l'organisme chargé de mettre en place ces échanges interdépartementaux que le Ravitaillement général devait exécuter.

Encore aurait-il fallu, en ces périodes de pénurie et de repli sur soi, que chacun joue le jeu ! Plus d'un préfet, sans doute, n'a pas fait d'excès de zèle pour laisser partir ses excédents, surtout si c'était du blé ou de la farine, faisant le choix de préserver les tables de ses administrés des aléas d'un avenir incertain.

On semble ici renvoyé à l'Ancien Régime, dont certains rêvent à Vichy, voire à la « guerre des farines », au peuple s'insurgeant contre toute sortie de blé de sa province, œuvre machiavélique des « affameurs ».

Problème du vin, aussi ; le Jura est en partie terre de vignoble et, comme nous l'avons signalé, le « trafic » est de tradition entre les parties élevées du département et le vignoble. Les vignerons jurassiens ont obtenu des pouvoirs publics des facilités pour écouler leurs vins d'appellation contrôlée. « La classe ouvrière se plaint de l'intégration dans la quantité de vin autorisée pour la consommation, de "vin d'appellation contrôlée" qui se vend à un prix exorbitant et n'est de ce fait pas à la portée de la bourse des travailleurs. Certains l'achètent pour se livrer au troc[115]. »

D'une manière générale, la qualité et la quantité de la récolte sont souvent pénalisées par l'absence sur le marché de sulfate de cuivre permettant de traiter les vignes.

La consommation de vin est alors, au-delà du plaisir et de la convivialité, jugée très majoritairement indispensable à tout repas, y compris au « casse-croûte » matinal dans les campagnes. Tout comme la viande, le vin a la réputation d'être un véritable « aliment énergétique », à preuve la ration supplémentaire octroyée par les cartes d'alimentation à la catégorie T, les travailleurs de force. Il en faut beaucoup l'hiver pour lutter contre le froid, et davantage l'été, surtout à la campagne, lors des récoltes. Il est d'ailleurs bien connu que dans nos campagnes cette boisson « relevait » le goût de la soupe, et que sa consommation par les adolescents, coupée d'eau certes, dans le cadre du travail, n'avait rien de choquant.

Au cours de toute la période, les critiques semblent unanimes, sur la qualité du vin de consommation courante, et surtout sur sa quantité.

Avec la venue de l'automne, on fait le bilan de la moisson dans le Finage : elle a été excellente. On parle même, dans certains secteurs, de quarante

115. ADJ. 304 W 124.

quintaux par hectare ! Elle permettra une augmentation de la ration de pain pour certaines catégories de population, et une amélioration de la qualité de la farine. Après les livraisons obligatoires au Ravitaillement, il restera même un supplément conséquent à vendre au (bon) prix du marché, car la demande des spéculateurs et de la clientèle urbaine ne manque pas.

Cependant, alors que l'on se prépare à semer les céréales d'hiver, on s'inquiète toujours du manque de bras. Trop d'hommes sont absents : les prisonniers de guerre, les réfugiés en zone sud qui n'ont pas eu l'autorisation de rentrer, et les requis au STO. Par ailleurs l'embauche d'ouvriers agricoles subit la concurrence de la grande industrie de la région doloise et de l'occupant, qui paient mieux et n'exigent pas le travail long et pénible des champs.

Les intrants, notamment les engrais, continuent également à faire cruellement défaut. Et ces carences conjuguées auront de lourdes conséquences. Dans le Finage on a changé de stratégie, cette année : on laboure les prairies pour augmenter les emblavures, et les cultivateurs ont désormais compris tout l'intérêt qu'ils pouvaient trouver à la culture de certains oléagineux. Plutôt que d'y semer des céréales, une partie des terres récupérées sur les prés sera consacrée à ces cultures, beaucoup moins exigeantes et de meilleur rapport. Pour l'heure le choix va se porter surtout sur les vesces, peu exigeantes, en main-d'œuvre notamment.

L'administration se vengera de l'atteinte faite à la culture de céréales panifiables redevenue prioritaire, en supprimant les tickets de matières grasses aux agriculteurs coupables !

L'autre solution, la plus efficace pour économiser main-d'œuvre et engrais, est de réduire les surfaces emblavées en les transformant en prairies. Le foin et la viande, qui se vendent bien, viendront compenser avec profit le blé surveillé de près et fortement taxé.

De plus, les gros agriculteurs vont développer la culture lucrative des pommes de terre. Ils seront déçus, la sécheresse va compromettre les récoltes ! Encore sont-ils bien loin d'être représentatifs des paysans jurassiens, tant s'en faut. Les très nombreux petits agriculteurs du plateau n'ont ni les moyens de faire leurs choix de culture, ni celui de spéculer, et encore moins l'opportunité de s'enrichir du marché noir ; et leurs récoltes sont bien médiocres. Leur problème c'est obtenir, surtout lors des mauvaises récoltes, une réduction des quantités à livrer à l'Intendance. Ils n'osent plus réclamer une augmentation des tarifs. L'atteste ce courrier du chef de cabinet de la préfecture en date du 24 septembre[116] :

> Note à l'attention de M. le chef de la 1re Division.
> « Le maire de Bornay signale que les cultivateurs se trouvent dans l'impossibilité absolue de livrer au Ravitaillement le contingent imposé et estime qu'une réduction de 50 % pour l'ensemble des cultivateurs ne serait pas exagérée.
> Je vous prie de vouloir bien étudier cette question et de venir en parler avec M. le préfet. »

116. ADJ.331 W 51

Marcel Bernard, fils d'agriculteur

« On n'était pas malheureux, on a toujours mangé du pain blanc. Il y avait bien quelques pauvres, comme cette paysanne qui n'avait qu'une vache et qui ne s'en sortait pas. Je la revois, au printemps, ramasser des hannetons pour nourrir ses poules ! Tout le monde était paysan, à part l'instituteur et l'épicier ; c'est vrai que son fils était bien content de manger du pain noir !

On allait faire moudre le blé en cachette. On attelait le cheval et, de nuit, on le portait au petit moulin de Graye. Pour l'huile d'œillette[117] et de colza, on allait à Cuiseaux, à une vingtaine de kilomètres. Pour le vin, on allait moins loin, à Rotalier.

On achetait l'épicerie dans un petit magasin au village avec nos tickets, ou on allait, avec le cheval, à l'épicerie de Graye. Et puis il y avait quelques commerçants qui passaient au village. On allait à Gigny pour la boucherie. Le fromage ? On avait le chalet où on menait notre lait deux fois par jour. On était alors plus de soixante producteurs sociétaires, mais la plupart n'avaient que deux à trois vaches.

Il y avait au village quelques voitures automobiles transformées en gazo. Sinon, un petit car passait pour aller au marché à Lons le jeudi. On allait faire nos courses à Orgelet en vélo.

Il y avait également quatre ou cinq postes de TSF. On se réunissait surtout pour y écouter de la musique et des chansons, tout en jouant aux cartes. On écoutait un peu les radios étrangères, mais, on parlait peu de politique ou de résistance, même à la fromagerie le soir.

Il n'y avait pas de résistant au village, mais on connaissait les opinions des gens. Ceux qui allaient à la messe étaient pour Pétain, comme le nouveau maire. D'ailleurs, lors de la cérémonie au monument aux morts, le 11 novembre 1941, l'instituteur a entonné *La Marseillaise* avec les élèves ; quand il est parti, le maire a fait chanter *Maréchal, nous voilà* ! »

Jean Machuron, fils de cheminot à Bonlieu

« Les quelques postes de TSF du village nous donnaient des nouvelles de la situation... Les loisirs entre jeunes consistaient à se réunir de temps en temps au café du village et, dans le meilleur des cas, le dimanche, à danser au son d'un "pick-up" malgré l'interdiction des bals.

Pour améliorer l'ordinaire, le soir, après la journée de travail, je vais affûter les scies chez un artisan scieur qui fait du bois de chauffage chez les particuliers. Au village, la plupart des habitants sont cultivateurs et vivent avec seulement quelques vaches, les grandes exploitations actuelles n'existaient pas. Les cultures sont réduites à un champ de blé, un de pommes de terre, et le foin pour le bétail. Le chauffage se fait uniquement au bois, la commune dispose de forêts, et chaque année un affouage est disponible pour chaque foyer qui fait lui-même son bois.

Les revenus étant faibles, même ceux qui ne sont pas cultivateurs doivent faire leur bois et planter des pommes de terre, base de la nourriture de l'époque ; les parents ont besoin de l'aide de leurs enfants. On "emprunte" un champ pour l'année, le propriétaire le laboure et on plante les pommes de terre... Les cultivateurs étaient tenus de livrer une partie de leur récolte mais nous étions, nous aussi, obligés d'en fournir une partie... »

---

117. Huile de graines de pavot.

Andrée Jacquiot

« Le ravitaillement était un problème peut-être moins sensible à la campagne qu'en ville ; cependant les tickets de rationnement que nous percevions à Champvans étaient insuffisants pour se nourrir correctement. Aussi mon père avait-il mis en culture une parcelle dans le parc du "Castelet". Il avait aussi une petite vigne, le vin et le marc de Champvans étaient alors recherchés. Sa petite production nous permettait de faire des échanges dans des fermes des villages environnants.

À la Cordonnerie universelle, il arrivait parfois que nous recevions des chaussures de médiocre qualité "sans ticket", j'en achetais alors pour mon compte et allais faire du porte-à-porte chez des cultivateurs relativement éloignés du village pour les échanger contre de la nourriture (œufs, lard, pommes de terre...). Lorsque j'avais quelques marchandises à échanger, j'attelais une remorque à ma bicyclette et partais les troquer ; la chance a voulu que je ne sois jamais contrôlée... »

Un enfant du canton de Beaufort

« Parfois l'instituteur me gardait après la classe. Il me donnait de fausses cartes d'alimentation que mon père devait fournir à des jeunes gens qui se cachaient dans les bois près de notre ferme. Parfois ils venaient à la maison, ma mère leur faisait cuire du sang avec des oignons. Ils faisaient peine à voir, maigres, crasseux, couverts de vermine... La plupart étaient des jeunes du coin, car il y en a peu qui sont partis au STO.

C'est en 1943 que les premiers Allemands sont venus au pays. Une centaine de cosaques qui se sont arrêtés au village où les paysans tuaient le cochon. Ils en ont mangé tout cru et ont exigé du schnaps. Ils étaient venus aider une famille de miliciens attaqués par des maquisards... »

Triche, troc, trafics...

« La raréfaction de la marchandise se fait de plus en plus sentir dans toutes les branches du commerce, ce qui donne lieu à un mécontentement général. Chez certains commerçants on n'est assuré d'être servi que si l'on peut donner en contrepartie des denrées alimentaires. Évidemment, ce troc s'opère d'une façon discrète pour déjouer la vigilance du service de Contrôle[118]. »

118. ADJ. 304 W 124. Rapport des RG. Mars 1943.

■ ***Almanach Vermot. 1941***
– Vous avez trop de tension, plus de viande, de sucre, de graisse…
– Qu'est-ce que je vous dois, docteur ?
– Donnez-moi vos tickets !

Dans l'alimentation

L'Intendance est de moins en moins à même d'assurer la subsistance et doit établir des priorités dans ses distributions, en prenant en compte des spécificités locales. Nous avons vu que les villes avaient droit à un « supplément », national ou régional et que leurs banlieues ouvrières le réclamaient, mais, y compris comme à Salins-les-Bains, où l'on perçoit, les rations demeurent insuffisantes et on se plaint, pointant du doigt les céréaliers seuls à avoir profité des bonnes récoltes. Le commissaire de police de la ville signale que le ravitaillement y demeure difficile et que, « s'il y a eu quelques arrivées de choux et de choux-fleurs, ce n'est pas par le canal officiel mais à l'initiative des commerçants, donc à leurs prix ! » Le propos est peut-être exagéré, car

René Roquelle. Champvans. Zone interdite

« J'avais 10 ans en 1939, mon père était infirmier à Saint-Ylie ; il travaillait auparavant à l'usine Jacob de Damparis d'où il avait été licencié pour ses activités politiques et syndicales. Nous venions de quitter Damparis pour nous installer à Champvans. Nous y avions de la famille et les conditions de vie y étaient meilleures. Il y avait des bois et nous bénéficiions de l'affouage pour nous chauffer et aussi d'une mutuelle ; il faut dire que c'était une municipalité de gauche. En plus nous bénéficiions d'un jardin. Et nous pouvions élever un cochon, quelques poules indispensables, et même quatre-vingts lapins.

J'allais en vélo, avec une remorque, à Saint-Seine-en-Bâche, en Côte-d'Or, à cinq kilomètres de Champvans. Nous y avions un petit terrain et je coupais de l'herbe pour nourrir nos lapins ; et cela avant d'aller à l'école ; j'allais à ce moment à l'école primaire supérieure à Dole.

Dès la déclaration de guerre, mes parents avaient fait des provisions, mais, à partir de 1941, les conditions de vie sont devenues difficiles. J'allais glaner le blé après la moisson, avec quelques épis arrachés discrètement aux gerbes... pour nourrir les poules et faire de la farine. Mes parents s'étaient procuré un des petits moulins en fonte que fabriquaient clandestinement les ouvriers de la fonderie Audemar de Foucherans. Ils le faisaient tourner en cachette le soir et faisaient cuire le pain dans le four de la cuisinière.

En 1942-1943 les problèmes d'alimentation se sont encore aggravés, on a eu faim. Pour améliorer l'ordinaire, pendant les vacances d'été, j'allais en vélo, toujours, avec un voisin, à Auxonne, où on nous employait pour arracher les pommes de terre. Nous partions avec notre casse-croûte, on était payés en argent et en pommes de terre. Mais il fallait faire très attention en rentrant, car les gendarmes ne fermaient pas les yeux sur notre transport illégal de tubercules. »

on note une réduction significative des vols de récolte dans les champs, indice indiscutable d'une amélioration du marché en légumes.

Plus chanceuses que la ville thermale, Morbier et Bois-d'Amont, pour leurs ouvriers, et Mouchard, pour ses nombreux cheminots, ont obtenu un supplément régional de pommes de terre. Mais nombre de ces consommateurs trouvent que ces mesures ne sont que des cache-misère, des palliatifs à une revalorisation des salaires attendue en vain alors que la hausse des prix ne cesse de faire son œuvre de paupérisation.

En zone nord, le rapport du commandant de la gendarmerie[119] signale que les abattages de bovins augmentent encore et constituent une grave menace pour le devenir des troupeaux. Il trouve cependant des circonstances atténuantes, voire des excuses, à ces paysans qui abattent clandestinement. Par contre le sous-préfet de Dole ne les exempte pas de leurs responsabilités. Il constate, non sans un certain plaisir, que de plus en plus de cultivateurs sont l'objet de « vols » qui atteignent parfois des sommes considérables. Ces faits confirment ses propos redondants sur un égoïsme paysan exaucé par leurs

119. ADJ. 1149 W 119.

syndics. Allusion explicite au marché noir qui remplirait de billets certaines lessiveuses. Et ce n'est pas sans malice qu'il en souligne un effet positif : redoutant les vols, des agriculteurs vont déposer leur argent à la banque. « Ainsi la thésaurisation, qui avait atteint un niveau redoutable, aurait quelque tendance à diminuer dans la classe rurale. »

D'autant qu'il signale que les salaires des ouvriers restent si médiocres que certains abandonnent leur travail salarié pour se lancer dans une agriculture qu'ils pensent à même de les nourrir, voire de leur procurer quelque bénéfice.

Le rapport Ravitaillement général portant sur le mois de janvier 1943[120] est des plus décourageants : « Aucune amélioration à signaler dans la collecte du bétail. Les producteurs se font de plus en plus tirer l'oreille pour faire face à leurs impositions. Chaque jour je reçois des monceaux de réclamations de gens trouvant toujours une bonne excuse pour être dispensés d'avoir à livrer à la réquisition, ces réclamations nécessitent des enquêtes sur place et bien souvent des déplacements inutiles. »

Avec quels véhicules et quelle essence ? Misère des populations, mais aussi misère de l'État à qui on enlève l'essentiel de sa crédibilité.

Le nouveau sous-préfet de Dole, sans illusions, signale[121] que « la police est très mal secondée dans ses recherches par la population qui se tait soit par complicité, soit par peur des représailles ». D'ailleurs les agents de l'État ne sont, eux-mêmes, pas toujours animés d'une farouche détermination à débusquer les coupables. Les fonctionnaires aussi se doivent d'assurer l'alimentation de leur famille, et leurs émoluments sont bien maigres...

Qu'on en juge à travers ce courrier adressé au conservateur départemental des Eaux et forêts par un de ses agents en poste dans le Haut-Jura[122]. Il lui demande à être muté dans une région plus favorable. (Extraits)

> « Le 10 février 1943
> Monsieur...
> ... Cette demande m'est dictée par les raisons suivantes : le ravitaillement dans la région devient de plus en plus difficile, et, malgré toutes mes démarches, il ne m'est plus possible de trouver le strict nécessaire à vivre. Depuis que je suis dans ce poste, je ne vis que de ce que veulent bien me donner mes voisins. J'ai pu avoir quelques pommes de terre, elles sont une nourriture de tous les jours, sans variante... Ma femme est enceinte et devrait avoir une nourriture plus saine que je suis dans l'impossibilité de lui procurer. Impossible de lui trouver un œuf, des légumes.
> À Noël j'ai été obligé de mendier un morceau de lapin, autrement nous aurions mangé des pommes de terre bouillies à l'eau... La misère s'installe de plus en plus à mon foyer, ma femme, dans l'état où elle se trouve, dépérit de plus en plus...

120. ADJ. 304 W 144.
121. ADCO. W 21.366.
122. ADJ. 332 W 135.

> Monsieur le conservateur, je serais heureux si vous pouviez me faire affecter dans les départements de Saône-et-Loire ou du Tarn, de préférence dans le Tarn où je possède des parents.
> [...] dans le cas où cette demande ne pourrait être prise en considération, je prierais Monsieur le Conservateur de me laisser présenter ma démission. Il serait facile de vérifier par une enquête ce qui est mentionné ci-dessus. »

Cette misère des petits fonctionnaires est confirmée par le chef d'escadron de gendarmerie Barnouin qui ne cache rien de la situation du ravitaillement, « toujours très délicate où le troc sévit de plus en plus », où des prix exorbitants sont demandés par les producteurs. Mais il ne peut pas verbaliser faute de plaintes, « vendeurs et acheteurs étant d'accord ».

Par un courrier du 23 janvier,[123] le chef départemental de la Légion tente de convaincre les délégués locaux de son organisation de la nécessité de raviver « la bataille du pain ou la collecte du blé » de l'année précédente. Elle serait nécessaire, car « il nous manquera du pain pour un mois et demi au moment de la soudure[124]. » Les causes sont « loin de s'améliorer, la situation s'est aggravée... ».

Le blé de l'Afrique du Nord ne nous parvient plus. Rappelons que ces territoires sont depuis novembre 1942 aux mains des Alliés et de la France Libre. Le chef départemental de la Légion est déterminé ; il faut à tout prix pallier ce déficit : « Ce pain il nous faut le trouver à toute force, et nous le trouverons parce que nous savons que son équivalent en blé existe encore dans les greniers. » Mais ses troupes sont réticentes : composées pour l'essentiel de cultivateurs, ils peuvent, eux ou leurs proches, se sentir visés... Et de se plaindre que leur corporation serait la seule profession à être taxée. Ce propos leur vaut la réponse cinglante du chef, un homme de la ville préoccupé d'éviter toute manifestation ouvrière : « Les autres ne sont pas oubliés, ils sont taxés comme vous, plus peut-être que vous, et ils ont un triste privilège, que vous n'aurez jamais : celui de mourir de faim à petit feu. »

Un rapport des RG confirme ces propos le lendemain : « L'effort paysan est certes considérable, mais il faut reconnaître que les agriculteurs sont parmi les moins malheureux. Ils gagnent beaucoup d'argent, ils sont convenablement nourris. [...] ils critiquent le gouvernement qui les a pourtant favorisés. Ils grognent face aux réquisitions[125]. »

Cette grogne est particulièrement forte quand il s'agit de protéger le cheptel contre les réquisitions. Les paysans s'arrangent, dans la mesure du possible, pour livrer des « carnes », des vaches de réforme, quitte à en acheter, pour garder « leurs bêtes », bien mieux soignées. Il est vrai aussi que, parfois, par dysfonctionnement du Ravitaillement général, le paysan doit livrer un type d'animal qu'il n'a pas, et qu'il doit se procurer au prix élevé du marché.

---

123. Ibid.
124. ADJ. 332 W 135.
125. Ibid.

Il en résulte que malgré les injonctions répétées des pouvoirs publics qui font appel au civisme et à la solidarité nationale, en dépit des contrôles et des sanctions, les abattages clandestins sont de plus en plus nombreux. Certains fraudeurs vont payer pour l'exemple : plusieurs infractions ayant été relevées, cinq décisions d'internement administratif au centre de détention de Sisteron seront prises fin janvier.

Ce n'est apparemment pas assez dissuasif puisque, face à la désobéissance civique, le préfet se mobilise pour cette cause nationale. Il bat la campagne, organise une tournée de conférences dans les cantons. Il s'y fait assister par « ceux qui, jouissant de la confiance et de la considération de leurs compatriotes, pouvaient utilement, par leur action personnelle, entraîner les producteurs à remplir leur devoir de solidarité ». Ces hommes d'influence, relais locaux du pouvoir, ce sont toujours les maires de la circonscription et les incontournables présidents locaux de la Légion française des combattants. Mais la bonne parole ne semble pas toujours avoir la portée suffisante ; aussi, en interne, le préfet demande-t-il aux édiles de faire afficher les délits et les noms des « affameurs » en place publique.

Mais les paysans ont des ressources, des habitudes ancestrales et, surtout, des « monnaies d'échange ». Combien de tombereaux chargés de grain ont-ils rejoints, par des chemins détournés, un des nombreux petits moulins établis dans des localités isolées de Petite Montagne, comme à Montagna-le-Reconduit, à Graye-et-Charnay, et ailleurs, dans toute la zone sud ?

Il y a aussi les authentiques escrocs, les trafiquants de toute espèce, les spéculateurs en tous genres ; parmi eux un grand nombre est « en cheville » avec les Allemands qui paient très bien et garantissent l'impunité.

Le préfet Eugène Bosc reçoit dans un rapport des RG[126] des informations concernant les trafics relevés par la police, la plupart portant sur des denrées alimentaires : beurre, œufs, haricots secs, viandes achetées à la ferme… car « un grand nombre de personnes, en particulier les travailleurs manuels, se plaignent de ne recevoir que 500 grammes de viande par mois[127] ».

Si les clients sont pour la plupart des consommateurs qui viennent parfois de loin en bicyclette ; d'autres sont des trafiquants professionnels, qui feraient souvent agir des comparses : « On assure que de véritables officines d'assurances auraient même été créées à l'intention de tous les auteurs de hausse illicite ou trafiquants du marché noir… »

La litanie des protestations se décline sur quasiment tous les produits et sur tous les tons. À quoi servent cartes et tickets de rationnement si les étals sont vides, comme cela a été le cas tout au cours de l'hiver ?

Il faut dire que la fraude se généralise. En janvier et février, près de quatre-vingts procès-verbaux sont dressés pour infractions aux règles du ravitaillement. Mais combien passent entre les mailles très lâches du filet de la répression ? Les gendarmes et les inspecteurs se déplacent en vélo, dans le

126. ADJ.304 W 110.
127. ADJ. 304 W 124.

meilleur des cas ! Le sous-préfet de Dole déplore que « l'absence totale en matière de pneus de bicyclettes crée une situation extrêmement difficile dans les multiples domaines de l'activité du département. » Même constat pour les contrôleurs du Ravitaillement qui « disposent de moyens de transport précaires et même d'aucun moyen de transport : les bons de pneus (de bicyclettes) sont délivrés en nombre tout à fait insuffisant : ils ne sont honorés qu'avec un retard de quatre à cinq mois. Il en résulte que cinq contrôleurs sont obligés de faire leurs tournées à pied, bientôt trois autres seront dans le même cas. Cela augmente les frais de nuitées. Il faut de toute nécessité une dotation de vingt ou quinze pneumatiques en nature[128]. » Mais il faudrait l'autorisation de l'occupant...

En zone nord surtout, il va falloir partager avec lui, y compris le pain quotidien. La décision a été prise en haut lieu, d'attribuer des bons d'achat aux soldats allemands. La pénurie va encore s'aggraver, notamment à Dole où le peuple souffre d'une faim endémique. Le supplément régional qu'il reçoit, fait de distributions de pâtes et de confiture, ne suffit pas, tant s'en faut ! Situation d'autant plus difficile pour Dole que celle-ci semble être coupée de ses centres d'approvisionnement traditionnels en légumes, les régions maraîchères d'Auxonne (Côte-d'Or) et de Chalon-sur-Saône (Saône-et-Loire).

L'arrivée prévue au mois de juin de deux mille cinq cents enfants réfugiés répartis dans des colonies de vacances va encore accentuer les difficultés.

Tant et si bien que la municipalité a augmenté sensiblement les cultures maraîchères pour l'approvisionnement des centres ouvriers. Trente-cinq hectares sont déjà prêts à recevoir des semences, soixante autres seront aménagés pour la prochaine saison. Le sous-préfet compte bien faire jouer la solidarité dans toute la zone nord en faisant profiter de ces récoltes « des centres moins favorisés, tels que Morez et Champagnole où les cultures collectives ne peuvent être que très limitées ».

Car si la sous-préfecture se plaint d'être insuffisamment approvisionnée, c'est encore autre chose dans la partie montagneuse de la zone interdite, la région de Saint-Laurent, Morez, Les Rousses, où le manque de production locale met les populations peu argentées dans une situation difficile. Parmi les catégories nécessiteuses, il faut inclure les petits fonctionnaires, plusieurs demandant à être mutés sous des cieux plus cléments.

La population de cette zone fortement occupée est de plus en plus hostile à l'occupant qui, lui aussi, souffre. Certains militaires semblent sous-alimentés et cherchent à acheter des œufs, des volailles, des lapins. Lorsqu'ils n'obtiennent pas satisfaction, ils pénètrent parfois dans les fermes et se servent « sans payer »[129]. Ils vont parfois plus loin encore : un groupe est suspecté d'avoir abattu et débité une vache dans un champ !

La pénurie et les prix prohibitifs vident les assiettes et amplifient l'inflation. Pourtant les prix officiels, comme les poids et mesures des produits en vente,

---

128. Ibid.

129. ADJ 304 W 136.

n'ont jamais fait l'objet de tant de prescriptions tatillonnes. Qu'on en juge par cet extrait du « Recueil hebdomadaire des actes administratifs. n° 17 » qui doit entrer en vigueur au 1er juin 1943 :

« Affaires économiques

Le prix maximum d'achat du chevreau est fixé comme suit :
sur pied : 13 francs le kilo
après abattage et transport au centre de consommation : 21 francs le kilo.
Le prix maximum de vente au détail :
– quartier arrière : 26 francs le kilo.
– cervelle : 2,50 francs.
– tête sans cervelle (*sic*) : 1 franc.
La vente au détail du chevreau aura lieu contre remise des tickets suivants :
un chevreau entier : 10 tickets de 90 grammes.
¼ de chevreau : 2 tickets de 90 grammes.
¼ de derrière : 3 tickets de 90 grammes.
Le poids vif exigé par chevreau destiné à la boucherie ne peut être inférieur à 6 kg ni supérieur à 14. Le rendement en viande nette est évalué à 50 % du poids vif. »

Le Préfet
Eugène BOSC

En d'autres circonstances, on pourrait certes se gausser ; c'est peut-être ce que font ceux qui, nombreux, abattent au fond des granges. Sans doute ces prix officiels sont-ils nécessaires pour montrer que l'État est conscient de la faiblesse du pouvoir d'achat d'un grand nombre de Jurassiens. La modicité et la stabilité des prix sont un bon prétexte pour ne pas augmenter les salaires, et ne garantissent pas la présence des produits sur les étals.

Le préfet n'est pas dupe qui alerte Vichy dans son rapport mensuel du 1er juillet[130] : « Le problème du ravitaillement continue d'être difficile dans le département, et particulièrement dans la région de Saint-Claude. La population récrimine vivement contre l'insuffisance de l'approvisionnement des marchés en légumes et l'absence totale de fruits alors que la saison devait améliorer la situation. Certains restaurants, notamment à Saint-Claude, ont dû fermer par suite de l'impossibilité dans laquelle ils se trouvent d'assurer l'alimentation de leur clientèle. »

Et d'avertir : « Saint-Claude est une ville ouvrière dont la population, jadis axée à gauche, souffre actuellement de difficultés de ravitaillement [...] des incidents sont toujours à redouter... »

Dans des contrées moins montagneuses, l'approvisionnement en légumes des jardins familiaux atténue sensiblement les besoins...

Et la Résistance n'encourage pas les agriculteurs à faire d'excès de zèle, comme en témoigne ce tract !

---

130. ADJ. 304 W 155.

« PAYSANS
Dans quelques mois l'Allemagne sera chassée de notre France.
...
Paysans, À AUCUN PRIX NE LIVREZ EN GRANDES QUANTITÉS VOS RÉCOLTES À LA RÉQUISITION ; elles prendraient le chemin de l'Allemagne...
Il faut conserver les produits de votre travail pour les fournir au Ravitaillement général après la Libération, ou les vendre aujourd'hui sans esprit de lucre, en petites quantités, aux citadins... Songez aux ouvriers des villes auxquels leurs maigres salaires permettent seulement de se procurer un petit supplément de nourriture, à la condition que vos prix soient raisonnables.
Honorez votre famille, en évitant qu'on puisse jeter plus tard à la face honteuse de vos enfants : "Ton père refusait des œufs à des Français pauvres et sous-alimentés pour les vendre à prix d'or à des Allemands...
Paysans ! Faites votre devoir avec adresse, énergie et désintéressement."
COURAGE ET CONFIANCE ».

Ce qui était intérêt personnel devient acte résistant, à la condition expresse que les agriculteurs le fassent, désormais, pour la bonne cause. Et gare à l'opprobre à venir !

Apparemment l'injonction n'a pas été prise en compte par ces cultivateurs de Vriange et de Malange. Le chef d'escadron Limouzin, dans son rapport du 25 octobre 1943[131], signale qu'ils ont vendu 6 tonnes de pommes de terre à 5 ou 6 francs les 100 kg à des militaires allemands qui parcourent la région à bord d'un camion de l'armée. Le même rapport fait état de l'achat de fèveroles[132] dans le canton de Chemin au prix de 20 francs au lieu de 10 par un commerçant de Tavaux. « Ces achats et ce prix ont tari l'approvisionnement du colis à main[133] des ouvriers de Tavaux employés à l'usine Solvay. »

Ou encore l'achat de vesces[134] dans la même région par plusieurs négociants. « Il s'agit d'une véritable rafle de toute la récolte de vesces au prix de 2 000 ou 2 500 francs le quintal au lieu du prix taxé à 630 francs. Bien que reconnues impropres à l'alimentation humaine, car contenant des traces de cyanure, elles assurent un complément de nourriture dont la population jusqu'ici se contentait ; elle trouve donc que la spéculation dont il s'agit, apparemment autorisée, est inopportune puisqu'elle prive les familles modestes d'une ressource alimentaire appréciable dans la période actuelle. »

Des pétainistes affichés et moralisateurs ne manquent pas parmi ces trafiquants. Ainsi, à Dole le 30 octobre, on signale un très honorable syndic cantonal qui s'est vu dresser procès-verbal pour « vente directe de bétail, transport

131. ADJ.1149 W 119.

132. Fèveroles. Légumineuses semées en octobre, en tête d'assolement pour les céréales, réservé d'habitude au bétail, mais qui peuvent constituer une très bonne alternative aux protéines animales.

133. Provisions destinées à la famille proche et tolérées.

134. Vesces : comme les fèveroles, elles sont riches en protéines et demandent peu d'intrants.

de bétail et hausse illicite ». Il n'est qu'un des maillons de ces juteux trafics. Si les infractions habituelles – vols et agressions des personnes – sont en recul, la délinquance économique augmente et peut s'appuyer, du haut en bas de l'échelle sociale, sur de nombreux complices.

L'année va se terminer comme elle avait débuté, sur de mauvaises nouvelles. Dans son rapport mensuel de décembre adressé à Vichy[135] le préfet Fernand Musso confirme les craintes de son prédécesseur, signalant que la pénurie des matières grasses, mais aussi de légumes, a failli provoquer d'assez violentes manifestations à Saint-Claude. À l'automne on avait promis à cette ville de lui fournir dix tonnes de légumes par semaine. Elle n'en reçoit que trois ! Or, dans le même temps, dans la capitale du Haut-Jura, certains étals sont particulièrement bien achalandés. Il est notoire que des commerçants, « en cheville » avec des maraîchers de Louhans, sont alimentés « derrière le comptoir ».

L'Administration ne parvient même pas à honorer la ration réglementaire mensuelle de beurre, pourtant faible, Mécontentement des Jurassiens, d'autant plus grand que les départements bénéficiaires de « notre » beurre, n'ont toujours pas livré, fin décembre, les rations d'huile de novembre et décembre.

Les pouvoirs publics réagissent face aux pénuries de produits laitiers. À Lons-le-Saunier on ferme les fromageries les dimanches et jours fériés. Un problème cependant : comment les familles nombreuses vont-elles pouvoir tenir quarante-huit heures sans lait ? Certains voient dans ces fermetures une vengeance des laitiers contre l'opération de « la Goutte de lait ». Cette opération consistait en une distribution de lait spécifique pour les nouveau-nés dans le but de réduire la mortalité infantile. Et les enfants en bas âge ne sont pas les seuls à souffrir des carences alimentaires. Plus d'une personne âgée ne passera sans doute pas l'hiver si l'on en croit le commissaire des RG : « Un certain nombre de cas de décès par misère physiologique, surtout chez les vieillards (et qui) doivent être attribués à la sous-alimentation actuelle. »

Par ailleurs il n'y a pas trace des cinq mille quintaux de blé que le département du Cher devait livrer. Cette pénurie de céréales va intensifier la surveillance attentive des blés stockés lors des dernières moissons du Finage qui ne permettront l'approvisionnement en céréales panifiables que jusqu'à la mi-février 1944.

Chères chaussures

La liste est longue des sujets de mécontentement. D'autres produits « de première nécessité » font défaut, dont le manque récurrent d'essence, de pneus de bicyclettes, de textiles et d'ustensiles de ménage, produits sur lesquels d'ailleurs on ne compte plus, tant leurs prix flambent au marché noir. On ne peut même plus assurer le minimum d'ustensiles prévus lors de l'installation d'un nouveau ménage.

135. ADJ.304 W 113.

La chaussure, sans conteste, est l'objet emblématique dont la rareté et le prix suscitent l'indignation : produit nécessaire mais rare, à des prix exorbitants, tout en étant de mauvaise qualité. À une époque où l'impérative nécessité du ravitaillement demande souvent de longs déplacements sur des chemins mal entretenus, où les moyens de transport autres que la bicyclette, souvent mal « chaussée » aussi, manquent de façon criante, où l'on piétine sur de longues files d'attente, être bien chaussé est devenu un luxe ! Le cuir est devenu une denrée rare et très chère, souvent confisquée par l'occupant. On le remplace par ce qu'on peut : du simili, de la toile, du carton bouilli, du caoutchouc de vieux pneus ou chambres à air, ou du bois pour les galoches... En effet, dans cette économie où on récupère le moindre bout de ficelle, beaucoup « bricolent » des « chaussures » à peu de frais. Réparations maison et vols prospèrent. Quant aux modèles que l'on trouve hors de prix dans les magasins, il y a de tout et surtout n'importe quoi : malfaçons, surabondance de certains articles alors que d'autres sont introuvables, modèles mal étudiés... pour ne parler que des produits qui sortent des usines ! Les carences des transports ont développé une production locale où le pire n'est pas toujours évité. De nombreux cordonniers ont vu là une opportunité et se sont souvent lancés dans une production artisanale maison, aux prix « libres », souvent au détriment des ressemelages coutumiers, beaucoup moins rentables. Parfois,

■ ***Documentation photographique.***

décourageant le client, ils demandent un à deux mois pour réparer une paire de chaussures à des prix qui peuvent être prohibitifs et pouvant dépasser les cent francs, soit près d'un mois de salaire ouvrier !

Ils sont nombreux à venir grossir les rangs des petits rois de la pénurie. D'où une réputation peu flatteuse ! Le problème est jugé d'importance nationale, on envisage d'assainir la profession, de créer des comptoirs de vente en gros à Paris et dans chaque région, de mettre en place un bureau d'homologation et d'orientation, de réduire les modèles permettant des prix plus bas, mais aussi de réserver la fabrication locale aux bottiers et aux orthopédistes.

Andrée Jacquiot

« J'étais alors vendeuse à la Cordonnerie universelle, un magasin de chaussures place du 1er mai à Dole. Il appartenait à une famille juive de Dijon. Le gérant avait pris le large pendant la débâcle et le magasin est resté fermé quelques jours.
Les Allemands, renseignés sur les magasins appartenant à des juifs à Dole, ont voulu les faire rouvrir. Je suis alors retournée à la boutique, avec une autre employée, pour éviter qu'ils ne forcent l'entrée. Quelle ne fut pas notre surprise de voir dans la réserve une douzaine de paires de bottes abandonnées sur le sol ? Les soldats allemands étaient entrés par une petite porte de la rue d'Enfer, dans les réserves du magasin et avaient échangé leurs bottes usagées contre des bottes de cavalerie en cuir qui se trouvaient dans notre stock.
Des "clients" peu scrupuleux ont alors profité de la situation pour se chausser "gratuitement", nous disant : "les boches se servent, pourquoi pas nous ?"
Les Allemands étaient de gros acheteurs. Ils ont également fait une véritable razzia dans les magasins de chez Picard (chaussures), de chez Dreyfus et de chez Weill (textiles) dont les propriétaires, juifs également, s'étaient enfuis. Ces familles et celle de mon patron, se sont alors installées en zone libre et ne sont revenues qu'à la Libération.
Nous avions un stock énorme et avons repris la vente presque normalement pendant environ un mois, en attendant le retour du gérant.

Le commissaire de police de Dole nous a dit de porter tous les soirs la recette de la journée à la *Kommandantur* installée dans l'ancienne mairie, place Nationale[136]. Les Allemands nous versaient un salaire (d'ailleurs fortement augmenté !)
Ensuite, un administrateur installé en zone libre a remis en route l'ensemble des magasins de la société "Ulmann frères". Les chaussures nous étaient livrées dans des caisses qui arrivaient par le train en gare de Dole. C'est alors que nous avons connu les semelles en bois articulées ! »

Renée Pommier. Lons-le-Saunier

« Mon grand-père louait à la commune un jardin, aux Mouillères, ce qui améliorait le quotidien. Les restrictions faisaient qu'à la maison, on pesait les rations de pain de chacun tous les matins. Nous achetions bien peu au marché noir ; une tante de Courlans nous dépannait. »

136. Elles ont scrupuleusement respecté cette consigne.

Fille d'agriculteur à Orgelet

« J'ai 14 ans quand la guerre est déclarée. Mes parents étaient des petits agriculteurs installés au cœur du bourg. Nous n'avons pas eu de problèmes d'alimentation, nous mangions du pain blanc. À cette époque nous avions bien peu de relations avec les autres habitants, la consigne de mon père était de se taire et de se méfier de tout le monde. Ma famille était catholique et conservatrice et nous avions toute confiance dans le maire, le général Karcher[137], qui était un homme patriote et dévoué.
Nous n'avions pas de poste de TSF, mais, comme je portais du lait chez des particuliers, je savais que l'un d'eux écoutait discrètement la BBC, même en ma présence.
Il y avait un café pas loin de chez nous et, parfois, les maquisards, de jeunes réfractaires dont la plupart n'étaient pas du pays, faisaient la fête. On ne les aimait pas et on avait peur qu'ils nous attirent des ennuis...
Je me rappelle de la Libération et comme on avait beaucoup dansé avec les FFI... »

Orgelet, une de ses jeunes voisines

« Je suis née et vivais chez mes grands-parents maternels à Orgelet. Mes parents, qui travaillaient dans la région parisienne, au Bourget, m'avaient laissé provisoirement à leurs soins. Mais le travail de ma mère, la guerre et la mise en place de la ligne de démarcation ont retardé leur retour. Finalement ils vinrent s'installer à Orgelet à l'automne 1942. Mes grands-parents avaient mis à notre disposition un appartement de deux pièces contigu au leur. Mon grand-père, qui avait abandonné son métier d'artisan pour nourrir sa famille, exploitait une petite ferme, et mon père l'aidait. Les revenus étaient bien maigres, ceux du peu de lait porté au chalet nous permettaient de faire quelques achats, et nous n'avons pas souffert de la faim.
Mon grand-père était un pétainiste convaincu, comme de nombreux habitants du bourg, surtout la petite bourgeoisie et la plupart des catholiques pratiquants. Il disait grand bien du président de la délégation spéciale, le général Karcher, lui aussi pétainiste zélé. Mes parents n'étaient pas de ce bord-là. Ayant vécu au Bourget, dans une rue à proximité de la gare de triage qui voyait passer les trains pour la déportation, ils avaient un tout autre regard sur Pétain. Quand mon père l'évoquait devant son beau-père, c'était la brouille familiale, et il se faisait traiter de menteur. Mes parents écoutaient en cachette la radio de Londres, le poste de TSF était caché au fond d'une caisse à bois.
D'ailleurs j'appris plus tard que mon père cachait des armes.
Mes grands-parents avaient aussi un poste, mais n'écoutaient pas ces émissions clandestines... »

Haro sur le petit commerce

D'autres professions sont réputées s'enrichir sur le dos du petit peuple. C'est souvent le cas des marchands de textile, des quincailliers et des bouchers. On les

137. Président de la délégation spéciale imposée par Vichy, chef cantonal de la Légion. En juin 1944, les résistants l'enlèveront et il fera plusieurs jours de prison avant d'être libéré par les Allemands.

traite volontiers de voleurs, on les accuse d'une oisiveté insupportable. La rareté des produits mis en vente et les profits juteux qu'ils en tirent leur permettent de fermer souvent boutique. On leur reproche de profiter des heures de fermeture pour se livrer au marché noir, et de s'enrichir du troc. Plus d'un client les enverrait volontiers au STO à la place de leurs jeunes. Et le commandant Limouzin n'est pas loin, en zone nord, de partager ces sentiments : son rapport est une charge sur les pratiques du petit commerce alimentaire :

> « Vols sur le poids et le prix, balances plus ou moins exactes, "coups de pouce", calcul du prix au gramme près... Tromperie sur la qualité de la marchandise : vente de fruits avariés et non consommables dont le client affamé ne s'aperçoit qu'au moment de l'emploi, vente de vin à appellation contrôlée intégrée, de qualité très inférieure taxé à 42,20 francs le litre. La plupart des clients le refusent, ce qui permet à l'épicier-débitant de le vendre 10 francs le verre de 10 centilitres, laissant un bénéfice appréciable ou la possibilité de le troquer dans les mêmes conditions. Telles sont, limitativement exposées, les constatations qu'une clientèle malheureuse et affamée peut faire à tout instant, car les commerçants ne s'en cachent pas. »

Et le commandant de gendarmerie de demander des effectifs suffisants de contrôleurs civils, et de déplorer que les sanctions soient trop faibles pour freiner efficacement l'appât du gain.

Un tabac convoité

Le tabac à l'époque est un produit de grande consommation masculine. Le service militaire et l'armée jouent un rôle non négligeable dans sa diffusion en offrant gratuitement une ration conséquente aux conscrits et aux soldats. Quant à sa distribution publique de tous ces produits allant du « gros gris » au tabac à priser ou à chiquer, elle est entre les mains de l'État qui a fait de sa culture comme de sa vente, un « monopole » fort lucratif, la Régie relevant de la direction des Contributions indirectes. Les bureaux de tabac, ou recettes buralistes, implantés jusque dans les plus petits villages sont tenus par des débitants désignés par les pouvoirs publics. Il y faut des personnes dont la probité est avérée. À l'époque on y rencontre de nombreuses veuves de la Grande Guerre pour lesquelles c'est en quelque sorte une « rente » que leur accorde l'État. De manière plus ou moins insidieuse, ce dernier a fait naître et entretient une véritable addiction de masse faisant de la consommation du tabac, sous ses formes diverses, un véritable marqueur de virilité. Ce n'est sans doute pas un hasard si on a nommé les cigarettes les plus populaires « Gauloises » et « Gitanes ».

C'est aussi bien sûr une source de revenus non négligeable pour l'État, mais aussi pour « l'industrie ». Que serait alors Saint-Claude, capitale nationale de la pipe, sans cette fabrication de masse ?

Or, avec l'Occupation, le tabac n'a pas échappé à la pénurie générale. Il est entré dans la liste des produits rationnés. Pour s'en procurer, il y faut une carte, des coupons, une inscription sur le registre d'un bureau de tabac désigné. Il est donc impossible aux clandestins, aux réfractaires, de s'en procurer légalement. On se doute que les jeunes maquisards en sont de gros consommateurs pour lesquels on ne saurait s'en passer. Et puis, comme la plupart des produits, la guerre et l'Occupation vont immanquablement entraîner une diminution de la production et des difficultés dans la diffusion d'un produit fort demandé non seulement par les consommateurs, mais aussi sur le marché du troc. Toutes les conditions étaient réunies pour en faire une denrée recherchée aussi bien par les maquisards que par le « faux maquis » des vrais voleurs.

Il est évident que la montée au maquis conséquente au STO va augmenter considérablement la demande non assouvie. Le maquis va d'abord se servir là où c'est le plus facile et où on ne pénalise pas la population civile dont on recherche le soutien. Les réserves des Chantiers de jeunesse sont dans le Jura une proie toute désignée.

> « 30 novembre 1943. Le groupement n° 2 des Chantiers de jeunesse de Crotenay a été attaqué par quatre individus armés qui ont emporté du tabac et des cigarettes.
> Même jour. Le groupe des Chantiers de jeunesse de Souvans a été attaqué par cinq individus armés qui se sont emparés du tabac et des cigarettes. »

Mais cela ne saurait suffire, et les bureaux de tabac furent directement « mis à contribution » dès la fin de l'année 1943 :

> « 1er décembre, vers 20 heures, le débit de tabac Vauris à Bletterans, a été attaqué par trois individus armés qui ont emporté du tabac et des cigarettes.
> Même jour. Le débit de tabac Galland à Larnaud, a été attaqué par deux individus armés qui se sont fait remettre du tabac, lequel a été payé huit jours après.
> 4 décembre. Le débit de tabac Paquelier à Gevingey a été attaqué par trois individus armés qui se sont enfuis aux cris poussés par la propriétaire.
> Même jour, à 22 heures, quatre individus armés se sont présentés au débit de tabac Malfroy de Voiteur et ont emporté du tabac et des cigarettes qu'ils ont payé 15 000 francs.
> 9 décembre, huit individus armés ont dévalisé le débit de tabac Richard à Montagna-le-Reconduit. »

Comme le signale le directeur des Contributions indirectes du Jura dans son courrier au préfet du Jura[138] le 13 décembre 1943, les vols de tabac ont également lieu dans d'autres départements relevant de la préfecture régionale de Lyon où on a donné des consignes. Il fait parvenir une instruction aux débitants de tabac de la zone sud du département, attirant leur attention sur les risques de vols qu'ils couraient et la responsabilité qui leur incombait en tant que dépositaires de produits rationnés. Il précise que « la valeur du tabac soustrait ne leur serait pas remboursée et, qu'en outre, s'ils ne justifiaient pas avoir pris toutes les précautions de sécurité voulues, il pourrait être décidé que le tabac enlevé ne leur serait pas remplacé ».

---

138. ADJ. 247 W 45.

Il leur demande de prendre une assurance contre le vol, de s'arranger pour ne pas avoir de gros stocks trop tentants. Pour cela il leur demande de s'approvisionner à l'Entrepôt (à Lons-le-Saunier ou Saint-Claude) le plus souvent possible. Pour ceux – l'énorme majorité – qui sont livrés, il conviendrait de distribuer le tabac (qui se fait par décade) le plus vite possible.

> « Enfin, je leur conseillai de ne conserver dans la salle de vente que les quantités nécessaires à la vente de la journée, le surplus étant tenu en réserve dans une pièce cachée et difficilement accessible. »

Du fait des pénuries, le sacro-saint « Service du colis légionnaire » aux prisonniers a été provisoirement supprimé le 1er décembre[139]. Ce sont environ un millier de colis par mois dont l'expédition se trouve suspendue. Cette carence a pour conséquence de porter un rude coup à la Légion qui, avec l'aide sociale, s'en faisait un devoir. « La Légion paraît morte, mais l'amertume de son échec reste chez les combattants. »

Dans le département où la misère est devenue endémique, des organismes comme la Croix-Rouge et le Secours national, mais aussi des associations caritatives se mobilisent. L'Association des Familles se préoccupe du bien-être physique mais aussi de la moralité des familles nécessiteuses. En mars elle avait fait parvenir dans le Haut-Jura une douzaine de tonnes de pommes de terre de semence pour les jardins familiaux.

Mais pour nombre de conservateurs, la misère reste la fille du vice, aussi la morale n'est-elle jamais loin de la commisération. Le président de l'association part en guerre contre les bals illégaux qui se tiennent un peu partout à la campagne, car « ils feraient perdre aux parents les fréquentant, le sens de leur responsabilité d'éducateurs » !

Noël approche, qui fournit du travail aux nombreuses fabriques de jouets et à la tournerie sur bois du Haut-Jura. Devant la pénurie de métal, les jouets en bois ont le vent en poupe. La tradition du cadeau de Noël est également bénéfique à la pipe de Saint-Claude. Les ouvriers pipiers connaissent alors le plein emploi.

Comment résoudre ce paradoxe d'un rapport du commissaire spécial[140] ? « Malgré la fermeture qualifiée d'inadmissible des quincailleries, la rareté des lubrifiants, des carburants, des pneumatiques, du charbon, des moyens de transport et des produits chimiques, ainsi que la réduction de l'énergie électrique qui se font chaque jour sentir davantage, les industries jurassiennes sont toujours aussi actives et le chômage est inexistant dans le département. »

Faudrait-il en voir l'explication dans l'absence de nombreux hommes réquisitionnés par le STO ou réfractaires ?

---

139. ADJ.304 W 120.

140. ADJ.304 W 125.

CHAPITRE III

DES JURASSIENS DÉSABUSÉS ET INQUIETS

Une opinion qui se cherche...

Un rapport du 23 janvier[141] fait état de la désaffection des Jurassiens à l'encontre d'un pouvoir fantoche :

> « La population a tourné la page, elle sait que l'avenir politique de la France appartient aux Alliés, occidentaux de préférence, et que Vichy c'est un passé déjà hors-jeu, disqualifié. »

Et pourtant la propagande pétainiste est partout présente, elle occupe tout l'espace médiatique. Mais on s'est très vite lassé d'un discours convenu qui occulte les réalités. La presse française, « dévouée au gouvernement », est lue dans les campagnes jurassiennes pratiquantes où les curés ont conservé leur influence ; le clergé reste en effet « en grande majorité partisan de l'œuvre de redressement entreprise par le Maréchal[142] ».

La presse régionale connaît le même déficit d'image que la radio nationale. Objet de censure, avec des journalistes aux ordres, elle se limite à quelques journaux lyonnais au contenu aussi affligeant que pétainiste. *Le Progrès de Lyon* s'est finalement sabordé pour ne plus en être. Les parutions nationales comme *Candide*, *Gringoire*, *Sept Jours* et la revue allemande en français *Signal*, très orientées vers la collaboration, sont peu lues. Ce désintérêt est également dû au fait que les sources d'information occultent ou minimisent les difficultés rencontrées par les troupes allemandes sur les champs de bataille, et *a fortiori* la montée en puissance des résistances populaires. Ces informations si écoutées alimentent les radios et les journaux clandestins qui se passent sous le manteau. On a appris qu'Hitler avait décrété en ce mois de janvier « la guerre totale ». Désormais il n'y a plus guère de distinction entre « terroristes » et populations. Les menaces sur les civils et le pillage systématique des pays occupés, en hommes et en matériel, vont s'amplifier. On sait que l'incapacité

---

141. Ibid.
142. ADJ.304 W 129.

manifeste de l'économie allemande à financer la guerre a pesé lourdement dans cette décision du *Führer*.

Le 25 janvier, une directive émanant du *Generalfeldmarschall* Von Rundstedt[143] enjoint à Vichy de mettre à sa disposition cinq mille camions à réquisitionner en zone sud – ils ont les moyens de le faire eux-mêmes en zone nord – susceptibles d'être utilisés sur le front russe. C'est urgent, mais ces camions qu'il fallait livrer impérativement pour le 2 février arriveront trop tard : ce jour-là Von Paulus signera sa reddition à Stalingrad.

Et pourtant, si l'on en croit le rapport du commissaire principal des RG, Charles Urbain, « les Jurassiens vénèrent le Maréchal et ont confiance en son gouvernement qui fait tout pour atténuer les conséquences de notre défaite ».

Encore convient-il de préciser que ce fonctionnaire de police, on le saura plus tard, renseigne la Résistance et sera en juillet 1944 arrêté par les Allemands et déporté. On peut comprendre qu'il doive donner des gages de loyalisme à son préfet.

Cependant on peut penser qu'en ce début d'année 1943, beaucoup de Jurassiens continuent à exempter le maréchal Pétain des maux quotidiens dont ils souffrent, en rendant responsables, pêle-mêle, les paysans, la bureaucratie du Ravitaillement, la défaite, les accapareurs, voire les résistants « pillards », et par-dessus tout, l'occupant.

Le régime va encore se durcir, pour accéder certes aux demandes de plus en plus fortes des Allemands, mais aussi pour se donner les moyens de contrer une Résistance que les rapports des RG ne peuvent plus occulter. Certes, les Allemands et Laval ont tenu leur promesse et le 1er mars les contrôles au passage de la ligne de démarcation ont été supprimés, sauf pour « les juifs et les indésirables ». Il n'y a plus qu'un seul contrôle de police allemand dans le Jura, celui du pont de Parcey.

Selon ce rapport des RG[144] : « C'est avec enthousiasme que les Jurassiens ont appris qu'à partir du 1er mars les laissez-passer délivrés par les autorités allemandes seront supprimés et remplacés par un contrôle de police. Beaucoup de personnes de la région ont des membres de leur famille dans la partie nord du département ou y ont des intérêts. »

Avec la fin des contrôles aux postes de la ligne, on en vient à envisager le retour à l'unité du département, ou, pour le moins, à une totale disparition des obstacles séparant les deux zones. Et, surtout, les Jurassiens qui avaient quitté la partie nord du département lors de la débâcle devraient pouvoir réintégrer leurs foyers.

La région de Dole étant une riche région agricole, l'ouverture de la ligne de démarcation permettra, pense-t-on, de mieux ravitailler la population de l'arrondissement de Lons-le-Saunier et surtout celui de Saint-Claude. On attend également un certain essor économique lié à la puissance industrielle doloise. Sauf que la réalité sera autre, et de nombreuses limites seront mises à la libre circulation. Les relations téléphoniques traînent à être rétablies entre les deux zones, de même que le trafic voyageur direct avec la zone occupée. On sent bien des réticences de la part des Allemands, peu pressés de voir se constituer

143. ADJ. 331 W 26.
144. ADJ. 304 W 123

un flux en direction de la zone interdite, où il n'est pas question de laisser s'installer sans autorisation quiconque, même ses anciens résidents. Mais on veut croire que, au-delà du département, on pourra désormais, comme avant-guerre, se procurer du blé de la Beauce et du charbon et des produits industriels du Nord-Pas-de-Calais.

Et si sa politique de collaboration de Vichy était la bonne ? Si Pétain avait eu raison ? Ce doute sera très vite dissipé. Pourtant, pour plus d'un Jurassien, une nouvelle menace commence à être envisagée. « Certains Francs-Comtois commencent à se demander : quel sort leur sera réservé si la poussée bolchevique ne rencontrait aucune résistance... La bourgeoisie est profondément anticommuniste. Elle considère qu'une victoire de la Russie provoquerait un anéantissement complet de la France, mais cette classe n'est pas pour cela partisane d'une politique de collaboration avec l'Allemagne[145]. »

Quelle « résistance » espère-t-on ? Sans doute pas celle de la *Wehrmacht* et de ses supplétifs de la Légion des volontaires français contre le Bolchevisme, mais bien plutôt à celle des Alliés anglo-saxons et, accessoirement, des troupes françaises. Imagine-t-on déjà un scénario d'intervention des Alliés occidentaux contre l'armée Rouge ? Et le rapporteur de préciser que cette opinion est partagée par de nombreux cultivateurs.

La déception sera à la hauteur des espoirs. Le poids de l'Occupation, malgré l'assouplissement constaté sur la ligne de démarcation, ne faiblit pas. Il s'accentue d'ailleurs dans le Haut-Jura où, le 1er avril, les Allemands délimitent une « zone rouge », bande large d'environ cinq kilomètres jouxtant la frontière suisse. Malheur à celui qui y sera pris en situation « illégale » !

Si la population semble être résignée, découragée et obéissante dans sa plus grande partie, c'est qu'elle sait son impuissance. Il faut alors être initié et avoir la foi du charbonnier pour envisager l'existence d'une Résistance intérieure crédible.

Et, de nombreux Jurassiens, des jeunes notamment, s'exaspèrent et éprouvent parfois le besoin irrépressible de l'exprimer...

> « J'ai l'honneur de vous faire connaître que le 30 mars courant, dans l'après-midi, un incident s'est produit entre un ressortissant français et un sous-officier allemand.
> Ce dernier roulait à motocyclette sur la route de Champagnole à Lons-le-Saunier, et vit deux individus qui satisfaisaient leurs besoins dans le fossé longeant la chaussée.
> Soudain, l'un d'eux, à la vue du sous-officier allemand, se tourna et montra la partie la plus charnue de son corps.
> Le militaire vit dans ce geste un outrage à l'armée allemande et avisa ses chefs. Les recherches effectuées aussitôt par la *Feldgendarmerie* aboutirent à l'arrestation d'un nommé Prost, né le 16 août 1920 à Verges...
> Conduit à l'état-major de Liaison à Lons-le-Saunier, il reconnut les faits. Il a été maintenu en état d'arrestation et écroué. »

145. ADJ. 304 W 125.

Cet incident, survenu en 1943[146], est relaté dès le lendemain par les RG au cabinet du préfet !

La libération du département ne peut venir que de l'extérieur, des Alliés dont on suit d'autant plus attentivement les opérations militaires en Afrique du Nord. Ils ont d'ailleurs repris Tunis aux forces de l'Axe au début du mois de mai. On y voit le prélude à la libération prochaine du territoire métropolitain. Car la guerre se rapproche, les bombardements alliés sur le nord de la France, la région parisienne et le littoral sont suivis de près à la radio. La presse officielle insiste sur les innocents qui en seraient les principales victimes. On critique notamment les Américains qui, par crainte de la DCA allemande, délestent leurs bombes à trop haute altitude pour être précis… Cependant les pouvoirs publics ne parviennent pas à diriger la vindicte populaire contre ces bombardements qui tuent des civils et détruisent les infrastructures déjà bien mises à mal par l'occupant.

Laval sait le désintérêt à l'égard du pouvoir central, voire le rejet grandissant. Aussi ne lésine-t-il pas sur les moyens de se faire entendre et de mobiliser des foules censées lui être favorables. Deux jours avant ce discours radiodiffusé qu'il prononcera le samedi 5 juin, il a fait parvenir en toute urgence ce télégramme aux préfets[147] :

> « Chef du gouvernement aux préfets.
> Appelle votre intention sur l'importance cette communication. Vous prie prendre dispositions pour en assurer la plus large diffusion par haut-parleurs dans bâtiments ainsi que places et tous lieux publics par tous moyens à votre disposition. Stop
> Vous invite convoquer à son audition fonctionnaires, conseillers départementaux, maires et conseillers municipaux. Y convier légionnaires, miliciens, syndics corporation paysanne, notabilités et population. Stop.
> Vous prie adresser aux maires tout spécialement dans communes rurales instructions très précises pour qu'audition soit annoncée et assurée de façon la plus large. »

Peut-être le lendemain a-t-il pris conscience d'être allé trop loin dans la mobilisation d'un auditoire captif, aussi envoie-t-il un second télégramme, insistant à nouveau sur l'installation de haut-parleurs, mais déclarant « inutile de convoquer les fonctionnaires et personnalités. L'émission par tous les postes et la publication par tous les journaux constitueront une diffusion suffisante ».

Trop tard, le préfet du Jura a fait diligence, les convocations du ban et de l'arrière-ban des fonctionnaires et des notabilités sont déjà imprimées ! La population de la ville est conviée ; tous les chefs de service avec leurs fonctionnaires, le président de la Milice avec ses miliciens, le président de la Légion avec ses légionnaires, l'inspecteur départemental de la Santé avec son

---

146. ADJ. 304 W 29.
147. ADJ 304 W 26.

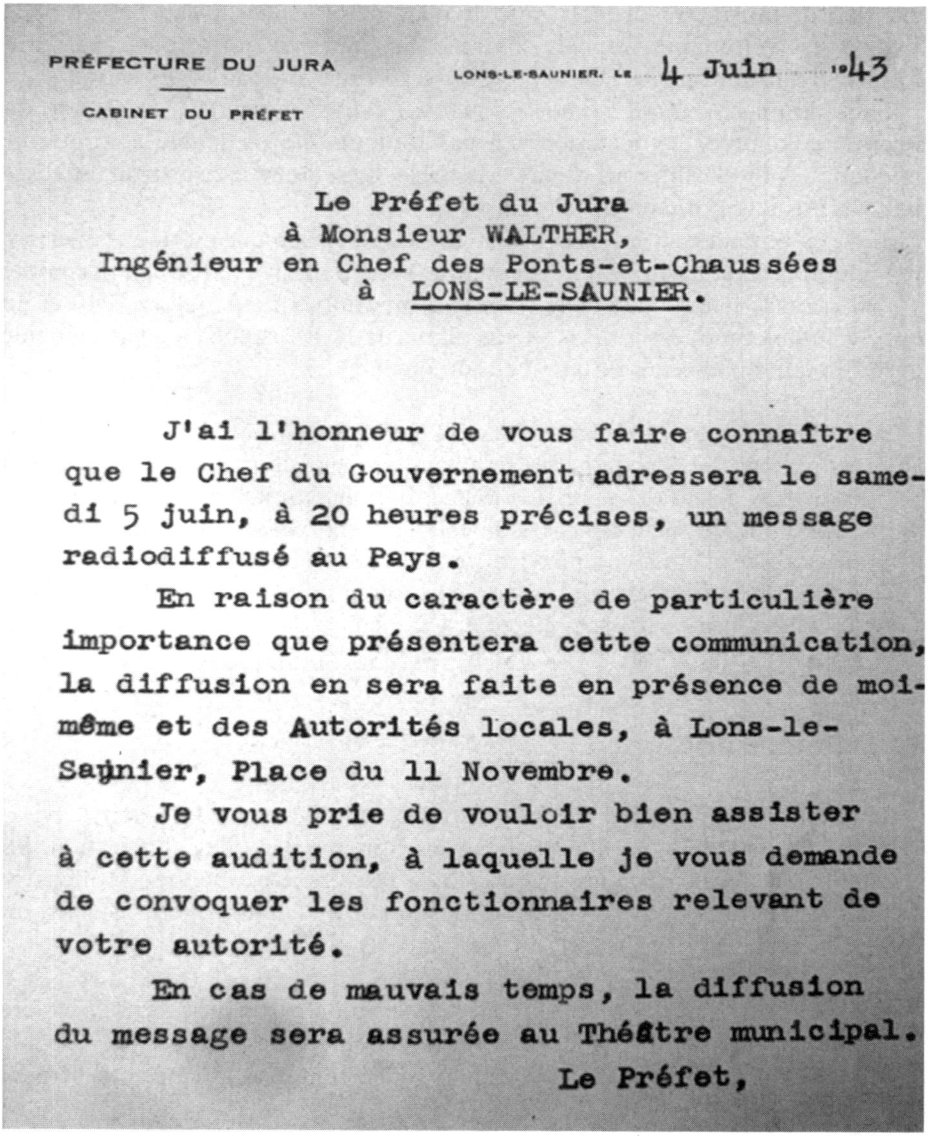

PRÉFECTURE DU JURA

CABINET DU PRÉFET

LONS-LE-SAUNIER, LE 4 Juin 1943

Le Préfet du Jura
à Monsieur WALTHER,
Ingénieur en Chef des Ponts-et-Chaussées
à LONS-LE-SAUNIER.

J'ai l'honneur de vous faire connaître que le Chef du Gouvernement adressera le samedi 5 juin, à 20 heures précises, un message radiodiffusé au Pays.

En raison du caractère de particulière importance que présentera cette communication, la diffusion en sera faite en présence de moi-même et des Autorités locales, à Lons-le-Saunier, Place du 11 Novembre.

Je vous prie de vouloir bien assister à cette audition, à laquelle je vous demande de convoquer les fonctionnaires relevant de votre autorité.

En cas de mauvais temps, la diffusion du message sera assurée au Théâtre municipal.

Le Préfet,

personnel, de même que l'inspecteur d'Académie, le directeur des archives départementales… devaient écouter aux côtés du préfet, à Lons-le-Saunier, place du 11-Novembre, le fameux discours.

Au niveau de toutes les communes de zone sud, chaque maire, chaque conseiller était également requis « en raison du caractère de particulière importance que présentera cette communication ».

Dans ce discours du 5 juin, Laval confirme son choix indéfectible de la collaboration. Par ses menaces, il semble prendre acte d'une hostilité de plus en plus forte des Français à l'égard de sa politique. Il annonce des mesures de rétorsion sévères contre les réfractaires, mais aussi contre leurs familles, la création de la Franc-Garde, troupe de choc de la Milice. Il fait l'éloge de la Légion des volontaires français contre le bolchevisme qui se bat sous l'uniforme SS sur le front de l'Est « pour sauver l'Europe de la soviétisation ».

Sans doute ces grand-messes, largement diffusées par la propagande du régime, et dont la participation n'a pas toujours été présentée comme une injonction, ont-elles permis d'étayer la thèse, bien abusive et instrumentalisée jusqu'à nos jours, du « tous pétainistes » !

Les déplacements et les discours du maréchal Pétain auront une couverture médiatique autrement plus imposante que ceux de Laval ! Déjà, en décembre 1940, Léon Werth avait pris le train à Saint-Amour pour rendre visite à un ami, à Lyon. Son séjour dans la « capitale de la Résistance » avait coïncidé avec la visite du chef de l'État. Il en témoigne[148] :

> « À la campagne, le Maréchal n'était pas obsédant… À Lyon, le Maréchal est partout. Ses portraits, ses messages, ses allocutions radiodiffusées sont collés aux glaces des magasins. Signe d'un incontestable enthousiasme ?
> J'apprends qu'avant son passage à Lyon, la préfecture avait distribué ces placards et que nul commerçant ne se fût risqué à ne les point apposer. La publicité du Maréchal fut organisée comme celle d'un grand cirque. Sur les arbres des quais, la préfecture a fait coller des bandes imprimées qui portent l'inscription : "Vive Pétain !" »

Été 43 en zone nord

La guerre se rapproche. Les bombardements alliés sont désormais envisageables. Du fait de leurs dépôts ferroviaires inclus dans l'agglomération, les « secteurs menacés » par les avions alliés, peuvent être Dole et Mouchard. C'est aussi Tavaux pour son camp d'aviation et les établissements Solvay, du moins les installations qui sont au service de la *Wehrmacht*.

> « Les Allemands recherchent en France tout particulièrement le chlore liquide qui serait destiné aux usines traitant des alliages de métaux pour l'aéronautique. La production totale française atteint actuellement 4 000 tonnes par mois.
> Il serait possible à Tavaux de neutraliser la fabrication de chlore seule, l'usine qui traite ce produit est isolée et reçoit sa force motrice de l'extérieur. »
> Date indéterminée. Service historique des armées[149].

De crainte de ces bombardements, dans les communes de Dole et l'agglomération Tavaux-Damparis, le sous-préfet de Dole décide que les établissements scolaires du secteur seraient fermés à partir du mois de juin, exception faite pour ceux dans lesquels doivent se dérouler les examens de fin d'année ; si tant est que ceux-ci puissent avoir lieu !

---

148. « Déposition. Journal de guerre 1940-1944 », p 88.
149. Archives de Vincennes 13 P 150.

Rapports Limouzin

Arrêtons-nous sur le rapport mensuel rédigé par le chef d'escadron Limouzin[150], commandant la gendarmerie du Jura et de l'Ain occupés, daté du 25 juin. Il nous montre, par son cadre formaté, les tâches attribuées à la gendarmerie et le contrôle par Vichy de tous les aspects de la vie locale et de l'opinion publique.

Le choix de ce rapport et la volonté de le transcrire fidèlement ne sont pas fortuits : il s'agit de rendre hommage à son auteur, dont le franc-parler et l'empathie qu'il témoigne à ses concitoyens sont remarquables. On saura plus tard qu'il était résistant. Dénoncé aux Allemands par son subalterne de Dole, le fasciste capitaine Renaud, il sera déporté à Neuengamme où il trouvera la mort.

Rapport

« **I. AGISSEMENTS NUISIBLES AU RELÈVEMENT DU PAYS**

a. Suspects : néant.

b. Propagande communiste : pas de distribution de tracts ni de manifestations publiques ou privées. Cette propagande est inexistante actuellement.

c. Propagande étrangère : ne se manifeste que par les émissions radiophoniques anglaises, américaines ou suisses toujours écoutées en privé avec le plus grand intérêt. Pas de distribution de tracts par voie aérienne.

d. Propagande antinationale : La population demeure sourde aux sollicitations du gouvernement mais ne manifeste pas ouvertement son appréciation. Aucun fait de propagande n'a été constaté.

e. Trafic illicite : 6 infractions ont été relevées au cours du mois. Ces trafics sont d'ailleurs en régression sensible, d'une part en raison de la pénurie croissante des moyens de transport, et d'autre part, par suite de la raréfaction des denrées.

f. Spéculation : néant.

g. Stockage : néant.

II. ATTITUDE DE LA POPULATION CIVILE

a. Comportement général des sédentaires : la population meurt de faim, accumule de la haine contre l'occupant et se tait. Elle souhaite sans contestation possible la victoire anglo-américaine. La plupart des familles ouvrières se trouvent dans la plus profonde misère ; les esprits sont aigris.

Les familles paysannes et les commerçants échappent à cette emprise et ne se rendent aucun compte de la situation alimentaire des villes.

Les transports d'ouvriers en Allemagne et le non-retour des prisonniers accentuent le désordre.

Aucune réaction n'est à craindre maintenant de la part d'une population affamée, qui meurt lentement de misère physiologique.

---

150. ADJ. 1149 W 119.

b. Comportement des réfugiés : pas de réfugiés.
c. Comportement des étrangers : peu nombreux, ne se font pas remarquer défavorablement.
d. Comportement des démobilisés : sans objet.
e. Ravitaillement :
Il est de notoriété publique que les réquisitions opérées par les autorités d'occupation auxquelles viennent s'ajouter les achats massifs effectués par les troupes, ou sous leur couvert, c'est-à-dire illégalement, sont les causes principales de l'insuffisance des denrées alimentaires, et que, de ce fait, toutes les mesures de rationnement, quelles qu'elles soient, ne peuvent remédier à cette situation. Pris dans un tel dilemme, le ravitaillement est inexistant.
f. Situation dans l'agriculture : Les récoltes s'annoncent florissantes, les soins cultureux (*sic*), étant donnés dans de bonnes conditions climatiques.
g. Situation dans le commerce : Sans changement. Le troc des marchandises contre des denrées alimentaires semble être maintenant le véritable objet du commerce.
h. Situation dans l'industrie : sans changement.
i. Protection de la main-d'œuvre nationale : sans objet (!). 130 jeunes des classes 1940-41 et 42 sur 400, dont 36 appréhendés par la gendarmerie, ont rejoint le centre d'hébergement de Besançon. Les diverses opérations effectuées depuis le 10 juin courant n'ont donné lieu à aucun incident.
Il est à noter cependant que la main-d'œuvre ainsi soustraite à l'économie nationale influe défavorablement sur les diverses branches de la production, agricole notamment.
j. Circulation des voitures : les divers contrôles exercés périodiquement sur les routes permettent de constater que la circulation des voitures est pratiquement inexistante.
k. Doléances des populations :
– Le départ en Allemagne des jeunes gens des classes 1940-41 et 42, a jeté le trouble dans les familles dont certaines comptent des prisonniers de guerre en captivité.
– Manque absolu de denrées de première nécessité, notamment du pain dans les fermes à l'occasion des gros travaux.
– Faiblesse manifeste des traitements et salaires, ceux-ci étant par contre exagérément élevés dans les entreprises travaillant pour l'Allemagne (150 à 160 francs par jour au camp de Tavaux).
– En résumé, la population témoigne d'un mécontentement croissant de la situation scandaleuse qui lui est faite sous couvert d'une idéologie dont elle constate seulement les effets sans en connaître exactement les buts.
L'anxiété gagne les couches les plus pondérées de la population devant l'état d'anarchie qui règne virtuellement dans toutes les branches de l'activité nationale, en matière de ravitaillement en particulier.
La confiance s'étiole en même temps que les ressources diminuent, des haines s'accumulent, et notre malheureux pays, qu'on le veuille ou non, semble nettement atteint dans ses œuvres vives.

III. RAPPORTS AVEC LES AUTORITÉS OCCUPANTES
a. De la population civile : pas d'incidents. Une seule dénonciation a été faite à la *Feldkommandantur.*
b. De la gendarmerie : rapports corrects.

IV. DIVERS
Nombre de chômeurs : néant.
Menées antinationales : néant.
Arrestations pour propagande probritannique : néant. »

Le rapport du mois suivant dont nous donnons ici quelques extraits, est aussi rigoureux dans ses informations, que critique à l'égard de la situation. Il précise que :

– les salaires sont restés sensiblement au même taux qu'avant-guerre – un contremaître de filature gagne 1 200 francs par mois, un ouvrier 900 francs – « salaires ne permettent pas d'assurer la subsistance d'une famille et d'acheter notamment du vin très ordinaire dit "appellation contrôlée" à 42 francs le litre ».
Et sa critique est forte, il prend des risques : « De là à supposer que l'administration favorise certains commerçants au détriment des fonctionnaires et ouvriers, il n'y a qu'un pas vite franchi qui influe fâcheusement sur les populations à revenus modestes ».
Devant le peu de succès du STO, « les troupes d'occupation ont effectué une rafle parmi les travailleurs du camp de Tavaux, d'ailleurs en situation régulière puisque travaillant dans l'organisation Todt. Vingt jeunes gens ont été arrêtés et dirigés sur-le-champ vers l'Allemagne ».
À propos du ravitaillement et la situation dans le commerce, s'il précise qu'aucun approvisionnement n'est venu d'Auxonne, « le ravitaillement est à peu près bien assuré sauf dans la région de Morez, Les Rousses, Saint-Laurent où le manque de production locale met les populations et notamment les fonctionnaires dans une situation difficile. Il semble qu'en soumettant les fonctionnaires non producteurs par fonction au même rationnement que les populations rurales productrices, les services du ravitaillement aient commis une erreur regrettable qui pèse lourdement sur la situation alimentaire des intéressés ».
Pour ce qui est des vêtements, « la raréfaction d'articles est générale, surtout en ce qui concerne la partie homme où beaucoup de bons d'achat ne sont pas honorés ».
Quant aux chaussures, « la mauvaise qualité des chaussures contingentées et leur prix excessif constituent une exagération manifeste qui soulève la légitime critique des chefs de famille. Certaines pointures moyennes (40-41) étant très recherchées ».
Pour les marchandises de très bonne qualité, « seul le troc entre commerçants et cultivateurs est pratiqué, mais semble-t-il avec un peu moins d'intensité.
"Les paysans gagnent de l'argent dans l'illégalité et en perdent avec l'État". »

Fin d'été : entre espoirs, drame et désillusions

Les émissions radiophoniques suisses, anglaises et américaines avaient annoncé le débarquement en Sicile le 10 juillet 1943. Beaucoup de Jurassiens se battent par procuration et le rapport des RG d'affirmer que « ces événements ont provoqué un choc psychologique dans tous les milieux et contribuent à maintenir le moral et la tranquillité des populations ».

Et puis tombe une très bonne nouvelle qui permet d'augurer la fin rapide de la guerre : le 25 juillet, Mussolini a été arrêté. Désormais le général Badoglio prend le pouvoir en Italie, et on pense que l'Italie va rejoindre le camp des Alliés.

Les Français qui ont lié leur sort à celui de l'occupant ont le plus à perdre d'une défaite allemande qui semble inévitable. Aussi les réactions des extrémistes de la collaboration prennent-elles un tour de plus en plus violent, qui discrédite davantage encore Vichy.

L'Organisation Todt, particulièrement bien implantée sur les plateaux de la zone interdite où elle exploite des bois qui serviront sur les chantiers du mur de l'Atlantique, emploie des membres de la Légion des volontaires français contre le bolchevisme, sous uniforme allemand ; ils appartiennent au service de sécurité, le *Nationalsozialistische Kraftfahrkorps* (NSKK).

Le 24 juillet, le jeune Pierre Marion, réfractaire au STO et qui se révélera être un résistant, est assassiné à la baïonnette dans un café de Champagnole par un compatriote nazi qui travaillait pour cette organisation. Les obsèques du jeune Pierre Marion sont suivies par une foule considérable. Colère et désolation à Champagnole qui se transforme ce jour-là en ville morte[151].

■ ***Champagnole. Obsèques du jeune Pierre Marion.***
Coll. « Champagnole : Culture & Mémoire ». Fond Mauchamp.

---

151. Au mois de mars précédent déjà, en zone sud, à Poligny, les obsèques du passeur Koepfler, abattu par les Allemands, avaient suscité la même réaction massive de la population.

À en croire un document de ce fonds, daté de 1947, ces obsèques n'ont été autorisées que parce qu'un Champagnolais se serait porté garant que la cérémonie se passerait sans incident, au risque de sa vie ? « Les gendarmes allemands ayant d'ailleurs suivi le convoi en voiture et armés de mitraillettes. »

En revanche, il est avéré que, malgré les pressions allemandes, le sous-préfet Jules Tribouillet a imposé sa présence aux obsèques. Dans son rapport le représentant de l'État résume les sentiments des Champagnolais : « Les militaires de la LVF étaient jusqu'à ce jour un objet de méfiance et de mépris de la part de la population. Ils sont maintenant un objet de haine. »

L'attitude de la population de Champagnole montre, s'il en était besoin, que les problèmes pourtant lourds du quotidien n'ont pas poussé les Jurassiens à un repli sur eux-mêmes, voire à un réel égoïsme, moteur du « système D ». L'esprit de corps, le sens collectif, celui de l'injustice, du patriotisme, de la colère, de la commisération n'ont pas disparu malgré trois années d'occupation.

Dans son rapport[152], Marcel Petit, sous-préfet de Dole par intérim, constate une insubordination croissante de la population à l'égard de l'Administration qu'elle « accable de plaintes et de réclamations. Cette nervosité est en liaison directe avec les événements extérieurs qui ont fait naître chez beaucoup de personnes la croyance en une fin prochaine des hostilités ». On sait que la Corse a été libérée le 4 octobre par les seuls Français : ses résistants avec le soutien des Forces françaises libres, et que de Gaulle a été accueilli triomphalement à Ajaccio.

Devant ces faits, de très nombreux édiles locaux renâclent et tentent de démissionner pendant qu'il en est encore temps. Plus d'un, d'ailleurs souvent à tort, est considéré comme un collaborateur, même si nombre d'entre eux, surtout dans les petites communes, on l'a vu, étaient de braves gens qui n'en pouvaient mais. Il n'empêche qu'ils sont de plus en plus les boucs émissaires de tous les mécontentements. Être maire est devenu une macule tant l'administration municipale, surchargée, jugée responsable du mauvais ravitaillement notamment, est discréditée. Depuis 1942, devant l'augmentation considérable de leur charge, l'administration a décidé de leur donner une allocation mettant fin à l'absolu bénévolat antérieur ; malgré tout, les démissions pleuvent ; les rapports préfectoraux se font régulièrement l'écho de la difficulté de les retenir et, le cas échéant, de leur trouver des remplaçants. Le sous-préfet de Dole est découragé : les problèmes s'accumulent et sa charge devient difficile : « Parfois c'est une tâche extraordinairement ardue que de découvrir dans un chef-lieu de canton trois personnes de bonne volonté pour constituer une délégation spéciale. »

Les maires ont cependant obtenu de ne plus s'occuper des réquisitions du ravitaillement auprès des cultivateurs. Désormais c'est la seule affaire des syndics communaux. Les démêlés invraisemblables entre ces derniers et les maires remontent de nombreuses communes à la préfecture.

De plus, en zone occupée, les maires doivent rendre des comptes à l'Administration française, mais aussi à l'occupant qui les tient personnellement responsables de tout ce qu'il y a à reprocher à leurs administrés.

---

152. ADJ. 1149 W 119.

Si le gouvernement peut encore compter sur des populations rurales ou faire la part du feu quand le maquis y est proche, il est très attentif à l'opinion publique des citadins :

« **Bourgeoisie** : Tout en adoptant l'attitude de la majorité des Jurassiens nettement opposés à la politique de collaboration, elle manifeste cependant son inquiétude en face de l'avance des Soviets sur le front de l'Est.
Commerçants et industriels : leur situation reste florissante. Leurs bénéfices sont importants. Ils sont, avec les cultivateurs et les paysans (*sic*) les principaux déposants dans les bureaux des Caisses d'Épargne. La crise alimentaire ne les touche pas, possédant d'une part la marchandise pour le "troc" et d'autre part l'argent nécessaire pour payer au prix fort.
Magistrats municipaux (maires) : Ils se plaignent des réglementations multiples et complexes qui régissent leurs activités. Ils ont des difficultés à satisfaire la population et tous ne jouissent pas de la sympathie de leurs administrés.
Les ouvriers : ont accueilli avec satisfaction les hausses de salaires de 12 % accordées en moyenne dans toutes les industries avec effet rétroactif au 1er juin presque partout. Mais leur déception a été grande de constater que par un relèvement important et presque simultané des produits agricoles, cette augmentation n'accroissait en rien leurs pouvoirs d'achat. Cependant leur attitude reste correcte… Elle est presque partout l'effet de l'application de la Charte du travail[153]. Dans toutes les usines, de quelque importance, les comités sociaux d'entreprise ont amélioré de façon substantielle les conditions de ravitaillement de la main-d'œuvre.
Les fonctionnaires : la mise en application de nouvelles échelles de traitement a été favorablement accueillie. Mais ici encore leur effet est neutralisé par la hausse du coût de la vie. Le gouvernement marque là un autre point. Le corps des fonctionnaires lui est reconnaissant d'avoir aboli dans les administrations publiques l'ère du retour sur le passé. Il lui sait gré de ne vouloir désormais juger des mérites et du loyalisme que sur les faits présents. Le zèle de chacun en est accru.
En somme, la synthèse sur l'opinion publique n'apparaîtrait pas tellement assombrie si la dictature du terrorisme ne s'ajoutait à la servitude de l'Occupation pour paralyser le pays, l'exposer aux plus cruelles représailles, accroître si injustement sa misère que le pire des chaos peut en jaillir. »

Une Résistance de plus en plus active

Les actions du maquis qui se développe ne pouvaient que s'accompagner d'un effort accru de sa propagande nécessaire à lui valoir sinon le soutien des populations, du moins sa compréhension. Celles-ci sont étroitement surveillées et n'échappent pas toujours à la répression.

153. Créée en octobre 1941. Elle regroupe, par secteurs d'activité, patrons et employés dans la même corporation. Elle remplace les syndicats interdits dès 1940. Sa mise en place sera laborieuse.

Andrée Jacquiot

« … Je savais que des jeunes (ou moins jeunes) du village faisaient partie de la Résistance. Je les connaissais car certains avaient à peu près mon âge. Souvent, ils continuaient à vivre à Champvans ou dans les bois alentour. Au-dessous de notre appartement habitaient les parents d'un résistant d'un maquis de Saône-et-Loire. Il venait souvent dans sa famille le dimanche soir, en camionnette, avec des camarades. Tous couchaient dans le grenier. Cela n'allait pas sans nous causer une certaine frayeur car nous imaginions le pire dans le cas où ils auraient été dénoncés et que des Allemands viennent les arrêter.
Nous entendions de temps à autre parler d'actes de sabotage, en particulier de ceux qui visaient la voie ferrée. Il arriva aussi que des blessés se fassent soigner auprès de mon oncle qui faisait fonction d'infirmier bénévole dans le village, mais cela, je ne le sus que plus tard car il n'en faisait part à personne.
Je n'ai eu que très peu de contacts avec les Allemands, hormis lorsqu'ils venaient acheter des chaussures au magasin. En général c'étaient des hommes d'une bonne quarantaine d'années qui se montraient corrects.
Mon père, qui avait fait la guerre de 14-18, était davantage remonté contre eux, d'autant plus qu'il avait dû leur remettre son magnifique fusil de chasse qui avait été confisqué avec les fusils de tous les chasseurs du village.
Dans le village des tensions étaient perceptibles : je me souviens d'une altercation devant un café, entre trois Allemands ivres qui maltraitaient une femme un peu simplette et un de mes amis qui avait pris sa défense. L'un des soldats a donné un coup de baïonnette dans le côté du jeune homme qui est alors allé se plaindre à la *Kommandantur*. Une rapide enquête a montré que les soldats étaient responsables de l'échauffourée et des soins ont été prodigués au blessé. »

À Vichy on craint que, malgré les interdictions et la mobilisation des forces de l'ordre, le 11 novembre soit à nouveau prétexte à manifester contre le gouvernement et sa collaboration.

Mademoiselle Odette Billon, de Montmorot, employée auxiliaire à la Trésorerie générale de Lons-le-Saunier va en faire l'expérience. Appréhendée pour avoir déposé une gerbe au monument aux morts, elle est suspendue de ses fonctions. On ne semble pas prendre en compte qu'elle avait bien des motifs à honorer les patriotes : deux de ses frères prisonniers en Allemagne et le troisième, sous-officier, en captivité en France[154].

Les autorités n'ont pu annihiler tout « acte antinational » à Lons-le-Saunier et à Saint-Claude. Dans les deux villes on signale des inscriptions, au goudron ou à la craie, de « V » surmontées de croix de Lorraine sur des immeubles et des trottoirs. Dans la préfecture, si aucun tract n'a été distribué, des résistants ont hissé un drapeau français floqué d'une croix de Lorraine d'assez grande dimension sur un sapin de plus de 30 mètres près des établissements Bel. À Saint-Claude on découvre au petit matin de nombreuses inscriptions : « Avis aux traîtres », « À bas Pétain », « Vive de Gaulle », « À bas Laval ». De plus, une gerbe est déposée au petit matin au monument aux morts. Dans la

154. ADJ. 304 W 25.

nuit des tracts sont distribués, invitant les ménagères à s'y rendre à 11 heures. À Clairvaux, déjà lieu de manifestation l'année précédente, un drapeau tricolore est accroché aux fils électriques sur la place de la bourgade... Tous ces actes montrent combien les résistants désirent mobiliser les populations, et ce n'est pas sans succès. Le préfet dresse la liste de tous ces incidents, liste qui sera transmise tout naturellement au chef de la sûreté à Vichy, mais aussi au commandant allemand de l'état-major de liaison 711 à Lons-le-Saunier !

La multiplication des coups de main de la Résistance, dont on ne connaît pas toujours clairement les mobiles, n'est pas toujours aisément admise par la population et les maquisards sont traités de voyous. Ils revêtent parfois des aspects spectaculaires qui peuvent leur porter atteinte. C'est ainsi qu'à Dole, en ce mois de novembre, certains attribuent à la Résistance, sans fondement, l'énorme incendie du dépôt allemand de fourrage, la *Heeresverpflegungstelle*. Deux mille tonnes de foin sont la proie des flammes ; il faut évacuer des centaines de maisons menacées.

Devant la montée de son impopularité, la Résistance se doit de réagir. Exemple, dans la nuit du 9 au 10 décembre, elle va distribuer des tracts proclamant qu'elle réprouve formellement tous « les actes individuels opérés sous son couvert » et menace de représailles ces bandits du « faux maquis ».

En zone sud, trois nuits plus tard, un tract est distribué dans des boîtes aux lettres de Saint-Claude. Il est signé d'un « Comité des Femmes de France », qui remercient la population de l'accueil général qui a été réservé aux petits rubans tricolores vendus clandestinement à l'occasion du 11 novembre. À Lons-le-Saunier, un bulletin du *Courrier français du témoignage chrétien*, appelle les chrétiens, au nom de toutes les religions, à se mobiliser contre les agissements du national-socialisme. Il félicite le peuple de France qui ne suit pas les instructions du gouvernement. Ainsi les habitants de Villevieux, village proche de Bletterans, qui se sont toujours montrés fort discrets sur les nombreux hébergements clandestins réalisés par les trois sœurs Bergerot. Ces hôtes, personnalités de la Résistance nationale, étaient en instance de départ par avion vers l'Angleterre. Et plus d'un villageois a concouru à l'aide et au ravitaillement des trois hôtesses aux revenus bien modestes. Solidarité à l'égard de la Résistance avérée quand, le 8 février 1944, l'avion qui devait emmener la famille Aubrac s'embourbe. Immobilisé, il ne pourra repartir que grâce aux efforts de paysans du voisinage et la totale discrétion des populations.

Les sabotages, qui se multiplient sur les voies ferrées, retiennent avant tout l'attention, aussi bien de très nombreux Jurassiens que des autorités occupantes et françaises. Il faut réduire les déplacements de l'occupant et le départ vers l'Allemagne des produits des réquisitions, et montrer que la Résistance est bien là ! Les pouvoirs publics en profitent pour faire leur propre propagande, insistant sur leurs conséquences désastreuses pour les populations : ils compromettent le ravitaillement domestique, mais aussi celui des entreprises pour l'approvisionnement en matières premières. Des bruits courent, le charbon serait réservé cet hiver aux seuls établissements industriels travaillant pour l'Allemagne ! Et puis ces sabotages menacent des Français innocents, les gardes-voie et les cheminots. Ceux-là craignent de plus en plus de s'y voir impliqués. Et comme souvent, les Allemands, à défaut de pouvoir appréhender les saboteurs, s'en prennent à eux, vite jugés complices. D'ailleurs plusieurs gardes-voie ont déjà été exécutés, aussi y a-t-il de plus en plus de difficultés à en recruter. Suite au sabotage spectaculaire réalisé sur un train de permissionnaires allemands à Authume, le 23 septembre, un cheminot de la localité voisine, Neublans, est accusé de complicité par la police allemande. Il faudra l'intervention de ses collègues, qui menacent de se mettre en grève, pour qu'il soit libéré. Par ailleurs la situation des personnes trouvées près des lieux de sabotages est des plus critiques : un ramasseur de champignons est abattu.

Et les résistants ne limitent pas leurs interventions aux seuls sabotages. Le mois suivant voit un accroissement significatif des vols, des attaques et des agressions de toutes sortes qu'on peut sans hésiter leur attribuer :

> « 1er octobre : attaque de soixante Jeunes de France[155] à Souvans par cinq jeunes gens armés de fusils mitrailleurs, de mitraillettes et de pistolets.
> 16 octobre : vol de deux camions de vivres et de vêtements par des individus armés de mitraillettes aux Chantiers de jeunesse de Crotenay.
> 18 octobre : vol de 6 020 kg de fromage dans un wagon plombé stationnant sur une voie de garage.
> 20 octobre : vol de cinq vaches se trouvant dans un parc de Courlaoux et appartenant au chef de la section de Ruffey de la Légion française des combattants (boucher et futur milicien).
> Même jour : vol au centre de démobilisation de Lons-le-Saunier de 1 100 paires de chaussures et 1 450 collections de démobilisés par une dizaine d'individus masqués et armés de mitraillettes.
> 22 octobre : vol au préjudice de monsieur M. à Courbouzon de trente-cinq porcelets pesant environ 50 kg chacun.
> 25 octobre : disparition de quatre-vingt-dix couvertures appartenant à la colonie de vacances du Haut-Crêt à Saint-Claude ».

L'Administration, impuissante à mettre la main sur les fautifs, doit prendre des mesures impopulaires[156].

> « Le préfet du Jura
> Arrête :
> Article 1er : À partir du 10 octobre 1943, et jusqu'à nouvel ordre, sur l'étendue du territoire du département du Jura, zone sud, la circulation des piétons, ou de tout autre individu empruntant un moyen de transport quelconque, est interdite entre 22 heures et 5 heures.
> Article 2 : À partir du 10 octobre 1943 et jusqu'à nouvel ordre, sur toute l'étendue du territoire des communes susvisées, les établissements de spectacles de tous genres, les cafés, cabarets, brasseries, bars, comptoirs et établissements tenus par les restaurateurs, aubergistes, traiteurs et logeurs, seront fermés à partir de 21 h 45.
> Article 3 : cette interdiction ne s'applique pas au personnel de la police, de la gendarmerie, des gardes-voie et des sapeurs-pompiers. »

155. Recrues des Chantiers de jeunesse.
156. ADJ. 331 W 35.

Ces mesures drastiques sont manifestement insuffisantes. Les « actes délictueux » vont se poursuivre et s'intensifier. Le chef d'escadron Barnouin, commandant la compagnie bis de gendarmerie du Jura[157], dresse la liste de ceux qui ont eu lieu la dernière semaine du mois de novembre. On s'en prend aux biens de ceux qu'on soupçonne de collaboration, ainsi qu'à ceux de l'État.

> « Dans la nuit du 22 au 23 novembre :
> – une bombe a été placée sur une machine de la scierie Vuillermoz à Lavans-lès-Saint-Claude, elle n'a pas explosé.
> – une bombe a explosé à la scierie Grandmottet à Moirans, un immeuble détruit par l'incendie qui s'est déclaré.
> – une bombe a explosé et détruit la roue hydraulique de l'usine Millet à Villard d'Héria.
> 26 novembre, à 22 h 30, à Poligny, un milicien a été assassiné à coups de pistolet.
> 29 novembre. 20 h 30. Deux individus se sont fait remettre à la mairie de Mantry les titres d'alimentation de décembre.
> 30 novembre. Le groupement n° 2 des Chantiers de jeunesse de Crotenay a été attaqué par quatre individus armés qui ont emporté du tabac et des cigarettes.
> Même jour. Le groupe des Chantiers de jeunesse de Souvans a été attaqué par cinq individus armés qui se sont emparés du tabac et des cigarettes. »

Et les mois suivants vont voir se multiplier ces délits. La gendarmerie du Jura[158] en dresse l'état pour la première quinzaine du mois de décembre :

- 1er décembre. Trois explosions ont détruit le transformateur électrique et le concasseur de la carrière Tonnetti à Messia-lès-Chilly.
- 2 décembre. Le parc automobile des Chantiers de jeunesse de Poligny a été attaqué par quinze individus armés qui ont été mis en fuite par le poste de gendarmerie.
- 4 décembre, vers 18 h 30, des individus armés se sont présentés chez un cultivateur d'Aromas, et se sont fait remettre 1 100 kg de blé et 6 tonnes de pommes de terre.
- Même jour, même heure. Trois individus armés se sont présentés chez une cultivatrice de Chapelle-Voland et ont dérobé des volailles et un mouton.
- 5 décembre. À 22 h 30, une bombe a explosé contre la devanture des locaux de la Légion des combattants à Lons-le-Saunier.
- 6 décembre. Le groupe n° 2 des Chantiers de jeunesse de Crotenay a été attaqué par une bande de cinquante à soixante individus armés. Après un échange de coups de feu, le personnel du poste de gendarmerie ayant épuisé ses munitions, a dû se replier. Des vivres, des effets et trois motocyclettes ont été emportés.

---

157. ADJ. 304 W 136.
158. ADJ. 304 W 136.

- Même jour, vers 18 h 30, cinq individus armés se sont emparés de 15 hectolitres de vin saisis chez un cultivateur à Moutonne.
- Même jour. Quinze individus armés se sont emparés de la voiture automobile du maire de Souvans.
- 10 décembre à 21 h 50, une bande armée a attaqué la colonie de vacances de Clairvaux et a emporté du matériel de literie.
- 11 décembre. Une trentaine d'individus armés se sont présentés chez un entrepreneur de transport à Arinthod, et ont enlevé un camion, 50 litres d'essence, 300 litres d'huile, perte : 500 000 francs.
- 14 décembre. Six individus ont abattu à coups de pistolet le nommé Arbelot[159] de Montmalin.
- Même jour. Un groupe d'individus armés a dérobé 1 160 litres d'essence à Domblans (essence appartenant au Ravitaillement général).

Les soutiens du gouvernement semblent avoir compris que « le sens de l'histoire » ne leur était pas favorable : les Forces françaises libres ont débarqué en Italie fin novembre. L'inquiétude gagne les gouvernants, la sécurité est à l'ordre du jour.

Dans la zone sud, le préfet Fernand Musso, adresse ce courrier classé « confidentiel » au secrétaire du gouvernement à Vichy, le 25 octobre[160] :

> « ... le chef départemental de la Milice du Jura me demande l'autorisation de créer et caserner une trentaine de gardes[161] permanents dans le département. Il envisage d'utiliser le château du Pin distant de trois kilomètres de Lons-le-Saunier...
> La hardiesse des coups de main (des "terroristes") ne peut que s'accroître de l'impunité. Des menaces ont été adressées à de hautes personnalités de Saint-Claude par les terroristes, et certains, comme M. le maire de Saint-Claude, désertent déjà la ville par crainte de leur exécution.
> Je me propose à cet égard de demander le concours de la garde mobile... »
> Il signale que[162] « la Milice se sent isolée, exposée à l'hostilité générale de la population. Bon nombre de miliciens ont démissionné [...] et les rumeurs ne font qu'accroître l'impopularité de cette dernière dont on accuse les membres de se faire les indicateurs des Allemands ».

Il est vrai que les miliciens sont de plus en plus traqués. À Poligny, un chef de dizaine est tué de plusieurs balles par des inconnus ; « la rumeur l'accusait de dénonciations à l'origine d'arrestations de Polinois. La famille, qui s'est dite surprise de l'appartenance du défunt à la Milice, a interdit à celle-ci de participer aux obsèques ».

159. Mari de « la Tosca » qui, soupçonnée de dénonciation, est abattue par la Résistance à Arbois.

160. ADJ.304 W 106.

161. Francs-Gardes, bras armés encasernés de la Milice.

162. ADJ. 304 W 112.

Devant les menaces, mais peut-être aussi l'évolution et les horreurs commises par l'organisation, certains de ses membres la quittent ; le cas le plus notoire est celui d'un industriel de Saint-Claude, chef de la Milice locale.

Mais la vengeance des collaborationnistes s'organise. Au dire même des autorités, des attentats sont attribués au « contre-terrorisme », organisé dans le Mouvement national antiterroriste (MNAT). Il réunirait les partis et groupements favorables à une politique de collaboration accrue : la Milice française, le Parti populaire français (PPF) de Doriot, le Rassemblement national populaire (RNP) de Déat, et la Légion des volontaires français (LVF) contre le bolchevisme. D'ailleurs ces attentats contre les « terroristes » avaient été annoncés par le chef de la Milice, Joseph Darnand, dans son discours de Nice, reproduit le 4 décembre par le journal de ce groupement. Et il est écouté par ses troupes. À Montmorot, un attentat avait été commis contre la maison de M. Aimé Berthod, ancien ministre des Pensions et de l'Éducation nationale du Front populaire, sénateur, leader jurassien du Parti radical-socialiste. En représailles, deux jours plus tard, un engin explosif éclatait dans la nuit au siège de l'Union départementale de la Milice, rue du Commerce à Lons-le-Saunier.

Avec la montée en puissance de la Résistance locale, les populations seront, bon gré mal gré, de plus en plus concernées et – parfois à juste titre – mises en cause par la police allemande. C'est le cas notamment lors des parachutages qui se multiplient ; ces opérations spectaculaires ne peuvent passer inaperçues. Et parfois des langues se délient.

Un exemple significatif de l'aide des populations rurales à la Résistance, mais aussi des dénonciations, nous est donné par le parachutage qui a lieu à Lanézia (commune de Cuisia, canton de Beaufort), en avril.

Dès sa préparation, des informations semblent avoir fuité. Le 19 avril 1943, un des responsables de la Résistance locale, Raoul Perrodin, secrétaire de mairie de Beaufort, « soupçonné (?) de détenir un appareil radio émetteur », est arrêté par la police allemande, ainsi que sa femme Gabrielle. Ils seront internés à la prison départementale de Dijon.

Le parachutage a lieu sans incident le lendemain sur le terrain « Rodrigue » de Lanézia et le contenu des cinq conteneurs vite pris en charge et caché par des agriculteurs du secteur.

Le 29 avril, la *Feldgendarmerie*, apparemment renseignée, procède à l'arrestation de : Georges Colas, Henri Coulon, Albert, Marcelle et Berthe Guerre, Georges Fressot, Léon Mauvais, Marc Passaguet, Henri Ponsot et Charles Bey. Ils seront incarcérés à la prison de Lons-le-Saunier.

L'enquête allemande semble avoir progressé quand, le 19 juillet, ce sont les services de sûreté allemands de Dijon qui opèrent à Beaufort et dans la région, « une vaste opération de police. Sur une soixantaine de personnes recherchées, une quarantaine ont été appréhendées et conduites à la caserne Michel de Lons-le-Saunier ». Parmi eux : René Klein, Paul Beuret, Serge et Bernard Grosjean de Cesancey, Robert Loisy, Georges Grégory, Léopold Boudet de Rosay, Marie Bouvard née Bourcet, et Stéphane Gentet d'Orbagna, Marie-Louise Coulon née Soulage, Léon Tamisier et son fils Raymond, Henri Cretin de Beaufort, ainsi que Fernand Moireau de Sainte-Agnès. Ce sont tous des cultivateurs qui, peu ou prou, sont des résistants. D'autres acteurs de ce parachutage avaient quitté la région. C'est le cas de Robert Mathieu, qui apprendra à Lamoura où il a pris le maquis, qu'il a été condamné par contumace à cinq ans de prison par la cour de justice de Lyon. Après interrogatoire, une vingtaine d'entre eux sera dirigée sur la prison départementale de Dijon, les autres étant libérés. Parmi ces derniers figure le curé de Beaufort. Le bruit avait couru, comme dans d'autres villages, que les produits du parachutage avaient été entreposés dans le clocher du bourg. Ce ne sera pas le premier clocher jurassien à recevoir la visite allemande.

Le commissaire spécial urbain, après avoir dressé l'historique de ces interventions allemandes, n'hésite pas à porter, indirectement, un jugement pourtant sans appel[163] :

> « Il va sans dire que les interventions de la police allemande ont eu pour effet de semer le trouble et l'inquiétude parmi la population jurassienne qui manifeste son indignation à l'égard d'individus sans aveux qui n'hésitent pas à avoir recours à la dénonciation pour assouvir leurs sentiments de vengeance et de haine, dictés le plus souvent par des questions d'intérêt et de concurrence, à la campagne en particulier. Il est des personnes qui, d'ores et déjà, parlent de règlements de compte après les hostilités. »

L'occupant et la Milice vont faire payer chèrement l'aide réelle ou supposée des populations à la Résistance. Ainsi, suite à l'attaque des troupes allemandes qui vont, le 18 décembre, disperser le maquis de Prémanon-Lamoura, le sous-préfet de Saint-Claude témoigne :

> « La fin du mois de décembre a été marquée par une profonde sensation de malaise ressentie par la population à la suite des opérations effectuées par des troupes allemandes dans les régions de Lamoura et de Saint-Claude, entre le 18 et le 23 décembre.
>
> La population en a été d'autant plus émue que si quatre jeunes gens y ont trouvé la mort, deux personnes du pays, le boulanger de Lamoura et un marchand de bestiaux de La Pesse, furent également tués. Aussi certains habitants des communes intéressées ne se montrent-ils plus aussi favorables aux jeunes du maquis et vont jusqu'à considérer ces derniers comme responsables de la mort de leurs concitoyens.
>
> Mais l'opération n'a pas présenté une envergure suffisante pour amener sur ce point un revirement appréciable de l'opinion.
>
> Ceux dont les sympathies ne vont pas vers les jeunes du maquis redoutent ces derniers et constatent que les autorités administratives sont impuissantes à empêcher leurs coups de main et à réprimer efficacement les actes de terrorisme dont les journaux donnent un saisissant tableau.
>
> Ce sentiment d'insécurité est tel que si la population n'est pas poussée par ses propres sentiments à une certaine complicité à l'égard des tenants du maquis, elle l'est forcément, par prudence et par raison.

163. ADJ 331 W 5.

Résultat : les jeunes continuent à se promener impunément par groupes de dix ou vingt dans les villages, sans même prendre la peine de cacher les armes dont ils sont porteurs. »

Alors que les fêtes de fin d'année approchent, à Vichy comme dans toute la France, les autorités s'inquiètent des éventuelles manifestations contre le régime. Aussi les préfets ont-ils reçu des consignes strictes[164] :

« Après accord avec police allemande, heure couvre-feu peut être fixée à vingt-quatre heures dans votre département le 24 décembre.
Toutefois, circulation de commune à commune devra être interdite... »

Exception à Lons-le-Saunier, le couvre-feu reste fixé à 23 heures. Ce sera également le cas pour la nuit du jour de l'an ; et les établissements publics devront être fermés à partir de 22 h 30. Les « permis de circuler pendant la nuit » (*Nachtausweis)* sont accordés avec parcimonie.

■ ***Novembre 1943. Déraillement meurtrier d'un train de permissionnaires allemands à Rochefort-sur-Nenon. MRD La Citadelle. Besançon.***

Le 30 décembre, la nomination du fasciste Darnand, chef de la Milice, à la tête du secrétariat d'État au Maintien de l'Ordre est sans ambiguïté. La Milice prend le pas sur les autres forces de l'ordre et impose ses méthodes. La terreur policière – avec l'aide massive des troupes d'opérations – serait seule à même de maintenir le pouvoir en place.

---

164. ADJ. 331 W 35.

Climat d'insécurité et de peur

Désormais, nul n'est à l'abri de dénonciations, et la peur s'est installée, on se méfie, même des voisins. Dans les foyers, on ne parle pas de « la situation », ou alors on le fait en l'absence des enfants et des voisins. Qui peut se sentir en sécurité alors que la délation rôde et que l'Allemand n'a pas à se justifier de ses arrestations ? Les services de police français ignorent, dans la plupart des cas, le motif des arrestations de leurs compatriotes, même quand la Milice y participe. On arrête pour des causes si diverses[165] !

L'occupant, comme le milicien, qui sait que la guerre est perdue, n'a souvent plus guère de retenue comme en témoigne ce rapport des RG[166]. Il fait état d'un incident si bénin qu'il n'aurait jamais dû faire l'objet d'un quelconque rapport. Le 4 août, vers 20 h 30, un groupe de jeunes gens des Routiers-Scouts de France de Lyon, qui campaient sur le bord de la route, accompagnaient le passage des automobiles par le refrain très campagnard de « taïaut-o-taïaut ! ». Une voiture allemande vint à passer, le sous-officier accompagnant le chauffeur interprétant sans doute ses accueils pour des injures, descendit du véhicule et, révolver au poing, frappa de plusieurs coups de ceinturon en pleine figure le chef du groupe et deux jeunes gens du mouvement. Après avoir exigé la remise des cartes d'identité de ces trois jeunes, le militaire allemand, s'adressant à l'aumônier, le traita de « corbeau » puis ajouta pour l'ensemble du camp :

« Vous n'êtes que de sales gaullistes... Nous n'avons pas encore perdu la guerre. Vous aurez ce soir la visite de la Gestapo. »

Et ce type de comportement est loin d'être isolé ; les motifs des arrestations sont parfois confondants.

À Cesancey, deux hommes, « en représailles d'un fils et frère évadés entre les mains des Allemands ».

À Verges, un homme « pour insultes par gestes ».

Deux hommes, l'un de Chilly, l'autre de Grusse, le seront par la *Feldgendarmerie* pour « négligence dans le service de la garde des voies. »

À Arlay, un homme et sa belle-fille, « soupçonnés d'avoir laissé partir le fils et le mari des incarcérés, dans un avion étranger ».

À Darbonnay, un homme arrêté par la *Feldgendarmerie* « à la place de son fils qui s'est enfui au moment de son arrestation à Bois-Vernois, le 25 novembre ».

À Prénovel, le 27 décembre, deux hommes, « accusés d'avoir donné des effets civils à des déserteurs allemands ».

La liste est longue...

Sans compter que l'on dénonce aussi aux autorités françaises. Ainsi cette lettre que l'intendant de police fait parvenir au préfet :

---

165. ADJ. 331 W 5.

166. ADJ. 331 W 29.

« Il m'a été signalé que mademoiselle Dehi, adjointe à la directrice de l'école primaire supérieure de Lons-le-Saunier et madame Meudon, professeur de français, manifestaient en classe des sentiments peu favorables au maréchal Pétain.
En outre, l'école primaire supérieure de Lons-le-Saunier n'aurait pas de mât et il n'y aurait jamais d'envoi des couleurs. J'ai l'honneur de vous transmettre ces renseignements à toutes fins utiles. »

Enquête sera diligentée qui fera litière de ces allégations malveillantes.

QUATRIÈME PARTIE

1944, L'ANNÉE DES EXTRÊMES

« Si l'on ne tuait que les combattants, ce ne serait que la guerre.

La terreur est un instrument très élaboré, cela consiste à créer autour de nous un affolement qui dégage la route.

Alors nous avançons tranquillement et nos ennemis perdent leur soutien.

Il faut créer cette atmosphère de terreur impersonnelle, c'est une technique militaire[167]. »

---

167. Propos prêtés à un officier allemand par Alexis Janni dans son roman *L'Art français de la guerre*, Gallimard, prix Goncourt 2011.

CHAPITRE I

UN DÉBUT D'ANNÉE DIFFICILE

Une insécurité croissante

L'année nouvelle va confirmer les grandes tendances de l'année précédente. Mais nul doute que l'on a changé d'échelle et que l'insécurité et l'impunité progressent sur tout le territoire.

Dans l'introduction de son rapport[168] en date du 1er janvier, le préfet Fernand Musso plante un décor peu complaisant de l'année qui débute :

> « OBSERVATIONS GÉNÉRALES
> À l'attentisme, puis à la fièvre, succède la terreur.
> Les agressions se sont multipliées.
> La police est demeurée relativement impuissante.
> La France semble être devenue un champ dans lequel, armée allemande et bandes terroristes se combattent pour ne porter finalement leurs coups que sur une population innocente. Celle-ci ressent une lassitude immense : Lassitude des privations, lassitude des contraintes, dont la garde des voies n'est pas la moindre.
> Faute de mécanismes relativement précis, et de contrôles assez sévères, l'économie dirigée fait faillite.
> Le marché noir se développe, atteint des prix vertigineux.
> Les inégalités sociales se sont encore accusées. Mais un minimum vital demeure assuré à l'ensemble du peuple.
> Le pays est resté encore calme.
> *Quousque* ! »

La gendarmerie liste les délits commis[169] contre les particuliers, personnes et biens, au cours du mois de janvier 1944 dans l'arrondissement de Lons-le-Saunier :

---

168. ADJ.304 W 113.
169. ADJ. 304 W 136

- 3 janvier, à Orgelet, hameau de Merlia, des agresseurs de M. Frelin le 20 décembre dernier, lui ont rapporté les 100 000 francs qui lui avaient été extorqués. L'enquête faite à son sujet lui avait été favorable, il ne se livrait pas au marché noir.
- 5 janvier, à Saint Germain-lès-Arlay, M. G. a été assassiné à coups de revolver par deux individus qui recherchaient son fils qui était accusé d'actes de terrorisme qu'ils imputaient à la Résistance.
- 8 janvier, à Moirans, une quinzaine d'individus armés de mitraillettes ont exigé de M. B, minotier, la somme de 50 000 francs, sous prétexte qu'il se livrait au marché noir
- 10 janvier, à Rosay, les frères Cordier, miliciens, ont été attaqués à coups de pistolets par deux individus embusqués[170].
- 12 janvier à Saint-Julien, une bande armée a enlevé 975 litres d'essence chez M. Jacquier, pompiste. Le carburant a été payé en valeur réelle, 10 600 francs.
- 13 janvier à Crotenay, une bande d'individus armés a dérobé une voiture auto sanitaire, des objets et du matériel divers…
- Même jour, à Neublans, le garde des communications, M. V, est sommé par deux individus armés de mitraillettes de remettre son revolver et ses cartouches.
- Même jour, au Deschaux, un boulanger, a été enlevé de son domicile par des inconnus. Son corps a été retrouvé dans une rivière à Sens (Saône-et-Loire), criblé de balles.
- 14 janvier, à Monnet-la-Ville, vingt individus armés se sont fait remettre 600 litres d'essence payés 6 000 francs.
- Même jour, aux Essards, trois individus armés se sont fait remettre six paquets de tabac et deux cents paquets de cigarettes qu'ils ont payé 3 230 francs.
- 15 janvier : à Commenailles, M. M est sommé par trois individus armés, de remettre 7 000 francs, 80 kg de fromage et 10 kg de sucre.
- 15 janvier, à Vincent, puis à Rye, trois individus se sont fait remettre cent cinquante paquets de tabac, deux cents de cigarettes et cinq boîtes de cigares qu'ils ont payés.
- 16 janvier à Poligny, environ quarante individus armés ont volé de la literie et des équipements au groupement n° 46 des Chantiers de jeunesse.
- Même jour, à Mont-sous-Vaudrey, trois individus exigent la remise de 650 litres d'essence payés 6 897 francs.
- 17 janvier, à Grusse, cinq individus armés se sont fait remettre 130 000 francs par un viticulteur accusé de faire du marché noir.
- 21 janvier, à Arinthod, un groupe d'individus armés a pillé, après effraction, le magasin de confection de M. C, drapier : montant du vol, 500 000 francs. Celui-ci est accusé par la population d'avoir réalisé des bénéfices considérables.

---

170. Les miliciens ayant pu appeler des renforts, les résistants seront massacrés et leurs corps torturés laissés sur place, à la vue des populations locales.

- 22 janvier, à Larnaud, un cultivateur, syndic et légionnaire, a été assassiné à coups de mitraillettes par deux individus qui ont pris la fuite. La population garde le plus grand mutisme au sujet de ce crime.
- Même jour, à Sergenaux, un habitant a dû remettre 25 000 francs et quelques bouteilles de vin à deux individus armés.
- 24 janvier : plus de 800 litres de gaz oil, 600 litres d'essence, 60 litres d'huile et une pompe à essence sont volés au dépôt de la SNCF à Poligny.
- Même jour, même ville. Un groupe de trente individus a volé trois motos, 50 litres d'essence, 50 litres d'huile, des pneus et un jeu d'outillage
- 26 janvier : une douzaine d'individus armés font main basse sur 300 litres d'essence – qu'ils ont payés – chez M. P à Thoirette.
- Même jour quatre individus volent 200 litres d'essence, qu'ils payent au prix de la taxe, au garage Faivre de Chaussin.
- Même jour, à Louvenne, une bande d'individus armés a volé à M. J, rentier : 60 kg de lard, deux motocyclettes, une certaine quantité de vin, dix lapins.
- Même jour, à Thoirette, une douzaine d'individus se sont fait remettre 230 litres d'essence chez un garagiste. Ils ont payé.
- Même jour, à Commenailles, vers 9 h 15, vol de la totalité des tickets d'alimentation de la commune par deux individus à bicyclette armés de revolvers.
- Le surlendemain, en Bresse, à Chaumergy, plus de 300 litres d'essence appartenant au Ravitaillement général sont détournés, et bien entendu non payés.
- 27 janvier, à Saint-Julien, un vol de 2,5 de cheddite (explosif à base de chlorates) et environ 900 détonateurs a été commis par des inconnus.
- 28 janvier, en gare de Grozon, vers 21 heures, vol de deux caisses de matériel de guerre, pesant environ 200 kg, destinées aux troupes d'opérations, par une quinzaine d'individus armés de mitraillettes, montés dans une camionnette.
- Même jour, vers 6 h 30, tentative de vol de tickets d'alimentation de la commune de Chaumergy au domicile du maire de cette localité par cinq individus armés de revolvers (sans résultat).
- Même jour, vers 9 h 30, vol de la totalité des tickets d'alimentation des communes de Rye et de la Chassagne, que transportait le facteur de Chaumergy, par cinq individus armés de revolvers, montés en voiture auto.
- 29 janvier. Arlay. Les cadavres de deux jeunes gens ont été découverts dans un bois ; ils ont été exécutés au début de décembre par deux terroristes dont l'un est arrêté.
- Même jour. Souvans. Vers 20 heures, vol de huit paquetages complets, outillage de bûcheron, serpes, scies, haches et effets personnels appartenant aux jeunes du groupement n° 46 des Chantiers de jeunesse, par six individus, trois armés de mitraillettes et trois de revolvers, montés en voiture auto.
- 30 janvier, à Marigna-sur-Valouse, cinq individus armés se sont fait remettre vingt-cinq paquets de cigarettes et un paquet de tabac, qu'ils ont payés.

- Même jour. À Valfin-sur-Valouse, cinq individus armés d'une mitraillette ont tenté de pénétrer chez un habitant pour le voler. Il a refusé d'ouvrir ; après avoir tiré un coup de feu, ils se sont éloignés.
- 31 janvier. À Dramelay, deux bandes successives armées ont volé un vélomoteur, un poste de radio, une voiture commerciale, 30 litres d'huile, différents objets ; en tout 70 000 francs.

Et pourtant, par manque de moyens, de renseignements rapides, voire de zèle, la gendarmerie n'a arrêté qu'un « terroriste » et sept réfractaires étrangers au département.

Les « bombardements » alliés, pourtant rares et souvent modestes dans les campagnes jurassiennes, les « bombes » étant des ballonnets explosifs, sont redoutés des populations. Le 20 janvier, l'un d'eux, muni d'un bidon incendiaire est tombé à Reithouse, ne provoquant aucun dégât. Il n'en a hélas pas été ainsi à Saugeot : le fil de fer accroché à un ballon identique a touché une ligne à haute tension ; deux jeunes gens âgés de 13 et 17 ans l'ont saisi et sont morts électrocutés.

Tous ces faits vont bien sûr peser, localement, et souvent pour longtemps et au détriment des maquisards, dans le regard porté par les populations.

Impuissance et soumission de Vichy

Pour Vichy, l'année 1944 débute par une défaite depuis longtemps annoncée. Le 4 janvier, le gouvernement se trouve contraint de supprimer officiellement les Chantiers de jeunesse, admettant implicitement son impuissance à rallier la jeunesse à sa cause. Elle ne sera pas le levain de la Révolution nationale !

Tous les rapports officiels font remonter à Vichy sa défaite flagrante sur le front des ondes radio et la grande médiocrité de sa propagande. Ainsi en témoignait déjà en avril 1943 un rapport du commissaire urbain des RG du Jura[171] :

> « Dans le département, la majorité de la population écoute les postes étrangers. Surtout la radio suisse, en particulier la critique hebdomadaire du journaliste Payot en qui beaucoup croient sentir par l'accent et le verbe, un ami de la France.
> On ne peut matériellement pas empêcher les auditeurs, qui sont devenus très prudents, d'écouter les postes étrangers. D'autre part, un brouillage, si efficace soit-il, indique par sa seule présence des faits cachés au public, lesquels prennent aussitôt la valeur d'un fruit défendu. »

À gager qu'il n'était pas seul à faire remonter cette évidence et à proposer qu'un effort sérieux soit fait pour contrer les arguments de ces radios tout

171. ADJ. 304 W 124

acquises à la cause alliée. C'est dans ce contexte que, le 6 janvier 1944, le talentueux milicien Philippe Henriot est nommé secrétaire d'État à l'Information et à la Propagande. Depuis la fin de l'année 1943, il s'exprimait deux fois par jour sur la très collaborationniste « Radio-Paris », y menant une attaque en règle contre les « terroristes » et les Alliés. Tous les dimanches, pendant un an, le « Goebbels français », très écouté, se livrera avec brio à la défense de la collaboration. Ses détracteurs tenteront de le discréditer par la célèbre ritournelle : « Radio-Paris ment ! Radio-Paris est allemand ! » Ce qui ne suffira pas et vaudra à l'orateur de talent d'être exécuté par la Résistance le 28 juin.

L'occupant se comporte de plus en plus en terrain conquis. Il décrédibilise Vichy et sa propagande, manifestant de plus en plus ouvertement son peu de considération pour les autorités françaises. Le préfet lui-même et ses services n'en peuvent mais, ainsi que le montre clairement ce courrier que le préfet fait parvenir à son supérieur lyonnais le 4 janvier[172] :

> « J'ai l'honneur de vous rendre compte que les Autorités d'opération ont procédé le 3 janvier à la réquisition du matériel affecté à la station radio de ma préfecture. À 9 h 30, un détachement de cinq *Feldgendarmes* armés de mitraillettes a fait irruption dans le local occupé par les agents de la station radio-police et s'est mis en mesure d'en emporter le matériel...
> Vous avez bien voulu me faire savoir téléphoniquement qu'il convenait de ne pas s'opposer à cette réquisition, mais de ne pas laisser prendre le matériel sans élever une protestation. »

La Milice qui a fait totale allégeance à l'occupant est volontiers admise à participer aux basses besognes. À la fin du mois, elle obtient enfin une reconnaissance bien méritée, celui-ci l'autorise désormais à s'implanter en zone nord. Elle s'installe à Dole.

Les forces d'occupation ont effectivement de plus en plus besoin des services et de la police des pays occupés, encore faut-il les purger de leurs éléments peu « fiables ». Aussi les Allemands perquisitionnent-ils début février dans les administrations. À Lons-le-Saunier, sont ainsi visités : le commissariat de la sécurité publique, la subdivision militaire, le service du Ravitaillement général, l'organisme qui gère le STO, la Maison du prisonnier, le siège de la Légion et même celui de la LVF ! La confiance ne règne pas. Ainsi Vichy et l'occupant procèdent-ils à des arrestations de fonctionnaires et d'anciens militaires de l'armée d'armistice soupçonnés, non sans raison souvent, d'aider la Résistance.

La situation militaire du *Reich* s'est beaucoup dégradée : fin janvier ses troupes ont dû lever le siège de Leningrad. Dans le même temps, les Alliés occidentaux, soutenus par les FFL, semblent l'emporter en Italie.

Dans ces conditions l'effort de guerre désespéré des Allemands requiert de plus en plus de main-d'œuvre. On a recensé pour le seul Jura Sud plus de neuf cents requis au STO !

---

172. ADJ. 331 W 36.

> « Le prochain départ d'un certain nombre d'ouvriers des deux sexes des industries de Saint-Claude, et notamment des ouvriers lapidaires et diamantaires, cause un grand souci dans la classe ouvrière. Dans certaines maisons le pourcentage des départs atteint près de 50 %. La fermeture obligatoire des industries les trois derniers jours de la semaine, par économie d'électricité, accroît ce malaise et a créé une atmosphère déprimante. Les ouvriers espèrent toucher au moins 80 % de leur salaire. Les ouvriers pipiers espèrent que l'accord entre leurs employeurs et les autorités allemandes permettra le classement de l'industrie pipière en catégorie "S", réduisant de ce fait le prélèvement de main-d'œuvre[173]. »

« Le prélèvement de main-d'œuvre » atteint particulièrement les entreprises qui occupent en nombre des ouvriers étrangers. C'est notamment le cas des forges de Baudin à Sellières, où travaillent de nombreux étrangers spécialistes. Le départ de cette main-d'œuvre menace d'arrêter complètement cette usine et de réduire au chômage soixante ouvriers.

Malgré tout, les visites médicales tenues à Lons-le-Saunier, Saint-Claude et Poligny, se poursuivent sans incident, et de nombreux réfractaires viennent régulariser leur situation. Cependant, on estime que, dans les classes concernées, le nombre de ceux qui persistent dans leur refus dépasserait les six cents individus. C'est beaucoup, mais la traque de ceux qui ont gagné des maquis est freinée par d'abondantes chutes de neige sur les plateaux et le Haut-Jura où la couche de neige dépasse cinquante centimètres.

Les « réquisitions » du maquis se poursuivent :

- 1er février : 1 500 kg de fromage sont dérobés par un groupe de jeunes qui ont arrêté un camion de la fromagerie Bel à Villeneuve-lès-Charnod.
- 3 février : huit individus armés réquisitionnent près de 900 litres d'essence au pompiste de Monnet-la-Ville, qu'ils payent. Le même jour, vers 23 heures « une quinzaine d'individus armés dérobent 74 caisses de 15 bouteilles de Dubonnet (boisson alcoolisée), 2 tonnes de charbon de bois et du bois de chauffage au transporteur Laperrière de Saint-Claude… »
- etc.

Autre sujet redondant de mécontentement des populations jurassiennes : le ravitaillement. Ce rapport[174] va confirmer le pessimisme du préfet :

> « Le ravitaillement en légumes est passable, mais une pénurie de matières grasses se fait principalement sentir. La ration distribuée varie de 50 à 75 grammes par mois. Elle est plus de 4 fois inférieure à celle distribuée il y a 2 mois.
>
> La population ne veut pas admettre que la production laitière ait baissé dans le même rapport. Elle cherche à se ravitailler à la production. Seules

173. ADJ.304 W 126.

174. ADJ. 304 W 136.

les personnes très aisées et libres peuvent le faire, ce qui constitue une injustice flagrante.
Les ustensiles de ménage font gravement défaut. La procédure prévue pour les nouveaux foyers ou en cas d'accroissement du nombre des enfants, fonctionne mal ou pas du tout. Seul le troc permet aux acquéreurs d'obtenir ce qu'ils désirent. »

Son collègue de Dole[175] n'est pas plus optimiste, qui continue à déplorer les abattages clandestins qu'il attribue bien sûr à l'insuffisance des prix officiels, mais aussi « à l'esprit de lucre de certains producteurs et d'intermédiaires spécialisés dans cette pratique dont la marge est exorbitante ». Il réclame à cor et à cri qu'on lui donne les moyens nécessaires à la répression, il n'a pas les moyens d'administrer les deux cent sept communes du Jura occupé. Et puis l'occupant lui complique sérieusement la tâche, notamment en opérant une nouvelle réquisition de plus de trois cents chevaux.

À partir du 1er février, on a pu rétablir l'envoi du colis légionnaire, mesure prioritaire pour la crédibilité du régime ; mais la plupart des problèmes de ravitaillement persistent, aggravés par ceux des transports.

Malgré les exemptions dont ils bénéficient, « les paysans résistent de plus en plus à la collecte des reliquats de récolte de blé et de seigle »[176]. Ils s'emportent sur ce qu'ils jugent être de l'acharnement administratif. Leurs livraisons sont insignifiantes malgré les mises en demeure. Seules sont jugées efficaces les visites domiciliaires suivies de sanctions exemplaires contre les fraudeurs. La collecte des céréales secondaires (avoine, orge) a même été arrêtée par suite de la lenteur de l'Administration et de l'encombrement des magasins qui en découle ! Les paysans en profitent pour se défausser de tous les maux du Ravitaillement sur ces impérities administratives. De nombreux maires se plaignent que, faute de moyens de transport ou d'impéritie de l'Intendance, des tonnes de pommes de terre réquisitionnées pourrissent dans les locaux où elles ont été stockées !

Et, pour compliquer encore la situation, les départements des Ardennes et de la Marne, qui devaient fournir cinq mille quintaux de blé au Jura, ne se sont toujours pas manifestés !

Aucune production n'échappe aux réquisitions. La collecte des volailles et des lapins pour l'année 1943 n'avait pas eu le succès escompté, loin s'en fallait. Sur une imposition départementale de quatre-vingts tonnes, seules trente-trois avaient été réalisées. L'Intendance ne semble pas avoir retenu la leçon, bien au contraire ; on veut rattraper le déficit de l'année antérieure, voire se venger des récalcitrants. Aussi l'imposition pour la campagne 1944 est-elle portée à cent trente-trois tonnes, sous une nuée de protestations que soutiennent de nombreux maires et syndics « refusant catégoriquement de répartir au stade individuel une imposition qui, dans certains cas, se traduit par un prélèvement des 2/3 ou 3/4 des animaux de basse-cour de la commune ».

175. ADCO. W 21.369.
176. ADJ. 304 W 29.

Outre les difficultés que rencontrent les maires à satisfaire l'Administration, ils sont des boucs émissaires tout trouvés et parfois, risquent gros. En février, le préfet signale qu'ils sont « tenus responsables par les terroristes des opérations de police qui se déroulent et par les autorités allemandes de la présence d'éléments de résistance. Actuellement vingt-sept communes sont privées de maire et j'entrevois une évolution très défavorable ».

Un maire du nord du département a d'ailleurs été arrêté à la suite d'un déraillement qui s'est produit sur le territoire de sa commune. « Il n'aurait pas exécuté consciencieusement les instructions qu'il avait reçues concernant la désignation des requis civils. » Dans l'autre camp, un militant de l'Action française, secrétaire de la Légion, est assassiné à son domicile, à Saint-Claude : on le soupçonnait de sympathie avec la Milice.

La Milice se veut être, comme la Légion, le chevalier blanc garant de la justice sociale et avide de soulager la misère populaire. Apparemment sans succès !

■ ***Saint-Claude. 1944. MRD. La Citadelle. Besançon.***

À Lons-le-Saunier, elle a saisi chez un grainetier sept tonnes de haricots secs achetés illégalement et en a mis en vente une partie devant sa permanence de la rue du Commerce, « au bénéfice des familles nécessiteuses ». Le rapport officiel est sans appel : « Cette heureuse initiative ne semble pas avoir rencontré un accueil enthousiaste à en juger par le peu d'empressement de la foule devant le magasin de vente. »

Malgré les efforts ponctuels et peu crédibles des « autorités », la population sait son impuissance. Elles manquent manifestement des moyens les plus indispensables, rencontrant notamment de grandes difficultés à se déplacer pour exercer une surveillance efficace des exactions.

L'occupant se prépare à lancer ses colonnes sur tous les fronts et fait des réserves d'essence. De ce fait, dès les premiers jours du mois de mars, la direction des carburants à Vichy a dû supprimer l'approvisionnement de tous les postes d'essence du Jura. Le préfet est contraint de gérer cette extrême pénurie en puisant sur ses maigres réserves. Il a alimenté, en priorité, les médecins et les laitiers, puis certains services indispensables : la police, les postes et le ravitaillement.

Dans le Jura, les mouvements des troupes allemandes semblent s'accélérer et leur attitude se révèle de plus en plus « barbare ». Le commissaire principal des RG de Lons-le-Saunier avait signalé à Vichy le 9 février[177] « qu'un contingent de mille deux cents hommes environ, des troupes d'opération, pour la plupart des cosaques, vient d'arriver à Lons-le-Saunier.

Dès leur arrivée, ces militaires ont provoqué de nombreux incidents parmi la population. À la tombée de la nuit, des femmes isolées ont été molestées et certains de ces soudards ont pénétré dans les habitations ». Les autorités d'occupation se sont vues dans l'obligation d'augmenter sérieusement le nombre de « pensionnaires de la maison de tolérance » et d'en agrandir les installations, aux frais de l'Administration. D'autre part, les militaires allemands se livrant à des libations excessives, l'état-major de liaison 711 a dû interdire toute vente d'alcool dur à ses soldats et mettre sur pied, la nuit, un détachement de la *Feldgendarmerie* au commissariat de la Sécurité publique.

L'hiver, qui avait réduit et protégeait partiellement les maquis, se termine ; les bombardements alliés se rapprochent. La guerre aux « terroristes » va faire son apparition dans le département, menaçant plus que jamais la sécurité de nombreux Jurassiens.

Un des premières opérations conjointes de la police allemande et de la Milice dans le Jura a lieu le 7 mars aux Rippes d'Alièze, sur le plateau, à quelques kilomètres d'Orgelet. Un groupe de jeunes chargés du ravitaillement des maquis est anéanti dans des circonstances d'une rare sauvagerie, puis jeté dans un brasier. Par commisération, en hommage à leur engagement, mais aussi pour sensibiliser les populations locales, un groupe de résistants du secteur fera exposer un des corps dans l'église d'Orgelet où les habitants jusque-là préservés vont prendre conscience de l'inhumanité des tortionnaires.

Le 13 mars, à quelques kilomètres de là, près du pont de la Pyle, la tragédie se reproduit : à nouveau, Allemands et miliciens français assassinent un groupe de maquisards. Le surlendemain, un cortège impressionnant, évalué à un millier de personnes, défile du village de Coyron à l'église de Meussia.

La population, désormais consciente des enjeux de la lutte et des sacrifices d'une partie de sa jeunesse, ne cède pas à la peur. Il est désormais difficile de

177. ADJ. 304 W 29

faire croire que les jeunes victimes courageuses qui tombent sous la torture et les armes allemandes et miliciennes ne sont que des jeunes dévoyés, des voleurs et des « terroristes » sanguinaires. L'acharnement mis à la destruction de leurs corps entourera ces jeunes d'une aura rédemptrice à même de susciter l'émotion, la commisération, voire l'adhésion de populations jusque-là bien passives.

Au nord du département, les événements prennent une autre tournure. Le mardi 28 mars, vers 15 heures, le camp d'aviation de Tavaux est attaqué à deux reprises au canon de bord et à la mitrailleuse par deux vagues de quatre avions de chasse alliés. Trois ouvriers travaillant sur la base sont blessés alors que les installations n'ont subi aucun dégât[178].

178. ADCO. W 21.369.

CHAPITRE II

AVRIL DE TERREUR

La stratégie allemande est désormais d'organiser des opérations de représailles géographiquement ciblées qui englobent aussi bien, voire davantage, la répression contre les populations que la destruction des maquis. En fait ces derniers, très mobiles, dans un environnement qui leur est favorable, ont des solutions de repli.

Les forces d'intervention allemandes sont taillées sur mesure pour ces basses œuvres. La 157e division de réserve, armée conventionnelle de chasseurs alpins spécialisée dans la lutte contre les maquis, compte dans ses rangs de nombreux soudards. Ces « Cosaques », « Mongols », de l'armée Vlassov ou moujiks embauchés sur les terres slaves, abreuvés d'alcool, relèvent bien davantage de hordes barbares primitives que de la *Wehrmacht* que l'on avait jusqu'alors vue si disciplinée. Ce sont pourtant ses officiers qui les ont recrutés et qui les commandent.

Pâques de sang dans le Haut-Jura

Désormais la résistance et la répression vont entrer de plain-pied dans l'univers quotidien de milliers de Jurassiens qui pouvaient jusqu'alors les ignorer.

Du 7 au 17 avril, les Allemands vont organiser une vaste opération de répression contre les maquis du Haut-Jura. Les populations vont en être les principales victimes.

Le 7 avril à l'aube, les forces d'opération investissent Saint-Claude. Le 9, jour de Pâques, a lieu la grande rafle. Environ deux mille Sanclaudiens de 18 à 45 ans sont rassemblés sur la place du Pré et y resteront pendant près de 24 heures. L'un d'entre eux, le jeune Pierre Lugand, qui rudoie un Allemand, est abattu.

Jean Bourgeat. Saint-Claude

« J'avais 16 ans en 1940. Ma mère travaillait, en fonction de la demande, soit à la coopérative lapidaire "les Moulins", soit à la fabrication des pipes, comme mon père. Tout jeune, dès l'âge de 8 ans, je fréquentais la Fraternelle, une véritable ruche ; je faisais partie de plusieurs de ses sociétés, la prolétarienne, la société de musique, je fréquentais aussi son cinéma.

J'étais embauché dans une petite entreprise pipière dont la plupart des employés étaient des femmes. Sur les quatre hommes, deux avaient été mobilisés. Aussi on tenait à ce que je reste, et chaque semaine un spécialiste de Morez, en zone interdite, me formait au métier. Les ébauchons venaient essentiellement d'Afrique du Nord ; ceux de Corse étaient plus beaux, mais contenaient beaucoup de gravier.

Quand je suis convoqué pour partir aux Chantiers de jeunesse, je décide de ne pas m'y rendre. Des bruits couraient : désormais, au lieu d'aller au Châtelard, en Savoie où les recrues faisaient du charbon de bois, on nous envoyait dans l'ouest de la France où l'Organisation Todt utilisait les jeunes à construire le mur de l'Atlantique.

La Résistance de Saint-Claude devait m'envoyer dans un chantier forestier à Chaux-des-Crotenay. Mais cela ne put se faire et je dus rester chez mes parents, clandestinement. Mon patron, pétainiste, refusa de me garder, et je dus vivre quatre mois sans travail ni carte d'alimentation.

Nous habitions au centre-ville, au premier étage, en haut de la rue du Pré. Nous louions, au deuxième étage, un garni, à un gars qui travaillait au commissariat de police. Il nous prévenait...

Mais notre plus grande chance était qu'au rez-de-chaussée se trouvait une boucherie chevaline. Ma mère, qui gardait à l'occasion la fille du boucher, ramenait souvent de la viande. Depuis nos fenêtres, je voyais les gens qui faisaient la queue, souvent sur une cinquantaine de mètres, dès quatre heures du matin.

J'occupais la plupart de mes journées à cultiver. À Saint-Claude les jardins ouvriers étaient situés dans une zone insalubre trop humide, et les patates pourrissaient. Mais nous avions de la famille à Chevry, des paysans que j'aidais aux travaux des champs ; ils me nourrissaient, mais c'était bien tout ! Heureusement, ils me laissaient cultiver un bout de terrain. J'y faisais surtout des pommes de terre et des haricots en quantité : j'avais taillé cinq cents rames !

Et pour le complément, les haricots secs, les œufs, la farine, les gaudes... je descendais de temps en temps en vélo du côté de Bletterans.

Quand les Allemands sont arrivés à Saint-Claude, le samedi 8 avril 1944, j'ai vu passer rue du Pré, devant chez nous, un de leur camion bâché d'où coulait du sang. Ils ont convoqué tous les hommes de 18 à 45 ans le lendemain, dimanche de Pâques, sur la place du Pré, munis de leur carte d'identité. Je ne voulais pas y aller et j'avais prévu de me cacher sous des fagots que j'avais ramenés de Chevry et déposés dans notre immeuble. Ma cousine logeait aussi dans l'immeuble, avec son mari réfractaire au STO. Elle a tout fait pour que je rejoigne les hommes sur la place, disant qu'il y avait bien assez d'un clandestin ! Il faut dire que personne ne pensait à la rafle...

Place du Pré, était installé à une table un Allemand qui nous demandait notre carte d'identité et nous faisait rejoindre un des groupes qu'il avait formés. J'appris bien plus tard que c'était Klaus Barbie. Tous ceux qui disaient travailler à la Fraternelle ou qui étaient vêtus de tenues de campagne, et donc soupçonnés d'être des maquisards, ont été mis dans des cars venus spécialement de Lyon. Je me souviens que, dans notre car, le jeune Pierre Lugand se rebellait, refusait de montrer ses papiers. Les Allemands ont tout fait pour le pousser à bout : ils y sont arrivés ! Après qu'il ait giflé un Allemand, il fut abattu à la mitraillette. »

■ ***L'assassinat de Pierre Lugand.***
Dessin que réalisera plus tard un des déportés, Brando Moro.

Un tri est fait suivant l'âge, la situation de famille, la profession... et l'appartenance à la Fraternelle. Plus de trois cents personnes seront déportées, la moitié ne reviendra pas. Dans les jours qui suivent, la préfecture est assaillie de lettres dans lesquelles on mesure le préjudice que cette rafle porte à la communauté et le désarroi des familles qui demandent la libération de leurs proches.

Ainsi madame Lorenzini s'adresse au préfet[179] : son mari, maître boulanger, profession classée d'intérêt public et prioritaire, a été raflé ; il n'avait pas ses papiers sur lui et on ne lui a pas permis de prouver sa profession.

Ce drame dépasse sa situation personnelle : il tenait la seule boulangerie du quartier Saint-Hubert qui servait les écarts de la ville ainsi que deux dépôts dans le quartier des Etapes ; un nombre important de consommateurs va être privé de pain, d'autant que l'occupant a détruit les boulangeries de la Fraternelle.

Nello Lorenzini, déporté à Dora, ne reviendra qu'en mai 1945. Ce cas ne fut sans doute pas isolé.

Aux déportations[180] s'ajoutent les arrestations d'une quarantaine d'habitants de Saint-Claude et de ses environs, de quelque deux cents hommes rassemblés à Clairvaux, de trente et un otages et, aux Bouchoux, du brigadier de gendarmerie.

179. ADJ. 331 W 88.
180. ADJ. 304 W 32.

Les Jurassiens sont partagés entre l'impatience de voir le pays libéré et une inquiétude légitime.

Le préfet Gaston Veveaud, signale que[181] :

> « La population manifeste de plus en plus sa lassitude de l'état de guerre qui entraîne les désordres croissants provoqués par le terrorisme et les répressions aggravées de l'armée d'occupation. Beaucoup de personnes jusqu'ici favorables aux mouvements de résistance craignent à la suite des opérations de la police allemande et de la police française, dans le Jura et dans les départements voisins, que la situation actuelle ne dégénère en guerre civile. »

Les troupes d'opérations n'ont pas pour seule cible les personnes ; elles se livrent à un pillage systématique de biens qu'elles comptent ramener au pays. Elles ont fait remettre en état la voie ferrée reliant Saint-Claude au département de l'Ain, et s'en réservent l'usage. Mais elles n'ont pas pu emporter tout le produit de leurs larcins ! Le reste a été placé sous la garde et la responsabilité de la municipalité. Celle-ci n'a pas les moyens en hommes pour assurer la sécurité de ces prises de guerre ; elle fait donc appel au préfet qui s'exécute avec zèle, se démène, demande à Vichy qu'on lui envoie à cet effet un détachement de GMR. En vain !

Il est vrai que le garde-meuble est bien rempli et peut faire des envieux. On y trouve entre autres les stocks des deux magasins de la Fraternelle (alimentation et articles de nouveautés), des véhicules automobiles, un camion de l'armée allemande en réparation, trois camions de la Fraternelle, une voiture de tourisme prise au maquis, cinq vélomoteurs réquisitionnés, treize sacs d'avoine...

C'est tout le ravitaillement déjà chiche de la ville qui est perturbé par le pillage de la Frat. La municipalité, dont l'adjoint au maire M. Delolme a obtenu des Allemands que la Maison du Peuple, siège de « la Frat », ne soit pas incendiée, doit mettre en place un Comité provisoire pour gérer et distribuer les commandes en cours de la coopérative[182]. Elle répartira les seize tonnes de farine qui lui ont été dérobées entre les boulangers de la région. Cette quantité représente les tickets collectés auprès de sa clientèle dont on mesure l'importance.

Un mois plus tard, dans son rapport mensuel sur l'état d'esprit de la population[183], le préfet dresse un bilan provisoire des exactions de la colonne de répression allemande et de ses conséquences sur l'opinion publique :

> « Le calme a fait place à la période d'agitation et de dépression nerveuse causée par les opérations de police allemande exécutées le mois dernier. En effet la stupeur, l'impression d'anéantissement ressenti à la suite des deuils, des séparations, ne paraissent pas devoir durer.

---

181. ADJ. 304 W 126.
182. ADJ. 304 W 32
183. ADJ. 304 W 135

Si une partie de la population est encore dominée par la crainte, par contre, l'autre manifeste, sous une forme à peine voilée, un ressentiment violent contre l'occupant.

L'opinion a été soulevée d'indignation par la découverte dans les environs de cadavres mutilés et calcinés. L'exécution du docteur Michel[184] à Lons-le-Saunier, le départ pour l'Allemagne des otages, le sort infligé à M. Delacour, maire (URD) et à M. Mermet son prédécesseur (SFIO), tous deux âgés et le dernier de santé très précaire, ont ému la population et augmenté l'indignation générale. Aussi ces deux adversaires politiques sont-ils l'objet, de la part de l'ensemble de la population, d'une même douloureuse sympathie.

Le bilan des opérations de police allemandes se traduit par :

– 60 tués dont 6 maires.

– 444 arrestations, dont celles de 4 maires.

– 110 maisons ou chalets incendiés.

– la saisie d'un important stock de denrées alimentaires, de camions, de voitures, de bétail, de bijoux, de valeurs, titres ou espèces, etc.

Aussi les divers milieux sont unanimes à déclarer que les troupes d'opérations se sont bornées à attaquer les centres de ravitaillement des éléments de résistance et à exercer des représailles contre les personnes qui leur ont paru sympathisantes.

Les attaques massives de l'aviation des "Alliés", les opérations militaires en Italie et l'attente d'importants événements militaires à l'Est créent une atmosphère d'espoir mêlée de crainte [...] La masse espère et redoute à la fois les opérations annoncées comme imminentes par les radios des deux camps.

Pour certains l'absence de débarquement en mai a été une grosse déception, mais ils n'en restent pas moins persuadés que sa réalisation n'est plus qu'une question de jours ».

Nombreux sont les villages qui n'ont pas été épargnés ; ainsi à Sièges, onze maisons sur douze sont détruites, et, vingt-sept sur trente-deux à Larrivoire. À Ravilloles cinq hommes seront déportés...

Le 12 avril, le maire de Coyrière, Clément Osias, l'adjudant de gendarmerie des Bouchoux Jean Vincent, soupçonnés d'aider le maquis, seront fusillés et leurs corps brûlés avec quatre autres personnes au lieu-dit les Fournets (commune des Moussières). Les autres corps calcinés n'ont pas pu être tous authentifiés. Quelques jours auparavant le maire de Coyrière avait été cravaché et battu, devant sa femme, ses enfants et toute la population de sa commune pour avoir soigné des blessés du maquis.

---

184. Infra

■ ***Chassal. Ruines de la succursale de la Fraternelle incendiée par les Allemands. MRD. La Citadelle. Besançon.***

Rafles sur le plateau et à Poligny

Des unités de la 157e division de réserve allemande et ses cosaques vont répandre la terreur dans les campagnes, notamment dans le Grandvaux et la Petite Montagne

Du 13 au 18 avril, les communes de Saint-Laurent, Morbier, Morez, Les Rousses, Bois-d'Amont et Bellefontaine seront soumises à des mesures de police commandées par le SD de Lyon dirigé par Klaus Barbie.

Le sous-préfet de Dole, Jean Carel[185] témoigne du mépris et de la brutalité de l'occupant à l'égard des populations, mais aussi des autorités françaises, fussent-elles préfectorales :

> « Ces mesures eurent pour effet d'isoler totalement ces localités du reste du département et de moi-même. Cette région étant particulièrement déshéritée en matière de ravitaillement (chaque semaine m'apporte des doléances), je sollicitai l'autorisation de communiquer personnellement avec les maires de ces communes. Les services allemands locaux ne purent faire droit à ma requête. Le préfet régional de Dijon obtint

185. Il sera reconnu à la Libération comme ayant protégé, autant que faire se pouvait, ses administrés, et reconduit dans l'administration préfectorale.

des SD de Dijon l'autorisation de faire passer du ravitaillement dans ces communes et que je pouvais me présenter aux contrôles de route pour prendre contact avec les maires.
M'étant présenté au barrage de Saint-Laurent, je fus conduit à Clairvaux, siège du PC des opérations, pour exposer ma requête. Là, après une discussion qu'il me serait pénible de rappeler, je fus pratiquement consigné pendant deux heures dans ce village avec mes collaborateurs (il fut même question d'utiliser les dépôts disciplinaires) comme ayant pénétré dans la zone sans autorisation. »

Le bilan de cette opération répressive sera très lourd, notamment à Rivière Devant, Grande Rivière (où le 15 avril, vingt-sept hommes sont emmenés en déportation ; seuls sept rentreront), à Morez, aux Piards, à Prénovel, à Saint-Laurent-en-Grandvaux...

En dehors de cet arrondissement, plus au sud, Orgelet, Arinthod, Cezia, Cornod, Lavans-sur-Valouse ont également été touchés. De nombreux cadavres y seront découverts.

Les autorités locales sont souvent les premières victimes. Les maires de Saint-Hymetière, de La Balme-d'Épy, Prénovel et Saint-Pierre, qui voulaient défendre leurs administrés qu'on jugeait pour avoir eu une attitude bienveillante envers le maquis, sont rendus responsables et sont abattus. À Aromas[186] le 12 avril, vers midi, un détachement allemand investit le village et interroge les habitants rassemblés sur la place de l'église. Ils emmènent le syndic à son domicile qu'ils perquisitionnent avant de l'incendier, et ils l'exécutent. Ils détruisent deux autres maisons, dont celle de l'adjoint au maire et arrêtent l'instituteur/secrétaire de mairie, le curé de la paroisse ainsi que le garde champêtre, sa femme et sa fille.

Le pillage se fait systématique. Avant même que les Allemands et leurs cosaques aient quitté la contrée, les plaintes pleuvent. Elles concernent de nombreux vols d'argent et d'objets de valeur commis par la troupe et la police allemandes au cours de ses perquisitions. Parfois ces plaintes aboutissent. Le vendredi 12 avril, une confrontation a lieu aux Crozets entre la population et des officiers allemands qui doivent reconnaître que des militaires de la SS ont commis deux vols importants. Victoire des villageois qui seront dédommagés. D'autres affaires seront instruites dans d'autres localités du département. Dans ces négociations de gré à gré entre les habitants et les troupes allemandes, on est en droit de se demander ce que font les autorités, notamment le préfet qui, manifestement, n'en est pas informé.

On croyait les troupes assouvies, quand elles vont diriger leurs coups en dehors des secteurs ruraux, à Poligny. Là aussi des dénonciations, basses œuvres des miliciens, ne sont pas étrangères à une intervention qui décimera la Résistance locale et n'épargnera pas des personnes « innocentes ».

186. ADJ. 304 W 32.

Le 17 avril, cinq cents Allemands, assistés là encore par la Milice, cernent la ville, arrêtent tous les hommes de 18 à 60 ans sur lesquels portent des soupçons. Ils les rassemblent et les trient dans la cour de l'ancienne sous-préfecture, actuellement lycée H. Friant. Cinquante-trois d'entre eux seront, le soir même, emmenés à Clairvaux, avant qu'on les dirige vers la prison lyonnaise de Montluc. Ils seront déportés, et trente ne reviendront pas. Parmi les nombreux éléments actifs de la Résistance ainsi déportés, se trouve François Favin, professeur et directeur de l'École nationale d'industrie laitière de la ville. Sa libération est demandée avec insistance par l'Administration qui craint que son absence ne conduise à la fermeture d'un établissement déjà très touché par la pénurie de personnel et essentiel à la bonne marche de ce secteur d'activité. Mais en vain.

En avril aussi, un drame va affecter un village des environs de Lons-le-Saunier ; les conséquences tragiques se feront sentir dans tout le département.

Le drame de Saint-Didier

Le jeudi 20 avril, dans ce village situé à quelques kilomètres de Lons-le-Saunier, un groupe de maquisards dirigé par Jean-Paul Guyot, « Guérin », abat dans la fromagerie deux policiers allemands, dont l'adjoint du chef départemental du SD (« Gestapo »). « Guérin », sérieusement blessé, est conduit en toute discrétion à l'hôpital de Lons-le-Saunier où il sera soigné par le chirurgien Jean Michel. Les maquisards, aidés des hommes du village, s'empressent de faire disparaître les cadavres et la voiture des deux Allemands ainsi que les armes parachutées qui étaient cachées dans la commune. Et on va placer les enfants dans les villages voisins.

Le mardi 25, dès 4 heures du matin, les Allemands sont de retour en force et bouclent le village. Commence alors le massacre : plusieurs personnes sont martyrisées avant d'être abattues, et leurs corps sont brûlés. Ils crèvent les yeux du responsable local de la Résistance, André Bugnet, puis l'abattent en présence de sa femme et de ses enfants... Deux femmes du village sont déportées. Une dizaine de maisons sont incendiées après avoir été systématiquement pillées.

Klaus Barbie, le chef du SD de Lyon veut faire un exemple pour dissuader les populations des villages d'héberger des résistants de plus en plus populaires. Et Saint-Didier, hostile à Pétain, a toujours été en flèche dans le combat contre l'occupant.

Les Allemands veulent les « vrais » coupables et poursuivent leur enquête. Ils retrouveront la trace de « Guérin » et apprendront le nom du médecin qui l'a soigné à l'hôpital, le docteur Jean Michel. Les deux hommes sont arrêtés, torturés et exécutés. On retrouvera leurs corps mutilés dans les bois de Pannessières, à quelques kilomètres de la préfecture.

Dans la soirée du 29 avril, le corps du docteur Michel est transporté en toute discrétion au cimetière de Lons-le-Saunier, puis inhumé après 22 heures, c'est-à-dire après l'heure du couvre-feu.

Le lendemain, un dimanche, et le jour suivant, une foule impressionnante défile devant le caveau de la famille Michel.

Le préfet du Jura fait parvenir ce courrier[187] au préfet régional :

> « Cette exécution a frappé de stupeur toute la population, qui avait déjà été étonnée d'apprendre l'arrestation du chirurgien.
> D'après quelques renseignements qui me sont parvenus, il semble que le docteur Michel ait été exécuté sur l'ordre du chef régional du SD de Lyon (Klaus Barbie) ; il paraît même que le chef départemental de Lons-le-Saunier n'en ait pas été tenu au courant. L'état-major de liaison m'a demandé, afin d'éviter tout incident, qu'il soit procédé à l'enterrement du docteur pendant le couvre-feu et à ce qu'aucune manifestation de quelque nature qu'elle soit, religieuse ou autre, ne soit organisée à l'occasion de cette mort.
> La population n'a pas réagi, mais il n'en reste pas moins que cette affaire a considérablement frappé les esprits ; depuis samedi elle fait l'objet de toutes les conversations et tous les Jurassiens se demandent les motifs pour lesquels le docteur Michel a été exécuté car on refuse à croire que le seul fait de soigner un blessé par arme à feu puisse avoir de telles conséquences [...]. Les médecins sont terrorisés et nombreux sont ceux qui sont venus me voir en me demandant quelle était la ligne de conduite à adopter pour l'avenir [...] »

Au dire du préfet, « les répercussions de la mort tragique du Dr Michel dans tous les milieux de la population ne semblent pas avoir échappé aux autorités allemandes locales qui se rendent à l'évidence de l'émotion qu'elle a soulevée et qui n'est pas encore sur le point de s'apaiser. »

Les rescapés de Saint-Didier, y compris les parents des victimes, n'ont jamais rejeté la faute de ce drame sur la Résistance qui, par un acte qu'on pourrait juger imprudent, aurait déclenché ce déchaînement de violence extrême. Ils savaient que les Allemands recherchaient des armes entreposées et ne se tromperont pas de cible.

Des populations, jusque-là relativement épargnées, vont prendre conscience que désormais, ce sont les nazis, soutenus par la milice, qui imposent leur politique du pire, et que le pire est toujours possible.

> « La population est dans l'anxiété ; elle craint que des éléments du maquis ne se livrent à des représailles à l'égard des membres de l'armée d'occupation pour venger le docteur Michel et les autres personnes tuées au cours de ces opérations, et ne provoquent de nouvelles mesures de répression de la part des autorités allemandes, dont elle serait seule à supporter toute la rigueur[188]. »

187. Archives Vandelle.

188. Rapport des RG. ADJ. 304 W 132.

■ ***Docteur Jean Michel.***

Rafle des Juifs à Gevingey

L'armistice signé, après leur installation dans la zone interdite, une des premières mesures des Allemands fut de refouler les Juifs vers la zone non occupée. La communauté israélite était d'autant plus importante dans le nord de la Franche-Comté qu'elle s'était très fortement étoffée des Juifs d'Alsace-Lorraine fuyant devant l'occupant. Nous disposons du témoignage[189] d'une jeune juive, qui, avec ses parents et d'autres Juifs du même village alsacien, se retrouvera dans le Jura. Le train les déposa en gare de Lons-le-Saunier où ils furent pris en charge par le Secours national qui les logea dans les établissements scolaires libérés par les vacances scolaires. La famille Bloch en compagnie de quatre autres familles, fut installée provisoirement à l'École normale d'instituteurs.

> « À la rentrée scolaire, nous sommes répartis dans les villages environnants, logés tant bien que mal par la commune et le Secours national. Chaque viticulteur et agriculteur, suivant leur disponibilité, avaient reçu un contingent de réfugiés. Les hommes allaient travailler la terre, ou étaient réquisitionnés, la nuit, sur ordre des Allemands, pour surveiller la voie ferrée de la ligne de Lyon. Je n'ai pas souvenance de mauvais rapports avec les habitants de Gevingey. Ceux-ci avaient l'attitude que chacun aurait eue

189. Témoignage d'Éliane Bloch, fille d'Émile Bloch, extrait de *Nous sommes 900 français* d'Ève Line Blum-Cherchevsky.

au début de notre “invasion”. Nos relations se sont normalisées au fil des jours et des semaines. »

Il en fut de même dans les nombreux villages des environs de Lons-le-Saunier, dont Chilly-le-Vignoble, qui abrita plus d’une dizaine de Juifs.

La communauté israélite de Gevingey subit un sort tragique. Le 26 avril 1944, les Allemands avaient attaqué le château de Saint-Georges et abattu le chef départemental des FFI. Le lendemain, la présence allemande dans le secteur est forte. Pour des causes indéterminées, une imprudence selon Éliane Bloch, une rafle est menée. Éliane et sa mère furent parmi les rares à échapper à l’arrestation. Dix-sept juifs seront déportés, dont seize à Auschwitz. Parmi eux, les jeunes Jean Kahn, né à Gevingey, Benoît Pollack, né à Saverne, 10 ans, et sa sœur, Simone Pollack, 15 ans. Seuls deux revinrent.

Bombardements et propagande

La région parisienne, avec ses usines qui travaillent pour l’Allemagne, est une des principales cibles des bombardements alliés. L’un d’eux, particulièrement meurtrier, a lieu dans la nuit du 20 au 21 avril. Pétain saisit l’occasion pour demander à l’occupant l’autorisation de se rendre sur les lieux, afin de témoigner son soutien aux Parisiens et de condamner les Alliés assassins. Cette autorisation lui est accordée, et il s’y rend le 28 avril.

C’est la première fois depuis 1940 que le Maréchal retourne dans la capitale. Il assiste à une messe à Notre-Dame en mémoire des victimes. Les Parisiens sont venus en nombre l’accueillir. Le rapport du commissaire des RG signale les « manifestations enthousiastes... (qui) ont produit une grande impression sur l’opinion ».

> « Les photographies et les reportages par radio qui ont donné une idée de l’enthousiasme des populations sinistrées ont également vivement frappé ceux qui ne croyaient plus à l’ascendant et au respect qu’inspire le Maréchal et qui persistaient à croire que le chef de l’État ne jouit que d’une liberté relative dans sa résidence provisoire de l’Île-de-France.
> Pour d’autres qui ont reçu des nouvelles parvenues des régions particulièrement éprouvées par les bombardements, cet accueil chaleureux est interprété uniquement comme la réaction de l’opinion contre l’injustice dont sont victimes les populations de la part des Anglo-Saxons. »

Le propos ne manque pas d’habileté, qui évoque le choc des images de propagande et nuance l’accueil interprété un peu rapidement comme une adhésion massive à la politique du Maréchal. Et combien ont osé bouder ces manifestations si bien organisées par la propagande, et où l’Administration, comme les enfants des écoles, sont convoqués ?

Nous ne reviendrons pas sur les méthodes employées par Vichy pour mobiliser les masses. Certains ont voulu voir dans l’accueil triomphal du général de Gaulle par les Parisiens, quelques mois plus tard, une confirmation de la versatilité du peuple de France. En réalité, en avril 1944, il y a longtemps que la majorité des Français ne soutient plus la politique de collaboration du Maréchal, même si ce dernier conserve auprès de beaucoup une réelle sympathie. Et il est vrai que la ville, par l'importance des commerçants et des professions libérales, la forte présence de l'Administration et celle éventuelle d'une garnison allemande, est sans doute plus pétainiste que beaucoup de campagnes.

D'ailleurs il n'est pas sûr que ce voyage éclair à Paris ait rempli tous les vœux du Maréchal. Le préfet du Jura[190] écrit : « Le voyage du Maréchal à Paris a été diversement commenté ; certains milieux prétendent que le chef de l'État envisagerait son retour dans la capitale et se sont montrés surpris de l'annonce de son retour à Vichy. »

Belle formule qui est l'occasion de rappeler que Pétain avait fait vœu de rester à Paris ; la ville étant totalement sous l'autorité des Allemands, il a dû y renoncer.

Un débarquement allié en France et la libération du pays sont dans tous les esprits, on pense qu'il pourrait avoir lieu avant le 15 mai. Pétain le sait, qui adopte une ligne de conduite censée lui ouvrir les bras du vainqueur, quel qu'il soit : la guerre n'est pas son affaire, ni celle du peuple français.

Mais les Allemands ont encore besoin de lui et de l'État français et ils le contraignent à prononcer le 28 avril un discours dans lequel il doit se renier en leur prêtant allégeance :

> « Cette prétendue libération (par les Alliés et les Résistances intérieure et extérieure) est le plus trompeur des mirages auxquels vous pourriez être tentés de céder. [...] Français, quiconque parmi vous participe aux groupes de résistance compromet l'avenir du pays. Il est dans votre intérêt de conserver une attitude correcte et loyale envers les troupes d'occupation. [...] Quand la tragédie actuelle aura pris fin et que, grâce à la défense du continent par l'Allemagne et aux efforts de l'Europe, notre civilisation sera définitivement à l'abri du danger que fait peser sur elle le bolchevisme, l'heure viendra où la France retrouvera et affirmera sa place. »

Jusqu'au bout, le Maréchal condamne la Résistance qu'il continue à désigner sous le nom de terrorisme.

Ce discours apparaît bien décalé par rapport à la situation. La semaine suivante, le commissaire des RG du Jura adresse au préfet le résultat d'un énième rapport dans lequel il s'inquiète : « On ne parle que de rivalités, de règlements de comptes et toute atteinte à l'ordre public entraîne tôt ou tard de la part des autorités d'occupation des représailles contre la population. » Il appelle à une certaine clémence des autorités à l'égard de populations rurales près desquelles se sont installés des maquis. Les villageois risquent gros à leur être hostiles et quand ils les aident, ce sont les polices françaises et allemandes qui les condamnent.

---

190. Le préfet Veveaud n'a jamais manqué de suivre très fidèlement les directives de Laval ; il sera jugé et condamné à la Libération. ADJ.304 W 136.

Et en cette fin avril, au dire du préfet, « la population du département reste encore sous l'emprise de la terreur à la vision des exécutions, arrestations et incendies de fermes qui se sont poursuivis cette semaine ».

La pétainiste *Croix du Jura* sait elle aussi l'épilogue proche et ne suivra pas son maître dans son dernier discours. Dans son éditorial[191] intitulé : « France d'aujourd'hui, France de demain », l'abbé Thurel « écartant l'idée d'un secours des peuples actuellement en guerre qui travaillent uniquement pour eux-mêmes, appelle à l'union de tous les Français, seuls. »

191. ADJ.304 W 132.

CHAPITRE III

MAI-JUIN. PRINTEMPS D'ESPOIR

Les autorités de la préfecture, coupées de l'extérieur, sont relativement optimistes à propos du ravitaillement : les stocks de beurre, de fromage, de bétail, devraient permettre d'éviter la disette ! À défaut de pain et d'autres produits, on a du beurre et du fromage en abondance ! D'autant que les grandes sociétés fromagères notamment, Bel, Grosjean, Rivoire, n'ont pas pu, du fait des attentats sur les voies ferrées, « exporter » leurs produits par ailleurs périssables. On va donc organiser une distribution, à prix modique, qui a d'autres mérites que celui de satisfaire les populations : « Elle disperse les stocks et par là les risques de vol ou de pillage de denrées dont la conservation peut facilement se faire au domicile de chaque particulier. » Cette distribution sera faite sous la forme de rations supplémentaires, à raison d'un kilo de fromage gras et de trois boîtes de crème de gruyère par consommateur. Réelle aubaine, sauf que ces rations supplémentaires n'étaient à l'origine pas divisibles. Les autorités devront accepter les ventes au détail aux plus pauvres. Et puis un supplément de cinquante grammes de beurre annoncé a calmé les esprits les plus chagrins.

Mais, dans le département, le nombre de bouches à nourrir va augmenter, et il va falloir apprendre à partager la pénurie.

Le Jura, terre d'accueil

Nous l'avons signalé, le Jura est, depuis le début du conflit, une terre d'accueil, un havre de paix où la nourriture, surtout dans la zone sud du département, est censée être relativement assurée.

Le département, ainsi qu'il s'y s'était engagé auprès de la municipalité du Blanc-Mesnil[192], ville ouvrière à proximité d'une cible prioritaire de l'aviation alliée, l'aéroport du Bourget, va accueillir des femmes et des enfants de milieux souvent fort modestes.

Dès février 1944, ils étaient si nombreux dans le Sud Jura que les centres d'accueil de Lons-le-Saunier et de Bletterans étaient déjà saturés. On doit

192. ADJ. 304 W141.

alors ouvrir huit nouveaux centres de repliement, à Châtel (commune de Gizia), Maynal, Ruffey, Arlay, Voiteur, Blois-sur-Seille, Saffloz et Clairvaux. En février, les services départementaux avaient fait état d'un peu plus de mille deux cents réfugiés secourus.

Il faut en ce mois d'avril se préparer à accueillir un nouveau contingent d'un millier de « petits Parisiens ». Le manque d'hygiène et le développement de la tuberculose font que l'on soumet tous ces arrivants à une visite médicale. S'ajoutent les ravages de la sous-alimentation et du rachitisme, et beaucoup ne sont pas dans un état sanitaire satisfaisant.

Après avoir obtenu l'autorisation nécessaire des autorités d'occupation, on met en place un centre médical scolaire dans les locaux de l'ancien Chantier de jeunesse de Crotenay.

Le 19 avril, le préfet en personne va accueillir à la gare de Lons-le-Saunier un premier contingent de cent dix-neuf enfants de Blanc-Mesnil.

Le mois suivant, avec l'intensification des bombardements sur la région parisienne, notamment sur les communes industrielles de la « banlieue rouge », les réfugiés affluent. Au cours de ce mois, quatre nouveaux convois déchargeront leurs lots de pauvres gens : trois cents dans le premier convoi, neuf cents dans le second qu'on envoie dans des locaux vacants du canton de Chaussin. Dans le troisième, cent cinquante enfants arrivés sans leur mère, et qu'on va placer dans des familles d'accueil. Enfin le dernier « arrivage » comprend mille deux cents mères avec leurs enfants que l'on dirige vers les logements libres des cantons de Chaumergy et de Bletterans.

On est en droit de s'interroger sur ces si nombreux logements vacants, sur la charge que ces installations ont représentée pour les autorités locales. Quelle a été l'attitude des populations locales, partagées entre solidarité nationale et égoïsme local, à l'égard de nouvelles et nombreuses bouches à nourrir ?

En juin arrivent les derniers convois. Celui du premier jour du mois comprend mille quatre cents mères et enfants qui seront logés dans les locaux vacants des cantons de Poligny et Sellières. Le débarquement en Normandie et le sabotage des voies ferrées vont définitivement tarir le flux, et ce n'est pas sans difficulté que le 10 juin, arrive en gare de Lons-le-Saunier le dernier convoi composé seulement de vingt-deux mères et enfants dirigés sur la commune de Messia-lès-Chilly, et de onze enfants seuls placés dans le centre scolaire de repliement de Bletterans.

Ainsi, début juin la situation des réfugiés dans la zone sud du département n'évoluera plus guère, elle se présente comme suit :

– 6 175 réfugiés secourus, y compris les enfants placés dans les familles par les soins des parents.

– 1 750 réfugiés non secourus.

– 650 enfants réfugiés en placement familial par les soins de l'œuvre des Petits Réfugiés.

– 842 enfants réfugiés en placement collectif par les soins de la même œuvre.

– 133 enfants non réfugiés placés dans les familles par les soins de la Croix-Rouge française (65), la Légion française des combattants (11), la Maison du prisonnier (57).

Chiffres considérables qui représentent la population totale d'un canton d'importance, comme celui de Salins, ou de la population réunie des cantons du Jura méridional, Saint-Amour et Saint-Julien. Et tous ces réfugiés sont par essence inactifs. Par ailleurs ces chiffres sont trompeurs, ne prenant pas en compte par définition les « sans papiers », les clandestins de toute sorte : réfugiés installés chez des parents jurassiens, réfractaires provenant d'autres départements, personnes recherchées (Juifs, résistants...). Et puis il faudrait ajouter ces trois cent cinquante mères et enfants qui se sont présentés individuellement au service pour être dirigés sur différentes communes. Chaque jour, cinq à dix familles se présentent à l'Administration, demandant le gîte, mais aussi carte et tickets d'alimentation et de textile. Problèmes d'autant plus difficiles à résoudre que la plupart d'entre elles ne disposent pas non plus de fiches d'évacuation qu'elles auraient dû se procurer auprès de l'Administration de leur département d'origine.

La zone occupée du département a également été – on l'avait signalé pour Salins – une terre d'accueil pour de nombreux réfugiés. Dans son rapport du 1er juin 1944[193], le sous-préfet de Dole précise qu'au cours des mois d'avril et mai, il a accueilli environ cinq mille mères et enfants de la région parisienne, et il en attend « un contingent sensiblement aussi important ». Il en profite pour signaler que « cette réception a été favorisée par les sentiments remarquables d'entraide et de solidarité de la population jurassienne ». Là aussi les conséquences du débarquement sur les transports ne faciliteront pas les arrivées.

Mai : dans l'attente du débarquement

Le STO est toujours aussi impopulaire, et les deux commissions de peignage qui ont lieu à Lons-le-Saunier au mois de mai doivent livrer leur lot de requis. La majorité partira en Allemagne, les autres feront leur service en France, les plus chanceux dans l'entreprise Célia ou à la gare de la préfecture. Au cours du mois, seuls quatre prisonniers en Allemagne sont rapatriés dans le département, au titre de « malades ».

Maurice Loisy. Lons-le-Saunier

« Je reçois une convocation pour me rendre le 26 avril 1944 à la visite médicale précédant l'embarquement pour le STO en Allemagne. La visite a lieu dans des baraques installées dans la cour de la gare où un train attend les requis. J'essaie de convaincre le docteur que je suis inapte. Peine perdue, je suis déclaré bon pour le service. Mais au lieu de rejoindre les quais et le train, je m'enfuis et me planque, ma principale cachette étant la cave de notre maison. Une fausse carte d'identité que me procure la Résistance me permet ensuite d'aller et venir. »

193. ADJ. 1149 W 119.

Le sous-préfet de Dole[194] déplore n'avoir pu éviter que les prélèvements de main-d'œuvre pour le STO se passent sans qu'aient pu se tenir préalablement les commissions de peignage. Les requis doivent monter dans le train dès la sortie de la visite médicale. Il va jusqu'à critiquer la direction doloise de la main-d'œuvre qui serait trop servile à l'égard de l'occupant, proposant qu'elle soit sanctionnée. Quant à lui, il serait parvenu à éviter des départs en Allemagne en mettant sur pied au cours de l'hiver une équipe importante de « pelleurs » de neige dans le Haut-Jura, ce qui a permis l'élargissement à cinq mètres de la route du col de la Savine et l'établissement de garages de croisement.

La Charte du travail supposée mettre fin à tous les problèmes économiques et (surtout) sociaux, s'est mise en place. Dans ce nouveau cadre très réglementé, le 1er mai est resté une fête chômée mais le nouveau régime l'a vidée de son sens revendicatif. Devenue fête pétainiste du « Travail et de la Concorde sociale », elle célèbre le corporatisme unissant employeurs et employés, d'autant qu'elle tombe, miraculeusement, le jour de la Saint-Philippe ! Les célébrations dans le Jura se sont déroulées sans incident, mais sans beaucoup d'entrain. On signale l'indifférence dans laquelle les ouvriers ont écouté à la radio les discours de Déat et d'Henriot vantant la Charte du Travail. Si à Lons-le-Saunier l'union obligée des syndicats s'est réalisée sans trop de problèmes, il n'en va pas de même à Saint-Claude où les syndicats sont restés cégétistes. Plutôt que de participer aux cérémonies officielles du 1er mai, un lundi, beaucoup ont profité du long week-end pour se livrer au jardinage et gagner, à pied ou en vélo, les champs et fermes des environs.

Le 3 mai, l'explosion d'un dépôt de munitions dans la caserne de Brack à Dole va faire, par ses destructions, quelque trois cents sinistrés. On a sollicité et on attend la visite de commisération du Maréchal, prévue officiellement le samedi 27 mai. Mais il ne viendra pas. À en croire le sous-préfet[195], la déception fut grande : « La population entière eut ainsi rendu hommage au chef de l'État. » De plus, les autorités allemandes vont interdire une rencontre de football prévue le 28 mai, pourtant initiée par le sous-préfet Jean Carel, et dont la recette devait être versée aux victimes. Que sa demande ait été refusée par les autorités allemandes en dit long sur leur peur des manifestations. Et le sous-préfet impuissant de conclure[196] : « Je ne peux que regretter cette décision, sans la commenter. »

Mais ce sous-préfet se permet de commenter les décisions de Vichy qui lui semblent peu compatibles avec les intérêts de ses administrés. C'est ainsi qu'il se penche sur l'application de l'impôt métal mis en place par Vichy dès l'automne 1941 et qui avait présidé au déboulonnement de tant de statues. Cette taxe impopulaire est devenue individuelle et obligatoire. Jean Carel[197] signale

---

194. ADCO. W 21.369.
195. ADCO. W 21.368.
196. ADJ. 1149 W 119.
197. ADCO. W 21.368.

que l'application de cet impôt « donne lieu à des critiques, sans aucun doute justifiées ». Il prend l'exemple de Morbier (400 habitants) essentiellement ouvrière (lunetiers, artisans sur bois, horlogers) qui est imposée pour plus de 14 kg par habitant, soit plus de un million de francs pour la collectivité ! Et il conclut : « Si l'on considère que le budget communal ne s'élève qu'à 711 000 francs, il apparaît que la mesure est pratiquement inapplicable dans cette commune. »

La population est de plus en plus consciente que ce sont les occupants qui « mènent la danse » ; leur agressivité, leurs contrôles tatillons et les arrestations intempestives ne font que souligner leur inquiétude. Le 16 mai, ils arrêtent les frères Nachon de Conliège, élus populaires du Parti radical. L'un est le maire de Conliège et ancien conseiller général du canton, l'autre ancien député. Cette arrestation « a produit une profonde impression dans ces divers milieux de l'arrondissement de Lons-le-Saunier où les intéressés exerçaient précédemment une certaine influence et où ils jouissent encore d'une assez grande sympathie[198] ». Devant l'émoi de la population, ils seront vite relâchés.

L'état du ravitaillement n'est guère brillant ! La soudure du blé préoccupe ; la rumeur court que les stocks de blé seraient épuisés et qu'on aurait recours à l'orge, à l'avoine et au maïs pour la fabrication du pain ! Et puis les bombardements alliés des villes industrielles font craindre que les populations urbaines ne se réfugient en nombre dans notre département où il faudra bien les nourrir.

La météo se met de la partie ! Bien peu de pluies pour les légumes des jardins, les pommes de terre, mais aussi les céréales et le fourrage.

Encore faut-il laisser aux paysans le temps de rentrer la récolte ! Les édiles font remonter leurs doléances.

Le président de la délégation spéciale d'Orgelet, pétainiste convaincu, se fait le défenseur de ses administrés[199] :

> « Mairie d'Orgelet.
> Le Président de la délégation spéciale
> À M. le Préfet du Jura.
>
> J'ai l'honneur de vous demander de vouloir intervenir auprès des autorités occupantes afin que l'heure initiale du couvre-feu – actuellement 22 heures – soit portée, durant la période d'été et les grands jours, jusqu'à 23 heures.
> En effet, les cultivateurs qui forment une grande part de la population de la commune, et la presque totalité des habitants des autres communes du canton, par suite de la longueur des jours, de la forte chaleur et des gros travaux de la campagne, prolongent leurs journées de travail jusqu'à 21 heures.

---

198. ADJ. 304 W 132
199. ADJ. 331 W 35

> Ce n'est qu'après cette heure que, rentrés chez eux, ils s'occupent de leurs bêtes et, en particulier, de la traite des vaches.
> Si bien qu'il leur est impossible d'avoir fini ces travaux intérieurs, d'avoir dîné et, enfin, apporté – souvent à plusieurs kilomètres – leur lait au chalet (fromagerie), pour être rentrés chez eux pour 22 heures.
> Il serait indispensable de ne faire commencer le couvre-feu qu'à 23 heures afin d'accorder une heure supplémentaire de travail aux cultivateurs.
> Cette mesure faciliterait grandement le ravitaillement en lait et en fromage, ainsi que les travaux des champs.
> Général Karcher »

L'heure allemande imposée par l'occupant – on avance d'une heure – ne fait qu'aggraver la situation !

Activité intense de la Résistance

Les Jurassiens, comme les Allemands, pensent que le débarquement des forces alliées en France n'est plus qu'une question de jours. Tous savent que les forces de la Résistance vont, le « Jour J », sortir de l'ombre, qu'elles vont multiplier embuscades, sabotages et « bouchons » sur les voies de communication et que de nombreux « civils » vont les rejoindre. Aussi le préfet envoie-t-il ce télégramme aux maires et présidents des délégations spéciales[200].

> « Par ordre des autorités allemandes, à partir lundi 15 mai, jusqu'à nouvel ordre, circulation automobile et motocyclette interdite entre 21 heures et 5 heures du matin.
> Circulation bicyclette continue à être autorisée sauf pendant heures de couvre-feu.
> Vous prie diffuser immédiatement ces prescriptions à population votre commune. »

Il est vrai que l'activité des maquis a pris une telle ampleur qu'il convient de l'étouffer dans l'œuf. Cette activité revêt différents aspects. Les plus critiqués sont, nous l'avons vu, les « vols » et réquisitions qu'ils perpétuent chez les particuliers dont il n'est pas toujours aisé de connaître ni leur degré de complicité avec les maquisards ni leur collaboration avec l'occupant. À titre d'exemple, dans les environs de Saint-Amour, sur les contreforts du plateau boisé où plusieurs groupes maquis se sont implantés, les communes voisines vont être particulièrement sollicitées.

À Nanc, plusieurs commerçants sont visités. Cinq individus armés de pistolets se présentent chez le buraliste et prennent des paquets de tabac qu'ils paient, puis cinq individus armés de pistolets (les mêmes ?) se rendent chez le fromager où ils emportent quarante kilos de gruyère, qu'ils paient aussi. Ils poursuivent leurs emplettes chez l'épicier : cinq kilos de sucre. Au début de

200. ADJ. 331 W 35.

la nuit, cinq (autres ?) individus, sans armes cette fois, se présentent dans une autre épicerie du village et se font remettre, toujours contre argent, quinze kilos de sucre. Le même jour, à L'Aubépin, cinq individus sans armes se présentent chez le fromager qui s'était fait dérober son véhicule quatre jours plus tôt. Ils s'emparent de trois kilos de fromage maigre et d'un litre de crème.

Si les maquis sont fortement présents dans les contreforts du Revermont, c'est qu'ils peuvent en toute quiétude y observer la route nationale 83 ou « Route J » qui mène au sud à Bourg, et à Lyon. Ils redoutent la voie ferrée parallèle : un train blindé chargé de troupes aux incursions meurtrières y circule régulièrement, et la voie est l'objet de la plupart de leurs activités de sabotage. À l'annonce de l'arrivée des Allemands, souvent fausse alerte, les hommes valides quittent les villages, rejoignent le maquis ou une planque en forêt.

Les déraillements récurrents entraînent des représailles sur les populations riveraines, mais aussi, nous l'avons signalé, perturbent sérieusement le ravitaillement en produits pondérables, surtout en charbon, matière première indispensable aux usines à gaz notamment. La pénurie entraîne le chômage dans ces établissements, et au-delà l'insuffisance du gaz d'éclairage – depuis le 10 mai, on a dû réduire de 20 % les consommations autorisées – va condamner le travail de nuit. Pire, à Saint-Claude et dans ses environs où, on l'a signalé, les méticuleuses industries lapidaires et diamantaires en font une consommation importante, toute la filière est menacée, et la pénurie risque de mettre au chômage environ mille cinq cents personnes[201].

Les Allemands et les miliciens organisent à la fin du mois des opérations de police. Ayant appris qu'un groupe de « terroristes » avait séjourné dans un hameau de la commune de Vosbles, ils arrêtent une dizaine de personnes. Le maire réussit à persuader l'officier que les résistants s'étaient implantés de force. Il ne pourra cependant éviter cinq arrestations, l'incendie d'une ferme et le vol de son mobilier, de son cheptel et de ses réserves.

L'attitude belliqueuse des Allemands va s'accroître à l'arrivée des nouvelles en provenance du front :

– 18 mai : les Alliés et les FFL font (enfin) sauter le verrou de Monte Cassino.

La guerre se rapproche.

– 26 et 27 mai : les principales villes françaises subissent d'intenses bombardements alliés et les Jurassiens sont persuadés que le débarquement anglo-saxon sur nos côtes, impatiemment attendu, se fera début juin.

Les bombardements alliés, qui s'intensifient dans la région parisienne et le Nord, font de nombreuses victimes. L'opinion publique est partagée entre l'espoir d'une fin rapide de la guerre et le réflexe national qui la pousse à condamner les pilotes alliés qui, plus que l'ennemi, détruisent les installations françaises et assassinent leurs compatriotes.

Et le préfet de conclure : « Quoi qu'il en soit les Jurassiens qui s'étaient trop longtemps montrés insensibles devant ces bombardements parce que ne les touchant pas, manifestent aujourd'hui leur compassion et leur indignation et

201. ADJ. 304 W 132.

ils ont suivi avec intérêt les messages diffusés à l'occasion de ces bombardements par le Maréchal, le président Laval et M. Philippe Henriot. »

Juin. Le débarquement : branle-bas de combat

L'imminence du débarquement va accélérer le recrutement dans les maquis et les « réquisitions » corollaires sur l'habitant ; d'autant qu'à la campagne, il n'y aura bientôt plus guère de gendarmes, ceux-ci ayant été appelés à rejoindre la préfecture. Et faute de moyens de transport, les policiers ne peuvent plus se déplacer !

– Jeudi 1er juin, c'est un jour de marché à Lons-le-Saunier ; les ruraux des alentours sont venus nombreux. La Milice en profite pour distribuer un tract qui veut mobiliser le monde paysan :

> « PAYSANS DÉFENDEZ-VOUS
>
> PAYSANS, aux souffrances de la défaite, à l'absence de vos prisonniers, aux difficultés quotidiennes, s'ajoute maintenant une terrible menace.
> DES BANDES ARMÉES TERRORISENT LA CAMPAGNE, pillent les fermes, détruisent le matériel, assassinent les paysans, au nom du patriotisme !
> Demain, ces brigands, fourriers du bolchevisme, s'empareront de vos biens.
> Est-ce cela ce monde nouveau dont vous entendez parfois parler ?
> NON ! Car L'ORDRE NOUVEAU FRANÇAIS vous permettra de travailler en paix, de produire avec un juste profit, de vivre dignes et honorés, comme il libérera le monde des travailleurs de la tutelle écrasante de l'argent. En deux mots, il fera régner la JUSTICE SOCIALE.
> EXPLOITANTS, ARTISANS, TRAVAILLEURS, faites avec nous
> LA RÉVOLUTION NATIONALE FRANÇAISE
> Dont le MARÉCHAL PÉTAIN a posé les principes
> PAYSANS IL EST TEMPS D'AGIR !
>
> Pour vous, il s'agit d'abord de SAUVER VOS VIES ET VOS BIENS menacés par les communistes. Groupez-vous dans vos villages. Entendez-vous entre voisins – Constituez discrètement des noyaux de résistance – Mettez-vous en rapport avec des miliciens connus qui vous conseilleront, vous aideront, vous protégeront. Il faut résister aux bandits du maquis.
> PAYSANS DÉFENDEZ-VOUS !
> LA MILICE FRANÇAISE EST AVEC VOUS ! »

Affirmation dont on peut douter après la lecture de cette lettre du secrétaire général de la préfecture du Jura, au préfet de Lyon[202] en date du 4 juin 1944 :

Après avoir signalé qu'un groupe maquis avait dévalisé deux jours auparavant un camp des Chantiers de jeunesse de Poligny (vol de paquetages et de

---

202. ADJ. 247 W 355.

denrées alimentaires), celui qui fait office de préfet à Lons-le-Saunier évoque la traque qu'il a organisée contre le groupe des « malfaiteurs ». Il s'offusque que le groupe de miliciens et le GMR[203] qui en étaient chargés, aient été incapables de trouver l'emplacement du maquis, qu'il leur avait pourtant indiqué. Mais aussi que les miliciens en aient profité pour confisquer un camion transportant du bétail. « Le camion, avec le bétail, a été acheminé dans une direction inconnue... »

Les nouvelles diffusées par la radio vont accroître le sentiment que la cause de la Milice est désespérée. En effet, ce jour, la BBC annonce l'imminence du débarquement et les plans d'action à mettre en place par les maquis. Les Allemands aussi sont de plus en plus nerveux et dangereux. Le 3 juin, au cours d'une rafle dans les rues de Lons-le-Saunier, en plein jour, ils avaient abattu un jeune homme qui s'enfuyait.

Les populations devinent le pouvoir aux abois, et les responsables locaux sont aux premières loges pour essuyer la fronde populaire. Le maire de Pont-d'Héry, près de Salins, témoigne de son désarroi en envoyant, le 5 juin, sa démission circonstanciée au sous-préfet de Dole[204], et il en profite pour donner quelques noms...

> « M. le Sous-Préfet
>
> Je me vois dans l'obligeance (*sic*) de déposer ma démission de maire car ce n'est plus supportable avec mes administrés.
> Hier, 4 juin, j'étais chargé par le Ravitaillement de remettre des bons de réquisition de foin à des cultivateurs qui n'ont pas voulu livrer.
> Le fils de Monsieur D. âgé de 28 ans, à la sortie de la messe, m'a traité de manière injuste au moins dix fois ; il a ajouté qu'il n'avait pas peur de me le dire par-devant tout le monde, "et même (m'a-t-il dit) je devrais vous insulter".
> Un deuxième est venu à la maison pour le même cas et de la même façon.
> Vous comprendrez, Monsieur le Sous-préfet, que j'en ai par-dessus la tête ; âgé de soixante ans, ancien combattant, et se voir traité ainsi par la jeunesse !
> Pour vous donner une idée de l'imposition en foin, M. D. exploite 78 hectares et était imposé 3 600 kg de foin alors que moi, avec 29 hectares, j'ai fourni 20 400 kg. Ai-je le droit d'être traité d'injuste ?
> Ma fille étant secrétaire de mairie, elle assure la distribution des tickets chaque mois à la mairie.
> Ce sont toujours les mêmes qui ne se présentent pas, venant à la maison à toute heure de la journée. S'ils ne sont pas servis immédiatement, c'est encore des menaces et des insultes.

203. Groupes mobiles de réserve, forces de l'ordre de Vichy.
204. ADJ. 331 W 238.

Je vous signale spécialement l'institutrice qui, depuis le mois de décembre ne s'est pas présentée deux fois à la mairie, c'est encore elle qui est la moins polie.
Je pense, Monsieur le Sous-Préfet, que vous prendrez ma démission en considération et que vous l'accepterez, car c'est impossible. Je ne peux tenir plus longtemps avec une mentalité pareille.
Tout ce qui arrive ou n'arrive pas, c'est tout de la faute au Maire.
Comptant sur votre bienveillance, veuillez agréer, monsieur le Sous-Préfet l'assurance de ma considération distinguée. »

Peine perdue ! Il est trop tard ! Ce brave maire devra continuer à porter sa charge. La réponse du sous-préfet, en date du 10 juin, est sans équivoque :

« Monsieur le Maire,
Comme suite à votre lettre du 5 juin 1944, j'ai l'honneur de vous faire connaître qu'en raison des événements actuels, je suis dans l'impossibilité de me rendre sur place pour régler, d'accord avec vous et votre conseil municipal, votre succession éventuelle.
Je n'ai pas besoin d'insister sur la gravité de la situation actuelle, et vous demande de vous considérer comme tenu de conserver vos fonctions, jusqu'à nouvel ordre. »

Car le 6, s'est répandue la nouvelle du débarquement et des premiers pas des soldats alliés en Normandie. La mise en place immédiate du plan vert perturbe au plus haut point les communications.

Le rapport des RG sonde les Jurassiens sur l'événement[205] : « La population craignant que cette nouvelle lancée par la radio allemande ne fût qu'un ballon d'essai destiné à abaisser le prestige des Anglo-Saxons en cas d'échec ; mais par la suite, le public s'est rapidement aperçu, compte tenu des effectifs engagés, qu'il ne s'agissait plus d'une opération de commandos, mais d'une offensive d'envergure… Nombreux sont les habitants qui se réjouissent de la prise de Bayeux et du succès des Alliés en Normandie… »

Et de poursuivre : « d'autres, plus sensés, se rendent à l'évidence des ruines que la guerre portée sur notre territoire va accumuler en France et les pertes qu'elle causera parmi la population, ajoutées aux massacres provoqués par les raids aériens ».

L'annonce du débarquement en Normandie, le « Jour J » tant attendu, est un signal et un accélérateur : les populations n'auront jamais été si concernées par les maquis qui sont mobilisés par le plan vert[206], s'étoffent, s'équipent, consomment.

Bien sûr les « confiscations » sont loin de se limiter à celle du tabac, évoquée par ailleurs. Qu'on en juge par ce courrier envoyé par un chef d'entreprise

---

205. ADJ. 304 W 133.

206. Plan consistant à saboter et contrôler les voies de communication.

d'Arinthod le 9 juin[207] au brigadier de gendarmerie de la localité replié depuis peu à la caserne de Lons-le-Saunier, et au préfet :

> « ... Je vous informe que j'ai été victime, dans les nuits des 6 au 7, et 7 et 8 juin, d'un vol important de la part du maquis.
> Je vous adresse sous pli la liste provisoire des objets volés ou détruits en attendant d'avoir terminé l'inventaire définitif du matériel manquant.
> Dès à présent, je chiffre l'importance de ce vol à environ 1 100 000 francs... »

La liste qu'il dresse est impressionnante et les matériels réquisitionnés, des plus divers. Il les classe en « services » qui montrent au plus près les besoins des maquis :

– *Service des vivres* dans lequel la quantité de vin (et du bon !) qu'on lui aurait volé est impressionnante. Entre autres plus de seize hectolitres et cent huit bouteilles de château-chalon. On se demande, entre autres, où les maquisards ont bien pu les entreposer, les boire ou, éventuellement, les troquer ?

Dans cette rubrique figurent bien entendu les inévitables pommes de terre et le lard salé. En fait rien ne semble avoir été négligé dans cette énumération, y compris un panier d'osier estimé à trente francs ! Il n'est pas question ici de faire un quelconque cadeau à la Résistance.

– *Chauffage et éclairage.*

– *Habillement et campement.* La garde-robe du plaignant, bien garnie par ailleurs, a été visitée : pardessus, manteaux, quatre costumes complets, y compris cravates et mouchoirs...

– *Couchage et ameublement,* dont une machine à écrire.

– *Service des transmissions : un poste de TSF Ducretet.*

– *Fournitures de bureau.*

– *Service du génie. Scie, serpes, haches, pinces, une musette d'ouvrier maçon*

– *Somme en espèce.* 6 560 francs.

– *Service des essences. Huile moteur, graisse, dix litres d'essence et deux cents kilos de bois gazo.*

– *Service du matériel.* Dont *une bicyclette et une batterie.*

– *Matériel divers.* Essentiellement un chronomètre et deux montres.

Il aura d'ailleurs à subir d'autres confiscations, notamment un autre véhicule et des quantités importantes de bois... Il en dressera encore une fois une liste minutieuse.

C'est avec ce bois que sera construite la prison de Fétigny, à quelques kilomètres d'Arinthod. Les bras utilisés à ces travaux seront ceux des soldats allemands incarcérés. Le fournisseur sera remboursé après la Libération, après moult démarches et une sérieuse révision à la baisse de ses estimations.

La plupart des personnes spoliées par les maquisards l'ont souvent fait savoir haut et fort, surtout après la Libération, entretenant une légende noire de la Résistance. Par contre, ils ont bien rarement fait état des réparations, payées par le contribuable, qui leur ont été faites !

---

207. Archives privées.

Autre son de cloche qui vient nuancer un autre lieu commun : la rumeur court selon laquelle des éléments de la Résistance auraient l'intention d'occuper incessamment Lons-le-Saunier où « ce bruit a suscité dans la journée de vendredi 9 juin une véritable panique en ville ». On s'est précipité dans les commerces d'alimentation à tel point que dès le début d'après-midi les boulangers n'avaient plus de pain ! La population jurassienne vit dans la crainte du lendemain ;

L'occupant aussi, pour d'autres projets, se rue sur des produits de plus en plus nécessaires, notamment les véhicules. Pour les conduire, ils recrutent ou réquisitionnent des chauffeurs français, souvent réticents. Et c'est à l'Administration française de prendre en charge la dépense. Une facture de plus de cent mille francs adressée au chef de service des relations franco-allemandes, par l'état-major allemand, va défrayer le personnel français affecté à l'entretien des cantonnements, soit vingt-trois chauffeurs, deux surveillants et cinquante-huit femmes de ménage. Sans compter le versement d'un demi-million de francs « à titre des réquisitions diverses ».

Entre les véhicules réquisitionnés par les Allemands et ceux « empruntés » par le maquis, la pénurie de véhicules à moteur, celle, chronique, d'essence, et les voies ferrées endommagées, la préfecture va désormais vivre en autarcie. D'ailleurs l'état-major de liaison 711 a décidé que seuls les véhicules automobiles munis d'un « *Sonderaussweiss* » pourraient circuler. Par contre, malgré les demandes insistantes de l'Administration[208] les véhicules de la Poste automobile rurale ne l'ont pas obtenu.

Une exception, les dix camions affectés spécialement au ravitaillement de la population civile. Quelques allégements vont permettre d'améliorer la circulation dans la seconde moitié du mois de juin ; notamment l'heure du couvre-feu sera ramenée de 20 heures à 21 heures. Mais le 25 juin le préfet attend toujours le retour à la normale de la circulation… des bicyclettes, dans la zone pourtant réduite des cantons de Lons-le-Saunier, Conliège et Voiteur.

Les maquisards encerclent Lons-le-Saunier et contrôlent la plupart de ses accès par des barrages improvisés. Effet collatéral, ceux-ci ont empêché la tenue dans la préfecture de la commission de peignage et donc de tout départ vers l'Allemagne des requis du STO. Les difficultés pour le gouvernement français à livrer son contingent de jeunes gens vont l'amener à faire feu de tout bois en élargissant la base du recrutement. On ne sera pas regardant sur la qualité des requis, il faut faire du chiffre ! Une circulaire de Vichy en date du 13 juin[209], va proposer les détenus de droit commun qui, après avoir purgé leur peine, pourraient représenter « un danger pour la sécurité publique… En raison des circonstances présentes… lorsqu'ils sont reconnus physiquement aptes, il conviendrait qu'ils soient désignés pour faire partie des contingents destinés à aller travailler en Allemagne. »

208. ADJ. 331 W 35.
209. ADJ. 304 W 76.

■ **Coll. Voisin.**

Face aux sabotages ferroviaires, les Allemands doivent admettre que le combat des voies de communication est provisoirement perdu. Sans vergogne, le chef du service des relations franco-allemandes est assez fier d'annoncer au préfet que sur sa proposition, le commandant allemand de l'état-major de liaison 711 a décidé de supprimer la garde des voies ferrées à compter du 15 juin[210].

■ **Pont routier de Molay. Coll. Voisin**

210. ADJ.304 W 141.

L'impuissance, maintenant notoire, des pouvoirs publics est devenue insupportable. Signe des temps mauvais, *La Croix du Jura* ne présente désormais plus d'articles à caractère politique. L'hebdomadaire se recentre sur les âmes et l'article de fond de l'abbé Thurel, son directeur, a pour titre et pour unique sujet « L'idée de Dieu dans l'éducation des jeunes ».

Plus critique sur ses contemporains, et plus matérialiste... l'impertinent agent de renseignement de la Résistance dans la préfecture, « Percival », porte, par cette saillie, un regard sans complaisance sur l'état d'esprit de la population[211] :

> « Néant. Les Lédoniens n'ont plus d'esprit et ne s'amusent même plus au petit jeu des bobards ; ils prennent alternativement Philippe Henriot et la radio anglaise, et ne pensent qu'à leur ventre et à leur bas-ventre. »

Les populations entre résistance et répression

On se perd en conjecture sur les actions de la police allemande appuyées par la Milice qui semblent bien erratiques, procèdent de plus en plus à l'arrestation de personnes *a priori* bien éloignées de la dissidence : à Lons-le-Saunier, le 9 juin, huit instituteurs de l'école Saint-Désiré sont arrêtés, ainsi que trois institutrices, mesdames Vernay, Maillary et Boudard, lesquelles seront libérées en même temps qu'un cheminot, monsieur Royer. Les instituteurs seront déportés. Si plusieurs d'entre eux, voire tous, étaient d'authentiques patriotes, aucun d'eux ne semble avoir été engagé dans la Résistance. On peut en dire autant pour ceux qui, dix jours plus tard, seront également arrêtés : l'inspecteur d'académie Charles Grandgeat, le proviseur du lycée de garçons, l'industriel Léon Bel, tous honorables légionnaires qui avaient donné des gages de loyauté au pouvoir. Avec eux est également arrêté un couple de marchands forains... Ces arrestations pour le moins arbitraires, suivies de la déportation des hommes, vont causer une vive émotion dans les milieux de l'enseignement, mais aussi dans toute la population.

Le 27 juin, dix nouvelles arrestations à Lons-le-Saunier, tout aussi inexplicables que les précédentes : parmi les personnes appréhendées, se trouvent le directeur des fromageries Bel, M. Fievet, qui sera vite relâché, cinq chefs de services administratifs en vue – dont deux officiers – et l'ancien chef de la Milice !

Il est vrai qu'à l'époque, selon un rapport FFI du 1er juillet « la tension s'accroît entre la Gestapo et la Milice. La Gestapo est mécontente des arrestations récentes de la Milice[212] ».

Celle-ci réglerait-elle des comptes ? Donnerait crédit à des dénonciations non vérifiées... ?

Un fort contingent allemand était arrivé à Lons-le-Saunier le 15 juin dans le but de châtier la Résistance. Le surlendemain, accompagné de miliciens, il va

211. Archives Vandelle.
212. *Ibid.*

mener sans succès une expédition punitive contre l'état-major de la Résistance et le Comité départemental de Libération, qui avaient pris le maquis dans les environs de Clairvaux. Sur le chemin du retour, ils surprennent et déciment un groupe de jeunes maquisards à Bissia (commune de Boissia) poursuivant et achevant les blessés avant de les dépouiller. Le bilan est lourd : quinze morts. Les atrocités allemandes se sont déroulées devant les habitants du village terrorisés qui vont aider à transporter les corps dans une grange transformée en chapelle ardente avant de les inhumer provisoirement.

La population de Saint-Claude va subir les vicissitudes conjuguées et alternées des libérateurs et de l'occupant. Quelques jours après Nantua et Oyonnax, le maquis du Haut-Jura-Ain « libère » la ville et s'y installe le 14 juin. Bien sûr ils « réquisitionnent », en priorité aux dépens des « collaborateurs », dans la mesure du possible... Ainsi un magasin de chaussures appartenant à une femme de nationalité suisse, qui s'est enfuie dans son pays d'origine avec sa fille, « a été mis à sac par les dissidents ». On reproche aux deux femmes d'avoir entretenu des relations suivies avec les troupes d'occupation. Les maquisards réquisitionnent également dans la ville plusieurs machines à écrire, un poste de TSF, de nombreux véhicules automobiles, des bicyclettes, de l'huile de graissage, de l'essence, de l'alcool, des matériaux divers, des denrées alimentaires... ainsi que la motocyclette du service des Renseignements généraux. Les maquisards procèdent à une quarantaine d'arrestations, dont plusieurs membres de la Milice. Parmi eux, trois directeurs d'établissements (dont le chef de la section locale de la Légion), neuf industriels (dont l'ancien chef local de la Milice), deux entrepreneurs de transport, l'archiprêtre... Ils retrouveront vite la liberté, sans avoir été menacés par leurs ravisseurs.

Les populations sont désormais, à leur corps défendant, fortement impliquées dans le combat pour la libération. Des affiches les exhortant au calme sont apposées, et les hommes valides de 18 à 45 ans sont mobilisés afin de procéder à la construction de barrages aux abords de la ville[213].

L'inspecteur de police des RG ne semble pas vouloir accabler les maquisards qui ont laissé un bon de fournitures signé du Comité de Libération. Il mettra en perspective ces malversations et les crimes commis par les Allemands qui investiront Saint-Claude les 16 et 17 juin. Alors, un homme sera abattu devant son habitation, un lapidaire grièvement blessé à son domicile au cours du pillage de son appartement. Près d'une centaine de plaintes pour vols commis par les troupes, chiffrés à environ un million de francs. Le nombre de femmes et de jeunes filles violées sera estimé à une cinquantaine, dont la plupart s'abstiendront de saisir la justice.

Après cette razzia éclair, les troupes allemandes quittent la ville le 18 juin avec les trois cents kilos de fromage que la municipalité a dû leur procurer.

Deux jours plus tard, c'est le retour des maquisards du Haut-Jura dans la ville qui panse ses plaies et qui doit se plier, pour la bonne cause, à la loi de la guerre.

---

213. ADJ.304 W 107.

Le préfet semble exprimer le sentiment de la population qui « a souffert des passages de la troupe, redoute le retour des jeunes de l'armée de résistance et surtout celui des troupes d'opérations ».

Le commissaire principal des RG de Lons-le-Saunier fait état de la situation dans laquelle se trouve la capitale de la pipe[214] : « Du fait que Saint-Claude est totalement isolée de l'extérieur, le ravitaillement de la population a rencontré de sérieuses difficultés. Ainsi aucune distribution de vin ne sera possible durant le mois de juillet. La ration de pain sera diminuée de moitié. L'arrivage de légumes est insignifiant. L'interruption des voies de communication gêne sensiblement le bon fonctionnement des usines. Le manque de matières premières a provoqué la fermeture de l'usine de bois de Molinges ; d'autres usines à Saint-Claude se verront, pour la même raison, dans l'obligation de fermer leurs portes. »

Les sabotages et les bombardements alliés ont anéanti le trafic ferroviaire, surtout en direction de l'Allemagne. Il est donc désormais impossible d'y envoyer des jeunes du STO. À ce propos, le 23 juin le chef du gouvernement envoie un courrier sibyllin aux préfets :

> « ... Je comptais faire publier un communiqué au sujet de la suspension des réquisitions de travailleurs pour l'Allemagne.
> Vous devrez la considérer comme privée et vous abstenir rigoureusement de la faire publier sous une forme quelconque, par la voie de la presse ou par circulaire. Mais je vous invite à en faire usage dans vos conversations pour qu'elle soit suffisamment connue ; ce renseignement, répandu parmi les populations, produira, j'en suis sûr, le meilleur effet psychologique et facilitera votre tâche en ce moment difficile :
> **Communication :**
> En raison des bombardements anglo-saxons et des destructions provoquées notamment par la tentative d'invasion, les autorités allemandes ont décidé de suspendre les réquisitions de travailleurs pour l'Allemagne.
> Elles estiment qu'elles doivent laisser, dans les circonstances actuelles, le maximum de main-d'œuvre à la disposition du gouvernement français.
> Naturellement, les départs volontaires pour l'Allemagne subsistent comme auparavant, et dans toute la mesure du possible, doivent être encouragés. »

« Dans les circonstances actuelles », la Légion poursuit sa lente agonie et beaucoup de ses membres prennent aussi leurs distances. 20 % de ses membres n'ont pas renouvelé leur cotisation en 1944, s'ajoutant aux 25 % de l'année précédente. En ce mois de juin, les légionnaires à jour de leur cotisation ne seraient plus qu'environ deux mille cinq cents dans le département ; trois mille cinq cents d'entre eux ne se sont toujours pas manifestés. À Lons-le-Saunier ils ne sont plus que deux cents, soit la moitié des effectifs, à s'être présentés à la permanence pour y renouveler leur adhésion, et l'on souhaite bonne chance à ceux qui sont chargés d'aller visiter les autres ! La

---

214. ADJ.304 W133

situation la plus délicate est celle du district de Saint-Claude où le secrétaire a été assassiné. Là, la crainte est telle que le recouvrement des cotisations se fait par mandat postal ! Les pertes sont lourdes et plusieurs sections locales sont désorganisées par suite de la démission de leur président qui a senti souffler le vent mauvais avant ses troupes[215].

Mais il est trop tard pour envisager de freiner les actions de la Résistance qui, le 28 juin, fait assassiner Philippe Henriot.

Le maquis sort de ses bois et s'installe à proximité, voire dans les villages. Un rapport de la préfecture évoque ses « méfaits ». Les populations des villages doivent héberger les maquisards sous la menace et, bien sûr, elles subissent alors la répression des autorités allemandes. Les maquisards n'ont donc pas toujours bonne presse au village. Le représentant de l'autorité préfectorale se veut être l'interprète des Jurassiens quand il déclare : « On a l'impression que par leurs exploits inconsidérés dont l'intérêt militaire est nul dans le département, les mouvements de résistance se sont discrédités auprès de la population. »

Les craintes sont légitimes. Les ruraux concernés reprochent aux maquisards leur incapacité à assurer durablement leur sécurité ainsi que les faiblesses de l'encadrement qui ne permet pas d'endiguer certaines dérives. Et si les villageois dénoncent la mobilisation des jeunes gens de 18 à 40 ans décidée dans certains villages par les mouvements de résistance, c'est également que, faute d'équipement et d'encadrement, une partie d'entre eux a dû revenir au village, au risque d'être dénoncés ! Quant à ceux qui ne sont pas rentrés, « seule la peur des représailles allemandes les a fait rester au maquis »

À Doucier, des francs-gardes de la Milice abattent deux jeunes gens qui, sous la menace de leurs armes, s'étaient fait remettre du tabac par le receveur. Au cours d'une opération de police dans la région de Vincelles, trois personnes de la localité sont blessées, dont deux mortellement ; leur seul tort a été d'avoir eu peur et d'avoir pris la fuite à l'approche des soldats allemands.

Et la presse locale va dans le même sens. *La Croix du Jura* retrouve des couleurs et reprend de la voix. Dans son article intitulé : « Trois mots d'actualité », sous couvert de la nécessaire concorde des Jurassiens, l'abbé Thurel écrit que « la fièvre doublée de délire mine par le dedans l'organisme français ; les sabotages se généralisent, les dissensions intérieures s'enveniment, le terrorisme multiplie les attentats ; les folles équipées provoquent de sévères représailles. La France s'anémie dans le désordre et le sang ».

Et il conclut par cet appel à l'attentisme qui fait l'économie, c'est nouveau, de toute référence au maréchal Pétain :

« En bref, gardons la tête froide, le cœur français et l'espoir en Dieu seul ! »

---

215. ADJ.304 W 133.

CHAPITRE IV

ÉTÉ 44, DE LA TERREUR À LA LIBÉRATION

Le 4 juillet, à Salins, les résistants règlent leurs comptes en « liquidant » cinq « collaborateurs ». La réaction des Allemands est rapide. Jean Carel[216], sous-préfet de Dole, rapporte le 8 juillet : « Sept camions chargés de troupes ont occupé Salins. L'état de siège a été appliqué pendant toute la journée. Les bicyclettes de la ville ont été réquisitionnées, une partie a été détruite sur la place de la mairie, mille cinq cents ont été dirigées à Besançon. Les autorités occupantes ont procédé à l'arrestation du maire, du commissaire de police, de l'adjudant-chef de gendarmerie, du brigadier-chef et de l'épouse d'un professeur du collège de Salins[217]... »

Le sous-préfet intervient vivement auprès des autorités allemandes, se déplace à Dijon et à Besançon, et obtient gain de cause : les otages seront libérés et on lui promet la restitution des bicyclettes.

Sans doute les Allemands n'en sont-ils plus à vouloir à tout prix venger les collaborateurs menacés par la vindicte populaire et les résistants. L'heure est grave. Fin juin et en plein jour, les résistants avaient reçu des parachutages particulièrement importants dans la région doloise et au nord du département de l'Ain. La rumeur augmente encore les quantités déjà considérables du matériel largué. On fantasme : un officier allemand aurait affirmé que des véhicules blindés auraient même été parachutés... ! En tout cas la garnison allemande de Lons-le-Saunier est désormais menacée ; aussi entreprend-elle des travaux de fortification dans le quartier de la gare.

La pression du maquis sur les voies de communication s'est encore accrue. « Percival »[218], agent d'information de l'état-major FFI, est d'ailleurs approché par le directeur de la Compagnie des chemins de fer vicinaux (le tacot), qui lui demande si la Résistance ne pourrait pas laisser aller ses trains au moins jusqu'à Moirans et Orgelet. Dans le cas contraire, il serait obligé de mettre cent cinquante personnes au chômage. « Percival » transmettra cette demande à ses supérieurs, les incitant à y répondre favorablement, étant donné l'importance éventuelle que cette ligne pourrait un jour présenter pour les résistants.

---

216. ADJ. 1149 W 119.

217. Mme Robbe, résistante et femme de Roger Robbe, chef FFI de la région de Salins.

218. Pseudonyme d'un agent de renseignement de la Résistance.

Les Jurassiens victimes de l'opération Treffenfeld

Sujet de grande inquiétude pour les Allemands et qui semble confirmer leurs inquiétudes, la « République du Vercors » a été proclamée le 3 juillet. Ne va-t-elle pas être un modèle pour les résistants du Haut-Jura et de l'Ain de Romans-Petit, voire faire jonction avec eux ? La réponse allemande s'impose : elle va mettre sur pied une nouvelle opération de répression dans le Haut-Jura. C'est l'opération Treffenfeld ; comme en avril, c'est la 157e division de réserve et ses « cosaques » qui la mèneront.

La chasse aux civils est à nouveau ouverte, les maquis ayant reçu l'ordre, sauf ponctuellement pour ralentir son avance, de se mettre en sécurité. Celui du Haut-Jura gagnera les contreforts du crêt de Chalam, à la Borne au Lion.

Le 8 juillet, dans les environs du village du Deschaux, l'avant-garde d'une unité de cavalerie allemande, en provenance de Dole et se dirigeant vers Lons-le-Saunier, est attaquée par un petit groupe de résistants. Les maquisards ont pu décrocher avant que n'arrive le gros de la troupe qui va s'en prendre aux populations des villages proches, Villers-Robert et Le Deschaux. Après le pillage, une soixantaine de personnes est emmenée : des hommes parfois âgés, certains sans chaussures, précèdent les soldats, formant un bouclier humain. Après une nuit passée à Sellières, cinq de ces otages qui retardaient la troupe sont abattus à la hauteur du moulin du Tortelet.

Les soudards retrouveront d'autres unités dans la préfecture, camp de base de la répression. Ils ont reçu des directives très claires qui sont communiquées par le secrétaire général de la préfecture[219] : « Monsieur le lieutenant-colonel commandant l'état-major de liaison 711 m'a fait connaître que l'officier commandant les troupes de passage était porteur d'un ordre écrit, d'avoir à incendier le domicile de toutes les personnes qui sont passées à la résistance depuis ces derniers temps. » Des cheminots sont particulièrement visés. Rien ne se passera.

Ailleurs, dans les campagnes, les colonnes de répression n'auront nul besoin de directives pour semer la désolation : meurtres, arrestations et incendies. Les colonnes de répression se mettent en branle le 11 juillet au matin.

À Conliège, les jeunes hommes sont raflés et suivront la colonne, sur des camions ou en vélo. Celle-ci se dirigera vers Bourg-en-Bresse par le plateau, semant la désolation, notamment à Dompierre-sur-Mont où, en rétorsion à une embuscade du maquis, elle rassemblera tous les hommes du village sur la place et les fusillera sous les yeux de leurs proches… À quelques kilomètres de là, Orgelet ne sera pas épargné.

Le village de Charchilla est lui aussi en partie incendié et quinze habitants sont faits prisonniers ; relâchés sur la route de Moirans, ils seront exécutés par une autre colonne allemande…

---

219. ADJ. 304 W 122.

Une jeune fille d'Orgelet. 18 ans

« Le 11 juillet, les Allemands pénètrent dans notre maison à la recherche de "schnaps" et de rapine. L'un d'entre eux fouille ma chambre, met la main sur ma montre, mais j'empêche le soldat de me la voler. Ils décident d'incendier des maisons voisines de notre ferme suspectées d'avoir abrité des "terroristes", ils m'obligent de transporter la paille devant les maisons qu'ils vont incendier. Mon frère qui a l'opportunité de se cacher, échappera à la rafle des hommes. »

Marcel Bernard. Pimorin

« ... Les Allemands ? On ne les a pas vus avant le printemps 1944, avec des gars qu'ils avaient pris du côté de Saint-Laurent-en-Grandvaux. Ils sont passés dans les maisons pour prendre de quoi se nourrir. Ils ne nous ont pas inquiétés. Mais ils sont revenus le 11 juillet, et là ils ont réuni tous les hommes du village sur la place ; ils nous menaçaient avec leurs armes et avaient installé une mitrailleuse. On a été rassemblés, avec des hommes d'autres villages, à Cressia où ils avaient incendié le château. Ils nous ont emmenés en direction de Bourg-en-Bresse. Mais le maquis avait saboté un pylône au col de France, et on a dû changer de route. On s'est finalement dirigés sur Nantua où ils nous ont triés. "Les vieux" ont été relâchés, moi aussi, mais je ne sais pas pourquoi. Je suis rentré à pied avec des copains. Ils en ont gardé sept, qu'ils ont déportés. Il n'y en a qu'un qui est rentré. »

Puis c'est Moirans où, ce 11 juillet, plus de vingt maisons seront incendiées. Le lendemain, l'aviation allemande bombarde la cité et cinq habitants seront déportés... L'unité allemande qui avait suivi l'itinéraire Lons-le-Saunier/ Bourg par la Petite Montagne fait le tour des villages où elle fait sa moisson de recrues pour l'Allemagne et la déportation.

Les hommes encore jeunes sont rassemblés sur les places et emmenés. Les villages voisins, Cressia, Augisey et Loisia, se voient ponctionner de plus de soixante hommes.

Quand les résistants s'en prennent à ces colonnes allemandes, ils sont souvent loin de recueillir l'approbation des populations voisines. Ainsi, le 16 juillet, une colonne allemande de retour à la préfecture est, sur ordre, accrochée par un groupe du maquis entre Arinthod et Orgelet. Les Allemands réagissent en incendiant le village d'Ugna (commune de Savigna) abandonné sous le conseil des résistants par la plupart de ses habitants : « Il n'y restait que quelques vieux. »

Deux ans plus tard, dans un courrier, le maire, occultant que les maquisards avaient alerté du danger les populations, exprime sa rancœur et celle de ses administrés :

« Après avoir tiré trois ou quatre rafales de mitrailleuses, les maquisards se sont sauvés comme une volée de moineaux... Résultat de l'opération : dix-sept maisons sur vingt-quatre sinistrées... »

Au-delà de la répression aveugle de ces colonnes, d'autres, moins spectaculaires, sont ciblées. Il en va ainsi des instituteurs, Bozon à Pimorin, Maurice David à Orgelet. Et Marcel Bertrand à Thoirette. Et la liste s'allonge, même si, selon la préfecture : « Il est à présumer que cette liste est incomplète étant donné le manque de communications postales avec certaines régions du Jura. » Nul doute que les délateurs, légionnaires ou miliciens, ont été pour quelque chose dans la dénonciation de plus d'un de ces hommes appréhendés.

D'autres forces de répression, plus nombreuses, sévissent dans le Haut-Jura. Le témoignage de M. Rémi Pleurotte de Vesoul qui a été le témoin obligé de leur fonctionnement, est particulièrement révélateur, et difficile à tronquer[220] !

220. Musée de la Résistance et de la Déportation. Besançon.

« J'ai été réquisitionné à Vesoul avec mon car et avec d'autres conducteurs des Éts Citroën et leurs cars, et de nombreux conducteurs de camion de toute la région [...]. Cette armada, après avoir chargé des Russes et l'encadrement allemand dont des gendarmes allemands de Vesoul, s'est dirigée à Gray. Nous avons gagné la caserne de cette localité en attente du départ qui a eu lieu le lendemain après l'arrivée de camions chargés de soldats provenant de toute la région.
Nous sommes arrivés à Champagnole à la tombée de la nuit et dans cette ville nous avons trouvé un régiment de miliciens français qui, à notre étonnement, manifestaient des sentiments allemands d'une manière très accentuée. Il s'agissait d'ailleurs d'individus qui pour la plupart semblaient peu recommandables.
Je n'ai pas su la destination prise par ceux-ci, mais notre colonne est repartie en direction de Morez ; nous avions l'interdiction d'utiliser notre éclairage réglementaire à l'époque et la traversée dans les gorges profondes était particulièrement impressionnante de nuit. Nous n'avons cependant pas été attaqués. Nous sommes arrivés au petit matin à Morez.
La colonne a eu l'ordre de s'arrêter. Les soldats armés ont mis pied à terre et ont commencé à fouiller les maisons et à incendier celles où il leur avait semblé trouver quelque chose de suspect.
Nous avons continué notre route en direction de Saint-Claude d'une manière très lente, les Allemands nous faisant arrêter tout le long du chemin, particulièrement en rase campagne, pour fouiller les maisons ou fermes isolées en en incendiant quelques-unes au vu de ce qu'ils trouvaient.
Dans une des fermes, ils trouveront des grenades. Ils arrêtèrent un homme âgé et un tout jeune garçon en mettant le feu à la maison [...]. Nous n'avons pas assisté à l'exécution de ces deux hommes, mais les Allemands nous ont dit qu'ils allaient les fusiller.
Les incendies et les pillages ont continué jusqu'à Saint-Claude et, avant d'arriver à cette ville, les Allemands procédèrent au ramassage de gendarmes en uniforme, de prêtres en soutane, de facteurs en uniforme et de civils, une quarantaine environ. Ils ont été chargés dans nos véhicules et la descente sur Saint-Claude, environnée de bois, étant jugée dangereuse par l'occupant, ils ont été déchargés avant cette descente longue de plusieurs kilomètres et très sinueuse. Les otages marchèrent les premiers en couverture et nous suivions ainsi au pas.
De nombreuses barricades de pierres, troncs d'arbres, etc., non défendues, avaient été édifiées par le maquis et ce sont les otages qui ont dû procéder à l'enlèvement de celles-ci pour permettre le passage de notre colonne.
J'ai entendu de nombreux coups de fusil dans les bois sans en pouvoir définir l'origine. J'ai appris qu'il y avait des blessés dans notre colonne [...] un chauffeur des Monts Jura a dû être tué.
Nous avons mis plusieurs heures pour effectuer cette descente, arrivant à Saint-Claude avant la tombée de la nuit. J'ai été particulièrement frappé par l'aspect de Saint-Claude : pas un seul civil dans les rues, tous les magasins fermés, les volets étant aussi bien mis sur ces magasins fermés que sur

les fenêtres de toutes les maisons (ville morte). On sentait que les gens étaient tapis chez eux et effrayés.
La colonne s'est alors arrêtée dans la ville, stationnant un peu partout étant donné son importance.
Les Allemands sont descendus sans s'occuper de nous et sont allés dormir dans des locaux réquisitionnés. Je pense avoir dormi dans le car la première nuit, les Allemands nous ayant donné pour toute nourriture un morceau de pain et de saucisson.
Nous sommes restés à Saint-Claude huit à dix jours ou plus, cette ville servant de base de départ pour faire leurs expéditions.
Nous avons appris qu'une colonne allemande organisée de la même façon que la nôtre était partie de la région de Lyon, la jonction s'étant faite à Saint-Claude ou à proximité.
Les habitants de Saint-Claude tenaient à avoir chez eux les conducteurs français des véhicules, ce qui empêchait souvent le pillage et le viol des habitants [...].
J'ai constaté que les Allemands partaient tous les jours, très souvent à pied, en armes, se rendant dans les bois contre les maquis ou continuant les perquisitions dans les maisons [...].
J'ai fait avec les Allemands plusieurs déplacements, mais je me souviens surtout de celui d'Oyonnax. Dans ce pays en effet, l'occupant s'est livré à un véritable sac. Ils ont entassé sur la route, par tas importants, toutes les bicyclettes, motos et autres, et dans ces monceaux impressionnants, ils ont mis le feu [...]. Dans les fabriques de pipes, des ébauches ou des pipes finies ont été utilisées comme bois pour les gazogènes. Le saccage terminé, ainsi que les incendies devenus malheureusement habituels, nous avons regagné Saint-Claude directement. Nous y sommes encore restés quelques jours, n'étant pas ravitaillés à l'exception du saucisson donné par les Allemands. Nous avons mangé à la soupe populaire échangeant souvent un morceau de saucisson contre une soupe.
[...] au retour de l'expédition, sur tous les toits des cars et dans les camions, les occupants avaient empilé le produit de leurs pillages : bicyclettes, postes de radio, meules de gruyère, etc. Bien entendu les objets précieux ont été gardés sur eux par les intéressés.
Ayant ramené les Russes à la caserne de Lure, les produits du pillage ont été déchargés à cet endroit [...]. »

La liste est longue et non exhaustive des communes qui vont pâtir des colonnes infernales. Au mois d'août, la sous-préfecture de Saint-Claude en dressera le bilan pour l'arrondissement[221] :

« **Chancia**. Tout le village a été incendié, sauf le château et l'hôtel de la Bienne.
Cinquétral. Toute la localité a été soumise à un pillage. Tous les postes de TSF ont été saisis. Les véhicules automobiles ont été démolis ou incendiés.

---

221. ADJ. 304 W 32.

Broissia. Deux immeubles ont été incendiés. Deux familles sinistrées.
Chassal. Toutes les habitations ont été pillées.
Chaux-des-Prés. Le fils du maire a été tué. Trois immeubles détruits par incendie.
Choux. Une maison incendiée, plusieurs immeubles pillés.
Coyrière. Localité complètement détruite par incendie, une seule maison subsiste intacte. Un grand nombre d'animaux domestiques ont péri au cours des sinistres. Il conviendrait de prendre d'urgence des mesures prophylactiques. Un homme âgé de 70 ans a été tué et brûlé dans sa maison.
Coiserette. Comme la commune précitée, les troupes d'opérations ont incendié une grande partie de ce village.
Coyron. La localité est partiellement détruite par le feu.
Grand-Châtel. Quelques pillages ont été commis dans les immeubles. Vingt bicyclettes ont été enlevées
Grande-Rivière. La population a subi des pertes pécuniaires par les pillages.
Jeurre. Au cours des opérations, deux personnes ont été tuées.
La Mouille. Le village tout entier a fait l'objet de pillages. Tous les postes de TSF ont été enlevés. Les voitures automobiles remisées dans cette localité ont été détruites ou brûlées.
Larrivoire. Trois immeubles, dont une scierie détruite par incendie.
Lavancia. Dans toute la commune, seules trois maisons sont restées intactes. Deux personnes ont été tuées. Le hameau dit « du Rhien » est entièrement incendié. Dans la section dite « des Bracelettes », deux maisons et une usine électrique sont détruites par le feu.
Les Bouchoux. Plusieurs fermes ont été incendiées. Par ailleurs les habitants ont subi le pillage général des maisons. On signale quelques cas de viols.
Leschères. Quatre maisons ont été incendiées, sept autres ont été pillées.
Longchaumois. Un hôtel complètement détruit par incendie. Quatorze jeunes gens arrêtés. Les voitures automobiles démolies ou brûlées. Tous les postes de TSF et tous les vélos enlevés.
Meussia. Une personne a été fusillée tandis que deux maisons sont détruites par incendie.
Molinges. Quatre maisons d'habitation ont été incendiées. Le reste de la localité a subi un pillage total.
Montcusel. Le chef-lieu de la commune a été incendié, les hameaux de Naizan et Grand-Berget ont été pillés.
La Pesse. M. Paul Lançon fusillé. Grosses pertes pécuniaires par pillage. Saisie de tous les vélos et postes TSF.
Pratz. Préjudice matériel par pillage, destruction d'autos, enlèvement de bicyclettes et postes de TSF, trois personnes (dont un jeune de 16 ans) arrêtées et emmenées.
La Rixouse. Une maison a été incendiée ; 30 stères de bois-gazo et matériel de sciage ont été détruits.
Rogna. La maison du maire détruite par incendie.

Rosnay, commune de Lavigny. Trois grandes fermes ont été incendiées. Les sinistrés sont les suivants : Campy Louis, Bourgeois Gustave et Hillers Auguste.
Valfin-lès-Saint-Claude. Toute la commune a subi le pillage des maisons.
Vaux-lès-Saint-Claude. Toutes les habitations ont été pillées.
Villards-d'Héria. Plusieurs immeubles ont été soumis au pillage.
Vulvoz. Quatre immeubles incendiés, le reste a été pillé.

Thoirette : le pont sur l'Ain a été détruit, la plupart des maisons et la gendarmerie, incendiées par la colonne allemande. En se portant prisonnier, l'instituteur Marcel Bertrand évite à l'école de subir le même sort.

Saint-Claude. « Les troupes allemandes ont saisi la totalité des appareils de TSF et des bicyclettes. Elles ont emporté 2 868 vélos et environ 3 000 postes TSF. Par ailleurs toutes les voitures automobiles ont été saisies. 97 voitures automobiles en bon état ont été emmenées, une centaine de véhicules n'étant pas en état de marche ont été détériorés et laissés sur place.
La voie ferrée reliant Saint-Claude avec La Cluse (Ain) a été rétablie par les troupes d'opérations. Les trains peuvent circuler entre Saint-Claude et Bellegarde, mais la voie unique est réservée aux Allemands qui l'utilisent pour le transport de leurs prises de guerre.
Au cours des opérations, cinq femmes ont été violées par des militaires de l'armée d'opération (dont deux jeunes filles de 15 ans).
À peu près tous les habitants ont été touchés et il n'y a pour ainsi dire aucune famille d'épargnée… »

Le 21 juillet les derniers éléments des troupes d'occupation quittent la ville avec armes et bagages bien remplis. Les stocks de denrées de première nécessité ont été emportés ; il n'y a pratiquement plus de farine, hormis quelques sacs qu'on est allé péniblement se procurer à Lons-le-Saunier. Et malgré tout, la population de Saint-Claude reste calme au dire des rapports de police. En l'absence du sous-préfet Cirier qui s'était fait opportunément kidnapper par la Résistance, le rôle de M. Joannès Chambon, secrétaire en chef de la sous-préfecture a fait l'unanimité : il a pu obtenir quelques allégements dans les mesures draconiennes édictées par les Allemands. « Sa personnalité, son sang-froid et son tact en ont imposé à l'occupant. »

Les usines ont mis leur personnel en congé payé et l'entraide est à l'ordre du jour. Les dommages qu'ont subis les populations, y compris de la part des résistants, leur ont fait prendre conscience de leur condition d'otages impuissants. Aussi des voix s'élèvent-elles pour revendiquer en quelque sorte un statut de ville ouverte. Car si la population est satisfaite du départ des cosaques, elle redoute également, avec beaucoup moins d'inquiétude il est vrai, celui des résistants. On envisage concrètement de mettre démocratiquement sur pied un comité ayant pour but d'assurer la sauvegarde des habitants et d'inviter la Résistance à ne pas séjourner à Saint-Claude.

L'ensemble de l'arrondissement se trouve lui aussi dans une situation critique : « Les gens sans abri, leurs provisions détruites, les bestiaux tués ou emmenés, les récoltes saccagées à plusieurs endroits, les stocks épuisés. Molinges, Septmoncel, Les Bouchoux, Longchaumois sont restés quinze jours sans pain. »

Le nombre de sinistrés pris en charge par le département s'est encore accru d'environ cinq cents personnes. Ils sont privés du strict nécessaire, les étals sont vides. Début août le secteur n'est approvisionné en farine qu'au jour le jour.

■ ***Ruines d'Epercy après le passage des colonnes allemandes en juillet 1944. MRD. La Citadelle. Besançon.***

Répressions de juillet à Lons-le-Saunier et dans le Bas-Jura.

En plaine aussi les Allemands ont sévi contre les populations et la région de Lons-le-Saunier, outre Conliège, n'a pas été épargnée. Les dénonciations n'y sont pas étrangères.

La liste en est dressée :

– Le 9 juillet, à Chilly-le-Vignoble, la gendarmerie avait signalé des perquisitions allemandes suivies de vols [...], onze personnes avaient été arrêtées (dont trois femmes) par la Milice française[222].

– Le 18 juillet, dans le Sud Jura, le village de Poisoux est quasiment entièrement détruit par les flammes.

– Le 22 juillet, Perrigny est victime d'une opération de répression contre des familles de jeunes gens absents du village, supposés maquisards ou

222. A.D.J 304 W 32.

d'entretenir des relations avec la dissidence. Leurs maisons sont pillées et pour certaines détruites. Mêmes scènes à Macornay.

Le commissaire principal des RG dans son rapport à Vichy signalera que :

> « Trop souvent des personnes innocentes sont victimes de ces actes de représailles tandis que les éléments factieux réussissent en général à s'échapper. Ces événements ont fortement impressionné la population urbaine et rurale qui vit sans cesse dans une inquiétude bien compréhensible. Il suffit parfois d'un motif bénin pour faire supporter à la population toutes les rigueurs des troupes d'opérations. Ainsi on cite le cas d'un habitant de Chaux-des-Prés qui a été fusillé parce qu'il avait été trouvé chez lui un chargeur de la guerre 1914-1918 transformé en sujet de cheminée et par conséquent inutilisable. »

Enfin, le 22 juillet, les troupes quittent le Sud Jura, et les forces de la Résistance sortent des bois. Les sabotages reprennent leur rythme, soit trois ou quatre par jour, portant essentiellement sur les moyens de transport.

Mais les troupes allemandes encasernées dans la préfecture sont toujours là, et poursuivent la répression. Le 31 juillet, au petit matin, le bourg de Messia-lès-Chilly est encerclé par un détachement de la *Wehrmacht*. Onze immeubles sont soumis à un pillage complet.

Les Allemands ont été bien renseignés, les familles pillées sont celles qui ont un fils qui ne loge plus chez ses parents. Selon la version officielle :

> « Le maire fut mis dans l'obligation de conduire cette troupe comprenant une vingtaine d'hommes sous le commandement d'un officier, à l'aide d'une liste dont ils étaient porteurs. Sept immeubles furent visités et pillés.
> Des effets d'habillement, du linge, de la vaisselle, des victuailles, des postes de TSF, des machines à coudre, des cuisinières, des réchauds électriques, etc., furent emportés. Ce qui ne convenait pas fut brisé sur place.
> Quelques familles furent dépouillées de leur argent liquide ainsi que de leurs cartes d'alimentation et de textiles. En plus sept bêtes à cornes, des brebis, canards, poules et lapins, furent emmenés par la troupe. »

L'occupant prend en compte la montée en puissance de la Résistance départementale, souvent d'ailleurs fortement exagérée. Elle serait désormais armée jusqu'aux dents et bénéficierait du soutien massif des Jurassiens, notamment des habitants de la préfecture que l'on doit d'autant plus surveiller que les autorités allemandes y siègent. Un ensemble de mesures coercitives va progressivement réduire encore la liberté de circuler des Lédoniens[223] :

223. ADJ. 331 W 35.

Lons-le-Saunier, le 9 juillet 1944
État-major de liaison 711
Le Commandant
À Monsieur le Préfet du département du Jura

En date du 8 juillet 1944 à 21 heures. On a tiré sur des membres de la Milice en ville et six gendarmes se sont laissés désarmer sans résistance par un seul bandit. Il est incontestable que la majeure partie de la population favorise la cause des terroristes lors de leurs coups de main.
Par conséquent j'ordonne :
1. le couvre-feu pour Lons-le-Saunier est fixé à 20 heures à partir du 9 juillet 1944.
2. le couvre-feu pour les cantons de Lons-le-Saunier, Conliège, Voiteur, est fixé à 20 heures à partir du 9 juillet.
3. Avec effet immédiat, toute circulation à bicyclette pour les civils est interdite pour la ville de Lons-le-Saunier et pour les cantons de Lons-le-Saunier, Conliège, Voiteur. Exception est faite pour les médecins, les sages-femmes, les facteurs en uniforme, pour les employés du service électrique et du téléphone avec laissez-passer spécial, entre 5 h 30 et 20 heures. Pendant la nuit, c'est-à-dire de 20 heures à 5 h 30, toute circulation à bicyclette est interdite, même pour ce groupe d'exception.
Les portes d'entrée des immeubles doivent être fermées à clef de 20 heures à 5 h 30.

La troupe a reçu ordre de fusiller toute personne, sans avertissement, qui sera rencontrée dans les rues entre 20 heures et 5 h 30.
Signé : WILHELMI
Lieutenant-Colonel et Commandant.

Ainsi à Lons-le-Saunier, il est désormais interdit après le couvre-feu de se tenir sur le pas des portes des maisons, aux fenêtres ou dans les jardins[224]. Un employé des PTT a été tué par une patrouille alors qu'il travaillait dans son jardin à une centaine de mètres de son domicile. Lors d'une opération similaire à Montmorot, une femme réfugiée originaire de la région parisienne a été grièvement blessée par une balle perdue. Un homme a été blessé dans la même agglomération alors qu'il circulait en bicyclette…

À l'approche de la fête nationale, les autorités françaises et l'état-major allemand redoutent des manifestations d'hostilité ; aussi fait-on en sorte de retenir le plus longtemps possible les habitants de la préfecture et de sa banlieue à leur domicile. Le préfet fait placarder un avis précisant que :

« – Le couvre-feu est fixé à 19 heures pour le 13 et le 14 juillet.
– Tous les cafés et restaurants seront fermés du 13 juillet à 13 heures au 15 juillet à midi.

224. ADJ.304 W 133.

– Toutes les représentations théâtrales et cinématographiques seront interdites les 13 et 14 juillet.
– Toutes les réunions publiques et privées en plein air et à l'intérieur sont interdites.
– Pour la période du 13 juillet, et jusqu'à nouvel ordre, toutes les fenêtres et persiennes (volets) doivent être fermées à partir de 21 h 30.
– Les tas de bois constitués devant les maisons et dans les rues sont à enlever **immédiatement**. »

La troupe a reçu l'ordre de faire immédiatement usage de son arme en cas d'infraction aux présentes dispositions.

Et le préfet ne manque pas de rajouter que :

« Des mesures encore plus sévères, prévues par les troupes en opération, ayant été épargnées jusqu'ici à la population de Lons-le-Saunier et de ses faubourgs, grâce à l'intervention personnelle du colonel commandant l'état-major de liaison, je fais instamment appel à la population qui saura, par son calme, éviter de dures représailles[225]. »

En ce qui concerne la circulation des automobiles, l'interdiction ne souffre aucune exception, d'autant que les Allemands, qui envisagent leur retrait, veulent mettre la main sur les rares stocks d'essence, comme l'indique cet ordre donné au préfet le 24 juillet[226].

« À la Préfecture de Lons-le-Saunier
Avec effet immédiat, les voitures automobiles à carburants liquides n'ont plus le droit de circuler. Les autorisations de circuler sont à retirer sans délai et les permis spéciaux sont à rendre de suite.
Des permis spéciaux à titre d'autorisation exceptionnelle pour la voiture de Monsieur le Préfet et pour Monsieur Porchais[227] ont été demandés à l'état-major principal de Lyon.
À cette occasion, nous vous prions de nous indiquer la quantité d'essence qui reste encore à la disposition dans le département ainsi que l'endroit où sont stockés les carburants. »

On se demande bien quelles peuvent être « les voitures automobiles à carburants liquides » et quelle « quantité d'essence » peut encore se trouver stockée dans le département, dont l'occupant est si avide. Qu'on en juge par ces chiffres émanant du « Service départemental de répartition des produits du pétrole et de leurs succédanés[228] » :

225. ADJ. 331 W 35.
226. *Ibid.*
227. Chef du service des relations franco-allemandes.
228. ADJ. 304 W 141.

CARBURANT		
Produits	Janvier 1943	Juillet 1944 **(1)**
Essence (litres) (2)	39 435	**néant**
Gas-oil	2 750	**néant**
Charbon de bois (kg)	24 000	**401 500**
Bois (kg)	1 001,080	744 080
Charbon minéral	6 000	10 000
Huile auto et industrielle	2 388	**néant**
Pétrole lampant	3 200	**néant**
Bougies (kg)	300	100 (3)
Carbure de calcium (éclairage) (kg)	800	605
Alcool à brûler (litres)	5 800	16 700 (4)

1. Contingents pour le mois de juillet et le 3e trimestre 1944.
2. Besoins généraux et spécialisés (médecins, poste rurale, CFV[229], forêts, agriculture).
3. « La répartition des bougies a été effectuée entre les communes du département pour l'éclairage des foyers et étables dépourvus de l'éclairage électrique en tenant compte des communes ayant reçu des réfugiés logés dans des bâtiments sans électricité. »
4. « La répartition d'alcool à brûler a été effectuée entre les quatre agglomérations urbaines de Lons-le-Saunier, Saint-Claude, Poligny et Montmorot et des communes rurales ayant reçu des réfugiés, pour les enfants au-dessous de deux ans. »

On mesure l'efficacité de la Résistance dans le « blocus » de Lons-le-Saunier, les besoins croissants de l'Allemagne, la restriction drastique de la circulation, le recours aux transports par automobiles et camions roulant au gazo, ou au vélo ; mais aussi la crise de l'industrie et de l'artisanat dont les machines ne peuvent plus tourner, faute de lubrifiants, enfin les nuits sans éclairage puisque, dans le même temps, faute de charbon, la production d'électricité s'est effondrée...

En dehors de Lons-le-Saunier et de sa garnison, comme dans les cantons de Chaussin et de Chaumergy, ce sont la plupart du temps les FFI qui contrôlent la bien maigre circulation.

Dans le sud du département, la voie ferrée entre Bourg et Lons-le-Saunier est souvent sabotée, et la SNCF ne peut toujours pas organiser des trains réguliers. Toutes les autres voies ferrées rayonnant vers la préfecture sont hors service. L'économie en est très sérieusement perturbée. À Lons-le-Saunier, les autorités chargées de la sécurité publique, la Milice et son chef Berger,

229. Société des Chemins de fer vicinaux, qui gère le tram ou « tacot », mais aussi un service de cars.

sont les premières à s'inquiéter des conséquences désastreuses d'un éventuel chômage :

MILICE FRANÇAISE
Lons-le-Saunier, le 19 juillet 1944

« [...] Étant donné les difficultés actuelles de communications, les différentes usines de Lons-le-Saunier : Établissements Bel, (700 personnes), Établissements Lizon (optique, 180 personnes) et l'Usine à Gaz (90 personnes) vont manquer de charbon ou de matières premières.
Dans une dizaine de jours, ou peut-être moins, des décisions très importantes vont être prises dans ces usines [...].
Le chômage total actuellement est une solution à rejeter sur le plan du maintien de l'ordre ; en effet, les ouvriers inactifs et percevant un salaire moindre [...] ajouteront crédit plus facilement à la propagande des fauteurs de désordre.
Il y a donc lieu [...] de prolonger le plus longtemps possible la durée des stocks de matières premières, d'accorder des congés payés à la moitié du personnel et en même temps d'envisager un chômage partiel touchant peu d'ouvriers et d'ouvrières, lesquelles seront payés et employés à des travaux d'entretien [...] »

On complétera ces mesures par des travaux d'intérêt public comme l'assainissement du cours de la Vallière – qui, rappelons-le, traverse encore la ville à ciel ouvert – et la livraison à la population du bois de chauffage par voitures hippomobiles. On essaiera d'obtenir l'autorisation du chef de gare d'emprunter une partie de ses stocks pour les entreprises utilisant le charbon.

Vers la libération des Jurassiens

La consigne donnée à la Résistance est d'interdire toute circulation de trains qui pourraient notamment amener des renforts à la garnison allemande de Lons-le-Saunier. Elle poursuit ses sabotages, s'en prenant aux ouvrages d'art dont la destruction est autrement plus efficace que les déraillements en rase campagne. Lorsque ces objectifs sont à proximité de villages, les populations en sont prévenues :

« Le 29 juillet 1944
Forces Françaises de l'Intérieur
Département du Jura
Le Chef Départemental des FFI du Jura
à
Monsieur le maire de Passenans Domblans

J'ai ordre de rendre la ligne Lons-Poligny absolument impraticable.
Il n'y a pas d'autre moyen actuellement que de faire sauter le tunnel de Passenans.

Je donne l'ordre de le faire sauter. Prévenez vos administrés pour que tout le monde prenne ses dispositions et évacue le village en cas de représailles. »

À la radio on suit de près les progrès alliés en Normandie où, le 1er août, vient de débarquer la 2e DB. Enfin des soldats français en métropole !

Les Allemands savent qu'ils vont quitter bientôt le Jura, mais ils n'entendent pas partir discrètement et les mains vides. Dans les communes de Montrond et de Besain, cinq hommes sont tués, des maisons incendiées, des gens dépouillés[230]. Le 5 août une de leurs colonnes motorisées fait irruption dans le village de Crotenay. Après avoir terrorisé les populations par une fusillade nourrie, les soldats pénètrent dans les maisons, mettant la main sur « l'argent, le linge, les bicyclettes, les postes de TSF, les bijoux, les bouteilles de vin, champagne, sucre, pain… » Quatre hommes sont tués et quatre maisons incendiées. Le receveur des PTT est dépouillé de son argent, de ses biens personnels et d'une partie de la caisse.

Le 15 août la radio a annoncé que les Alliés et les troupes gaullistes avaient débarqué en Provence. Pour beaucoup, il est plus que temps de prendre clairement ses distances à l'égard d'un pouvoir en sursis. À Lons-le-Saunier, force est de reconnaître que « le personnel du commissariat de police a disparu, sauf deux inspecteurs, deux secrétaires auxiliaires et un gardien de la paix, sur un effectif de vingt-six agents en tenue, quatre inspecteurs et trois secrétaires ».

Les « honnêtes gens » s'inquiètent pour leur personne et leurs biens, aussi le préfet obtient-il de l'autorité allemande qu'elle libère les vingt-deux gendarmes arrêtés à la suite de « l'enlèvement » par le maquis, dans la nuit du 16 au 17 août, de leurs camarades. Personne n'est dupe ! Les Allemands acceptent, mais, méfiants, exigent d'eux un serment de loyauté, et refusent qu'ils soient armés !

L'assassinat, le 19 août, en plein jour, au centre-ville, de monsieur Porchais, chef du service des relations franco-allemandes à la préfecture, ajoute à l'inquiétude ambiante. Pire, aux Rousses, la troupe allemande, aux abois, fusille deux jours plus tard vingt et un hommes sous les yeux de leurs familles, pille puis incendie une vingtaine de maisons.

Dans leurs déplacements, les Allemands n'hésitent pas à utiliser les populations, femmes et enfants inclus, comme des boucliers humains, à l'instar de ce que leur colonne de répression avait fait entre Le Deschaux et Lons-le-Saunier, début juillet. L'état-major FFI du Jura adresse cette missive à ses troupes le 23 août[231] :

> « […] Il convient donc d'éviter que les Allemands puissent utiliser ce procédé en invitant les habitants des villages menacés d'une telle réquisition de personnes à évacuer leurs habitations dès qu'ils sentent le danger ou qu'ils en ont été avisés. »

230. ADJ.331 W 201.
231. Archives Vandelle.

Terrible dilemme, mais la Résistance tranche et confirme la primauté de la Libération :

> « Le commandement FFI a décidé que, même accompagnés de Français, les Allemands doivent être attaqués et le feu ouvert sur eux en toutes circonstances. »

Le danger peut d'ailleurs aussi venir des Alliés. Les Jurassiens ont peu connu les bombardements qui ont amené tant de réfugiés dans le département. Les Américains avaient déjà pris pour cible le camp d'aviation de Tavaux le 28 mars 1944, lors d'une attaque-surprise à basse altitude qui s'était limitée au périmètre de la base. La 8e *Army Air Force* américaine bombarde le même objectif, le lundi 14 août, aux alentours de midi. Quatre groupes de bombardiers répartis en quatre vagues survolent la région. Deux se concentrent sur le camp d'aviation de Tavaux, les deux autres ayant pour cible les alentours qui abritent des installations allemandes. Les Américains qui veulent protéger leur flotte de la DCA allemande vont lâcher leurs quelque cent cinquante tonnes de bombes à plus de quatre mille mètres d'altitude. Aussi les dommages collatéraux sont-ils inévitables.

Selon un rapport préfectoral du 23 août, la vague aurait largué de 1 200 à 1 500 bombes de 50 kg : 300 à 400 sont tombées sur le village, le reste dans les champs. Le bilan des pertes civiles s'établit ainsi pour Tavaux :

– 5 tués, 2 blessés graves, 9 blessés légers.

– 9 maisons détruites, dont 3 par incendie, 3 autres rendues inhabitables, 40 endommagées.

Les communes voisines de Gevry, Choisey et Damparis, ont également été touchées.

Dans les jours qui suivent, un nombre conséquent d'hommes du secteur sont réquisitionnés pour réparer les dégâts occasionnés aux installations allemandes, notamment les pistes du terrain d'aviation. Ces requis mettront bien peu de zèle à l'ouvrage, aidés en cela par le contexte : on savait que les Allemands étaient sur le départ !

En revanche, les forces de la Résistance intérieure ne sont pas – et ne le seront jamais dans le département – à même d'attaquer de front les troupes allemandes, surtout dans la zone interdite. La consigne est donnée en haut lieu aux FFI de la zone sud, de porter leurs coups contre les garnisons des villes qui pourraient apporter leur soutien aux troupes ennemies se repliant vers l'Allemagne.

Dans la nuit du 24 au 25 août, les FFI du Jura s'en prennent à la garnison de Lons-le-Saunier par une opération de va-et-vient. Ils regagneront leur maquis, comme prévu, avant l'aube.

Là encore les populations prises en otage vont payer un lourd tribut. Avant de se retirer, en représailles, les Allemands massacreront treize habitants dans la rue des Écoles, dont trois femmes et cinq enfants. Les victimes seront jetées dans les décombres des maisons incendiées. Dans le quartier de Montciel, huit hommes seront fusillés dans la cour de l'hospice des vieillards, et là aussi on détruit les corps par le feu.

Le lendemain, les Allemands quittent définitivement la ville, investie rapidement par les forces de la Résistance accueillies en héros. La population de la préfecture et de toute la zone sud est définitivement libérée.

Mais l'euphorie est de courtes durées : le samedi 26 « à 11 h 30, grande panique. Les gens se sauvent, les drapeaux disparaissent des fenêtres et des FFI locaux enlèvent rapidement leur brassard tout neuf. On crie : les Boches reviennent ! [...] quelques coups de feu éclatent dans les faubourgs[232] [...] ».

Les maquisards quittent la ville, qu'ils réoccupent le soir ! C'était une fausse alerte !

L'heure sera désormais à la joie, mais d'abord au deuil. On enterre en grande pompe les victimes dans l'après-midi du dimanche 27, et on prie les maquisards de regagner leur cantonnement. Leur présence pourrait entraîner le retour des Allemands ; d'ailleurs la ville ne pourrait subvenir au couvert de ses libérateurs. Seul restera le corps franc du district de Voiteur, le mieux policé et aux tenues neuves confisquées à un Chantier de jeunesse.

■ ***Lons-le-Saunier, rue des écoles. Immeubles incendiés.***

Le 31 août dans la soirée, on se sent définitivement libérés : trois Jeeps américaines font une entrée triomphante dans la préfecture. Malgré la pluie battante, la foule est venue nombreuse acclamer les GI devant l'hôtel de Genève où leur sera réservé un vin d'honneur.

---

232. Henri Béraud. « Mémoires ».

Trois jours plus tard, un accueil aussi enthousiaste est réservé aux troupes FFL essentiellement composées de soldats nord-africains. Leur équipement, casques français, treillis, armement et véhicules américains, surprend.

De jeunes réfugiées alsaciennes de Lons-le-Saunier ont revêtu leur costume traditionnel pour accueillir leur chef.

■ ***Rue Jean-Jaurès. Lons-le-Saunier accueille les Américains.***
MRD. La Citadelle. Besançon.

Jean Caseaux. Ney

« Après la libération, il n'y eut aucune vengeance au village où on se contenta de brocarder les anciens pétainistes. Le maire, qui en était, ne fut certes pas réélu en 1945, mais il ne fut pas inquiété.
Et pourtant, au village, la plupart des anciens combattants de 14-18 étaient favorables à Pétain, de même que le curé qui avait été mobilisé en 1939. D'autres étaient gaullistes, mais ne se manifestèrent pas... »

À Dole, depuis que les Alliés et les FFL ont débarqué en Provence, les populations voient passer l'armée allemande qui se replie vers le nord et l'est.

André Jeunet, fabricant et marchand de cycles dolois, a tapé sur une vieille machine à écrire, dans sa cave, la nuit, les événements qui ont marqué les derniers jours précédant la libération de sa ville[233] (extraits) :

> « **Dimanche 27 août** : une colonne allemande stationne sur l'avenue devant mes locaux commerciaux. À 9 h 30 le pillage commence et c'est la ruée de toute la colonne et des boches isolés qui passent : cave, magasin, tout est envahi...
> Le magasin présente un aspect inimaginable, toutes les marchandises sont tirées des casiers. Les Allemands sont là, partout, prennent des marchandises dans leurs poches, leurs sacs, rejettent par terre et piétinent ce qui ne les intéresse pas. D'autres sont à l'atelier et montent des vélos. C'est une vraie foire, il y a de toutes les armes : aviateurs, tanks, Todt, miliciens, même des femmes, des officiers, des sous-officiers et aussi des majors, en réalité une bande de voleurs...
> Et cela va durer toute la semaine.
> **Dimanche 3 septembre** : mitraillage de la gare de triage et de la ligne de chemin de fer (par les Alliés). Les convois (allemands) se font plus rares [...], mais 1 500 cosaques sont toujours en garnison, la *Feldgendarmerie* et la *Kommandantur* sont encore là.
> – 9 heures du soir : gros arrivage de convois. Une division motorisée vient dans le quartier pour la nuit. Un officier se présente et réquisitionne la moitié de mon habitation pour s'y loger avec ses services. Nous sommes envahis de soldats à pied qui veulent absolument loger dans mes locaux commerciaux, je refuse de les coucher et ils s'en vont menaçants.

■ ***Dole. Barque militaire alliée sur le pont du Doubs détruit par les Allemands avant leur départ. MRD. La Citadelle. Besançon.***

233. Archives Ch. Velin.

– 9 heures 30 : un officier d'ordonnance "vide" l'officier, nous donne une demi-heure pour évacuer la maison qui va être occupée par le général et ses services...
Mardi 5 septembre : 9 heures du soir, une estafette arrive, tout le monde s'en va en vitesse, les officiers brûlent dans la cour les papiers qu'ils viennent de recevoir, ils ont l'air consternés. [...] nuit infernale, une heure du matin, le ciel devient tout rouge et une explosion formidable ébranle toute la maison, nous nous levons, le même phénomène se reproduit toutes les 10 minutes, que font-ils sauter ? Impossible de se reposer, un défilé infernal dans la rue, des convois, des troupes à pied de chaque côté sur les trottoirs, des chevaux [...].

■ *Accueil d'un blindé américain à Dole. MRD. La Citadelle. Besançon.*

■ *3 septembre : Champagnole libéré par le 3ᵉ régiment de Spahis algériens. « Champagnole. Culture et Mémoire ».*

Mercredi 6 septembre : Tous les ponts ont sauté les jours précédents. Les cosaques sont presque seuls à Dole, la *Kommandantur* est partie, un capitaine cosaque est commandant de la place [...].
Samedi 9 septembre : [...] le bruit circule, les Russes (les cosaques) sont partis en douce la veille à 11 heures avant l'attaque de la Résistance (celle-ci a été remise au dernier moment). C'est fini ! À 9 heures les FFI font leur entrée dans la ville, les rues se couvrent de monde ; on a peine à y croire, délivrés, le mot est exact. Nous respirons.
Je n'ai même pas une bouteille pour arroser ce jour. Les salauds m'ont tout vidé, cela ne fait rien, nous sommes heureux. »

■ ***Champagnole accueille ses libérateurs. « Champagnole. Culture et Mémoire »***

Avant que les troupes FFI ne regagnent leurs districts et que leurs hommes ne retrouvent leur foyer, l'heure est d'abord aux réjouissances, aux bains de foule.

Dans la préfecture, le défilé de la libération du 15 septembre sera minutieusement préparé. On y verra des uniformes, souvent disparates certes, mais on a pris soin de former les rangs en dehors de la ville. Quoi qu'il en soit ni l'Occupation ni la Résistance ne semblent avoir occulté les réflexes politiques hérités. À Lons-le-Saunier le 22 septembre les FTP feront leur propre défilé.

Un notable dolois, le docteur René Billard[234], qui a pris sa part dans l'aide à la Résistance locale et sera désigné à la Commission administrative de sa ville, fait état de l'accueil des FFI par la population. Accueil qui ne manque

234. « Dole 1944 » in *Cahiers dolois.*

■ ***Lons-le-Saunier. Voiture du commandant Chazeaux, responsable des FTP. Au premier plan, le chef résistant Jean Gautheron, « Nino », sérieusement blessé quelques jours plus tôt à Chamblay. MRD. La Citadelle. Besançon.***

certes pas d'enthousiasme, mais qui ne parvient pas à cacher la déception devant l'aspect hétéroclite de ces troupes. Ces jeunes portent pour la plupart des « vêtements déguenillés, boueux, fripés ». Ils sont armés, quand ils le sont, de bric et de broc et « marchent vaguement au pas ». Leur indiscipline, leur jeunesse, leur origine populaire si visible, inquiètent. Il faut beaucoup d'imagination pour les assimiler à une armée de libérateurs.

Quel contraste avec les soldats américains, mais aussi avec les FFL venues d'Afrique et équipées par eux ! Les coquetteries que déploient les femmes et les filles à l'égard des GI, si puissamment armés, modernes, policés, opulents et généreux en chewing-gum et chocolat notamment, en font foi. Ce sont eux « les vrais » vainqueurs !

Des défilés de la libération sont prévus un peu partout et il faut donc rendre les jeunes FFI militairement corrects. En urgence, car la guerre n'est pas finie et une partie de ces jeunes va s'engager dans l'armée régulière jusqu'à la fin du conflit. Les officiers FFI reçoivent des consignes de l'état-major pour hâter leur formation disciplinaire, obtenir au moins qu'ils puissent marcher au pas cadencé, la tête droite, tenir et présenter correctement leur arme dont il faudra d'ailleurs munir chacun d'entre eux. Et puis les habiller correctement : finis les têtes nues, les casquettes, les calots, voire les chapeaux !

À Dole on défilera le dimanche 17 septembre, sans fanfare, et le docteur René Billard évoque cette fois les FFI qui avaient enfin « à peu près l'air de vrais soldats », habillés de beaux uniformes tout neufs, récupérés dans les stocks destinés à la 1re armée française pétainiste. Par contre il signale la présence dans le défilé de FTP toujours en civil, avec un foulard rouge autour du cou. Il pense que si on ne leur a pas fourni d'uniformes, c'est qu'on n'en veut pas dans l'armée et qu'on va les démobiliser au plus vite. D'autres verraient avec soulagement s'engager ces jeunes, FTP ou non, qui pourraient constituer des éléments de trouble dans le département !

■ ***Américains dans les rues de Salins. MRD. La Citadelle. Besançon.***

■ ***Arbois : la population et le maire accueillent le libérateur américain. MRD. La Citadelle. Besançon.***

■ ***Au village aussi on arrosera l'amitié franco-américaine ! Et les « gamins » en arrière-plan ne découvriraient-ils pas le chewing-gum ?***
Village du canton de Beaufort. Coll. D. et G. Gay.

Le 12, le département est officiellement libéré dans sa totalité.

On découvre avec surprise, pour le moins, que de nombreuses personnes se déclarent résistantes de la première heure ! Jamais on n'a été si nombreux à voler au secours de la victoire ! Que de cocardes tricolores arborées lors de ces défilés ! À tel point que plus d'un « homme d'affaires » se saisira de l'aubaine pour en approvisionner le marché.

Mais comment repérer les opportunistes au sortir d'une période où le secret et la clandestinité étaient la règle, les moyens de communication inutilisables et les éventuels témoins parfois disparus ? On met en place des gardes civiques dont le but est de faire, « légalement », la chasse aux « vrais » collaborateurs qui, avec d'autres... seront arrêtés et jugés.

Proies visibles et plus faciles, les femmes qui, à des degrés divers et pour des causes multiples, étaient réputées avoir « fréquenté » l'occupant. Elles ne bénéficieront ni du doute ni de clémence et n'auront aucune échappatoire. Le « sexe faible » sera la victime expiatoire désignée à la vindicte populaire.

À Lons-le-Saunier, dès le 30 août, des femmes « qui ont fraternisé avec l'ennemi, sont tondues puis promenées dans les rues de la ville sous la huée des gens[235] ».

À Dole, dès le 9 septembre, place Grévy, une foule nombreuse est au spectacle : sur le socle de la statue, on a hissé une femme, nue et tondue. Et cette

---

235. Ibid.

scène se reproduit dans toute la ville. Mais les bavures ne manquent pas ; ainsi, à Dole, le docteur Billard raconte la mésaventure de cette jeune fille ainsi maltraitée et qui portera plainte. Après visite, la sentence tombe : elle est vierge !

André Jacquiot. Champvans

« Dans les premiers jours de septembre 1944, nous assistons, médusés, à la débâcle des Allemands qui quittent Champvans par la rue de la Gare. Deux d'entre eux pénètrent dans notre hangar pour s'emparer de nos vélos. Mon père s'agrippe à sa bicyclette en expliquant qu'il en a besoin pour aller au travail. Le soldat, hurlant, lui met sa baïonnette sur le ventre. Craignant le pire, j'exhorte mon père à lâcher prise. Finalement, toujours vociférant, le soldat prend mon vélo et laisse celui de mon père. Je devrai donc aller à Dole à pied !
À la libération du village, un triste épisode dont je me souviens aussi très bien : c'est le moment où plusieurs femmes ont été tondues sur la place. Qu'avaient-elles fait ? Je n'en sais rien, mais j'avais trouvé cela lamentable et j'avais préféré repartir à Dole, où d'ailleurs le même spectacle m'attendait. »

Le père de René Roquelle, résistant de Champvans, ne pouvant empêcher ses compagnons de participer à cette opération, aura la même réaction.

■ ***Jura. Localisation inconnue. MRD. La Citadelle. Besançon.***

CHAPITRE V

AUTOMNE-HIVER : LIBRES !

Au départ des Allemands, toute la haute administration de Vichy a disparu. Le préfet Veveaud est mis en résidence surveillée à Baumes-lès-Messieurs, avant de passer, de même que son fils Pierre, devant un tribunal. En attendant l'arrivée de son successeur, André Tribouillet, ancien sous-préfet de Dole qui avait été révoqué par Vichy, l'inspecteur Feugas, président du Comité départemental de Libération, assure l'intérim. La tâche qui attend ce comité est considérable, avec toujours en toile de fond la poursuite de la guerre qui réclame des moyens considérables et des sacrifices à la population.

L'heure est à la recherche et à la condamnation de ceux qui n'ont rien fait pour éviter la collaboration.

Dès le 7 octobre 1944 paraît le premier (et unique) hebdomadaire du Comité de Libération de Dole, le *Journal de Dole et de sa région*. Il se présente comme n'étant « l'organe d'aucun parti politique. Ses colonnes sont ouvertes à tous ceux qui, dans l'ombre, ont mené durant des mois le combat farouche de la Résistance ». Il aborde cette question sans haine et sans désigner quiconque à la vindicte populaire, constatant « simplement qu'en règle générale, les cadres anciens ont failli. Nous ne les rendons pas responsables de la défaite de 1940. Aucune force morale ne pouvait compenser l'écrasante disproportion des matériels en présence. Le sacrifice héroïque de la Pologne l'a prouvé. Les cadres anciens ont failli parce qu'ils ont accepté la condition de vaincus. Parce qu'au moment même où l'espoir renaissait, moment où une force française de l'intérieure tentait de s'organiser, ils ont refusé ou ajourné leur concours [...]. Ils ont pensé, ces cadres, que dans la France nouvelle, les anciens titres et les anciens grades seraient honorés, ils se sont crus indispensables, irremplaçables [...] »

Mais la pression populaire est considérable, qui veut une épuration exemplaire et des têtes. Le rapport que font parvenir le 16 octobre, les services préfectoraux du Jura au commissaire de la République de Dijon, duquel relève désormais le Jura[236], signale que, depuis la Libération du département, la police a procédé à l'arrestation de deux cent dix-neuf personnes pour des

236. ADCO. W 21.374.

infractions d'ordre politique, « membres du SOL, de la Milice, collaborateurs avec l'ennemi ».

Un peu plus d'une centaine de dossiers ont été et transmis pour jugement au commissaire du gouvernement.

On a également sanctionné des fonctionnaires d'autorité qui se seraient montrés par trop complaisants avec l'ancien régime, on a incarcéré le responsable de la direction départementale de la main-d'œuvre (organisme supprimé), suspendu le directeur départemental des services agricoles (avec traitement), ainsi que le procureur de la République de Saint-Claude. « Et la répression de la collaboration continue. »

La nouvelle administration du département souhaite le retour rapide à l'ordre et à la légalité républicaine ; elle s'inquiète de manifestations « organisées par certains partis [...] qui font craindre la reprise de la lutte politique. Si la majorité réclame une épuration sans pitié à l'égard des traîtres, elle ne demande pas moins l'application des règles légales et le respect de la liberté individuelle ».

Il est vrai qu'une gauche, communiste surtout, réclame une purge beaucoup plus sévère.

Les Comité cantonaux de Libération, en attendant la mise en place d'élections démocratiques, prennent en main le remplacement des municipalités imposées par Vichy. Les résistants, assistés de ceux qui ne se sont pas compromis avec le pouvoir, vont y prendre une place importante.

Ces changements ne vont pas toujours de soi. Ce rapport du CDL, en date du 18 novembre, témoigne d'un cas extrême, qui semble dater d'un autre âge, cas de la petite commune de Bersaillin :

> « Dans cette commune on se heurte à l'impossibilité absolue de constituer le conseil du fait que tout le territoire est la propriété presque exclusive du vicomte de Villeneuve, féodal ou presque. Tous les ressortissants sont ses métayers. La délégation spéciale, dont le vicomte était président, a été dissoute, et personne ne veut constituer le conseil municipal. M. Feugas propose la seule solution possible : s'orienter vers un administrateur... »

Le CDL du Jura, très marqué à gauche, entend intervenir non seulement pour punir les collaborateurs, mais aussi pour mettre fin à tout ce qui relève d'un ancien régime social condamné. Il a l'opportunité de faire d'une pierre deux coups aux forges de Baudin, aux portes de Sellières. Il est avéré que son propriétaire fut un « exploiteur » sans vergogne doublé d'un collaborateur notoire. M. Courtois, représentant de la CGT au CDL, relate la visite qu'il vient de faire dans cette entreprise en compagnie de l'inspecteur du travail. (extraits) :

> « [...] il y a à Baudin une espece de nid de saletés repoussant, aussi bien en ce qui concerne l'usine elle-même que le logement des ouvriers [...] et même jusqu'aux abords de la propriété personnelle, je dirais le château, de M. L-M, patron absolu. Il faut mettre des bottes pour avancer, tellement c'est dégoûtant.

> En ce qui concerne l'usine elle-même, c'est une usine de hauts-fourneaux et de fonderies [...] qui fabrique des grenades, c'est donc une usine de guerre qui travaille pour la Défense nationale et occupe actuellement 45 à 50 ouvriers [...]. Les ouvriers qui travaillent aux pièces sont obligés de faire appel à l'aide de leurs femmes [...] qui viennent bénévolement passer 2, 3 ou 4 heures à l'usine, et ceci environ trois jours par semaine.
> [...] si on me demandait une conclusion, je dirais qu'il faut raser jusqu'aux fondations ce nid de saletés. »

Au sein même du Comité départemental de Libération, qui entend contrôler l'action préfectorale dans tous les domaines, on retrouve cette impatience de l'épuration. Il réclame que soient supprimés immédiatement les organismes mis en place par Vichy. Les entreprises privées ne doivent pas non plus échapper à la purge, et on met en cause « l'existence de grands trusts laitiers dont on dénonce l'activité et la cupidité ». En attendant leur disparition, ou leur socialisation, on va les taxer et arrêter leurs dirigeants.

Une société doloise, accusée d'avoir fait montre de complaisance avec l'occupant, va en payer le prix. Le Comité de Libération de Dole, à court d'argent, n'avait eu aucun scrupule, les 26 et 29 août 1944, sans attendre la libération de la ville, à la « taxer » d'un million de francs[237]. Somme considérée comme un acompte de son imposition à venir « au titre de profits illicites pendant l'Occupation » ! Il faut dire que, par ailleurs, un de ses dirigeants était depuis longtemps dans le collimateur de la police. Ses malversations seront vite confirmées. Le 21 septembre, le commissaire de police de Dole reçoit un courrier[238] (extraits) signalant que ce monsieur « est capable de tout pour gagner de l'argent. Il a fait un trafic honteux en matière de fromage avec M. X de Moissey, et je suis au courant qu'un inspecteur des fraudes, accomplissant son travail, après avoir constaté le délit, s'est vu déplacer immédiatement dans le département du Nord ». On apprendra aussi que ce chef d'entreprise indélicat, peu avant la libération de Dole, s'était enfui en Suisse. Le Comité des profits illicites le frappe d'une forte amende pour avoir « pratiqué le marché noir à une grande échelle et, fait plus grave, serait le provocateur de l'intervention chez lui, de soldats allemands qui s'opposèrent aux fonctionnaires des contributions indirectes de Dole venus constater la présence d'un dépôt de cognac enlevé ensuite par des camions allemands ». Il se rendait régulièrement à Paris, en train, pour reconstituer ses stocks de spiritueux.

Malgré ces sanctions emblématiques montées en épingle pour rassurer les foules, « le CDL du Jura critique également avec passion les lenteurs de l'épuration. On a l'impression qu'une force occulte, supérieure, empêche la machine de tourner[239] ».

Il est vrai que cette « force occulte » a notamment permis à de très nombreux membres du clergé d'échapper à des sanctions qu'aurait méritées leur

---

237. ADJ.331 W 65.
238. Ibid.
239. Ibid.

attitude pendant l'Occupation. Ainsi l'évêque de Saint-Claude est maintenu dans ses fonctions. Cependant il ne peut éviter que son archiprêtre, recherché pour collaboration, soit remplacé dans la cathédrale par l'abbé Gaillard, l'ancien curé très populaire de Moirans. Lors de la passation de pouvoir, on ne pourra pas empêcher l'évêque de faire l'éloge de son adjoint recherché[240].

En règle générale, dans les Comités de Libération, comme dans la société, on veut que soit porté remède au plus vite à tous les problèmes antérieurs à la collaboration d'État et à toutes les frustrations générées par celle-ci.

L'enjeu politique est de taille : il convient d'établir une véritable démocratie participative. Dans tous les villages on formule des doléances. Ainsi à Augisey[241] où « les citoyens et citoyennes » se réunissent le 12 novembre « pour entendre le programme du Mouvement de libération nationale[242] » et donner leur « entier appui aux Comités de Libération de la Résistance et au gouvernement présidé par le général de Gaulle, pour que soit poursuivie, de concert avec nos alliés, la lutte jusqu'à l'écrasement complet des forces d'oppressions, pour que, dans la France républicaine de demain triomphe la véritable démocratie politique, économique et sociale. Ils félicitent le CDLJ[243] de l'action énergiquement menée pour l'épuration et la lutte contre le marché noir. Approuvent entièrement son attitude dans la fixation des prix des denrées et produits agricoles. Unanimes à vouloir la confiscation de tous les bénéfices illicites et la suppression du marché clandestin. »

Cette communauté paysanne entend bien que soit mis fin à la politique du Ravitaillement général mis en place par Vichy, mais qui perdure :

> « [...] le monde paysan doit pouvoir livrer ses produits à un taux rémunérateur qui permettra de revenir rapidement au marché libre.
> Alors que les salaires et traitements des fonctionnaires sont revalorisés, que les prix des produits industriels ne cessent de croître, ils ne comprendraient pas que se perpétuent les méthodes vichyssoises de bas prix agricoles, source essentielle de la rareté des produits sur le marché et du traficage (*sic*) éhonté de quelques producteurs certes, mais surtout de spéculateurs et nouveaux riches. »

Mais on sait voir plus loin que ses intérêts matériels et on montre du doigt :

> « L'Assemblée émet le vœu que les officiers d'active qui n'ont pas répondu à l'appel formel du général de Gaulle, soient considérés comme démissionnaires d'office et n'aient aucun commandement dans l'armée.
> Ces deux vœux ont été adoptés à l'unanimité des 60 présents.
> Signé : le délégué communal du CCL[244] et le maire. »

---

240. *Ibid.*
241. ADJ. 331 W 201.
242. MLN qui regroupe la grande majorité des anciens résistants.
243. Comité départemental de Libération du Jura.
244. Comité cantonal de Libération.

À Arbois c'est le syndicat des vignerons du canton qui s'inquiète. Ses membres, réunis le 24 décembre à la mairie du chef-lieu, « après avoir lu sur les journaux régionaux dans le programme des délégués du CDL du Jura devant se rendre au Congrès de Paris, la mention “Suppression des appellations contrôlées”, protestent énergiquement contre cette réforme qui serait injuste et néfaste pour notre vignoble jurassien [...][245]. » Le CDL faisait alors cause commune avec les consommateurs qui, durant toute la période, s'étaient plaints de la cherté et de la mauvaise qualité de ces vins dits d'appellation qu'on leur avait imposés.

À la veille de Noël le Comité cantonal de Beaufort émet également des vœux représentatifs d'une demande des catégories populaires non agricoles[246]. Ses priorités sont d'augmenter considérablement les moyens de lutte contre le marché noir et contre les prix exagérés, notamment des textiles.

Quelques jours plus tôt, le rapport bimensuel d'information de la préfecture avait dressé un portrait de la situation générale du département qui n'avait rien d'encourageant. On est déjà bien loin de l'euphorie de la Libération :

> « Les temps sont de plus en plus difficiles ; le ravitaillement est péniblement assuré ; le chauffage, même dans notre département boisé, ne l'est pas, faute de moyens de transport suffisants. Le moral de la population fléchit ; il y a malaise.
> On sent chez nos concitoyens une lassitude qui aigrit les caractères et qui fausse les jugements. La guerre n'est pas finie. On veut le méconnaître, comme on supporte mal aussi l'idée que tous les efforts de la Nation, et ce qui lui reste de moyens matériels, doivent être par priorité donnés à l'armée qui nous a déjà libérés [...].
> Il faut aussi habituer ce département, trop longtemps partagé en deux zones distinctes, à revivre dans son unité administrative malgré quelques survivances du particularisme qui ne peuvent disparaître immédiatement [...]. »

Les restrictions, les pénuries, le ravitaillement sont bien sûr loin d'avoir pris fin avec la libération du département.

On retrouve la litanie des problèmes du ravitaillement, égrenée depuis la défaite.

L'insuffisance des moyens de transport est la principale cause alléguée des pénuries, d'autant que notre blé qui vient de l'Yonne ne peut utiliser ni les chemins de fer réservés à l'autorité militaire ni les voies fluviales en raison des inondations. Il faudrait régler les problèmes de ce goulot d'étranglement. Le matériel que n'ont pas emporté, usé ou détruit les Allemands (locomotives, péniches, camions, etc.) a été réquisitionné par l'armée qui poursuit le combat. On se tourne vers les Américains, seuls à disposer d'une logistique inépuisable. Dans la presse on annonce qu'ils proposent de prêter au département du Jura quatre-vingts camions avec le carburant nécessaire. L'Administration

245. ADJ. 331 W 208.
246. Ibid.

se veut optimiste à propos de la reprise économique qui se dessinerait ; elle prend l'exemple, pourtant marginal, de l'usine métallurgique Fillod de Saint-Amour : elle tournerait à plein rendement grâce à la tôle amenée, à défaut de trains, par camions du bassin de la Loire. En revanche, dans le Haut-Jura, la reprise de l'activité industrielle est très lente.

Les services préfectoraux doivent reconnaître que « nous vivons au jour le jour en ce qui concerne l'approvisionnement en pain ». Il n'y a pas eu de distribution de pâtes, de légumes secs, ni de confitures en novembre ; et si les distributions réglementaires de matières grasses, de sucre et de vin ont été assurées, les esprits s'échauffent car :

> « La distribution de beurre avarié à Saint-Claude et de vin de mauvaise qualité dans les autres agglomérations, a profondément déçu la population. Celle-ci se plaint de ce qu'on profite de la situation précaire actuelle pour livrer de la marchandise défectueuse, et critique, d'autre part, les manœuvres abusives qui sont de coutume avec les vins dits d'appellation contrôlée. »

Et, plus grave, au niveau du département, l'alimentation en lait est franchement déficitaire : fin décembre on note[247] qu'il est impossible depuis plus d'un mois d'assurer la ration quotidienne des détenteurs de cartes et des malades et l'hôpital de Lons-le-Saunier ne peut recevoir les cinquante litres qui lui sont indispensables.

Et toujours la même accusation : certains cultivateurs transforment leur lait en beurre ou le vendent à domicile.

Mêmes maux, mêmes remèdes : on exhorte le paysan à faire preuve de bonne volonté, puis on le menace de sanctions. On fait des exemples pour calmer la vindicte populaire au moins autant que pour amener les producteurs à plus de bonne volonté. Dans les environs de Lons-le-Saunier, trois fromagers, qui ont refusé de livrer leur lait, ont été internés. Ces mesures ne calment pas pour autant la colère et, comme à l'époque de l'Occupation, les ménagères manifestent dans les villes ouvrières, notamment à Saint-Claude et à Dole.

Les choses vont changer ! Du moins si l'on en croit les décisions prises à l'unanimité en ce mois de décembre par le congrès des Comités cantonaux de Libération qui s'est tenu dans la préfecture en ce mois de décembre[248] : (extraits) :

« – lutte contre le marché noir ;

– substitution au règne capitaliste d'un régime coopératif et socialiste au service du peuple ;

– mise en valeur de notre empire colonial et son intégration dans la communauté politique et spirituelle française ;

– diminution du travail féminin ;

– rétablissement complet des lois laïques et de la neutralité de l'État ;

– création d'une armée nouvelle avec des cadres républicains ;

---

247. ADJ. 354 W 158.

248. Ibid.

– création d'une école publique nationale, laïque et républicaine sous le contrôle unique de l'État ;
– épuration rapide et totale »

La présence des Américains qui ont remplacé les Allemands, y compris en tant qu'acteurs économiques locaux, rappelle s'il en était besoin que la guerre n'est pas terminée. Fin décembre, un groupe de leurs soldats a détourné et vendu de l'essence de l'armée. Plusieurs habitants de Clairvaux se sont laissés tenter, la gendarmerie a arrêté l'un d'eux qui a été transféré à Dijon.

Les Américains, si légitimement fêtés lors de la Libération, commencent à perdre de leur aura auprès des Jurassiens. Certains se comportent comme l'ancien occupant. À Champagnole, une femme de 62 ans a été violée par des soldats noirs américains et une autre plus âgée leur aurait échappé de peu. Le dépit des populations et un patriotisme retrouvé ne sont certes pas absents de ces jugements négatifs. On les avait critiqués pour leurs bombardements d'altitude si destructeurs, on va s'inquiéter et se gausser des pilotes des quatre avions qui ont dû se délester de leurs bombes dans le lac de Chalain, le 29 décembre. Des Jurassiens, qui continuent à craindre le retour des Allemands par la Suisse voisine, vont même jusqu'à mettre en cause la capacité des Américains à les arrêter. Un rapport des RG de Saint-Claude[249] note, fin décembre que « l'avancée allemande dans les secteurs de l'Est de la France a jeté la consternation dans tous les milieux. La quasi-totalité de la population est persuadée que les Alliés hésitent à armer les Français parce qu'ils redoutent les querelles intestines[250] et que seuls les Français qui se battraient avec tout le cœur désirable sont susceptibles d'arrêter l'offensive allemande. »

Malgré toutes les désillusions et les problèmes domestiques, l'année s'achève sur l'espoir en des jours heureux. On a une certitude : 1945 verra la fin de la guerre et le retour des jeunes Français qui continuent le combat.

Les Jurassiens garderont en mémoire les drames de l'année écoulée. Encore aujourd'hui, pour beaucoup, cette dernière année d'occupation du département reste un condensé des difficultés et des dangers qui ont marqué toute la guerre, l'État français et la Résistance intérieure.

Les arrestations allemandes dans le Jura

Répartition par motifs d'arrestation						
	1940	1941	1942	1943	**1944**	Total
Résistance	néant	16	30	**112**	**398**	**556**
Otages/Rafles	néant	néant	4	6	**573**	**583**
Raciaux	2	1	23	9	26	59
Autres	néant	5	6	5	12	28
Total	2	22	63	132	**1 009**	1 226

249. ADJ. 304 W 157.

250. Allusion à la crainte existant dans certains milieux que les communistes utiliseraient ces armes pour prendre le pouvoir.

CINQUIÈME PARTIE

1945, ÉPILOGUE

CHAPITRE I

LA GUERRE CONTINUE

En décembre 1944, sur le front occidental, dans les Ardennes, la contre-offensive allemande a pris les Jurassiens au dépourvu et suscité une très forte inquiétude. Dans le Haut-Jura, le retour de l'ennemi n'est pas exclu, on redoute « une offensive des Teutons par la Suisse ».

Le 19 janvier, l'arrivée d'un train de réfugiés alsaciens à Lons-le-Saunier semble confirmer ces craintes. Le convoi formé à Saverne comptait plus de sept cent cinquante réfugiés et sinistrés, hommes, femmes et enfants. N'ayant été autorisés à emporter que trente kilos de bagages, ils sont des plus démunis. Une cinquantaine d'entre eux sera été dirigée sur les communes rurales du canton de Beaufort, environ deux cents autres resteront dans les environs immédiats de Lons-le-Saunier, tandis que le reste sera réparti dans la région de Saint-Amour.

Le 21 janvier, le Comité cantonal de Libération de Bletterans prend des mesures : on décide de mettre sur pied une force de sécurité en cas de parachutages ennemis sur le territoire du canton ; elle sera constituée de deux groupes armés correspondant aux deux principaux terrains d'atterrissage de la région. Ici on se souvient de l'importance de ces sites que la RAF et la Résistance avaient très largement utilisés.

On se demande si les armées alliées réussiront à arrêter « les hordes germaniques », on a entendu à la radio suisse que l'évacuation de Strasbourg par les Alliés était envisagée. Par contre, « le général de Gaulle continue à jouir d'une confiance absolue parmi la majorité de la population[251]. »

Heureusement, dans le même temps, l'armée Rouge enfonce la *Wehrmacht* sur le front de l'Est, en Prusse orientale et en Silésie. Il n'en faut pas plus pour que l'opinion publique, versatile, anticipe déjà la défaite rapide de l'Allemagne qui « doit une fois pour toutes être déchiquetée et son unité à jamais rendue impossible ». Le rêve déçu de 1918 a la vie dure !

La libération du Jura avait permis de faire de nombreux prisonniers, main-d'œuvre qu'on va utiliser sans vergogne. À Lons-le-Saunier, à la caserne Michel, on a interné provisoirement des Autrichiens et on aménage la caserne

251. ADJ. 304 W 156.

Bouffez pour y accueillir un contingent allemand qu'on estime à environ mille cinq cents hommes. On compte sur eux pour pallier le manque de bras amplifié par l'engagement et la conscription des jeunes gens dans l'Armée de Libération.

Le 9 février, cette dernière et les troupes alliées délogent définitivement les Allemands de la poche de Colmar. L'Alsace est totalement libérée et les réfugiés installés dans le Jura manifestent leur impatience à rentrer chez eux. C'est le cas des inspecteurs de police Luthringer, Zemp et Meyer, en poste à Lons-le-Saunier depuis leur repli en 1940.

Malgré la part très importante que jouent les soldats américains dans la victoire qui se dessine, les États-Unis et leurs combattants souffrent d'un véritable déficit d'image. Des anciens combattants de 14-18 vont jusqu'à mettre en cause leur combativité ! De plus, les Français reprochent à Roosevelt d'être à l'origine de l'absence de la France à la conférence de Yalta (4 au 11 février) qui a réuni les « trois vainqueurs » du IIIe *Reich* : les États-Unis, l'URSS et le Royaume-Uni. Dans cette affaire, la population jurassienne soutient très majoritairement la position du Général de Gaulle qui, par rétorsion, a refusé de se rendre à Alger pour rencontrer le président américain.

Par ailleurs, on l'avait déjà signalé dès la fin de l'année précédente, la présence de soldats américains dans le Jura libéré n'est pas toujours bien comprise. Leur comportement de vainqueurs agace et parfois scandalise. Et on découvre des GI bien différents de ceux qu'on avait admirés lors de la libération du département et aux actualités cinématographiques. À Vaux-lès-Saint-Claude, le 18 février, dans un bal organisé par la Résistance, des Américains « blancs » se sont opposés à l'intrusion de leurs compatriotes « nègres ». Après une bagarre, ces derniers ont dû déguerpir. Ils ont eu leur revanche le même jour : à La Pérouse, commune de Villard-Saint-Sauveur, quatre militaires blancs américains attablés à un café, « pris de panique, se sont éclipsés laissant leur repas à moitié consommé » à la vue de cinq de leurs compatriotes noirs qui venaient de s'attabler.

La traversée de Saint-Claude par un convoi d'une dizaine de camions conduits par un détachement de militaires noirs américains, rappelle, s'il en était besoin, la réalité de la guerre, et ses servitudes. Le convoi venait effectuer des chargements de bois destinés aux Alliés. La population s'en inquiète. Ne pilleraient-ils pas notre bois ? On craint que celui-ci manque pour le chauffage et que son prix explose !

Cependant, on sait pouvoir compter sur les Américains pour détruire le IIIe *Reich* et ses alliés japonais dont la radio évoque la résistance acharnée dans le Pacifique.

Un nouveau conflit semble vouloir se dessiner en Extrême-Orient alors que la victoire sur l'Allemagne n'est pas encore définitivement acquise. En Indochine le 9 mars, les Japonais attaquent les autorités vichystes et l'armée coloniale française. Des civils français et des « Indochinois » favorables à la métropole sont internés dans des camps japonais où ils subissent la faim et la torture. Le lendemain les Japonais proclament l'indépendance du Vietnam. Cette situation dans la lointaine Asie « française » ne peut qu'inquiéter les parents des jeunes engagés jurassiens qui pourraient être appelés à aller y combattre. L'envoi des troupes pour participer à la défaite japonaise et à la fin de la guerre, ne fait pas consensus. Certains, surtout à gauche, ne veulent y voir que la préservation d'un empire colonial qui n'est plus de mise. Ils s'offusquent que leurs enfants puissent aller servir de chairs à canon pour maintenir sous le joug un peuple qui, comme nous, aspire à la liberté. Et dans l'intérêt de qui ? Et les communistes de dénoncer les sociétés minières, les planteurs d'hévéa, comme Michelin, qui exploitent les hommes et les richesses de ces contrées, et la gent militaire avide de victoire et de galons. Pour eux, il n'est pas tolérable que notre armée de libération devienne une armée coloniale ! Mais, pour d'autres, il n'est pas question d'abandonner notre supposé riche empire colonial, le deuxième du monde, alors que la métropole est ruinée et a beaucoup perdu de son prestige en juin 1940, et après...

Un rapport officiel évoque « les bruits de paix » en provenance d'Allemagne, paix à laquelle on aspire après plus de cinq années de guerre. Quoi qu'il en soit, pour la plupart des Jurassiens, la vraie guerre est celle qui a lieu en Europe, contre Hitler et le nazisme, et elle est en passe de prendre fin. Ce n'est qu'une question de jours.

C'est dans cette attente que se tiennent les manifestations ouvrières et syndicales du 1er mai. Elles seront d'autant plus festives que l'on a appris la veille le suicide d'Hitler dans son *bunker* berlinois. Tant pis si, après un mois d'avril particulièrement doux, on défile souvent sous la neige !

Le jeudi 3 mai, à l'annonce de la prise de Berlin par l'armée Rouge, de nouvelles manifestations se déroulent dans les villes du département. Le parti communiste y joue un rôle majeur. Encore faut-il nuancer ses succès dans la préfecture : ce ne sont guère plus de cent cinquante personnes, dont une soixantaine de femmes, qui se rassemblent à son appel, et traversent la ville pour se rendre au monument aux morts. Le secrétaire régional du parti y retrace l'action de la seule armée Rouge et ses victoires, de Stalingrad à Berlin.

À Dole, où l'implantation du parti communiste est forte, les FTP y ayant été très actifs, la manifestation sera nettement plus étoffée. En fin de journée, environ huit cents personnes, parmi lesquelles messieurs Mugnier-Pollet, maire de la ville, Marlin du CCL et Geoffroy de la CGT, se rassemblent devant le local du CCL[252], place Grévy. Plusieurs orateurs, dont le maire et André Barthélémy, membre communiste du CDL, « glorifièrent l'armée Rouge ». Le cortège se rendit ensuite boulevard Wilson où une minute de silence fut observée devant la plaque commémorative du grand résistant communiste FTP, Maurice Pagnon assassiné par les Allemands. Le défilé sera dissous devant le siège du parti.

À Morez, ville ouvrière également, les communistes organisent une conférence salle Salengro, suivie d'un défilé auquel prennent part environ huit cents personnes. Le soir, un bal clôture la manifestation.

252. Comité cantonal de Libération.

Le 8 mai, la défaite définitive du *Reich* est fêtée comme il se doit. Partout c'est l'allégresse, on festoie, on danse. On fait comme si la guerre était terminée. Pour les Jurassiens, Indochine exceptée, l'Extrême Orient et les Japonais sont loin, et ne concernent que les Américains. Nos soldats vont pouvoir rentrer au pays, se réinsérer dans une économie qui manque de bras. L'effort de guerre est derrière nous, finies les restrictions en tous genres... !

CHAPITRE II

RÉINSERTION DIFFICILE DES PRISONNIERS ET DES DÉPORTÉS

Les prisonniers, de plus en plus nombreux à rentrer au pays, sont interrogés sur leurs conditions de vie, sur l'avancée des Alliés et des forces françaises sur le sol allemand, sur le moral des populations allemandes...

On les dirige à Lons-le-Saunier vers la Maison du prisonnier et du déporté, rue du Commerce, où a été mis à leur disposition un centre d'entraide ouvert en permanence. Les langues se délient et on prend conscience de la diversité des situations. Certains ont passé l'essentiel de leur captivité dans des fermes allemandes où ils ont suppléé le mari ou le fils sous les drapeaux de la *Wehrmacht* ou tué au combat, ce sont eux qui ont le moins souffert des conditions matérielles de la captivité. Il n'en va pas de même de ceux qui ont été condamnés à un véritable esclavage dans les entreprises de guerre allemande où ils n'étaient le plus souvent qu'un matériel surexploité et facilement jetable.

On entend aussi l'amertume de prisonniers libérés par l'armée Rouge. Les Russes les auraient parfois malmenés, les traitant « non comme Alliés, mais presque en ennemis ». La collaboration de Pétain et de sa Légion des volontaires français contre le bolchevisme n'est sans doute pas étrangère à ce comportement des Russes. Ces propos seront parfois utilisés à charge... contre les communistes français. Certains rentrent au pays en compagnie d'une femme, souvent Russe, compagne d'infortune, et parfois de jeunes enfants...

Des anciens du STO rentrent également au pays, et l'accueil qu'ils reçoivent n'est pas toujours très chaleureux. On les interroge aussi, mais on ne leur accorde pas toujours grand crédit. Parmi eux se trouvent d'authentiques volontaires qui, pour des mobiles différents, ont participé à l'effort de guerre allemand, et leur cas pose évidemment problème.

Le 25 mai, s'ouvre un débat[253] au CDL : Ces volontaires peuvent-ils prétendre à la double carte d'alimentation, au même titre que ceux qui ont été contraints au STO, les prisonniers et les déportés ? Pour beaucoup, en cette période où la pénurie reste à l'ordre du jour, qu'ils touchent la même double

253. A.D.J. 331 W 125.

ration que ces derniers est proprement scandaleux. On finit par se rallier à cette opinion. Exception pour les anciens volontaires qui, après visite médicale, seraient déclarés très sous-alimentés. Il y en a plus d'un !

L'avancée des armées alliées en Europe centrale et en Allemagne accélère le rapatriement des anciens déportés qui errent sur les routes.

■ ***Archives Jean Bourgeat.***

Cette photographie a été prise le 22 avril 1945, rue du Commerce à Lons-le-Saunier devant le siège de la Maison du prisonnier et du déporté. Ces cinq déportés sont parmi les premiers à être rentrés des camps. Ils sont ici accueillis par M. Marrest (le directeur de l'office) et Jeanne Berger, la veuve du grand résistant jurassien Marcel Berger, qui, lui, ne reviendra pas…

Ces cinq hommes ont tous été raflés en avril 1944, dont trois au cours de la rafle monstre de Saint-Claude.

De gauche à droite : Paul David (21 ans), ancien rugbyman de Saint-Claude, Pierre Vernay (35 ans), coiffeur, ancien chef de l'Armée secrète d'Orgelet, Jean Bourgeat (21 ans), de Saint-Claude, Fernand Vincent de Charchilla (20 ans) et Louis Gross (22 ans) de Saint-Claude.

Les tenues vestimentaires peuvent surprendre par leur très bon état et leur propreté. Jean Bourgeat explique : avant d'être libérés par les Américains, ils avaient été sortis en hâte de leur camp de concentration, harcelés par les fanatiques du *Volksturm*[254] dans leur marche forcée vers une mort probable.

254. Milice populaire allemande levée en 1944 qui devait épauler la *Wehrmacht* dans la défense du territoire allemand.

Ils étaient, comme on l'imagine, vêtus de tenues repoussantes et couverts de vermine. Leurs libérateurs, avant de rapatrier par avion au plus vite les déportés résistants[255], les avaient abrités dans le camp de Dora préalablement abandonné par les Allemands. Ils en avaient profité pour échanger leurs oripeaux contre des tenues flambant neuves tirées du magasin.

Ils avaient atterri sur l'aéroport du Bourget, puis avaient été dirigés sur l'hôtel du Pas-de-Calais dans le centre de la capitale (l'hôtel Lutétia n'était pas encore fonctionnel).

On ne saurait non plus se laisser abuser par la mine joufflue de Fernand Vincent ; il la doit à une rétention d'eau, un œdème assez courant dans les camps de prisonniers et de concentration.

Ils viennent d'arriver à Lons-le-Saunier, une traction du Comité des œuvres sociales des organisations de la Résistance[256] (COSOR) étant allée les chercher à leur descente du train à Dole. Les plus affaiblis d'entre eux, dont Jean Bourgeat, seront pris en charge par ce Comité durant un mois et demi dans un château d'Arbois confisqué à un ancien collaborateur.

Rentré chez lui, à Saint-Claude, il retrouvera avec bonheur les délices de la boucherie chevaline du rez-de-chaussée… à défaut de ses centaines de perches de haricots qui ont fait le bonheur d'un autre jardinier.

Si on découvre l'état de dénuement extrême de nombre de ces rapatriés, il est cependant, pour beaucoup, difficile d'accorder crédit à leurs récits tant l'horreur décrite par certains dépasse l'entendement. Comme l'écrivait Primo Levi[257] : Presque tous ceux qui sont rentrés « rappellent un rêve qui revenait fréquemment dans les nuits de la captivité, varié dans les détails, mais unique pour l'essentiel : ils se voyaient rentrés chez eux, racontant avec passion et soulagement leurs souffrances passées en s'adressant à un être cher, et ils n'étaient pas crus, ils n'étaient même pas écoutés ». Et parfois ils étaient fuis !

Qui pour vouloir accorder foi aux rumeurs qui circulaient sur l'horreur des camps de concentration qui accèdent bientôt au rang de vérités qui dérangent ? Car certains témoins donnent des précisions sur les camps « où ils vivaient au milieu des morts, les fours crématoires étant insuffisants », où des centaines de malades subissaient des piqûres expérimentales auxquelles bien peu ont survécu !

Ceux que l'on voulait entendre étaient ceux qui avaient[258] « tendance à filtrer inconsciemment leurs souvenirs […] préfèrent s'arrêter un peu sur les trêves […] les intermèdes comiques […] et passer plus rapidement sur les épisodes plus douloureux […] »

La commisération à leur égard est incontestable, mais on ne tient pas à tout savoir sur ces horreurs. Fin avril, le rapport du commissaire spécial des RG

255. Les autres, nommés déportés politiques, étaient ceux qui avaient été raflés comme otages ou main-d'œuvre.

256. Organisme de soutien aux victimes de la répression créé dans la clandestinité en 1943, officialisé à la Libération.

257. Primo Lévi, *Les Naufragés et les Rescapés.*

258. *Ibid.*

de Lons-le-Saunier est révélateur de cet état d'esprit qui ne pourra qu'inciter les déportés au mutisme[259] :

> « La nouvelle de la libération par les troupes alliées du camp de Weimar intéresse au plus haut point la population du Jura...
> Le plaisir causé par l'annonce de la libération du camp s'est transformé en angoisse quand une campagne de presse, pour le moins inopportune, a dévoilé l'organisation des camps d'extermination et les atrocités commises. Deux déportés, qui avaient quitté le camp quarante jours avant l'arrivée des troupes alliées, sont arrivés à Saint-Claude, mais étant donné leur état général, aucune publicité n'a été faite autour de cette arrivée. »

Davantage encore que les prisonniers, ces déportés ne se sentent pas toujours accueillis comme ils l'espéraient. Avec eux ils créent une association pour se retrouver et faire valoir leurs revendications[260].

Ils sont déçus : « Ils ne retrouvent pas la France lavée et rénovée qu'ils espéraient[261]. »

Un rapport des RG fait état d'une réunion à Champagnole de l'Amicale des prisonniers et déportés du secteur qui s'est tenue le 29 juin[262]. Ils étaient environ quatre-vingts à s'étonner du peu de cas que l'on faisait de leur situation. « Lorsqu'on arrive à la question du ravitaillement, et surtout de l'habillement, l'assistance devint houleuse, des cris hostiles à l'égard de l'organisation compétente chargée du rapatriement des prisonniers et de tout ce qui touche à leur situation matérielle. Beaucoup de prisonniers présents protestèrent contre le fait qu'il leur était impossible de faire honorer leurs bons de vêtements. »

Le ton monte et ils décident de passer à l'action, d'aller se servir chez les commerçants de la ville accusés de vendre à prix cher les vêtements qui leur reviennent. Les responsables de l'Association, pour ne pas être débordés par leurs troupes et éviter tout incident regrettable, décident d'encadrer le mouvement : vers 23 heures, par groupes de six ou sept, à la sortie de la réunion, ils se rendent chez les différents commerçants de la ville.

Cinq « marchands de confection » durent ainsi, en pleine nuit, ouvrir leur boutique, les accueillir avec une bienveillance de façade, et les laisser repartir « les bras chargés de costumes, chaussettes, pardessus, pull-over [...] l'un des commerçants promit même de leur céder, plus tard [...] dix complets à titre gracieux [...]. Enfin ils achevèrent leur tournée en se rendant propriétaires, chez un fabricant de chaussures, de cent cinquante paires de chaussures de fatigue destinées à la SNCF ».

« La population, connaissant l'extrême dénuement de la plupart des rapatriés, approuve cette manifestation », les responsables de l'Association se sont empressés de faire rendre les produits ainsi confisqués. Seuls les prisonniers

259. ADJ. 304 W 160.

260. Ils créeront, dès l'année 1945, deux associations nationales : l'UNADIF-FNDIR, « gaulliste », et la FNDIRP, marquée à gauche.

261. ADJ. 304 W 155.

262. A.D.J. 304 W 160.

les plus nécessiteux pourront, contre remise des bons et points réglementaires, se procurer « un » article. Les 120 paires de chaussures réquisitionnées seront restituées en septembre, lorsque la tension sera retombée.

André Socié, prisonnier rapatrié du camp de Lübeck, futur membre de la FNDIRP, est un des représentants champagnolais de ces prisonniers. Désabusé par ces faux-semblants, il fera paraître un article plein d'amertume dans la presse locale[263] :

> « En somme, tout se passe comme si la rentrée des exilés était prématurée, inattendue [...] ou encore comme si on cherchait à provoquer des troubles, à rendre méchants des gens qui pourtant, après avoir perdu bien des illusions, en ont encore trop gardé et qui, tout à la joie du retour, étaient enclins à l'optimisme et à l'indulgence (à part quelques aigris insatiables et éternellement mécontents).
> Il paraît pourtant évident à tout Français raisonnable que les prisonniers de guerre et déportés sont en droit d'espérer être habillés gratuitement [...] »

D'autant que les commerçants n'ont pas toujours bonne presse et qu'on s'interroge parfois sur l'origine de leurs stocks... Il se confirme que l'occupant n'était pas le seul en cause dans les pénuries, notamment celle, notoire, des chaussures. Deux frères, « bons Français » propriétaires d'une entreprise de chaussures et cuirs en gros, fournitures pour cordonniers, rue Lafayette à Lons-le-Saunier – l'un, légionnaire en vue, était conseiller municipal de la ville – « ont été arrêtés pour avoir soustrait et camouflé une importante quantité de chaussures – on parle de 4 000 paires – qui ont été stockées dans la ville, à Châtillon et Vercia[264] ».

On prend conscience que nombreux seront les prisonniers et les déportés, surtout les déportés politiques, qui ne rentreront jamais. À Saint-Claude et dans ses environs notamment, sur environ trois cent cinquante déportés, seuls quatre-vingts auraient alors regagné leur foyer.

De nombreux Jurassiens veulent tourner la page, d'autant que la découverte des atrocités et de la barbarie nazie ne fait qu'amplifier l'intransigeance de beaucoup face aux collaborateurs, jugés complices. On constate une recrudescence d'attentats dont ils sont la cible.

Les résistants, quant à eux, tiennent à ce que l'on n'oublie pas les crimes commis par l'occupant, la complicité de l'État français et le combat qu'ils ont mené contre eux.

Ainsi s'engage la bataille des commémorations que le devoir de mémoire justifie à lui seul, car de nombreux Jurassiens ignorent, ou minimisent, ces drames et la collaboration.

Il est évident que ces manifestations participent de la reconnaissance due aux victimes et à tous ceux qui ont alors pris des risques et participé à la libération du territoire. D'autant plus que certains n'hésitent pas à montrer du doigt les maquisards sans lesquels la répression n'aurait pas eu lieu !

---

263. Ibid.

264. ADJ. 304 W 36

Le 5 mars, sous la présidence du préfet, débute à Lons-le-Saunier « la quinzaine de la Résistance ». L'inauguration se déroule à la salle des fêtes où a été installée une exposition de photographies « des martyrs jurassiens (fusillés, torturés, déportés) de nos villages brûlés ». Le lendemain a lieu une soirée commémorative des martyrs de la Résistance. La quinzaine mémorielle prend fin le 22 mars par une représentation au théâtre municipal. L'exposition itinérante sera ensuite installée à Arbois puis à Saint-Claude, à Poligny… On va montrer aux Jurassiens, souvent incrédules, les faits qui ont endeuillé leur département pendant l'Occupation.

En avril, poursuivant leur travail de mémoire, des résistants déposent une plaque commémorative à Saint-Didier où, l'année précédente, les soldats allemands avaient fait preuve d'une rare barbarie à l'encontre de la population.

D'autres manifestations prendront le relais dans la préfecture, notamment « la quinzaine de l'Enfance des Résistants ». À cette occasion, l'Union des femmes françaises[265] décide d'organiser un bal d'enfants et de vendre à leur profit « diverses matières ».

Cette association ne sera pas la seule à s'engager : tous les partis et sociétés locales sont sollicités. Tous feront preuve de leur légitimité résistante et de leurs convictions. Ainsi l'UFF tiendra-t-elle à montrer ses spécificités, et sa vocation à peser sur les choix de société à venir : « Il fut rappelé que l'UFF, née pendant l'illégalité et reconnue par le général de Gaulle, a pour buts principaux de terminer la guerre, de reconstruire la France, de défendre les familles, enfin de donner à tous des conditions de vie leur permettant d'avoir confiance dans l'avenir. »

D'autres mobiles que le devoir de mémoire plaident pour la multiplication des commémorations ; ce retour sur un passé sublimé s'inscrit, comme ce fut le cas après 1918 pour les « poilus », dans un futur où les anciens combattants/résistants, unis dans le combat, seraient les mieux à même de reconstruire le pays, dans l'unité.

Les partis de gauche, notamment le Parti communiste autoproclamé « Parti de la Résistance », tout comme les organisations de résistants, comptent qu'on leur saura gré de leur engagement lors des prochains scrutins.

Très minoritaires pendant l'Occupation, ils se préparent à des élections difficiles ; aussi l'union est-elle plus que jamais à l'ordre du jour.

On n'en oublie pas pour autant les conditions de vie toujours très difficiles. Et les difficultés de la vie quotidienne ne pourront échapper aux discours des campagnes électorales.

---

265. Association proche du Parti communiste.

CHAPITRE III

UNE SOCIÉTÉ MINÉE PAR LES DIFFICULTÉS DU QUOTIDIEN

Pénurie & inégalités

Janvier-février

Le ravitaillement reste aussi peu satisfaisant qu'à l'époque de l'Occupation, et on ne peut plus en incriminer les pillages de l'ennemi. Les privations et les réquisitions sont toujours vécues comme l'échec inexplicable du Gouvernement provisoire. Cette insatisfaction s'affirme alors publiquement, d'autant plus que depuis la Libération, la censure et la répression des manifestations ont disparu. Par ailleurs, souvent, on sait pouvoir compter sur le soutien à peine voilé des municipalités. Ainsi à Salins, début janvier, ce sont cinq à six cents ménagères qui défilent sans rencontrer aucune opposition. On s'impatiente, on ne comprend pas les causes de ces dysfonctionnements et il se dit même un peu partout que le ravitaillement fonctionnait mieux sous Vichy !

À Saint-Claude, la municipalité se trouve alors dans l'impossibilité matérielle d'assurer le chauffage des bâtiments scolaires ; les parents d'élèves sont très inquiets : que va-t-on faire des enfants qui vont manquer les cours, mais aussi de chauffage à la maison ? La rentrée des classes, après les vacances d'hiver, a dû être reportée au 15 janvier. Qui peut dire qu'elle aura d'ailleurs lieu à cette date ?

Les services publics ne sont pas seuls à souffrir des pénuries. Dans l'industrie et l'artisanat, les matières premières, l'électricité, le charbon et le bois font souvent défaut. Toujours à Saint-Claude, dès le 19 janvier, les établissements Chapuis-Comoy, qui comptent plusieurs centaines d'ouvriers, doivent fermer leurs portes. La direction propose à son personnel de le payer pendant la fermeture sur la base de 30 heures par semaine. En échange, lorsque le travail reprendra, les employés devront effectuer de 40 à 48 heures, payées 30 heures, et ce, jusqu'à ce que les heures chômées soient récupérées. La direction souhaite qu'un esprit de solidarité unisse tous les ouvriers de l'usine. Elle accompagne donc sa décision de mesures que l'on peut qualifier de sociales :

pendant la durée du congé forcé, le magasin sera chauffé et mis l'après-midi à disposition de tous les employés qui n'auraient pas de chauffage chez eux. Elle essaiera d'y organiser « bibliothèque, musique et jeux ».

Après avoir été complètement pillée par l'occupant, et avoir vu une partie de ses succursales incendiées en avril 1944, la Fraternelle procède à la réouverture de son magasin de Saint-Lupicin.

Toujours dans le Haut-Jura, on s'inquiète de la forte hausse des prix alimentaires qui touche même les restaurants populaires. Ceux-ci doivent fermer leurs portes aux ouvriers et aux petits fonctionnaires payés bien chichement. On envie les riches voisins suisses qui peuvent se procurer à bon compte du beurre et des œufs jurassiens, et qui nous en privent !

Surtout, dans cette région isolée et totalement dépendante de l'extérieur, on proteste contre les lenteurs de la remise en service des moyens de communication. On se plaint plus particulièrement du fait que le secteur soit complètement privé des transports en commun en direction de Lyon, qui avec la voisine Oyonnax (Ain), est ici le pôle attractif. La plupart des commerçants et industriels de Saint-Claude, des Bouchoux et de Moirans déplorent le rattachement du Jura à la bien lointaine et « étrangère » Région de Dijon. Cette situation administrative n'amènerait-elle pas le Ravitaillement général à négliger cette périphérie isolée des hautes terres ?

Les communistes de Saint-Claude invitent les autres partis et les mouvements de Résistance à manifester en masse contre les difficultés du quotidien. Mais les ménagères de la montagne n'ont pas besoin de mots d'ordre pour se faire entendre. Dès le 12 janvier, dans la matinée, une centaine de femmes s'étaient rendues à la mairie de Moirans, « par petits paquets », pour protester auprès du président du CLL[266], Maurice Dalloz. Huit jours plus tard, les ménagères de Champagnole se rendent à l'hôtel de ville pour dénoncer les pénuries et le retard apporté dans la distribution et la qualité du lait destiné aux enfants. Elles réclament des têtes : un laitier et un grossiste en légumes seront sévèrement sanctionnés.

Et le ravitaillement arrive enfin, mais il est loin d'être à la hauteur des promesses ! Il se compose notamment de viande « de mauvaise qualité, cent grammes par habitant, ration dérisoire pour nos pays très froids ». La population se retourne contre les bouchers qui se défaussent en mettant en cause l'interdiction qui leur est faite de s'approvisionner en bétail directement à la ferme. Par ailleurs chacun sait qu'on continue à abattre clandestinement et à vendre au prix fort. On ne voit d'ailleurs pas trace de ces délits, les cultivateurs détruisant les peaux, contribuant ainsi de surcroît à la pénurie du cuir déjà bien rare…

Le 10 février, au niveau départemental, on signale qu'aucune ration de produits laitiers n'a encore été versée aux consommateurs pour le mois en cours, rappelant que celles du mois précédent étaient si faibles – celle de beurre était limitée à cent grammes – qu'il n'en reste rien. Dans le même temps, il se dit que les consommateurs du département du Doubs auraient reçu une ration

266. Comité local de Libération.

trois fois supérieure ! Aussi, « les Jurassiens se plaignent avec amertume en constatant que la question du ravitaillement marche plus mal que jamais ».

Mars-avril

En mars, à Saint-Claude on manque toujours des matières premières nécessaires au redémarrage des industries. La plus grande partie des racines de bruyère d'Algérie, qui n'a plus de stock, aurait été dirigée vers l'Angleterre et l'Amérique ! Et les entreprises craignent de ne pouvoir honorer des commandes... anglaises !

Pour le marché intérieur, à défaut de bruyère, on en est réduit à utiliser le hêtre, voire le chêne pour les ébauchons ! La situation est également difficile pour l'industrie diamantaire qui n'a toujours pas la possibilité d'importer des diamants. Avant-guerre, ils venaient de Hollande et ils sont loin d'être compensés par les pierres qui viennent désormais d'Angleterre.

On manque toujours de charbon. Les faïenceries de Salins comme l'usine Bouvet de Champagnole tournent au ralenti, ce qui n'empêche pas que l'on dise manquer de bras et on réclame à cet effet la « livraison » de prisonniers allemands.

Dans les milieux ouvriers, comme il est de tradition, on montre les paysans d'un doigt accusateur. D'après un rapport de fin mars[267], « dans les campagnes on ne semble pas entendre la voix des centres urbains ». Mais on accuse aussi les fonctionnaires de l'ancien régime qui ont échappé à l'épuration ; ceux-ci, nouvelle version de la cinquième colonne, saboteraient les efforts du Ravitaillement général...

Dans le Bas-Jura, le 17 mars, après avoir manifesté, des ménagères de Montmorot vont présenter leurs revendications au préfet. Là aussi, il faut des coupables, ce sera l'armée. Elle serait la cause des défaillances du ravitaillement et, surtout, des difficultés pour la population de se procurer des suppléments dans les campagnes environnantes. On a vu des militaires français, ou américains, sillonner les campagnes sur des camions qu'ils remplissent grâce au « troc ». On est loin de se douter que les soldats jurassiens qui se battent pour la libération du territoire sont des plus démunis. Le jeune résistant Léon Soyard qui s'est engagé pour la durée de la guerre, signale que, de toute l'Occupation, il n'a jamais eu le ventre aussi vide que sous les drapeaux, dans les Vosges.

Partout, à défaut de pouvoir compter sur un ravitaillement officiel suffisant, chacun met en place son « système D ». Nul n'y échappe dans cette période où autorités centrales, moyens de communication et de paiement sont bien fragiles et aléatoires. Ainsi, à l'initiative du MLN[268], un département du sud de la France a envoyé des émissaires dans le Jura pour s'y ravitailler en pommes de terre (70 tonnes). On les troquera contre du vin et de l'huile d'olive.

---

267. ADJ. 304 W 156.

268. Mouvement de libération nationale.

L'espoir renaît cependant. Au café du quartier, haut lieu de socialisation, on a lu dans le journal que les premiers arrivages de denrées alimentaires en provenance des États-Unis étaient annoncés. Les assiettes devraient vite se garnir du saindoux et de l'huile américains et compléter les rations de beurre « momentanément » réduites.

Le marché noir ne disparaîtra pas tant que les pénuries perdureront. Tous les Comités cantonaux de Libération le dénoncent, à l'instar de celui de Beaufort[269] :

> « Le trafic et le marché noir devenant à nouveau un véritable scandale, le Comité demande que la police soit sérieusement renforcée, que des barrages mobiles se fassent sur les routes pour contrôler les camions et les voitures, en particulier la nuit [...] Il proteste contre les prix exagérés des textiles introuvables (*sic*) qu'au marché noir et demande que la police économique s'inquiète de cette situation. »

La situation est d'autant plus préoccupante qu'à l'inflation qui pénalise tant les petits salariés et les pensionnés, s'ajoute la situation de l'emploi qui n'est pas bonne.

Cependant on décèle quelques signes de reprise, la cause première étant l'amélioration significative des transports ferroviaires. À preuve, les vins du Midi ont refait leur apparition !

À Saint-Claude, la taille des diamants devrait reprendre une activité plus soutenue grâce à l'arrivage de pierres brutes en provenance d'Angleterre. De même pour les pipiers qui ont reçu de nombreuses commandes de maisons britanniques.

Situation plus délicate ailleurs, notamment pour les établissements Solvay et la plupart des usines métallurgiques. Faute de matières premières, d'énergie et de main-d'œuvre, elles sont en sous-capacité notoire.

Les ouvriers vont faire grève et manifester pour des salaires décents ; ils critiquent le fait que ceux des campagnes soient, réglementairement, moins élevés que ceux des villes. Ainsi à Tavaux et Damparis, classés en zone rurale, les salaires ne sont qu'à 67 % de ceux versés à Paris, alors qu'à Dole, à quelques kilomètres, ils sont fixés à 74 %. L'impatience se double d'un sentiment d'injustice : alors que l'on accorde un traitement minimum vital aux fonctionnaires, pourquoi les ouvriers ne bénéficieraient-ils pas d'une telle mesure ?

Toutefois l'heure n'est pas à la revendication syndicale, mais à la reconstruction et bientôt, à « la bataille de la production ». Aussi la CGT intervient-elle, avec succès, pour que les ouvriers reprennent le travail, arguant que des augmentations substantielles de salaires ont été promises par le Gouvernement, même si elles se font attendre... Mais le syndicat ne peut endiguer tous les conflits, notamment ceux qui éclatent aux Salines de Montmorot et de Montaigu. On craint que ce mouvement ne s'étende à d'autres secteurs du département.

---

269. ADJ. 331 W 208.

En cas de reprise de l'activité, les entreprises, surtout les plus importantes, comme Solvay, pensaient avoir un palliatif au manque de main-d'œuvre ; on comptait sur un contingent d'Autrichiens incarcérés à Lons-le-Saunier. Or les instances jurassiennes se font griller la politesse par les industries des départements limitrophes que les prisonniers vont rejoindre.

On s'inquiète également du manque de « spécialistes » et on envisage l'ouverture à Dole d'un centre de formation professionnelle.

Mai-juin

Le 17 mai, vers midi, à Morez, deux cents personnes manifestent, pour l'essentiel des ouvriers et des ouvrières d'usine. Elles trouvent inique « qu'un camion de la ville transporte des chargements complets de fraises et de cerises à des prix inaccessibles aux bourses ouvrières » alors que la ville, faute de moyens de transport, manque totalement de légumes. On a l'espoir que la promesse d'une distribution d'œufs frais pour les villes prévue au titre du mois de mai, à raison de deux œufs par personne, sera tenue. De même, il y aurait une attribution de 150 grammes de beurre et 80 grammes de fromage gras.

Dans ce secteur de Morez/Morbier, les salaires sont bas et le chômage latent. La lunetterie est en crise : les matières plastiques sont rares, leur prix a augmenté sensiblement, et celui des verres a pratiquement doublé !

Le sous-préfet de Dole dont ces territoires relèvent, note le 21 juin[270] que, « sur le plan de la politique intérieure, il est incontestable qu'un certain découragement gagne ».

Automne

Dans le domaine du ravitaillement, le fait dominant sera incontestablement la grève des bouchers. Elle est déclenchée le 26 octobre, au motif que le gouvernement a pris des mesures instaurant la vente libre du bétail ; mécaniquement, les prix d'achat vont augmenter et les bénéfices des bouchers, fondre.

La grève est pour le moins impopulaire, d'autant que la corporation des bouchers n'était pas sortie blanchie de la période précédente. Nombre d'entre eux étaient considérés comme des profiteurs du marché noir. Leur « trésor de guerre » va leur permettre de faire durer la grève, qui, d'ailleurs, ne touchera pas tous les Jurassiens ; curieusement, les « bourgeois » sembleront continuer à consommer de la viande !

Les syndicats sont vent debout contre ce *lock-out* qui pénalise fortement les milieux populaires.

À Dole, un meeting organisé par la CGT et appuyé par les partis de gauche, l'UFF et le.MRP[271] a lieu le 7 novembre pour tenter de trouver une solution au conflit. Le syndicat ouvrier n'hésite pas à demander la fermeture pour six mois des boucheries, la saisie de leur matériel et la création d'une boucherie municipale. Mais le maire ne donnera pas suite.

---

270. ADJ. 304 W 155.

271. Mouvement républicain populaire, parti politique démocrate chrétien centriste.

Par contre d'autres municipalités, notamment Saint-Claude, prennent en charge la vente de la viande. À Poligny et à Champagnole, l'expérience tourne court, semblant donner raison aux bouchers : ayant voulu vendre la viande au prix de la taxe[272], les deux municipalités ont enregistré des déficits importants qui ont mis fin à l'expérience.

À Lons-le-Saunier, pour briser la grève et sauvegarder la paix sociale, six tonnes de viande frigorifiées sont mises en vente et un arrivage opportun de poisson congelé pallie en partie le manque de viande.

Le 8 novembre, les bouchers mettent fin à leur mouvement, ayant obtenu en partie satisfaction. Les organisations ouvrières, la CGT notamment, ont veillé à ce que la viande soit vendue au prix de la taxe.

Mais le pain reste, de loin, la priorité pour la plupart des Jurassiens. Le gouvernement, vu sa pénurie qui perdure, a dû revenir, sur la décision qu'il avait prise de supprimer la carte de rationnement du pain. Le 1er janvier 1946 elle sera rétablie. Ce retour à une pratique déjà douloureuse sous l'Occupation et si manifeste de l'échec des gouvernants inquiète le peuple urbain. Et on accuse le ministère : la suppression trop hâtive de la carte aurait été uniquement une décision électoraliste !

On se plaint aussi de la qualité du pain. Là ce sont les boulangers que l'on accuse de tamiser la farine pour la fabrication des pains de fantaisie permettant un bien meilleur bénéfice. Les « déchets de farine » seraient ensuite malaxés pour la fabrication du pain de consommation évidemment fort médiocre.

Les salariés, des ouvriers aux petits fonctionnaires et aux retraités, revendiquent pour une amélioration du niveau de vie, les augmentations étant vite englouties par l'inflation.

Le 12 décembre, les fonctionnaires ont fait grève dans les principaux centres du département.

À Dole, en fin d'après-midi, un meeting à la Bourse du Travail a réuni environ trois cent cinquante fonctionnaires.

À Lons-le-Saunier, un cortège d'environ cinq mille personnes s'est rendu à la salle des fêtes où M. Masson du syndicat des instituteurs a pris la parole ; les manifestants se sont ensuite rendus devant la préfecture et se sont dispersés dans le calme.

Les salariés du privé aussi manifestent leur inquiétude. On craint la fermeture des Établissements Bel qui emploient environ cinq cents personnes. Le mois précédent, au lieu des soixante tonnes de fromage attendues pour fabriquer la crème de gruyère, ils n'ont disposé que de moins du tiers, et les stocks sont épuisés. La crise du lait est passée par là qui a réduit ses attributions. La direction envisage de licencier du personnel, voire la fermeture, alors qu'elle utilise déjà le chômage partiel !

En revanche, dans la région doloise, à la fonderie Moniote, comme chez Solvay, on continue à rechercher de la main-d'œuvre. Les ouvriers en profitent pour réclamer une nouvelle hausse des salaires, les précédentes, il est vrai, ont été rongées par l'inflation.

---

272. Prix officiel.

À Saint-Claude, les difficultés perdurent. Et puis la ville semble en passe de perdre ses fleurons industriels : on annonce même le départ de M. Swift, directeur de la société Chapuis-Comoy « la Bruyère », qui a été recruté par un concurrent en Suisse. Les Établissements Dalloz n'ont reçu qu'une faible partie de la main-d'œuvre polonaise qui devait leur être attribuée, l'industrie lapidaire aussi souffre du manque de main-d'œuvre...

Et l'artisanat n'est pas mieux loti, tant s'en faut. Les tourneurs sur bois et les tailleurs de pierres précieuses et synthétiques du Haut-Jura constatent que, depuis un certain temps, les voisins suisses ont considérablement développé et mécanisé cette activité. Pire, ils recrutent des ouvriers et spécialistes français en leur promettant des salaires très alléchants. Par ailleurs, les artisans jurassiens se rendent compte de leur retard et demandent des facilités afin de pouvoir importer de machines suisses « pour protéger l'artisanat français » !

Le manque de main-d'œuvre va s'aggraver. Les prisonniers de guerre autrichiens, employés dans l'agriculture et l'industrie, vont être rapatriés ; en effet, les vainqueurs ont décrété que l'Autriche était aussi une victime de l'Allemagne et que l'*Anschluss* était comparable à l'Occupation de la France. Cette main-d'œuvre va être peu à peu remplacée par des prisonniers de guerre allemands. Ils seront environ mille deux cents dans l'arrondissement de Saint-Claude. Mais leurs tentatives d'évasion par la Suisse étant nombreuses, ils requièrent une surveillance de tous les instants. De plus, ils mettraient moins de zèle au travail que les Autrichiens. Preuve de cette mauvaise volonté, réelle ou supposée : à Montmorot, les prisonniers de guerre allemands du camp situé chemin des Sondes, ont cessé le travail le 10 décembre. La cause invoquée était le froid ; ils se plaignaient de l'insuffisance de couvertures et du manque total de capotes. Cet arrêt de travail qui touchait quelque quatre-vingts prisonniers, a duré jusqu'à... l'amélioration de la température.

Quant à l'amélioration de la situation de la majorité des Jurassiens, elle ne peut passer que par une augmentation de salaire promise, et la mise en place des mesures sociales contenues dans le programme du CNR[273].

Parmi ces mesures, la Sécurité sociale établie par ordonnance le 4 octobre 1945. Encore ne fait-elle pas l'unanimité ! Elle est sévèrement critiquée dans *La Croix Jurassienne* dans un article intitulé « Liberté ou tyrannie », émanant de la Société de secours mutuel « La Familiale du Jura ». Il s'agit d'une réaction contre un système dans lequel devront se fondre les sociétés et caisses d'assurances sociales existantes. On y dénonce une très grave atteinte au principe de la liberté d'association.

Une des réponses données par le gouvernement pour soulager les familles nombreuses a été le relèvement des taux des Allocations familiales. Cette décision fait rejaillir le vieux débat sur les rôles respectifs de la famille et de l'État dans l'éducation des enfants. Le principe des Allocations familiales est d'ailleurs remis en cause, à gauche comme à droite. Et c'est de la gauche résistante que vient la première salve. La « Libre-Comté », organe du MLN

273. Conseil national de la Résistance.

du Jura, se montre hostile à leur attribution. L'auteur de l'article craint que, dans certains milieux défavorisés, l'argent « ira tout simplement au bistrot ou dans de menus plaisirs ». Vision marxiste d'un *Lumpenprolétariat* qu'il faudrait préalablement éduquer ; il conviendrait donc, pour l'heure, de confier la gestion de cet argent à l'État. Il n'en fallait pas plus pour que les milieux conservateurs montent au créneau. C'est ce que fait l'organe de l'URD, « L'Abeille Jurassienne » qui, tout en nuance, n'hésite pas à écrire que cette conception de la gauche « était la conception nationale-socialiste qui régnait en Allemagne de 1933 à 1945 » !

Quoi qu'il puisse se dire, l'augmentation des prestations sociales est la bienvenue. Dans l'attente d'augmentations salariales conséquentes, elle apparaît comme la seule à pouvoir atténuer les inégalités sociales qui se sont aggravées avec l'Occupation.

Un rapport des RG précise[274] :

> « Les commerçants restent les favorisés du sort et obtiennent, par un moyen de combinaisons plus ou moins honnêtes, à peu près tout ce dont ils ont besoin.
> Les débitants de boisson augmentent sans cesse le prix des consommations.
> Les bouchers remédient à la hausse de la viande sur pied en diminuant la quantité de morceaux à bas prix (pot-au-feu, etc.) et vendent n'importe quelle viande en biftecks au prix fort. »

Et d'apporter une information qui échappe au grand public : la plupart des commerçants, préoccupés par l'impôt de solidarité nationale, s'efforcent d'établir leurs déclarations avant le début de février pour éviter les amendes prévues.

Un autre rapport dresse un portrait des plus contrastés de la société jurassienne et des aspirations populaires :

> « Tous attendent de l'Assemblée constituante qui vient d'être élue, des réformes économiques et sociales capables d'apporter une amélioration notable des conditions de vie de tous les travailleurs.
> Les petits épargnants eux-mêmes sont dans une situation difficile.
> De même pour les retraités. »

Et puis, loin d'être anecdotique, le manque de tabac participe de ces désillusions d'après libération. Les rations décadaires de tabac du mois d'août n'ayant pas pu être allouées, dans sa séance du 30 septembre, le conseil municipal de Lons-le-Saunier demande qu'elles le soient. Quelques jours plus tard, une pétition des fumeurs de Nevy/Seille va dans le même sens. Il leur est répondu que si « le rappel des décades non distribuées au mois d'août reste de droit, il est encore impossible dans l'état actuel des choses ».

---

274. ADCO. 40 M 39.

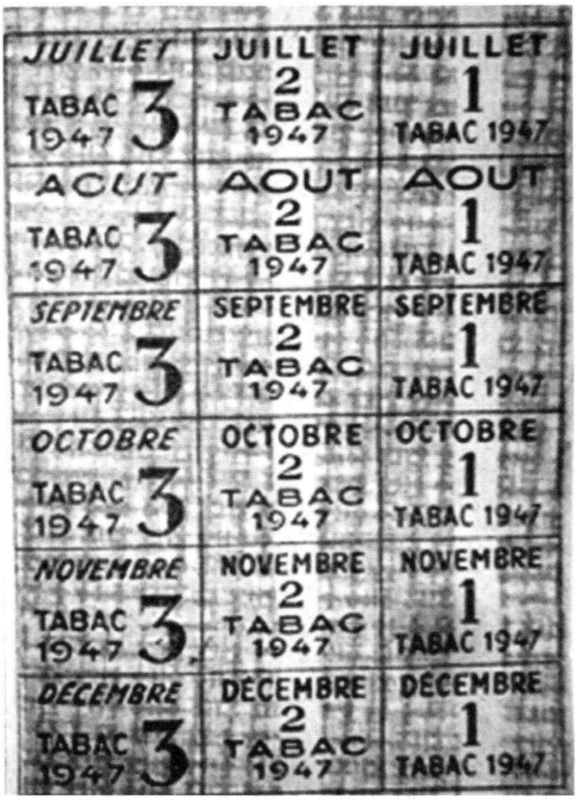

■ ***Coupons d'alimentation. 1946 & 1947.***

Mais il ne faut pas trop y compter. Le directeur de la manufacture de tabac de Lyon est des plus clairs dans le courrier qu'il adresse le 23 octobre, au directeur des Contributions indirectes du Jura. (Extraits) :

> « La distribution des décades en retard, c'est-à-dire qui n'ont pu être distribuées dans les mois de juin, juillet, août, par suite de circonstances diverses, est de droit et elle serait déjà entreprise si c'était possible. Malheureusement ce n'est pas le cas. En effet, nous éprouvons les plus grandes difficultés à nous réapprovisionner en tabac en feuilles et en papiers de toutes sortes nécessaires pour les confections et les paquetages. »

D'autre part, les engagements massifs de jeunes gens dans l'armée de libération ont fait augmenter les livraisons de tabac de 40 % !

Le rude hiver 1945 va encore accroître les difficultés du quotidien, et il faudra attendre encore quatre longues années avant que prenne fin le rationnement.

Le monde agricole en émoi

Les céréaliers du Finage des cantons de Dole, Chaussin, Dampierre, Gendrey, Montbarrey et Rochefort, aux surfaces arables importantes et aux revenus plus conséquents, sont en flèche dans la contestation des autorités.

De même dans le canton d'Orgelet qui compte bien peu de grandes exploitations. Au cours d'une réunion du Comité agricole, les cultivateurs, toujours aussi mécontents des prix auxquels ils doivent livrer leur production, menacent de cesser toute livraison si le prix de la viande sur pied n'est pas réévalué. Ils dénoncent également la pénurie d'engrais et de main-d'œuvre, cette dernière devant s'aggraver. En effet, plusieurs classes de conscrits viennent d'être appelées sous les drapeaux : celles de 42 et 43 sont déjà parties et on s'attend au rappel prochain des jeunes gens nés en 1920 et 1921. Il se murmure ici et là que Pétain avait eu plus d'égards pour eux en les exemptant du STO.

On s'inquiète : où va-t-on rentrer les récoltes dans les villages incendiés par les Allemands en avril et juillet 1944, et qu'on n'a pas encore reconstruits ?

Et le ravitaillement est toujours loin d'être satisfaisant : l'état du troupeau est désastreux et la production de lait enregistre un gros déficit. Pourtant, la situation devrait s'améliorer, bénéficiant de bonnes conditions climatiques ; les semailles d'automne vont se faire dans d'excellentes conditions et l'Administration espère que les cultivateurs ont augmenté sensiblement les superficies en blé.

Mais toute l'agriculture jurassienne est à rénover. L'Occupation, les contraintes alimentaires, la faiblesse des investissements privés et publics, la quasi-absence de formation professionnelle… n'ont fait qu'amplifier les retards accumulés dans les années antérieures dans la petite paysannerie.

La mécanisation de l'agriculture de ce département est dans les limbes : on ne parle pas encore de remembrement, et l'État a bien d'autres priorités ; il ne saurait s'offrir le luxe de brusquer l'électorat paysan prompt à manifester.

Une « machine agricole » fait alors sensation dans le département ; il s'agit d'un tracteur avec herse, charrue et une équipe pour la conduire. Elle a été prêtée par le « Don suisse » et affectée en priorité aux communes sinistrées. Les paysans qui l'emploient ne paient que le carburant et la nourriture des deux ouvriers qui accompagnent le tracteur. « De nombreux cultivateurs ont fait des demandes aux services agricoles départementaux pour bénéficier de cette aide. Un deuxième tracteur – et peut-être un troisième – serait accordé au Jura[275]. »

Aucune information sur les tenants et aboutissants de cette soudaine générosité helvétique qui surprend plus d'un frontalier du Haut-Jura.

Les milieux agricoles jurassiens ont pris conscience du retard accumulé par un grand nombre de leurs adhérents et, adossés sur les pouvoirs publics, ils vont tenter d'y remédier.

Le Gouvernement provisoire a dissous la « Corporation paysanne » créée par Vichy qui y avait placé ses hommes. Le nouveau syndicat agricole est désormais la Confédération générale de l'agriculture (CGA). À l'origine syndicat clandestin né sous l'Occupation en 1943, il regroupait alors surtout des militants socialistes et radicaux. En 1945 des agriculteurs de toutes obédiences le rejoindront.

Sous son impulsion, de nombreuses coopératives vont être mises sur pied et l'enseignement agricole se développer. À Lons-le-Saunier et à Dole vont s'ouvrir une école d'agriculture d'hiver, à Cousance : l'école de viticulture et d'arboriculture, à Doucier : l'école ménagère agricole. À Arbois on ouvre une maison familiale de France pour l'enseignement ménager agricole des jeunes rurales : les jeunes filles, à partir de 13 ans, y suivront des cours une semaine par mois. Bien entendu, les chefs de famille vont constituer un « Centre paysan » qui aura la responsabilité de cette institution[276] !

Dans un premier temps, un état des lieux de l'agriculture jurassienne s'avère nécessaire ; une enquête sur le monde agricole va s'imposer. Il s'agit surtout de faire évoluer un état d'esprit ancestral, un atavisme qui rend notamment les déclarations de récoltes discutables : « Ils les minimisent, même quand il n'y a plus d'imposition à craindre. »

La CGA s'active, désireuse de réconcilier les mondes urbain et rural. Les anciens de la corporation veulent faire oublier les dérives, réelles ou supposées, de trop d'agriculteurs pendant l'Occupation.

Cet organisme, avec l'accord de l'Administration, décide d'acheter directement aux producteurs les pommes de terre dont la récolte a été abondante, et de les vendre aux particuliers avec une marge réduite.

La vendange, si elle a été moyenne en quantité, s'est révélée excellente en qualité. L'année 1945 est restée dans les annales. Mais le secteur de la viticulture semble rétif à toute évolution, et surtout, à tout contrôle. À défaut des profits en général bien assurés pendant l'Occupation, il a pâti du dirigisme antérieur. Avec le nouveau pouvoir encore provisoire, n'y a-t-il pas

275. ADCO. 40 M 39.
276. ADJ. 304 W 156.

l'opportunité de se débarrasser définitivement de tout contrôle, notamment de celui des « rats de caves » des contributions indirectes si détestés ?

Le 27 octobre, environ quatre cents viticulteurs affiliés à la CGA se réunissent à la chambre d'agriculture de Lons-le-Saunier pour faire état de leur mécontentement et de leurs revendications.

Elles sont nombreuses et radicales. Qu'on en juge :

> « Les vignerons demandent notamment[277] :
> 1. que le domicile du vigneron soit inviolable.
> 2. que le mot "privilège" soit supprimé en ce qui concerne la tolérance de 10 litres d'alcool accordés au viticulteur pour sa consommation personnelle.
> 3. que le viticulteur soit libre d'utiliser pour sa consommation personnelle la quantité de vin et d'eau-de-vie qu'il désire et qu'il vende le restant à qui il veut, en payant les droits à la Régie.
> 4. une hausse des tarifs du vin et de l'eau-de-vie. »

Et de critiquer, pêle-mêle, les abus de la répartition des vins, les « tarifs excessifs » sur les vins et l'eau-de-vie, les perquisitions effectuées dans les caves des vignerons…

Ils ont convoqué à leur réunion tous les députés à la constituante et les conseillers généraux. Et ils menacent de ne plus livrer au Ravitaillement, ni vin ni eau-de-vie, mais aussi de commencer à distiller librement à partir du 15 novembre…

Ont-ils pensé être allés un peu loin dans leur désobéissance civique ? Ils feront bientôt savoir que, jusqu'au mois de mai, ils se conformeront aux lois en vigueur. Mais respecteront-ils tous cette consigne ?

Et les consommateurs ne l'entendent pas ainsi, ils demandent une augmentation des rations et de la qualité, et la baisse des prix. Par ailleurs, de nombreux restaurants se plaignent des difficultés de ravitaillement en vin, et surtout de l'insuffisance des attributions. Sans parler des critiques récurrentes sur la médiocre qualité des vins dits d'« appellation contrôlée ».

La fronde viticole va gagner tous les milieux paysans : la Fédération des exploitants agricoles, l'aile droitière de la Confédération, convie à une grande manifestation tous les cultivateurs et vignerons du département pour le 2 décembre. Faut-il voir dans le choix de la date une référence au coup d'État de 1851 de Napoléon III contre lequel s'étaient élevés de manière virulente les vignerons arboisiens ?

On peut comprendre que les paysans, à la sortie de la période d'occupation et d'une économie aux aspects étatiques, aient eu envie de jouir d'une liberté retrouvée. Cependant ils faisaient fi d'une solidarité bien nécessaire, même si Vichy l'avait instrumentalisée pour payer au minimum de quoi alimenter le Ravitaillement.

---

277. ADCO. 40 M 39.

CHAPITRE IV

ÉPURATION, L'IMPOSSIBLE CONSENSUS

Avec le ravitaillement, l'épuration est l'autre grand sujet de discussions très animées. L'heure, pour beaucoup, est enfin venue de châtier tous ceux qui se sont compromis avec l'occupant, et leur passage devant un tribunal apparaît même pour certains comme étant superflu ! Il est vrai que des règlements de compte n'ont pas attendu les comparutions. Mais les Comités de libération vont rapidement faire en sorte que la justice impose le droit. Encore ses décisions seront-elles loin de recueillir l'unanimité. Si certains parlent de règlements de compte et de basse vengeance, beaucoup, à gauche et dans les milieux résistants notamment, pensent que ce n'est que justice.

De tous les Comités locaux de Libération, parviennent, au CDL, des courriers qui réclament que justice soit faite. Ici, celui de Morbier, particulièrement modéré :

> « Nous avons l'honneur de solliciter de votre bienveillance l'ouverture d'une enquête contre les personnes qui ont eu des rapports avec les troupes d'occupation. Nous ne demandons contre elles que la suppression du droit de vote pendant un certain temps, à moins que les différentes dépositions entendues soient d'un caractère plus grave, ce que nous ne croyons pas...
> PS. Ci-joint copie d'une dénonciation signée de plusieurs témoins. »

Les cours de justice départementales mises en place ont vocation à juger des cas les plus graves de collaboration et à prononcer la peine capitale. La cour de justice de Lons-le-Saunier n'hésite pas à l'appliquer. En février, après jugement, deux francs-gardes sont fusillés dans la cour de la prison. Lors des séances des 28 et 29 mai, cette sentence sera prononcée à l'égard des principaux responsables de la Milice et des hommes les plus impliqués dans des meurtres. La plupart étant en fuite, ces condamnations pour trahison se font par contumace. En outre la peine inclut la confiscation totale de leurs biens et l'indignité nationale « à vie » (*sic*).

Dans son rapport au commissaire de la République de Dijon[278], les services de la préfecture du Jura dressent un bilan de la répression de la collabora-

278. ADCO. 40 M 139.

tion réalisée par la cour de justice du Jura, entre le 13 septembre 1944 et le 30 octobre 1945.

– 489 condamnations diverses
– 60 acquittements.
– 18 suppléments d'information
– 3 affaires rejetées par déclaration d'incompétence
– 36 condamnations à mort par contumace.
– 19 condamnations à mort contradictoires.

(5 condamnés à mort ont déjà été exécutés à ce jour)

Un milicien de Denezières, condamné à mort pour intelligence avec l'ennemi, vient d'être gracié.

Parallèlement, une autre instance, les chambres civiques, tribunaux d'exception qui n'avaient compétence que pour les actions non réprimées par le code pénal, ont été mises en place pour juger de la « collaboration ordinaire ». Celle de Lons-le-Saunier s'active. Pour le seul mois de mai, au cours de ses sept séances, le bilan s'élève à plus de quarante condamnations.

Presque la moitié des prévenus sont des femmes, et leur condition est souvent modeste[279]. Elles sont, pour la plupart, condamnées pour « relations avec les Allemands ». On subodore à voir la jeunesse des condamnées ce que recouvre souvent ce « délit ». Les peines prononcées à l'encontre de ces femmes, comme de tous les condamnés, sont communément l'indignité nationale et l'interdiction de séjour dans la commune ou dans le canton, pour un nombre d'années variables. Cependant cette accusation d'avoir entretenu des « rapports » avec l'occupant semble parfois recouvrir des commerces délictueux. Ils sont punis d'amendes, notamment s'il s'agit de commerçantes enrichies du trafic avec l'occupant : les caisses de l'État sont vides, et les profits de guerre étant honnis par une population qui a beaucoup souffert, il faut leur faire rendre gorge !

Ainsi de cette veuve sexagénaire, condamnée à l'indignité nationale à vie et à vingt ans d'interdiction de séjour dans le département, pour « propos collaborationnistes ». Une femme mariée, quadragénaire, ménagère de son état, est condamnée à dix ans de travaux forcés, à une amende de 25 000 francs pour « atteinte à la sûreté extérieure de l'État » ! Accusation bien improbable, mais il faut bien justifier la ponction d'une telle somme !

Parmi les hommes, là aussi, peu de « grosses prises ». Un ancien maire est condamné pour collaboration, à l'indignité nationale à vie, à la confiscation de ses biens et à l'interdiction de séjour dans le canton pendant dix ans. Un médecin se voit condamné, pour « atteinte à l'unité de la Nation », à l'indignité nationale à vie, mais aussi à une amende de 100 000 francs ! Un cultivateur, pour avoir eu des « relations avec les Allemands », doit payer la même somme alors qu'un négociant d'Annoire contribuera au budget de l'État à hauteur du double pour avoir tenu pendant la guerre des « propos antinationaux ». Encore une fois, sa profession laisse entendre qu'il ne s'est pas contenté d'avoir des

279. ADJ. 331 W 159.

échanges verbaux. Moins riche, ce colonel en retraite ne devra acquitter que 5 000 francs...

Parfois ce sont tous les biens du justiciable qui sont confisqués. C'est le verdict édicté à l'encontre d'un forgeron, pour « collaboration par aide à Allemagne », peine assortie de l'indignité nationale à vie et de dix ans d'interdiction de séjour dans la commune.

D'autres sont condamnés pour avoir été volontaires au STO, ou pour avoir adhéré à la Milice... Il ne sera demandé aucune somme d'argent à ce modeste ferrailleur dont on peut se demander ce qui a pu justifier la sentence prise à son encontre d'« atteinte à la sûreté extérieure de l'État » ; par contre un cultivateur, outre la condamnation aux travaux forcés, se voit confisquer 500 000 francs. Nul doute qu'il avait bien profité de l'Occupation ! Et la liste est longue...

L'épuration légale se fait également en dehors des tribunaux et touche d'abord les administrations et les lieux de pouvoir.

À tous les niveaux, des fonctionnaires sont renvoyés. On purge également les multiples instances. Ainsi, à titre d'exemple assez banal, la commission départementale de l'enseignement décide d'en exclure l'ancien maire de Lons-le-Saunier, monsieur Mareschal. Il faut aussi laisser la place aux résistants : on nomme Louis Jacob, instituteur en retraite, conseiller municipal de la ville et monsieur Mugnier-Pollet, professeur au collège de Dole, nouveau maire de cette ville.

Pour montrer sa détermination, l'Administration fait une grande publicité des arrestations de personnalités accusées d'avoir collaboré. Ainsi en est-il le 14 février, de celle de l'ancien sous-préfet de Dole et d'Autun, appréhendé à Saint-Claude alors qu'il se préparait à passer en Suisse. Les anciens préfets Bosc, Veveau et son fils... connaîtront le même sort.

Beaucoup, notamment « dans les milieux catholiques, pensent que les mesures prises sont trop sévères ». On crie à la chasse aux sorcières. Il est vrai que des filières catholiques ont pu permettre d'échapper à la justice des hommes. On reprochera à l'Église, à l'échelle nationale et au-delà, d'avoir parfois fait preuve de trop de mansuétude à l'égard des collaborateurs, voire des criminels de guerre « repentants »... Par ailleurs on ne peut ignorer que les évêques français restés en place dans leur quasi-totalité ont bénéficié du grand pardon.

Cependant, à l'époque, la plupart jugent l'épuration tout à la fois très insuffisante et sélective. Certaines autorités partagent ce point de vue relevé dans un rapport des RG : « L'opinion s'étonne avec justesse, semble-t-il, de l'inégalité dans l'application des peines... Par suite de cette inégalité, des collaborateurs notoires sont remis en liberté. »

À Lons-le-Saunier on est scandalisé par l'attitude de la cour d'appel de Besançon qui revoit à la baisse des condamnations prononcées par la cour de justice de la préfecture. De même à Dole, on s'offusque que cette dernière n'ait pas confisqué la propriété du maire de Montbarrey, collaborateur notoire, membre du PPF...

À Saint-Claude, on s'interroge sur le laxisme dont la justice aurait fait preuve à l'égard de l'ancien chirurgien de l'hôpital. Celui-ci, après avoir été interné au camp de Crotenay, aurait été libéré sans autre forme de procès. Mieux, il serait promu dans une importante clinique de Haute-Savoie !

Dans ces conditions on comprend que les témoins à charge rechignent de plus en plus à aller témoigner !

On est d'autant plus choqué par la mansuétude, réelle ou supposée, de la justice à l'égard d'anciens collaborateurs, que des procès sont instruits contre d'authentiques résistants. Ainsi M. Désiré Juillard, ancien maire de Sièges, en a-t-il été victime : « résistant de la première heure, accusé de vol à la tête d'une bande armée » (un groupe du maquis). Mise en examen d'autant plus scandaleuse, pense-t-on, que sa mère est très âgée, sa femme a été déportée, et son fils, dont il n'a aucune nouvelle, est en Allemagne ! Pour le défendre, les organisations de la Résistance et les forces de gauche, vent debout, ont manifesté à Saint-Claude le 19 mai[280].

> « La population se plaint de voir certains collaborateurs notoires reprendre leur arrogance passée et continuer à s'enrichir avec les Américains ou les Français, comme ils l'ont fait pendant 4 ans avec les Allemands[281]. »

On déplore également l'insuffisance de l'épuration dans l'armée, où certains officiers sont vivement critiqués et accusés de n'avoir « rien appris et rien oublié ».

On exprime également son mécontentement à l'égard des étrangers, surtout les Italiens, dont on dit souvent qu'ils sont partis volontairement travailler en Allemagne. Ils suscitent, à en croire le sous-préfet des « mouvements de haine assez violents ». Ce dernier n'hésite pas à proposer que, pour préserver la paix publique, déjà troublée par des bombes lancées contre les propriétés d'anciens collaborateurs, il serait bon que ces étrangers soient éloignés, voire expulsés !

Car on ne se satisfait pas de ces condamnations, et certains se font justiciers. Chaque jour, on signale des attentats dont la police, comme la gendarmerie, trouvent bien rarement les auteurs. Si ces attaques se limitent en général au plasticage de biens, c'est qu'elles visent surtout à attirer l'attention du public et des autorités sur des personnes « oubliées » par l'épuration. Ainsi, des attentats ont lieu à Arinthod, à Champagnole, dans la région de Beaufort...

D'autres sont des règlements de compte expéditifs : le 23 mai en fin de soirée, un commandant en retraite, ancien maire d'Archelange, est tué dans sa cuisine par deux charges de chevrotine dans la tête.

D'une manière générale l'épuration ne fera – et ne fait toujours pas – consensus.

On a retenu les condamnations spectaculaires et celles jugées relevant de vengeance sordide ou de déni de justice. Sont souvent passés sous silence les très nombreux acquittements et remises de peine obtenues lors d'appels en justice ou par la simple grâce du prince. Les années et la mémoire passant, de nombreuses condamnations prononcées « à chaud » seront revues à la baisse et parfois cassées. Ainsi en sera-t-il de celle du préfet du Jura, Eugène

---

280. ADJ. 504 W 160.
281. ADJ. 304 W 155.

Bosc, condamné par contumace en 1945 à quinze ans de travaux forcés et à la confiscation de ses biens, pour avoir été un pétainiste des plus zélés. Deux ans plus tard, il se livre à la justice, fait appel de sa condamnation auprès de la cour de justice de Colmar. Il est acquitté et le journal local qui publie le jugement[282] y va de son commentaire, traitant l'acte d'accusation de 1945 de « fantasque » et déclarant que « son cas démontre bien la nécessité urgente de soumettre à un examen sérieux de nombreux jugements prononcés un peu partout au lendemain de la Libération ».

L'air du temps a changé, les victimes ont parfois été oubliées au nom de la réconciliation nationale ou d'intérêts parfois sordides. Dans le Haut-Jura, le traître qui avait dénoncé le maquis de Prémanon-Lamoura finira par « s'en sortir » avec cinq années de prison ! Évidemment, le retour en grâce des condamnés de 1945 sera vécu comme une trahison par de nombreux résistants.

On est alors bien loin de ce tract très populaire distribué en mai[283] :

> « Une place pour chaque chose
> Et chacun a sa place...
> Pétain et Laval au poteau.
> Les SS et les miliciens au déminage.
> Les prisonniers allemands et les travailleurs volontaires à la reconstruction.
> Les naphtalinards[284] et les pères-la-planquette à la corvée de patates.
> Et la France au travail,
> Pour la Renaissance française,
> Et la préparation des États généraux. »

Ou encore de cette intervention, le 15 juin, d'un jeune résistant de Saint-Claude, devant l'« assemblée communale » de la ville, en vue de la préparation des cahiers de doléances pour les États généraux de la Renaissance française[285]. Il réclame :

> « – l'exécution rapide des traîtres, la mise à l'écart de toutes les personnes ayant servi Vichy, des légionnaires (inscrits après le 9 novembre 1942), des miliciens, SOL, PPF, JFOM, RNP[286], travailleurs volontaires en Allemagne, des délateurs et agents de l'ennemi, de tous ceux qui ont favorisé l'action des nazis.
> – que soient frappés les patrons ayant mis spontanément les stocks et usines à la disposition de l'ennemi, l'éviction de députés et sénateurs ayant voté

282. ADJ.247 W 318.

283. ADJ. 332 W 42

284. Appellation péjorative des officiers ayant rejoint fort tardivement la Résistance, exhibant des uniformes bien conservés !

285. ADJ. 331 W 70

286. Organisations collaborationnistes : SOL (Service d'ordre légionnaire), PPF (Parti populaire français), JFOM (Jeunesses de france et d'outre-mer), RNP (Rassemblement national populaire).

en 1940 pour Pétain, et d'étudier le cas des abstentionnistes, l'épuration administrative et judiciaire.
– que l'instruction des différents cas soit soumise à une commission locale... »
Ces revendications sont adoptées intégralement par les participants.

Le retour de Pétain en France, fin avril, a posé le problème des sanctions à infliger aux anciens gouvernants, et la sentence à appliquer au vieux Maréchal a fait débat. On se pose moins de questions sur le sort de Laval. Arrêté en Espagne, on espère qu'il sera bientôt extradé par Franco, rapidement condamné à mort, et exécuté.

CHAPITRE V

RETOUR DU POLITIQUE

Charles Velin, âgé de six ans en 1940, a passé son enfance à Saint-Aubin, bourg du Finage peuplé à l'époque de plus d'un millier d'habitants. Il témoigne :

« Mes parents étaient de petits cultivateurs de Saint-Aubin. Nous habitions un écart à plus de deux kilomètres du village. Mon père qui faisait de la polyculture possédait peu de terres, quelques hectares de mauvais terrains, notamment ceux qu'il avait achetés à bas prix à la SNCF car ils étaient traversés par la voie ferrée. Le reste il l'affermait. Il possédait trois chevaux.

Nous étions huit enfants à la maison, j'étais le seul garçon et j'avais des sœurs bien plus âgées que moi. Nous avions également à la maison un ouvrier agricole.

Mon père n'était pas bien intégré au village, il faut dire qu'il était profondément athée et politiquement très « rouge », il disait qu'il valait mieux voter pour les plus rouges parce qu'ils avaient bien le temps de blanchir ! Ma mère, comme la plupart des femmes de la campagne à l'époque, était un peu bigote. La plupart des gens étaient pétainistes parce qu'ils étaient catholiques. On était considérés comme des moins que rien, on travaillait le dimanche alors que les gens allaient à la messe et préféraient laisser sous la pluie les foins et le blé fauchés, plutôt que de pécher. Mon père profitait du matin du jour du Seigneur pour dédommager les services rendus. Avec sa voiture brinquebalante, il faisait un large détour, évitant de passer devant l'église comble et de provoquer les ouailles,

Je me souviens d'une maraîchère pétainiste et bigote qui travaillait surtout pour les Allemands. Chaque fois que je passais à proximité de son jardin, elle me criait : « P'tiot communiste ! P'tiot communiste ! » Mais dans l'ensemble, au village, pendant toute cette période, les gens ne se sont pas mal conduits.

Mon premier souvenir de la guerre, j'avais alors cinq ans, date de la mi-juin 1940 : le bombardement et le mitraillage effectués sur la route nationale 73 proche du village, à la Borde. Mon père qui revenait du silo de Chemin nous a raconté que la ferme y avait été mitraillée, et que plusieurs vaches éventrées gisaient dans les champs. Le voisin apeuré avait commencé à étaler des osiers sous un pont où on pourrait se réfugier. Mon père nous a rassurés, nous disant que ces attaques n'avaient qu'un but, faire peur aux populations. Quelques jours plus tard, des soldats allemands sont venus avec leurs voitures hippomobiles s'installer dans des prés proches du village. Avec des copains, nous sommes allés les voir. Je me souviens de l'un d'eux qui, nous voyant, a sorti une tablette de chocolat, enlevé l'emballage et l'a bourrée dans la gueule de son cheval...qui l'a recrachée. Celui-là, c'était un boche, la plupart des autres étaient corrects, c'étaient des Allemands !

Pendant toute l'Occupation, nous n'avons pas souffert de la faim ; il faut dire que la base de l'alimentation était constituée par le contenu d'une grosse casserole noire, toujours sur le feu, remplie surtout de pommes de terre qu'on cultivait, et de lard. Sinon c'étaient les choux, la semoule de blé tendre, le cochon qu'on salait. Ma mère faisait du pain une fois par semaine dans un four portatif, on se passait le levain de ferme en ferme.

On avait six ou sept vaches laitières et on devait porter l'essentiel du lait à l'entrepôt où il était ramassé par l'entreprise Graf pour le ravitaillement. Pour mon père, le ravitaillement c'était Pétain et les Allemands, aussi livrait-il le moins possible. Avant la guerre, il avait acheté une écrémeuse. La crème retirée en douce était barattée en cachette. L'administration s'est vite aperçue qu'on ne livrait pas suffisamment de lait et nous a envoyé des contrôleurs. Mon père a été condamné à une amende de 6 000 francs ; il s'est débrouillé pour ne pas la payer.

Mes parents élevaient une centaine de poules, et mon père veillait à ce qu'un minimum soit livré au ravitaillement. Il y avait des périodes où il y en avait tant, qu'il fallait s'en débarrasser. On en mangeait alors tous les jours, apprêtés à toutes les sauces. Il est arrivé qu'on en ait peut-être une centaine de douzaines... Mes parents m'ont raconté un épisode qui aurait pu avoir de très lourdes conséquences. Tout le monde au village connaissait le capitaine allemand responsable du poste de passage de la ligne à Champdivers. C'était un brave homme isolé dans un poste, dépourvu de tout moyen de transport, même de vélo. Il venait régulièrement se ravitailler, à pied, à Saint-Aubin. Un jour, il frappe à la maison, demande à ma mère, qui était seule, d'acheter des œufs. Elle refuse d'abord, car mon père le lui avait formellement interdit, puis elle finit par céder et lui en vend une demi-douzaine, au prix fort, qu'elle enveloppe dans du papier. Mal lui en prit, mon père rentrant inopportunément du travail, lui ordonna de rendre l'argent et de récupérer ses œufs. Il en fut ainsi, l'officier repartit sans ses œufs, et l'affaire en resta là. C'était un Allemand, pas un boche !

Toutes les fermes avaient des clients qui venaient au ravitaillement. Je me souviens de deux femmes qui venaient en vélo de Dole, dont la femme du patron de l'usine sidérurgique de Dole. Comme quoi, même avec de l'argent, on ne trouvait pas ce qu'on voulait à la ville.

Il y avait même deux hommes qui venaient régulièrement de Montbéliard, avec deux vélos neufs fabriqués chez Peugeot et qu'ils vendaient sur place. On n'a jamais su comment ils se les procuraient, mais il manquait toujours des pièces. Ils repartaient comme ils pouvaient avec les victuailles qu'ils avaient troquées.

Moi j'allais à l'école du village et c'est en sabots que je faisais deux fois par jour l'aller-retour de plus de six kilomètres. Je me souviens encore de mes premières galoches, vers la fin de la guerre, quel plaisir ! L'instituteur nous distribuait parfois des couvertures, de beaux buvards, décorés du portrait de Pétain. Mon père ne traînait pas pour les mettre au feu alors que dans la plupart des maisons du village était affichée, bien visible, la photo de Pétain que vendait le facteur.

Dans presque toutes les fermes on prenait un pauvre gosse des environs, qui pouvait manger correctement et participer un peu aux travaux. À l'époque, à partir de sept ans environ, on aidait à la ferme, ça allait de soi. Notamment, on gardait les vaches dans les pâtures insérées, sans aucune haie ni clôture, au milieu des champs cultivés. Ce n'était pas simple pour des gosses d'empêcher les vaches d'aller brouter dans les luzernes. C'est à cause de mon inattention qu'une génisse a crevé. Elle a été débitée dans la grange et les employés de l'entreprise Graf ont mis du temps à venir récupérer la viande que convoitaient les asticots ! Qu'en ont-ils fait ?

La nuit, mon père sabotait les travaux que les Allemands faisaient effectuer sur les postes de surveillance de la ligne téléphonique reliant le camp d'aviation de Tavaux à celui de Dijon. Un dimanche alors que je surveillais nos vaches, je l'ai imité en arrachant les fils du poste en construction près de notre pâture.

À la fin de la guerre, mon père avait entendu à la BBC, la consigne : « Il faut démoraliser les Allemands ! Il faut démoraliser les Allemands ! Et il a démoralisé. Il allait vers des petits groupes d'Allemands leur disant qu'ils étaient foutus, leur parlait de leur déroute à Stalingrad...
Un jour deux officiers l'ont emmené à la *Kommandantur* de Saint Aubin, l'ont interrogé avant de le relâcher. Mais son nom avait été marqué à l'encre rouge sur les registres allemands.
Après cette affaire, un panneau fut apposé sur le mur extérieur de notre maison, il y était inscrit, en allemand, qu'aucun soldat allemand ne devait y pénétrer.
En juillet 1944, un soldat allemand, avant d'être arrêté par trois résistants en traction, a eu le temps de téléphoner à la garnison de Tavaux. Très vite on vit un nuage de poussière s'élever sur la route, ça ne pouvait être que le toubib, le vétérinaire ou les Allemands. C'étaient ces derniers : trois camions, plus d'une centaine d'hommes. Deux d'entre eux sont venus frapper à la maison et ont emmené mon père. Ils rejoignaient la troupe et six autres otages du bourg. Ils seront incarcérés à la prison Bracke à Dole. Aucun incident n'ayant eu lieu dans le secteur, ces otages seront libérés au bout d'une semaine. »

Des clivages politiques persistants

Si la Résistance est un marqueur non négligeable des choix politiques, les projets de société restent prisonniers des clivages *ante bellum*. Les « vieux » combats et débats gauche/droite d'avant-guerre n'ont rien perdu de leur pertinence, ni, parfois, de leur violence. D'ailleurs le programme du CNR[287] imposé par les partis, les syndicats et les mouvements de la Résistance, s'inscrit dans la continuité du Front populaire. L'intitulé de son titre, « Les Jours heureux », évoque tous les espoirs mis en lui. De Gaulle et le gouvernement se devront de le mettre en vigueur.

Ce programme commun ne peut qu'encourager nombre de résistants à caresser l'espoir d'un parti de la Résistance qui viendrait se substituer aux partis de gauche. Dans cette période transitoire, la porte semble ouverte à tous les possibles, à toutes les espérances. Il ne s'agit de rien moins que de restaurer la démocratie et la République en renouvelant tous ses représentants au suffrage universel retrouvé.

Cependant, dépassant les engagements politiques, un consensus s'établit : la IIIe République doit disparaître. On l'accable de tous les maux : ses propres faiblesses, les divisions sociales et idéologiques, la guerre, la défaite de 40, les pleins pouvoirs donnés à Pétain par la très grande majorité de ses élus... Aussi les espoirs mis dans la future IVe République seront-ils fort divers et contradictoires.

Parmi les acteurs du changement on trouve, en première ligne, les associations de résistants. Qui, mieux qu'elles, qui ont participé très activement, dès le début, au combat contre le régime de Pétain et à sa chute, pourrait

287. Conseil national de la Résistance regroupant les forces de la Résistance et les partis et syndicats engagés dans le combat, il se réunit pour la 1re fois sous la présidence de Jean Moulin, le 27 mai 1943.

prétendre constituer le noyau dur de ce nouveau régime ? Mais encore faudrait-il que l'unité règne dans leurs rangs. C'est une gageure alors que nombre d'entre ces anciens résistants sont aussi membres ou sympathisants, qui de la SFIO, qui du Parti communiste, qui d'une obédience catholique modérée... Les forces politiques structurées et rivales de gauche, surtout le Parti communiste qui a le vent en poupe, accepteront-elles de se saborder ?

Les associations de résistants

Face aux échéances électorales qui se précisent, l'inquiétude est cependant grande dans les rangs résistants. S'ils sont en position de force dans les Comités de Libération et les municipalités, ils sont, à l'image de ce que fut la Résistance, très minoritaire dans le département comme dans tout le pays. Qui plus est, la Libération étant quasiment acquise, l'impérieuse nécessité de l'union des forces de la Résistance perd de sa pertinence.

Deux organisations, aux niveaux national et départemental, dominent le monde des anciens résistants et ont une représentativité incontestable.

La plus importante est le Mouvement de libération nationale (MLN), organisation née en décembre 1943 de la fusion de plusieurs mouvements de la Résistance intérieure. Dans le Jura, la gauche non communiste et laïque y est particulièrement bien représentée.

L'autre mouvement, numériquement moins important, est le « Front national pour la libération et l'indépendance de la France », (FN) organisation créée par le parti communiste en mai 1941. Il recrute essentiellement chez les anciens FTP[288]. Il reçoit également le soutien inconditionnel de l'Union des femmes françaises (UFF) qui, nous l'avons signalé, joue un rôle de premier plan dans l'aide sociale et la défense du pouvoir d'achat des milieux populaires.

Dans le Jura, le rapport des forces s'établirait ainsi : environ deux mille adhérents pour le MLN, un peu moins de mille trois cents pour le FN. Les deux organisations ont conscience de la nécessité de l'union, voire de la fusion, fusion qu'une commission paritaire entérine à Lons-le-Saunier. Par contre, à Paris, au siège du MLN, l'engagement résistant commun n'a pu dissiper les querelles du passé et les *a priori* : pour de nombreux dirigeants du MLN, le FN serait noyauté par le Parti communiste, ce qui est loin d'être infondé. En revanche, ces derniers affectent de confondre MLN et SFIO, voire pire... Les deux mouvements maintiennent cependant leurs contacts en vue de la désignation d'un bureau du Front départemental de la libération nationale.

Au niveau départemental, les militantes féminines de tous bords, les adhérentes de l'UFF et du MLN envisagent même de s'unir et, comme celles de la Ligue féminine d'action catholique, elles font campagne pour que les femmes aillent voter en nombre.

Cependant les querelles ne manquent pas. Des groupements « indépendants » de résistants se créent à Dole, à Lons-le-Saunier et à Saint-Claude. Un

---

288. Francs-tireurs et partisans français.

projet de Fédération départementale échoue, l'association doloise la rejette et envisage de s'unir avec la Fédération départementale du Doubs. Le commissaire spécial émet une hypothèse sur ce refus dolois « à première vue... inexplicable » :

> « Ce séparatisme se comprend aisément quand on connaît la vieille rivalité qui, de très longue date, existe entre les deux villes principales de notre département, rivalité qui se manifeste dans de nombreux domaines. »

À l'échelle locale même, l'unité née de l'opposition à Vichy et à l'occupant se fissure. Dans la presse s'étalent les querelles de clochers[289] : aux Planches-en-Montagne, un conflit oppose le conseil municipal au CDL ; à Arbois, le Comité cantonal de Libération est en lutte ouverte avec le conseil municipal...

Le plus grave est ailleurs, qui se nourrit de ces querelles : la Résistance, dans sa globalité, n'échappe pas à un courant critique larvé provenant des milieux non résistants. Des critiques et, surtout des rumeurs – souvent infondées – trouvent des oreilles complaisantes. Elles mettent en cause, pêle-mêle, des résistants suspectés d'enrichissement à l'occasion des parachutages britanniques, ou/et de vols chez l'habitant ; les « résistants de la dernière heure », les insuffisances de la Résistance. Certains vont même jusqu'à l'accuser d'être à l'origine des massacres allemands qui « n'auraient pas eu lieu si elle n'avait pas existé » !

À Saint-Claude, « on chuchote que la plupart des personnes désignées au bureau du MLN ont tiré parti de la situation sans apporter une aide efficace aux mouvements de Résistance »...

Et, à la décharge des populations, des comportements de résistants semblent devoir remettre en question certains d'entre eux. En fait, ces attitudes condamnables montrent combien il n'est pas toujours aisé, à ceux qui ont participé activement à la Résistance combattante, de se réinsérer dans une société avide de retour à l'ordre dans laquelle on leur demande de se fondre. Un sérieux incident va l'illustrer.

À l'origine de l'affaire, un barrage de police établi afin de faciliter l'extinction d'un incendie survenu dans la nuit du 7 au 8 janvier dans la rue du Puits-Salé à Lons-le-Saunier. La cause du sinistre serait un engin explosif incendiaire largué accidentellement par un avion d'une escadrille alliée. Un militaire français en état d'ébriété tente alors de forcer le barrage, n'hésitant pas à asséner plusieurs coups de poing dans la figure d'un policier. L'individu est finalement maîtrisé et emmené au poste de police. Mais, en chemin, les forces de la loi sont prises à partie par des amis du militaire appréhendé, qui tirent plusieurs coups de feu en direction des gardiens de la paix, les obligeant à abandonner le délinquant. Une patrouille de gendarmes venue en renfort est également reçue par des coups de pistolets auxquels ils ripostent avec leurs armes automatiques. La fusillade ne fait heureusement pas de victimes.

---

289. ADJ. 304 W 159.

Finalement force reste à la loi et le chef des agresseurs est lui aussi incarcéré. L'affaire aurait pu être classée dans les faits divers d'un dimanche soir trop arrosé, sauf que... la personnalité des délinquants, et sans doute quelques comptes à régler, ne le permirent pas. En effet, le premier interpellé n'était autre qu'un ancien membre, très actif et connu, d'un corps franc local pendant la Résistance, et pour l'heure, lieutenant de la garde civique. Quant à l'autre, également résistant de la première heure, des plus connus dans la préfecture, il était membre du conseil municipal de la ville ainsi que du Comité départemental de Libération. À ce titre ils seront remis en liberté provisoire, mais les autorités militaires ne l'entendront pas ainsi, qui leur décerneront un mandat d'arrêt.

Et le rapport au préfet, de conclure, à propos des deux résistants belliqueux : « On ne cache nullement l'indignation quant à l'attitude déplorable qu'ils ont manifestée envers les représentants de la force publique et d'aucuns souhaitent qu'une sanction exemplaire soit prise à leur encontre. »

Il est vrai que les populations, comme les autorités, supportent de plus en plus mal les règlements de comptes quotidiens et souhaitent le retour à la loi et à l'ordre. Les catholiques sont bien sûr en bonne place dans cette défense de la morale et du retour à la pacification et aux « valeurs ».

Les résistants d'hier ne sont pas toujours unis pour faire front aux critiques. En mai, à Lons-le-Saunier, un procès est attenté à un officier, ancien chef de compagnie du district FFI local. Et l'accusateur n'est autre que le président du CDL du Jura. Le procès, très suivi, met violemment aux prises les deux facettes de la Résistance jurassienne, civile et militaire. Et des non-résistants de s'en réjouir, d'autant que l'accusateur se trouve vite mis au banc des accusés !

La presse et l'opinion publique se divisent. L'abbé Jourdain, membre du CDL prend la plume pour écrire un article dans *La Croix Jurassienne* du 23 juin[290] intitulé : « Pour ne faire plaisir à personne ». Il ne mâche pas ses mots :

> « Dans tous les milieux, il s'est trouvé des gens qui, poussés par la haine, se sont réjouis des bruits mettant en cause le président du CDL [...]. Si certains, qui se disent chrétiens, se servent du jugement téméraire et de la calomnie, leurs procédés, employés sur le dos des incroyants, ne se trouvent pas baptisés pour autant [...]. Parmi tous ces accusateurs se trouvent des éléments compromis de l'ancien régime, à l'affût des moindres scandales chez les résistants. Une telle attitude chez les « bien-pensants » dont le propre est d'avoir été souvent en désaccord avec les aspirations profondes et saines du peuple de France, ne peut mener qu'à de tristes conséquences... ».

Il appelle également les résistants à faire preuve d'unité.

---

290. ADJ. 331 W 125.

La gauche : la CGT et les deux partis ouvriers, marxistes, la SFIO et le Parti communiste

On y retrouve sans surprise des hommes, et des femmes, anciens résistants, engagés dans les mouvements de Résistance.

Pour la gauche, héritière du Front populaire, l'heure n'est ni au triomphe ni à la sérénité. Elle craint la confiscation de la victoire par les forces conservatrices et réactionnaires. Comme dans les années trente, cette peur est le moteur d'une recherche d'unité récurrente qui va de plus en plus ressembler à une incantation. Ils font bloc, maintiennent leur accord d'unité d'action qui se manifeste notamment par la constitution de listes uniques pour les élections. Chacun affiche ses sensibilités propres. À Saint-Claude, le 10 février, ces organisations tiennent une réunion à la Maison du Peuple. Les jours précédents, dans le même lieu, avait été projeté un film, démontrant « l'effort de guerre russe, la valeur du matériel, le moral des soldats et des ouvrières de l'URSS ». Nul doute sur le fait que le Parti communiste, le FN et l'UFF aient participé à ce choix et aux discussions qui ont suivi !

Dans le même temps, le MLN local – proche de la SFIO – a rappelé l'effort de guerre de « tous les Alliés » ; et, sur le même positionnement, la *Libre Comté* expose dans sa vitrine de la rue du Pré « les gravures représentant les mensonges allemands concernant les Alliés. »

Dans ces milieux, le Front populaire reste sublimé, dans tous les esprits. On se souvient des origines héroïques et des grandes dates qui ont présidé à ce sursaut républicain contre le « fascisme ». Date emblématique de la mobilisation populaire contre cette menace, le 12 février 1934 où, à Paris, un immense rassemblement organisé par les forces politiques et syndicales de gauche avait répondu à une manifestation « putschiste » de droite, et surtout d'extrême droite, perpétrée dans les mêmes lieux le 6 février. Face à ce péril incarné à l'extérieur par Mussolini et Hitler, s'était révélée l'impérieuse nécessité de l'unité de la gauche et, plus largement, des républicains.

Aussi a-t-on décidé que, le dimanche 11 février 1945, on commémorerait cette manifestation emblématique. À Lons-le-Saunier, une réunion d'environ quatre cents personnes se tient ce jour-là au théâtre sous la présidence du préfet. Monsieur Lacroix, représentant du parti socialiste SFIO, comme monsieur Masson du Parti communiste, après avoir rappelé les événements de février 1934, insistent sur la similitude entre 1934 et 1945, qui impose la même réaction : réaliser au plus vite l'union des forces de gauche contre le fascisme.

Que mettent-ils derrière ce terme ? À qui pensent-ils ? À Franco ? Aux anciens collaborateurs prêts à restaurer « la bête immonde » ?

Le MLN insiste sur le régime de Pétain, « agent du fascisme » et demande à ce qu'il soit totalement démantelé. Le FN le rejoint en insistant sur la nécessité de l'épuration. Enfin la CGT évoque l'importance de l'unité dans la lutte pour une démocratie sociale.

Même commémoration à Saint-Claude, au théâtre de la Maison du Peuple, devant environ deux cent cinquante personnes, sous la présidence du CCL.

Là aussi les orateurs sont les représentants des partis de gauche et de la CGT qui appellent à l'union. Le maire de la ville, président de la Ligue des droits de l'homme et du citoyen, demande « à tous les citoyens de rester en état d'alerte contre des factieux camouflés en républicains ». Enfin, Edmond Ponard, grand nom de la Résistance et de la Fraternelle, président local du MLN, fait un parallèle entre ce 12 février 1934 et la situation du moment !

On est déjà très loin de ce qu'on pensait être l'unité des Français à la Libération. Et on insiste, insistant sur l'autre but que s'était assigné la Résistance : le Comité d'entente des deux partis décide de faire du dimanche 19 février une journée de commémoration de la victoire de la République sur le fascisme.

On notera que ni la droite, ni la CFTC[291] n'ont participé à ces commémorations. N'ont-ils pas été invités ? Ont-ils jugé inopportun de participer à des manifestations qu'ils jugent électoralistes et organisées par les anciens tenants du Front populaire, régime toujours honni par nombre de leurs coreligionnaires ?

Les milieux de la droite traditionnelle conservatrice

On les appelle encore couramment « les modérés ». Ils veulent faire oublier la compromission de la plupart des leurs avec Vichy. Leur électorat devra aussi se trouver un parti plus porteur que l'URD, qui les avait menés au combat contre le Front populaire avant de se rallier massivement à Pétain.

Dans ce département rural, les catholiques conservateurs, souvent gardiens de l'ordre moral, sont inquiets de la place prise par la gauche et les mouvements de résistants.

Cependant, on ne peut oublier que des catholiques, et parmi eux des prêtres, se sont mis très tôt au service de la Résistance, et qu'une partie de ces derniers, souvent les plus progressistes, à l'image de l'abbé Jourdain, rejoindra les rangs du MLN et, même de la gauche.

La période de l'Occupation a révélé l'émergence d'un catholicisme résistant hostile aux positions pétainistes de leur épiscopat. Il est incarné à Lyon par le père Chaillet et le journal clandestin les *Cahiers du Témoignage chrétien*, qu'il fonde dès l'automne 1941. Il est diffusé au même titre que les journaux laïcs *Combat* ou *Libération*. Il exhorte les catholiques à résister au nom de leur religion qui est antinomique avec le fascisme.

Mais force est de constater que beaucoup de catholiques pratiquants, autour de leur curé, n'ont pas manifesté beaucoup de sympathie aux résistants, du moins avant l'été 1944, et que la plupart seraient bien peu à l'aise dans des organisations laïques. Ils ont conscience qu'ils ne pourront peser sur l'avenir du pays, et défendre leurs propres valeurs, qu'en mettant sur pied une organisation relevant du champ politique. Ils veulent se trouver à même de contrer les forces de gauche et leur conception de la laïcité qu'ils ont toujours combattue.

---

291. Confédération française des travailleurs chrétiens.

C'est dans ce contexte qu'est mis sur pied un parti démocrate chrétien, le Mouvement républicain populaire (MRP) qui se positionne au centre droit.

L'ancien séminariste Pierre Larceneux, figure avec toute sa famille, de la Résistance jurassienne, est tout désigné pour en être le responsable départemental. Il n'est pas certain que l'évêque de Saint-Claude, en résidence à Lons-le-Saunier, ancien pétainiste convaincu, ait apprécié ce choix.

Pendant l'Occupation les deux hommes s'étaient affrontés. Dans son tract intitulé « Message aux catholiques », en décembre 1941, « Pierre » avait critiqué très sévèrement la position de l'Église à l'égard de l'Allemagne nazie et la collaboration de l'État français. Il y écrivait notamment :

> « Lorsque viendra le jour de la délivrance et des règlements de compte, il faudra que l'on dise : "Tel catholique, tel prêtre étaient des hommes de Vichy et les exécuteurs indirects de la volonté nazie" ; mais que l'on ne puisse pas dire, parce que cela serait faux : "Tous les catholiques sont coupables". Qu'importe le sort de ceux qui relèveront de la justice, mais que l'Église ne soit pas compromise [...].
> Pourquoi le nazisme, condamné par l'Église, est-il prôné, favorisé par Vichy ?
> Pourquoi les journaux catholiques sont-ils contraints de salir les Français de la Résistance, souvent des catholiques, et non des moindres ?
> Catholiques, soyez calmes. Pas d'exaltation inconsidérée et d'enthousiasme avide derrière Pétain. Qui peut nous garantir que cet homme, déjà un danger pour notre pays, n'est pas encore un danger pour notre foi ? Les gens de Vichy ont largement abusé du sentiment religieux pour consolider leur position [...] »

Ce tract lui avait valu, quelques jours plus tard, une réponse comminatoire de l'évêque dans *La Croix du Jura*, intitulée « Mise en garde » qui se terminait sur ces mots :

> « L'Évêque seul est constitué, de droit divin, gardien de la foi dans son diocèse. Seul il a le droit de juger des choses qui touchent, de près ou de loin, la doctrine de l'Église ; seul il a reçu mandat pour éclairer les consciences.
> Rambert-Irénée, Évêque de Saint-Claude »

En 1945, le pouvoir absolu de l'évêque à « éclairer les consciences » des catholiques jurassiens demeure la loi de l'Église, et nul doute que la hiérarchie catholique départementale a entrepris de mobiliser ses ouailles en vue des élections. On fait alors la part du feu, on doit tolérer sinon soutenir les ouailles modérées, « Paris vaut bien une messe ! »

Un Comité d'organisation d'action chrétienne est créé. À sa tête, un laïc, monsieur Charles Viatte, professeur au lycée Rouget-de-Lisle de Lons-le-Saunier, membre du Syndicat général de l'éducation nationale, affilié à la CFTC.

C'est autour de ce comité et de son président que va être créée la section départementale du MRP.

Le comité organise des réunions publiques dans les cités du département.

– Début janvier, à Dole, il réunit trois orateurs du nouveau parti : le président, son collègue Bordet professeur de philosophie au collège de Poligny, et un authentique résistant, l'abbé Jourdain de Poligny, qui se montre très discret, ne semblant pas faire siennes toutes les positions exprimées par l'évêché et par monsieur Viatte. Ces derniers savent où se situe le gros de leur électorat et entendent réunir tous les catholiques, « quelle que soit l'attitude qu'ils ont adoptée durant l'Occupation ».

– Le 7 janvier, une autre réunion se tient à Sellières, y participe l'abbé Tissot. Le président Viatte y résume le programme du MRP :

> « – Élèvement (*sic*) de la France par l'union la plus complète de tous les Français… et augmentation de la vie morale (*sic*).
> – Le vote des femmes qui doit contribuer pour une large part à l'établissement de la morale dans les institutions françaises.
> – Garder le général de Gaulle à la tête du gouvernement pendant une longue période pour ce relèvement. »

Il prône ainsi la réconciliation des Français et renvoie dos à dos Résistance et collaboration. Ce programme fait du général de Gaulle l'homme providentiel dont la France – et les catholiques – a besoin. Il est vrai que de Gaulle a la même culture et partage leur foi. À ce titre, volant au secours de la victoire et évitant la victoire de la gauche, le MRP se présentera comme le « parti du général ».

D'autant qu'on prête également à de Gaulle le soutien du pape, comme l'indique ce rapport des RG adressé au sous-préfet de Saint-Claude le 9 janvier :

> « La présentation des vœux du corps diplomatique par Mgr Roncalli[292] à l'occasion du 1er de l'An au général de Gaulle a réjoui les milieux croyants. Il semble d'ores et déjà que les chrétiens soutiendront le chef du gouvernement actuel sans restriction. »

Si tous ces partis politiques se prétendent favorables à une nouvelle République, chacun la mesure à l'aune de ses idées. Les électeurs seront amenés à trancher, aussi la campagne électorale sera-t-elle un véritable combat qui renvoie à ceux des débuts de la IIIe République.

Pour la droite, l'URD mais surtout le MRP, l'heure de l'*aggiornamento* semble venue, notamment à propos de la laïcité de l'État. Ils entendent enterrer, avec la IIIe République, une bonne partie de son œuvre. La guerre franco-française sur la séparation des Églises et de l'État, guerre qu'on croyait définitivement gagnée par la République, et acceptée bon gré mal gré par les milieux catholiques, ressurgit bel et bien. Bien sûr, ils veulent au moins empêcher son application en Alsace-Moselle, comme le réclame la gauche.

---

292. Nonce apostolique en France après la Libération et futur pape Jean XXIII.

Le débat est sur la place publique et va diviser les Jurassiens. Une lettre ouverte adressée mi-février aux dirigeants du MLN par Charles Viatte, est sans ambiguïté[293] :

> « Le retour aux lois laïques, c'est le retour aux pires erreurs de 1905, c'est la suppression de notre ambassadeur au Vatican, c'est l'expulsion des congrégations [...].
> C'est la suppression des subsides aux écoles libres.
> Les dirigeants du MLN choisirent pour demander le retour de ces lois le moment où le peuple entier respire, délivré du cauchemar de l'oppression, qu'ils oublient déjà que les grands chefs de la Résistance étaient des chrétiens[294]. Et que c'est de ces chrétiens qu'ils veulent faire des citoyens de deuxième zone. »

Au-delà d'une récupération discutable de la Résistance par un responsable politique qui n'y a pas participé, on décèle le sentiment affiché et récurrent du monde catholique à se présenter comme une victime des « lois de liberté ». Et l'auteur du courrier de menacer les dirigeants du MLN « d'une lutte fratricide, qu'ils auront, s'ils continuent à provoquer ».

À lire ces écrits on est fondé à penser que la politique assumée du maréchal Pétain, antilaïque et ouvertement procatholique, a pu bénéficier sous l'Occupation du soutien de la majorité des catholiques du département.

On est fort éloigné de l'urgence de l'époque, la reconstruction du pays qui réclame l'union des Français. Si le MLN a préféré ne pas répondre, c'est qu'il a jugé que « les Français avaient mieux à faire que s'entre-déchirer ». Il n'en a pas pour autant manqué de signaler que « le MLN comptait dans ses rangs de vrais chrétiens qui ont toute son estime et sa sympathie et qui sont venus de la Résistance à la Révolution ».

Deux organes de presse jurassiens s'illustrent dans cette polémique : d'un côté la *Libre Comté*, l'organe du Front départemental de libération nationale, de l'autre une presse locale reconstituée par l'URD, et qui se décline dans les secteurs de Salins, Arbois, Poligny et Champagnole sous le titre de *L'Abeille jurassienne*.

Mais le principal organe de presse des milieux de droite est *La Croix jurassienne*, héritière miraculée de la pétainiste *Croix du Jura* qui a paru tout au long de l'Occupation. Elle accueille volontiers la plume de l'abbé Tissot, pour l'heure président du Comité de défense sacerdotale. L'ecclésiastique y traite la défunte République de « régime abject », précisant que c'était « le temps où les Français ne s'aimaient pas », c'est-à-dire les années trente et le Front populaire. Et de mettre en garde contre un éventuel « réveil des vieilles querelles religieuses ». Les héritiers de la République s'en inquiètent.

---

293. ADJ. 304 W 156.

294. Allusion à la famille Larceneux, et à de nombreux militaires, dont le commandant Vandelle ?

Et cela sur fond de débat sur les nouvelles institutions qui seront l'objet d'un référendum à l'automne, et alors que la campagne des municipales va bon train.

Premières élections : les municipales

Le MRP, nouveau parti sans cadres, met les bouchées doubles, d'autant qu'il est par principe et sauf exception hostile aux listes uniques prônées par la gauche. Cette attitude, et la droitisation de son discours relèvent en partie d'un électoralisme bien compris : il veut pouvoir compter le jour venu sur une partie importante des voix de la droite traditionnelle qui jusqu'alors votaient pour les candidats de l'URD.

Ces derniers ne l'entendent pas ainsi et ne laissent pas les seuls candidats du MRP ratisser les terres de la foi. Les conservateurs catholiques ont pignon sur rue dans ces milieux et ne restent pas inactifs, surtout dans le Haut-Jura rural. Durant l'hiver, la neige interdisant toute réunion publique d'importance, aucun leader ne désire s'y aventurer. Qu'à cela ne tienne ! Des personnes et des ressources locales interviendront. Et au village, dans le canton des Bouchoux notamment, le prêtre reste roi. Un rapport des RG en témoigne :

> « Dans les communes isolées, au cours des veillées, l'éducation politique de la femme s'effectue. De ce côté le prêtre et le conseiller évincé[295] ont leur mot à dire et les élections de printemps apporteront sans doute des surprises. »

Les édiles mis en place à la Libération ne peuvent ignorer cette propagande souterraine, et on leur prête des dénonciations visant à faire frapper d'indignité nationale les candidats « revanchards et collaborateurs » de la droite catholique.

Une inconnue cependant dans ces élections : le tout nouveau vote des femmes. Ce droit continue d'ailleurs de leur être contesté, y compris dans les rangs de résistants qu'on pourrait croire progressistes. Ainsi de ce membre d'un Comité cantonal du Nord-Jura[296] qui pense que c'est « une mesure équitable, mais prématurée, l'éducation civique et sociale des femmes étant d'une manière globale tout à fait insuffisante ».

Dans son rapport, le commissaire spécial semble apporter de l'eau à ce moulin : « À l'égard du vote des femmes il est fort possible qu'il se traduira par une augmentation des voix de gauche dans les centres urbains et, dans les campagnes, au contraire, par un renforcement de l'influence des partis chrétiens… »

---

295. Les maires et conseillers municipaux déchus à la Libération.
296. ADJ. 331 W 210.

Donc il ne devrait pas changer grand-chose, alors, murmure-t-on ici et là, « À quoi bon ! »...

Les élections vont se dérouler dans une relative sérénité et on ne relèvera aucun incident notable. Il faut dire que le contexte militaire rassurant rend optimiste quant à la fin du conflit. Le 19 avril, l'annonce de l'entrée de l'armée Rouge à Berlin permet de renouer avec un consensus patriotique.

Les résultats sont sans grande surprise, on observe une forte poussée de la gauche, notamment dans les villes.

- À Lons-le-Saunier, le radical Paul Seguin, maire provisoire installé après la libération de la ville, est reconduit dans ses fonctions. Il y demeurera vingt ans !
- À Dole on retrouve le même schéma : François Mugnier-Pollet, ancien résistant, professeur au collège de l'Arc, est élu.
- Saint-Claude n'échappe pas à cette règle qui veut alors que l'on ne change pas les équipes qui ont donné toute satisfaction avant-guerre et sont restées fidèles à leurs convictions sous Vichy. L'ancien maire SFIO, président de la Fraternelle, résistant, laissera volontiers sa place à son camarade de parti, le directeur d'école Fernand Michalet.
- Morez garde son maire, Louis Paget, SFIO lui aussi. On l'a signalé, il a réalisé l'exploit de conserver sa fonction sous Vichy tout en étant le chef incontesté de la résistance locale !
- À Champagnole, même couleur politique pour le futur maire.

L'URD enregistre quelques succès dans des petites communes très catholiques et conservatrices du Haut-Jura. Mais, globalement, les résultats de ce parti de droite sont médiocres. La présence à sa tête du populaire André Baud[297], membre du Comité départemental de Libération, ne suffira qu'à atténuer la sanction.

On fera également payer au Parti radical, pourtant cofondateur du Front populaire, profondément laïc et anticlérical, d'avoir laissé trop de ses élus locaux en place sous Vichy.

Quant au Parti communiste, partant de très bas il est vrai, il obtient des résultats remarquables.

Et, contre toute attente, le MRP enregistre des résultats décevants et ne semble pas avoir beaucoup bénéficié de l'apport des partis de droite.

Cependant, comme le note un rapport du sous-préfet de Dole[298], dans plusieurs communes, les candidats des Comités de Libération ont été battus. Dans d'autres, les anciens maires, révoqués à la Libération, ont été réélus. Cela en dit long sur les visions croisées des Comités de Libération et les administrés.

---

297. Rappelons qu'André Baud fut le seul Parlementaire jurassien à avoir refusé de voter les pleins pouvoirs à Pétain le 10 Juillet 1940.

298. ADJ 304 W 55.

Reconstruire la France

Les débats sur la Résistance sont passés au second plan. La reconstruction est désormais la grande cause nationale autour de laquelle l'unité des Français essaie, avec beaucoup de difficultés, de se reconstituer.

Chaque jour on découvre que le territoire et l'économie ne sont que ruines qu'il faut transformer en autant de chantiers.

L'assainissement monétaire apparaît comme un préalable. Début juin, le gouvernement décide d'échanger tous les billets d'un montant supérieur à cinquante francs contre de nouveaux billets, et de frapper de nouvelles pièces de monnaie. Il n'était plus supportable de conserver des pièces sur lesquelles l'État français avait fait graver sa devise « Travail, Famille, Patrie » et la francisque. On en profite, comme il est de tradition, pour dévaluer. D'autres causes, plus solides, plaidaient en faveur d'une réforme monétaire drastique, et d'abord l'inflation incontrôlable liée aux pénuries. D'ailleurs les Américains, avant la Libération, avaient dans leurs cartons, avec leur propre administration, l'AMGOT, une monnaie « française » de leur composition. Par ailleurs, l'effondrement du taux de change par rapport à la livre et au dollar imposait à lui seul cette opération.

Et puis il fallait faire sortir les billets accumulés dans les « lessiveuses » pendant la guerre ! Grave dilemme pour leurs détenteurs : officialiser des profits souvent illicites en encourant la vindicte populaire, ou les perdre ? On signale ici et là des commerçants se présentant aux bureaux d'échange avec leur automobile remplie de billets de banque et de titres pour des valeurs dépassant plusieurs dizaines de millions de francs ! Mais quel crédit accorder à ces « informations » que la jalousie, l'acrimonie et la rumeur ont pu enfler ?

Quoi qu'il en soit, la mise au grand jour des turpitudes de l'Occupation est une aubaine pour ceux qui, nombreux, aspirent à un monde meilleur et solidaire, d'où la cupidité serait bannie.

Dans la continuité du programme du CNR, sont mis alors sur pied les « états généraux de la renaissance ». Sur le modèle des états généraux de 1789, ils vont mobiliser les organisations résistantes et les partis de gauche. Le 15 juin, dans la salle du théâtre de la Maison du Peuple à Saint-Claude, se tient la réunion constitutive locale de ces états. Elle est placée sous l'égide de la municipalité socialiste restaurée. Le choix des membres de son bureau est révélateur des forces politiques et résistantes de la ville, mais aussi, de l'étroitesse des catégories sociales et politiques impliquées, ce qui met en cause la crédibilité de ce projet.

- Le président : M. Michalet, maire de Saint-Claude, président de la Ligue des droits de l'homme, directeur d'école en retraite, vice-président du MLN.
- La présidente du FLN, professeur.
- Une conseillère municipale de Saint-Claude, membre du FN, comptable.
- Un membre du CLL, instituteur.

Mêmes orientation et professions pour les rapporteurs : le président du FN, professeur ; un conseiller municipal, FN, répétiteur au collège ; le secrétaire de la CGT, conseiller municipal ; un professeur, correspondant du journal communiste *La Vérité* et une comptable, présidente de la section féminine du MLN.

Dans cette liste, ni ouvriers ni chefs d'entreprise ! On trouvera cependant des représentants de ces catégories dans les commissions et surtout dans le public. On remarque la surreprésentation criante du monde enseignant. C'est encore le temps où il est volontiers présenté comme le phare et le porte-parole des « classes laborieuses », dont les instituteurs étaient d'ailleurs souvent issus. Ne se devaient-ils pas de renvoyer au peuple l'ascenseur social dont ils s'étaient servis, se faisant un devoir d'« éduquer les masses populaires » et, en attendant, d'en être les porte-parole ?

Le maire de la ville, pur produit de ce milieu enseignant, ne se situe pas ici dans ce rôle militant, s'attachant au consensus, signalant que cette assemblée regroupe « tous les Sanclaudiens, sans distinction de classe, de parti ou de religion ». Cependant, il ne manque pas de rappeler que, en d'autres temps, le peuple de Saint-Claude, soutenu par Voltaire, s'était élevé victorieusement contre son seigneur abbé qui le tenait dans la servitude. Il fait également référence aux états généraux de 1789 et termine son discours par l'énoncé du but à atteindre : « L'heure est venue pour nous d'agir, de mettre fin aux abus, aux souffrances. »

On expose ensuite les propositions faites en commissions par les « organisations ouvrières, patronales et artisanales » en vue de reconstruire la Nation. Plusieurs de celles-ci n'ont rien perdu aujourd'hui de leur pertinence, du moins dans certains milieux :

> 1. a. Intensification de la protection de la production des deux industries locales principales : les pipes et les diamants. Pour la première, il exige que les bruyères venant d'Algérie soient réservées par priorité aux fabricants français. Pour les diamants, il réclame une organisation d'un seul contrôle et la création d'un Comité paritaire local.
> b. Les Comités d'organisation de production créés par Vichy doivent disparaître sans délai.
> c. La révision des taxes, celles en vigueur en France étant supérieures à l'étranger.
> d. Que les produits exportés soient totalement terminés en France, et non des produits semi-manufacturés.
> 2. La lutte contre les trusts.
> 3. La participation des travailleurs à la direction de l'Économie.
> a. Sur le plan national : créer un organisme de direction où les ouvriers siégeraient.
> b. Sur le plan local : transformation des comités d'entreprise en comités de gestion d'entreprise ayant des pouvoirs réels.
> 4. L'apprentissage, l'organisation d'écoles professionnelles d'industrie locale.
> 5. Le développement des coopératives de production et de consommation. Celles-ci doivent être encouragées et conserver leur liberté d'association.

Ce rapport est bien sûr adopté à l'unanimité.

Le ravitaillement est dénoncé pour ses carences, on lui reproche aussi de dépendre par trop de la bonne volonté des Alliés américains et anglais, qui ne sont pas les favoris de la gauche !

Le 28 juin, les délégués locaux de ces états généraux vont se retrouver à Lons-le-Saunier afin d'établir un cahier de doléances départemental, et d'élire leurs représentants qui le porteront à Paris. Les critères de leur élection prennent en compte leur couleur politique et la diversité géographique du département, mais aussi, en filigrane, leur profession… Ce seront :

- André Barthélémy de Dole. Fonctionnaire des PTT. Membre du Comité départemental du PC.
- Edmond Ponard. Directeur de la Fraternelle de Saint-Claude. SFIO.
- Roger Mermet. Professeur, rédacteur de la *Libre Comté*. Membre du Comité départemental du MLN.
- « Dacier »-Grinspan, d'Arbois. Délégué national du FN. Communiste.
- Grut. Viticulteur à Arbois. Communiste.
- Marcel Renaud. Instituteur à Crançot. Président du CDL. Membre du Parti radical-socialiste.
- Jean Courtois. Instituteur à Damparis. Président de l'UD des syndicats CGT. Socialiste.
- Jean Socié. Professeur à Champagnole. Socialiste. Représentant des prisonniers.
- Monsieur Reynaud. Professeur au lycée Rouget-de-Lisle.
- Mlle Fortune. Professeur au lycée Rouget-de-Lisle. Conseillère municipale, membre des Comités UFF et FN, membre du bureau régional du Parti communiste.
- M. Robardet. Employé à la préfecture, responsable des auberges de jeunesse.

Préalablement à ces désignations, l'assemblée départementale a repris les grandes lignes de ce qui avait été préconisé précédemment dans les assemblées locales. Si elles s'inscrivent dans le programme du CNR, elles proposent d'aller plus loin dans la mise en place d'un État Providence.

Les propositions reflètent également les problèmes sociétaux et les mentalités des Jurassiens de l'époque. Ainsi du rapport concernant le « progrès social » qui s'organise autour des assistantes sociales, souvent seuls membres féminins des CDL.

Un autre acteur, l'Église, s'intéresse traditionnellement de près à ce secteur. N'est-elle pas l'ancêtre de l'Assistance publique ? Elle y apporte une dimension morale, voire religieuse. Aussi, personne n'est surpris que le rapporteur de cette commission soit un ecclésiastique, l'abbé Jourdain qui, nous l'avons dit, jouit de l'estime unanime de ses camarades.

Dans son rapport, l'abbé progressiste, homme de son temps, envisage essentiellement le « progrès social » dans ses dimensions familiale et morale. Pour lui, la misère dont les jeunes enfants sont les victimes innocentes repose sur « trois fléaux (qui) doivent être combattus : l'avortement, la tuberculose, l'alcoolisme ».

C'est d'ailleurs en pensant aux enfants les plus exposés que l'abbé Jourdain demande l'intensification des visites médicales et leur surveillance régulière par des assistantes sociales, ainsi que le développement de l'hygiène. Certes, il n'oublie pas les inégalités sociales porteuses de tous ces « fléaux », demandant que soient instaurées des allocations familiales pour tous. Son rapport est adopté à l'unanimité.

Qu'un ecclésiastique place l'avortement en premier fléau n'est certes pas surprenant, d'autant que cela correspond également aux mentalités d'alors, et traverse toute la société. Il est vrai que l'immense majorité des Jurassiens a été formée au catéchisme et à l'office dominical. Et la condamnation de l'avortement, qui est réalisé à très grands risques, par des « faiseuses d'anges », ne saurait souffrir aucune exception. Si le Gouvernement provisoire mis en place après la Libération a abrogé les lois coercitives de Vichy, les poursuites judiciaires contre les femmes avortées et leurs complices n'ont pas diminué, tant s'en faut ; et l'opprobre populaire reste aussi vif. La libéralisation des mœurs attendra. Rappelons qu'il faudra encore plus de vingt ans pour voir légaliser la seule contraception, et encore près de vingt autres années pour le droit à l'avortement.

Aussi ce drame dont a été victime cette jeune femme, et dont chacun se renvoie l'improbable solution, est-il sans solution légale[299] :

> « Saint-Claude le 22 août 1944
>
> Devant nous, Bru Jean, commissaire de police [...] se présente :
> Madame X, 23 ans, auxiliaire des PTT, réfugiée à Saint-Claude, rue du Collège, qui nous déclare :
> "À la fin du mois de juin, j'avais porté plainte ici même pour viol commis sur ma personne par un militaire de l'armée d'occupation. Cet acte avait eu lieu le 18 juin.
> Dans la deuxième quinzaine du mois de juillet, ayant eu des vomissements et des vertiges, je suis allé consulter le docteur Ch. qui m'a déclaré que j'étais enceinte d'un mois, qu'il ne lui était pas permis de me faire avorter. Il m'a envoyé au docteur S. qui a eu le même diagnostic et m'a conseillé d'aller porter plainte au président du tribunal.
> Ce dernier, que j'ai mis tout de suite au courant de ma situation, m'a déclaré qu'il entretiendrait de mon cas le procureur de la République.
> N'ayant pas de nouvelle de cette affaire, je me suis décidé à m'adresser à vous pour qu'une suite soit donnée d'urgence à ma demande et que je sois libérée le plus tôt possible.
> Je suis mariée, mère d'un enfant. Mon mari est en ce moment en Allemagne pour le travail obligatoire.
> Je suis dans une situation désespérée et j'aime mieux mourir que de mettre au monde cet enfant..." »

Situation tragique, mais fut-elle si rare ? Et que dire de ces femmes, nombreuses dans ces périodes troublées, qui durent accepter une maternité non désirée ? Malheur alors à celles, dans la France rurale, qui ont dû élever des « enfants du péché ».

---

299. ADJ. 331W 201.

Ainsi l'histoire de Suzanne, pour tragique qu'elle soit, n'a sans doute pas été exceptionnelle en ces temps troublés. En 1939, cette jeune Parisienne qui vient de perdre sa mère, seule et sans ressources, répond à une annonce matrimoniale. Elle rencontre un petit artisan d'un bourg du Nord-Jura, divorcé. Elle n'a guère de compétences pour la « tenue d'un ménage », comme on le conçoit à la campagne. Au cours de l'hiver 1942, elle met au monde un garçon qu'elle devra vite élever seule, son mari décédera deux ans plus tard.

En 1944, la voici veuve, dans le plus grand dénuement, dans un milieu qui n'est pas le sien, secourue par son seul beau-frère, père de trois jeunes enfants et qui a lui-même de bien maigres revenus…

En 1945, elle est mise enceinte par un notable du pays, père de famille. Il n'est bien entendu pas question d'avorter et c'est dans son petit logement, qui a alors l'apparence d'un taudis, que naît au printemps un deuxième garçon, dans des conditions sordides. Une sage-femme de 79 ans est seule à ses côtés. Le père, bien sûr, ne reconnaît pas l'enfant.

C'est rapidement la descente aux enfers : franchissant un pas de plus dans sa chute de l'échelle sociale, Suzanne a perdu son statut de veuve pauvre mais honorable, pour endosser celui, chargé d'opprobre, de « fille mère ». Rien pour enrayer la chute. Ce sera bientôt l'Assistance publique pour ses enfants ; elle ne réussira à les reprendre que pour quelques mois.

Le plus jeune, le « bâtard », va avoir 3 ans quand leur mère reçoit cette lettre :

« Lons-le-Saunier le 10 mai 1948

À Madame N à C
s/c de M. le Maire

Madame,

En raison du mauvais temps qu'il faisait le jour où vous êtes venue chercher vos enfants, deux pèlerines leur ont été prêtées sous condition expresse que vous les renvoyiez dès votre arrivée à C.
Il y a de ça une dizaine de jours et je n'ai encore rien reçu.
Je vous serais très obligé de bien vouloir les retourner par retour du courrier.
Veuillez agréer, Madame, mes salutations distinguées.

Le Directeur départemental de la Population »

Archives privées

La situation empire, l'assistante sociale fait son travail, ses enfants lui sont bientôt définitivement retirés. Pour elle ce sera la solitude, les petits boulots, l'alcool sans doute, l'asile et la mort à l'âge de 43 ans.

Nul doute que la misère des temps a lourdement pesé sur les destinées les plus fragiles. Pas d'opprobre ici : ce que l'on pourrait aujourd'hui taxer d'absence d'empathie de l'Administration et des populations, se doit d'être mesuré à l'aune de la dureté et des pénuries de l'époque. La sensibilité est une notion bien relative.

Et puis dans le monde rural et les milieux populaires urbains, la vie quotidienne des enfants « normaux » n'avait rien d'idyllique, et les gamins de l'Assistance n'étaient pas les seuls à souffrir dans leur corps de retards de croissance et à marcher en galoches...

À la fin de l'été, les prisonniers sont rentrés. Le 2 septembre, la guerre est enfin terminée après la signature de la capitulation japonaise. Les citoyens vont être appelés à choisir leurs représentants et la nouvelle Constitution.

Un pouvoir légitimé

Les élections municipales du printemps avaient signifié le retour de la République au village. On va maintenant procéder à l'élection, au niveau cantonal, des membres du futur conseil général appelé à se substituer au Comité départemental de Libération.

Élections cantonales : 24 septembre

La formation qui comptabilise le plus de crédit au sortir de la guerre est incontestablement le Parti communiste. Il se présente alors comme « le parti des 75 000 fusillés », ce qui est pour le moins exagéré. Il est vrai qu'à travers le Front national qu'il a mis sur pied pour lutter contre l'occupant, tâche confiée aux FTP, il a joué un rôle majeur dans la Résistance, y compris dans le Jura. Au niveau national, Vichy n'avait-il pas mis sur un pied d'égalité « la propagande antinationale communiste et gaulliste » ?

Les militants du « Parti », qui ont résisté ou qui ont été inquiétés par Vichy, ont acquis une popularité qu'ils étaient loin d'avoir avant le conflit. À titre d'exemple, Luc Dotte, modeste hongreur de Rothonay, mais homme de grande culture et de qualités intellectuelle et morale avérées, candidat communiste dans les années trente, recueillait bien peu de suffrages. Mis en résidence administrative sous le gouvernement Daladier, il passera une partie de l'Occupation éloigné du Jura. Or, il est élu conseiller général communiste de son canton plutôt conservateur, celui d'Orgelet. Dans sa commune, son camarade de parti, Georges Vuitton, « démissionné d'office », avait retrouvé haut la main son poste de maire.

Le parti capitalise aussi le rôle déterminant qu'a joué l'armée Rouge de Staline dans la chute du IIIe *Reich* et la libération des camps.

Le parti socialiste SFIO lui aussi a été victime de la répression vichyste. Avec Léon Blum, plusieurs leaders du Front populaire ont été jugés et condamnés au procès de Riom avant d'être livrés aux Allemands. Par ailleurs, les socialistes, refusant dans leur très grande majorité la main tendue par Vichy, ont joué, à tous les échelons, un rôle important dans les mouvements de Résistance.

Les deux partis marxistes semblent à l'unisson sur les valeurs du Front populaire comme du programme du CNR adopté le 15 mars 1944 par le Comité français de libération nationale. Les désistements vont leur permettre de confirmer, voire d'accentuer, la progression constatée lors des élections municipales.

La nouvelle assemblée[300] compte pour la première fois des élus communistes et une dizaine de socialistes (ils n'en avaient que trois en 1939). La gauche pourra également compter sur les voix de trois élus sans étiquette et de deux radicaux indépendants. Le président qu'ils élisent, Louis Paget, résistant socialiste en est le très estimé représentant.

Le grand perdant est le parti radical.

Élections législatives, 21 octobre

Ce sont les premières élections nationales depuis 1936. Pour la première fois, les femmes et les militaires ont le droit d'y participer. Le vote est double : dans un premier temps il s'agit d'un référendum portant sur la restauration de la IIIe République ; la réponse est quasi unanime, 96 % des Français se prononcent pour sa disparition. Il faudra donc, dans un deuxième temps, élire des députés à une Assemblée constituante qui aura sept mois pour élaborer un projet de nouvelle Constitution.

Ces débats sur les institutions ont fortement marqué l'opinion publique. On va pouvoir y mesurer le poids des différentes formations politiques, leur capacité à s'entendre, mais aussi la popularité du général de Gaulle. Aucun des partis ne conteste d'ailleurs l'autorité du chef du Gouvernement provisoire.

Dans leurs choix politiques, les Jurassiens n'ont pas fait exception : comme la majorité des Français, ils ont placé le parti communiste en tête (26,2 % des voix), suivi du MRP (23,9 %) et de la SFIO (23,4 %).

Le rapport du commissaire des RG de Lons-le-Saunier tire les premiers enseignements du scrutin départemental :

> « Les électeurs ont voulu faire du neuf. Ils l'ont montré aussi dans la région doloise notamment où [...] les candidats communistes et leurs leaders singulièrement, faisaient impression par leur attitude et leur activité.
> Le parti socialiste recule, même à Saint-Claude, berceau de l'École coopérative de Ponard, où les communistes ont la majorité [...] »

Seront élus :

– **André Barthélémy**, conseiller général de Dole. Contrôleur principal des PTT, ancien résistant communiste, tête de la liste « Communiste et d'Union républicaine et résistante pour la renaissance de la France » : 31 600 voix. Ses colistiers sont deux conseillers généraux communistes, Gaston Outrey, ancien résistant FTP et Luc Dotte, que nous avons déjà signalé.

– **Charles Viatte** tête de liste MRP, environ 28 000 voix. Ses deux colistiers n'ont également jamais fait parler d'eux pendant l'Occupation. Là est peut-être une des causes de leur succès...

---

300. Voir Annexes.

– Jean Courtois, SFIO, instituteur, maire de Damparis, secrétaire départemental de la CGT et membre du CDL. 20 200 voix. Ses colistiers sont Edmond Ponard, directeur de la Fraternelle de Saint-Claude et André Socié, professeur à Champagnole.

Les grands perdants :
Liste radicale-socialiste : environ 9 000 voix.
– Paul Seguin, négociant, maire de Lons-le-Saunier. Colistiers : Marcel Billon et Raoul Girard.
Liste URD : environ 9 000 voix.
– **André Baud**, ancien député, membre du CDL. Colistiers : Paul Liochon et Paul Guérillot.

Au niveau national, de Gaulle, qui sera réélu à l'unanimité de ses membres, président du Gouvernement provisoire de la République Française, gouverne avec les trois partis qui ont gagné les élections législatives : PC, SFIO et MRP.

Le programme du CNR se met peu à peu en place mais, comme durant la guerre, les salariés et les retraités voient leurs salaires amputés très fortement par une inflation qui va dépasser les cinquante pour cent et contraindre à une dévaluation de la monnaie.

CHAPITRE VI

LES VICTIMES

Les vivants

Tous attendent la solidarité et le soutien d'une Nation dont, pourtant, les finances sont exsangues. Les sinistrés et les victimes des pillages allemands escomptent le versement rapide des indemnités et des remboursements qui leur permettront de reconstituer une partie de leur habitation ou de leur mobilier ; les réfugiés demandent une prise en charge. Quant aux prisonniers et déportés, nous avons vu leur situation parfois désespérée.

Tous souffrent, plus que d'autres, de la misère des temps et de l'impuissance de l'État qui a d'autres priorités.

Le dénombrement de ces victimes, pour le département, est officialisé en octobre[301].

■ ***Champagnole. Stade des Aciéries. Vin d'honneur en hommage aux prisonniers. MRD. La Citadelle. Besançon.***

301. ADJ. 304 W 260

Ayant droit à l'aide publique

Sinistrés	2 284
Déportés	1 019
Prisonniers	5 118
STO	1 700
Réfugiés	1 700
Victimes des pillages allemands	10 000

L'aide publique n'y suffisant pas, des institutions privées vont tenter de soulager quelque peu les plus démunis. La Croix-Rouge américaine va faire parvenir dans le Jura un important convoi de dons en nature, essentiellement des vêtements. Resteront à la charge du département le coût du transport par la SNCF et celui de la distribution.

Bénéficiaires de l'aide américaine/arrondissement

À titre de	Arr. de Lons	Arr. de Saint-Claude	Arr. de Dole
Sinistrés totaux	535	818	225
Sinistrés partiels	147	182	104
Déportés politiques*	508	844	365
Prisonniers**	1 749	856	1 253
STO (non volontaires)	194	185	259
Réfugiés allocataires	296	néant	néant
Pillés et spoliés	452	833	90
Totaux	**3 821**	**3 718**	**2 296**

* et familles des déportés morts en captivité, ainsi que les familles de fusillés.
** et familles de prisonniers décédés en captivité.

… et les morts

Madame H. Baud, qui fut la correspondante départementale du Comité d'histoire de la Seconde Guerre mondiale, a dressé un bilan des victimes et noté combien l'année 1944 fut « la pire » pour les populations jurassiennes[302].

126 tués dans les combats, maquisards ou FFI.
1 834 arrestations, dont :
– 1 231 déportés dont 671 ne sont pas rentrés.
– 314 fusillés (ou massacrés) dont 36 fusillés après internement.
– 289 internés.

Le Jura est un département qui a payé un lourd tribut. On y compte cinq déportés pour 1 000 habitants. À titre d'exemple, trois pour la Saône-et-Loire et un pour le Haut-Rhin.

302. H. Baud, *Le Jura sous l'occupation allemande*, 1966.

« Liste des victimes de la guerre dans le département du Jura »[303]

En date du 7 décembre 1944, liste adressée au préfet du Jura par l'Inspection de la santé du département de l'Ain.

Il va de soi que ce document, établi très rapidement dès la libération du département, ne prétend ni à l'exhaustivité ni à l'exactitude ; il demandera à être ultérieurement complété et corrigé.

Autre limite de ce document : il était alors trop tôt pour faire systématiquement la distinction entre les victimes résistantes et les autres qui cependant, ici, sont très largement majoritaires.

Enfin, précisons que cette liste concerne les morts sur le territoire uniquement, et ne comprend pas les morts en déportation ou prisonniers en Allemagne : rappelons que 671 déportés ne sont pas rentrés.

Arrondissement de Lons-Le-Saunier

Alièze. 10 FFI tués, torturés, brûlés. Un blessé : René Monnard.

Arbois. 3 fusillés.

Arinthod. 1 fusillé : Henri Desprez.

Arlay. 1 enfant du pays, Claude Noblesse, fusillé dans l'Ain.

Aromas. 1 fusillé : Jean Buffavand.

Les Arsures. 3 tués : Louis Détroit, Bernard Leclerc. 1 FFI : Louis Berger.

L'Aubépin. Disparition suivie certainement de mort de Lucien Laroche.

Augea. 1 tué, martyrisé : Léonard Marcel.

Balanod. 3 tués. Max Lévy et 2 jeunes gens FFI.

Beaufort. 1 tué : Alphonse Soldner. 1 habitant du pays tué à Cuiseaux.

Besain. 5 FFI tués.

Boissia. 15 FFI tués au combat.

Ceffia. 1 tué : Charles Charrière.

Champagnole : 2 tués : Marcel Dauvergne, Pierre Marion, tués par la Milice.

Champrougier. 1 tué : Joseph Gallier.

Chapelle-sur-Furieuse. 2 habitants du pays, blessés, emprisonnés, libérés.

Chaux-des-Crotenay. 2 tués : Roux et Santonaz.

Chilly-le-Vignoble. 1 habitant du pays tué à Molinges : Paul Caseau.

Coisia : 6 fusillés : Auguste Callamand, un jeune homme d'Arinthod et 4 FFI.

Conliège. 1 fusillé : Jean Darphin, de Verges.

Cornod. 2 habitants tués : Van Graver et Édouard Moitoud à Arbent.

Crotenay. 4 fusillés. Albert Reverchon, Eugène Reverchon, Roger Alexis et Marcel Viard.

Cuvier. Un habitant du pays : Roger Clément, FFI tué à Flamont (Doubs).

Dompierre. 22 fusillés : Bride Georges, Victor, Roger, André, Marcel. Henri Calut, Raoul Chamberland, Georges Datour, Camille Faton, Michel Gaillard, Clovis Gurey, Gilbert Golfier, Maurice Gros, Pierre Jouhans,

303. ADJ.304 W 36.

Jules Mérel, Louis Moullet, Léon Moullet, Joseph Triand, René Vernier, Marie Bride, Moullet Jeanne.
6 blessés : Marcelle Vernier, Aimée Bride, Jean Faton, Lucien Gay, Maurice Jouhans, Fernand Moullet.
Écrilles. 1 fusillé. Émile Berger.
Foncine-le-Bas. Un enfant du pays tué à Ilay.
Foncine-le-Haut. 4 tués, 3 personnes grièvement blessées.
Gigny. 2 FFI tués : Uni à Louvenne, et Mallot de Lons-le-Saunier.
Gizia. Un habitant du pays tué à Cousance : Ernest Legrand.
Ivrey. 1 tué.
Lons-le-Saunier. 25 personnes fusillées, brûlées :
Charles Michaud, Eugène Sarrette, André Bondier, André Pinot, Odette Buguet, Charles Prudhomme, Paul Desmesnay, 1 FFI inconnu, Bénier, Camille Moine, Robert Moine, Antonio Pédion, Dominica Pédion, Paul Humbert, Jeanne Humbert, Marie Humbert, Raymond Millet, Charles Petit, Georges Lamy, Georges Bourgeat, Lucienne Guérin, Suzanne Guérin, Julien Guérin, Pierre Guérin, Sarrand Robert, Gabriel Damidaux, Georges Moine.
Mathenay. 2 FFI fusillés : Albert Boscari, André Cherin.
Mignovillard : 2 fusillés.
Montaigu. 3 fusillés. André Fourt, Roger Gilles, André Kozach.
Montmorot. 1 fusillé au champ de foire de Lons.
Montrond. 1 tué.
Mouchard. 1 tué : Gilbert Guinet (ou Cuinet ?)
Nanc. Une personne tuée à Saint-Amour.
Nance. 3 tués.
Orgelet. Fusillé : le gendarme Decercle.
Perrigny. 2 fusillés : docteur Michel et 1 inconnu.
Poids-de-Fiole. 3 fusillés.
Poligny : 2 fusillés : Koepfler et Rousselot. 2 blessés.
Publy. 1 fusillé : Rabuillot Georges.
Relans. Un habitant de Bletterans : Roux G. trouvé assassiné.
Rosay. 4 fusillés par la Milice.
Saint-Amour. 4 fusillés. 2 FFI tués au combat, un tué par la Milice.
Saint-Didier : 6 fusillés.
Saint-Germain-lès-Arlay. (Moulin du Tortelet) 4 tués dont M. Pont, Rousselot Paul et Mme Pont.
Saint-Jean-d'Étreux. 1 fusillé.
Sellières. 1 fusillé : Noirot Alphonse.
Syam. Deux habitants du pays : Casardi R, Santonax J, tués à Bonlieu et à la Billaude.
Thoiria. Combat entre Allemands et FFI : 2 tués : Janier et Chevassus.
Thoirette. 5 tués. Deux fusillés sur le territoire de Coisia. 1 tué, 2 tués par obus, 1 blessé très grave.
Trenal. 2 fusillés : commandant Foucaud et un inconnu identifié par la suite pour être M. Pernin de Saint-Didier.
Vaudioux. 2 fusillés.

Vercia. Un habitant du pays blessé mortellement à Villeurbanne.
Voiteur. 1 tué : Berg Jean-Pierre, Luxembourgeois tué par la Gestapo.

Arrondissement de Saint-Claude

Bonlieu. 1 fusillé.
Les Bouchoux. 1 fusillé, conducteur de camion non identifié.
Chancia. 1 tué.
Charchilla. 16 fusillés.
Chaux-du-Dombief. 2 FFI tués et un sujet suisse, Burchsel.
Chaux-des-Prés. 3 fusillés : Charton Paul, Grandperrin Albert, Guyetant Léon.
Chevry. 6 fusillés.
Cinquétral. 1 FFI tué.
Coyrière. 2 fusillés. Osias Clément, maire, Monneret Georges, Duraffourg Roger emmenés par les Allemands. Vuillermoz Elie, trouvé carbonisé dans sa maison incendiée.
Cuttura. 1 fusillé.
Grande-Rivière. 4 fusillés, dont le maire.
Lajoux. 2 FFI tués.
Lamoura. 4 fusillés, dont 2 FFI.
Larrivoire. Un fusillé (le maire), un habitant tué accidentellement.
Longchaumois. 4 fusillés : Martin Henri, Charton Roland, Supper Jean et Hugon Jean.
Maisod. 3 fusillés.
Meussia. 1 fusillé.
Molinges. 3 fusillés : Petit Gaston, Legat Roger et Caseau Paul (de Chilly-le-Vignoble).
Morbier. 11 fusillés, dont 9 FFI.
Morez. 8 fusillés aux abords de Morez courant avril 1944, dont une femme de Morez, 4 FFI du 28 août au 3 septembre.
Moussières (Les). 6 fusillés.
La Pesse. 3 fusillés : Grenard Léon, Poncet André et Lançon Paul.
Prémanon. 9 tués par la Gestapo.
Prénovel. 1 fusillé.
Les Rousses. 15 fusillés : Salvino Jean, Michaud Adrien, Chalumeaux Noël, Choisson Dominique, Lacroix Robert, Buffard, Moret Marcel, Pensa André, Godet Elie, Banod René, Bonnefoy, Claudet, Cordier Maurice, Paget, Lamy-Chapuis Jules, Lamy, Guigue André, Smanotto Mansuetto.
Saint-Claude. 6 fusillés : Lugand Jean, Rouzier Joseph, Cottet Clément, Bonnot Robert, Mme Sahey Alexandrine.
Saint-Laurent-du-Jura. 1 fusillé : Vagne Jean.
Saint-Pierre. 3 fusillés : Verges Henri, le maire, Franzini Marcel et Fene Philippe.
Septmoncel. 2 fusillés : Mandrillon, père et fils.
Sièges. 5 torturés fusillés.
Villard-Saint-Sauveur. 2 fusillés, 3 FFI tombés au combat.
Viry. 2 fusillés : le commandant Vallin et Mermet René.

Arrondissement de Dole

Annoire. 1 tué : Mathoux Joseph.
Champvans. 2 fusillés.
Chemin. 1 tué.
Commenailles. 2 fusillés.
Damparis. 3 fusillés : Bride Roger, Hardy Antoine, Graglio Jean.
Disparus : Grzlezyk Henri, Zure Stanislas, Thouret Robert.
Le Deschaux. 3 fusillés et 6 sur la commune de Mantry.
Dole. 5 fusillés, 3 décédés en prison.
Lavans-lès-Dole. 1 FFI fusillé.
Molay. Un fusillé : Jean Coronel.
Montbarrey. 1 fusillé.
Orchamps. 7 fusillés, dont 6 FFI : Vals André, Kerleroux Pierre, Vacheret Georges, Vacheret Louis, Courand Fernand, Cerignat Camille ainsi que Boilin Paul. Guichon, arrêté et déporté.
Rochefort. 3 fusillés : Lelois Gilbert, Lelois Marcel, Brenier Marcel.
Saligney. 22 fusillés.
Tassenières. 2 tués : Lacroix Henri, Gay Alfred.
Thervay. 1 fusillé : Geley Pierre.
Villers-Robert. 3 fusillés.

POUR CONCLURE

Appréhender le quotidien des Jurassiens dans leur diversité sociale et géographique, au cours de ces six années douloureuses, était une gageure, tant les situations étaient diverses et les évolutions importantes.

Les témoignages[304] ont, à des degrés très divers il est vrai, évoqué les privations liées à la défaite et à l'Occupation. On y décèle aussi les enjeux individuels et corporatistes, ainsi que les représentations mentales collectives. Ces souvenirs, qu'il est nécessaire de croiser, permettent de toucher de près le quotidien de chacun, mais aussi de prendre de la distance par rapport aux informations des rapports officiels, d'échapper aux généralisations souvent réductrices et convenues, voire biaisées, des rapports officiels.

Sans prétendre répondre à toutes les questions qui se sont posées sur la vie, les espoirs et l'authenticité des choix des Jurassiens, du moins pouvons-nous isoler quelques pistes.

À la question de savoir si les Jurassiens ont fait preuve de constance, voire d'aveuglement, dans la confiance qu'ils ont, dans leur très grande majorité, au lendemain du désastre de 1940, accordée à Pétain, il n'est pas aisé de répondre simplement. Tout montre cependant qu'une certaine désillusion a rapidement gagné les esprits. Deux certitudes : les Jurassiens ont rejeté dans leur très grande majorité, dès le début, les collaborations individuelle et d'État. Si cette dernière n'a pas débouché sur un rejet massif du pouvoir, cela a tenu essentiellement à ce que l'opinion publique l'a souvent et longtemps considérée comme incontournable, voire nécessaire à l'obtention d'un allégement du poids de l'Occupation. La personnalité du vieux Maréchal, comme la propagande, a largement conforté cette opinion. Le STO, les exigences et les exactions de l'occupant et de la Milice dans un département particulièrement touché dans sa chair mettront fin à ces illusions.

S'est alors posée, pour la majorité des Jurassiens, la question de savoir qui allait pouvoir incarner l'espoir. Ce ne sera pas la Résistance intérieure, du moins pas avant l'été 1944. Celle-ci est fort démunie, peu connue, pas toujours mise en valeur par les radios étrangères. L'espoir, ce sont les Alliés occidentaux, puis, à partir de sa victoire à Stalingrad, l'Union soviétique.

---

304. En annexes.

Autre interrogation : les conditions et les divisions sociales des Jurassiens ont-elles évolué au cours de cette période ?

Dans toutes les catégories sociales, la peur et le réflexe de conservation ont souvent dominé tous les autres sentiments. Ceux qui n'avaient que leur salaire, fonctionnaires inclus, une pension ou une rente, ont subi de plein fouet l'inflation galopante et les ravages du marché noir. Les ouvriers, privés de leurs soutiens traditionnels, syndicats et élus, se sont trouvés alors sans défense face à l'employeur, à l'État… et au STO. Il n'en a pas été de même pour la plupart des paysans, même si on ne saurait minimiser les contraintes qui leur ont été imposées, et la charge qu'ils ont supportée pour nourrir leurs contemporains, Français et Allemands… Mais ils s'y sont vite adaptés, beaucoup étant encore à la marge d'une économie de marché, et coutumiers de pratiques ancestrales. Dans leur grande majorité, les industriels, les commerçants, les professions libérales, les notables du bourg et de la ville, ont pu, pour la plupart, sinon toujours tirer profit des « difficultés du temps », du moins préserver l'essentiel. Et il n'est pas interdit de penser, en évitant tout déterminisme, que la situation matérielle et les profits réalisés par ces Jurassiens aient pu influer sur le regard qu'ils portaient sur le pouvoir, voire l'Occupation…

Force est donc de constater que ce vécu collectif douloureux de ces six années n'a pas permis de réduire les clivages politiques et mentaux, ni les inégalités sociales qui traversaient depuis longtemps le corps social du département. Il semble même que, mis à part un autre regard porté sur la gauche, et plus particulièrement sur le Parti communiste qui en tirera profit, cette période aurait plutôt exacerbé les tensions, gauche/droite, catholiques/laïcs, Jura des villes/Jura des champs…

Enfin, il n'est pas certain que les épreuves, les excès d'un pouvoir réactionnaire, la montée en puissance de la jeunesse résistante, la Libération même, aient fait profondément évoluer les mentalités. À preuve, les contestations venant de tous les bords, soulevées par l'octroi du droit de vote des femmes et la contestation par une partie de la droite du programme progressiste du Conseil national de la Résistance.

Avec le recul, on peut se demander si ces années ne furent pas qu'un intermède, douloureux certes, mais qui ne sembla pas avoir remis profondément en cause la société et l'économie jurassiennes.

Les ruptures sont à venir, idéologique avec la guerre froide, sociétale et culturelle avec la modernisation accélérée de l'agriculture et du monde rural ; mais pour cela il faudra attendre les années cinquante.

LEXIQUE

ACDO : Archives départementales de la Côte-d'Or.

ADJ : Archives départementales du Jura.

ANACR : Association nationale des anciens combattants de la Résistance.

BBC : British Broadcasting Corporation. C'est la radio de Londres.

CDL : Comité départemental de Libération.

CLL : Comité local de Libération.

CNR : Conseil national de la Résistance créé et présidé par Jean Moulin. Sa première réunion a lieu le 27 mai 1943. Il regroupe les mouvements de Résistance, les partis politiques et les syndicats clandestins.

Collaborationniste : Partisan d'une collaboration totale, y compris militaire.

COSOR : Comité des œuvres sociales des organisations de la Résistance.

FNDIRP : Fédération nationale des déportés et internés résistants et patriotes.

FTPF ou FTP : Franc-tireur et partisan français, bras armé du Front national.

GMR : Groupes mobiles de réserve. Forces de police mobiles du régime de Vichy.

GPRF : Gouvernement provisoire de la République française dirigé par de Gaulle. C'est le nom que se donne à la veille du débarquement en Normandie le Comité français de la Libération nationale (CFLN).

Lédonien : Habitant de Lons-le-Saunier

LFC : Légion française des combattants. Association d'anciens combattants créée en août 1940 par le maréchal Pétain.

Milice : Police politique créée au début 1943 par Joseph Darnand. Elle « travaillera » en étroite collaboration avec l'occupant.

MLN : Mouvement de libération nationale créé en décembre 1943. Il remplace les MUR auxquels se sont joints d'autres mouvements de la Résistance.

MRD : Musée de la Résistance et de la Déportation de Besançon. La Citadelle.

MRP : Mouvement républicain populaire. Parti politique de la IVe République.

SFIO : Section française de l'internationale ouvrière : Parti socialiste.

SOL : Service d'ordre légionnaire. Élément de la LFC, noyau de la Milice.

STO : Service du travail obligatoire, créé en février 1943, il impose le départ en Allemagne ou dans l'Organisation Todt en France, des jeunes hommes nés en 1920, 1921 et 1922.

Todt (Organisation) : Entreprise allemande chargée des travaux et de l'approvisionnement en matériel de la *Wehrmacht.*

UFF : Union des femmes françaises. Association proche du Parti communiste.

URD : Union républicaine et démocratique. Parti politique conservateur de la IIIe République

ANNEXES

1. Le conseil général du Jura élu en 1937

Arrondissement de Lons-le-Saunier

Arbois	Émile Graby	Industriel à Arbois	Radical socialiste
Arinthod	Marcel Vugier	Vétérinaire à Orgelet	Radical socialiste
Beaufort	Marius Rodot	Cultivateur à Vincelles	SFIO
Bletterans	Philibert Culas	Instituteur retraité.	Radical socialiste
Champagnole	Maurice Billot	Médecin à Champagnole	URD
Clairvaux	Luc Bariod	Industriel à Clairvaux	Républicain de gauche[305]
Conliège	Charles Nachon	Négociant à Conliège	Radical indépendant
Lons-le-Saunier	Léon Toinet	Éleveur à Courlaoux	SFIO
Nozeroy	Joseph Bœuf	Négociant à Censeau	Conservateur
Orgelet	Henri Faton	Industriel à Dompierre	URD
Les Planches	Gaétan Collin	Industriel. Les Planches	URD
Poligny	Henri Léculier	Médecin . Champrougier	Radical socialiste
Saint-Amour	Jean Célard	Industriel à Saint-Amour	Républicain de gauche
Saint-Julien	Émile Roposte	Négociant à Saint-Julien	Radical socialiste
Salins	Michel Bouvet	Industriel à Salins	URD
Sellières	Laurent Monnier	Métallurgiste à Baudin	Républicain de gauche
Villers/Farlay	Louis Javel	Industriel à Mouchard	Radical socialiste
Voiteur	Albert Sailland	Négociant à Domblans	Radical indépendant

305. En fait centre droit.

Arrondissement de Dole

Chaumergy	Claude Jeandot	Industriel à Chaumergy	Républicain de gauche
Chaussin	Maxime Machard	décédé	Radical socialiste
Chemin	Maxime Molard	Greffier à Chemin	Radical socialiste
Dampierre	Raoul Girard	Ingénieur des mines	Radical socialiste
Dole	S. Benoit-Barnet[306]	Avoué	Radical socialiste
Gendrey	Léon de Borde	Propriétaire terrien	URD
Montbarrey	Camille Pactet	Négociant à Belmont	Radical socialiste
Montmirey	Jean d'Aligny	Cadre Assurances. Vichy	URD
Rochefort	Robert Gaillardot	Médecin à Jouhe	Radical indépendant.

Arrondissement de Saint-Claude

Les Bouchoux	Constant Brey	Médecin aux Bouchoux	URD
Moirans	E. Grandmottet	Industriel à Moirans	URD
Morez	Paul Moret-Jean		Radical indépendant
Saint-Claude	Louis Faton	Industriel à Saint-Claude	SFIO
Saint-Laurent	Ernest Bouvet	Négociant à Saint-Laurent	Radical indépendant

À noter l'importance des « notables » : industriels, commerçants, professions libérales parmi lesquelles les médecins sont en bonne place.

On a également ici un aperçu des orientations politiques de chaque canton qu'il faut cependant nuancer en prenant en compte la personnalité de l'élu. Ceci étant, on peut avancer que les cantons ruraux, notamment les plus isolés, portent leurs voix sur des candidats qu'on appellerait aujourd'hui de « droite » : URD, conservateurs bien sûr, mais aussi, dénomination bien trompeuse, les républicains de gauche. L'époque voulait encore que l'appellation « droite » ait une connotation peu flatteuse ! Par ailleurs, sans surprise, le Parti communiste n'a pas d'élu.

Enfin, confirmation de la spécificité de la principale ville ouvrière du département et de son environnement proche, on ne sera pas surpris de voir le canton de Saint-Claude comme un îlot rouge dans l'univers conservateur du Haut-Jura.

---

306. Président du conseil général.

2. Délégations spéciales en zone sud[307]

Commune	Date	Étiquette du maire	Motifs
Rothonay	Oct.39[308].	Communiste	Municipalité communiste Nombre insuffisant de conseillers
Chassal	Jan. 41	SFIO	Hostile au Gouvernement
Essia	Id.	Socialiste	Dissensions du Conseil Municipal
Poids-de-Fiole	Id.	Rad. Soc.[309]	Hostile au Gouvernement
Ravilloles	Id.	SFIO	Hostile au Gouvernement
Rye	Fév. 41	SFIO	Hostile au Gouvernement
Passenans	Id.	URD	Démission du maire
Arinthod	Id.	Rad. Soc.	Démission du maire
Fontenu	Id.	Rép. de G.[310]	Décès du maire
Le Louverot	Id.	Rad. Soc.	Démission du maire
Perrigny	Id.	Rad. Soc.	Décès du maire
Chazelles	Id.	Rad. Soc.	Démission du maire
Geruge	Mars 41	Rad. Soc.	Effectif insuffisant
Trenal	Avril 41	Rad. Soc.	Démission du maire
Fontainebrux	Avril 41	Rad. Soc.	Démission du maire
Nevy-sur-Seille	Mai 41	Rép. de G.	Démission du maire
Laubépin	Id.	URD	Démission du maire
Broissia	Juin 41	Rad. Soc.	Démission du maire
Sellières	Id.	SFIO	Hostile au Gouvernement
Chaussin	Août 41	Rad. Soc	Décès du maire
Vaux-lès-Saint-Claude.	Id.	SFIO	Hostile au Gouvernement
Le Fied	Id.	URD	Effectif insuffisant
Valempoulières	Sept. 41	URD	Démission du maire
Commenailles	Janv. 42	Rad. Soc	Hostile au Gouvernement
Cesancey	Nov. 41	Rad.Soc.	Hostile au Gouvernement
Orgelet	Id. Juil. 44	Rad.Soc.	Démission du maire Enlèvement du maire Karcher
Abergement-le-Petit.	Janv. 42	URD	Démission du maire
Sezeria	Id.	Rad.Soc.	Décès du maire
Les Essards-Taignevaux	Id.	Rad.Soc.	Hostile au Gouvernement
Denezières	Fév. 42		Décès du maire
Messia	Janv. 42 Mai 44	Rad.Soc.	Dissensions au Conseil municipal Démission d'un membre
Bersaillin	Juin 42	URD	Démission du maire
Chaussenans	Id.	Rad.Soc.	Effectif insuffisant
Maisod	Août 42 Fév. 44	SFIO	Effectif insuffisant Décès d'un membre de la Délégation.
Besain	Nov. 42	URD	Effectif insuffisant
Bletterans	Janv. 43	URD	Effectif insuffisant
Chilly-le-Vignoble	Avril 43		Effectif insuffisant
Charchilla	Oct. 43	Rad. Indépendant	Démission du maire
Chaumergy	Janv. 44		Démission du maire

307. ADJ. 331 W 154.

308. Sous le gouvernement Daladier, suite au pacte germano-soviétique.

309. Radical socialiste.

310. Républicain de gauche.

Il convient d'ajouter soixante-dix-huit maires délégués imposés au conseil municipal, dont ceux de Bletterans, Moirans, Saint-Amour, Saint-Julien, Clairvaux, Les Moussières, Courlaoux, Villevieux, Bonlieu, Thoirette, Saint-Lupicin…

3. Élections municipales. Avril-mai 1945

Deux jours avant le premier tour du scrutin, le préfet envoie au commissaire de la République de Dijon un rapport sur l'état des forces politiques du département, et les alliances conclues[311] :

– Champagnole et Salins sont les seules villes jurassiennes où « l'intransigeance de la SFIO sur la question de la laïcité » en a écarté le MRP.

– À Lons-le-Saunier : liste commune conduite par Paul Seguin, radical socialiste et maire sortant, comprenant, les radicaux-socialistes, la CGT, la SFIO, les communistes, le FN, le MLN et l'UFF, complétée par des personnalités indépendantes. Est en préparation une liste concurrente sur l'instigation du MRP et dirigée par un radical socialiste dissident.

– À Saint-Claude : liste à majorité socialiste, qui sera vraisemblablement conduite par M. Ponard, directeur de la Fraternelle. Elle passera sans aucun doute au 1er tour.

– À Morez : liste commune socialo-communiste, FN, MLN, UFF et FLN[312] mise sur pied. M. Paget, maire sortant SFIO. Aucune liste concurrente n'ayant été établie, elle sera vraisemblablement élue.

– À Champagnole, une seule liste de gauche présentée par le radical socialiste Picaud, président local du FN.

– À Salins, deux listes s'affronteront : une liste commune présentée par le maire sortant, M. Deliot, URD, et une liste dite « professionnelle » dont la tête de liste n'est pas connue. M. Deliot sera sans doute élu après « panachage ».

– À Arbois, deux listes s'affronteraient également : celle du président de la CGT, M. Loye, socialiste MLN, et celle de M. Jacquemard, maire sortant, radical socialiste.

– À Chaussin la question est confuse, plusieurs listes qui ne sont pas encore connues s'affronteront : l'une conduite par M. Bernardet, président du CCL, maire sortant, de tendance droite ; l'autre vraisemblablement par M. Gay, cafetier communiste, et enfin une troisième dont la tête de liste n'est pas connue

– À Dole la situation est également très confuse, l'accord n'étant pas jusque-là réalisé entre socialistes et représentants sociaux chrétiens du conseil municipal sur la question de la laïcité. S'il n'y avait pas d'accord, la première liste serait conduite par le maire actuel, M. Mugnier-Pollet, socialiste. Elle aura l'appui de la Résistance, des partis de droite, et comprendra le conseil municipal actuel composé des socialistes et de quelques radicaux-socialistes. La deuxième, conduite par M. Pannaux, sera formée

311. ADCO. 40 M 139.

312. Section féminine du MLN.

des socialistes et des radicaux-socialistes Front populaire. La position du Parti communiste qui était en faveur de l'établissement d'une liste commune avec participation du MRP, n'est pas connue, mais on peut penser qu'il épaulera la liste présentée par M. Mugnier-Pollet.

– Dans les autres chefs-lieux de cantons, sauf à Orgelet, Clairvaux, Montbarrey où il y aura des listes concurrentes, une seule liste a été jusqu'alors établie.

4. Élections du conseil général en 1945

En voix

	1er tour	2e tour
Communistes	23 263	11 876
SFIO	17 770	11 185
Radicaux-socialistes	13 663	13 871
MRP	10 824	11 713
URD	7 172	3 027

Arrondissement de Lons-le-Saunier

Cantons	1945	1949
Arbois	Marcel Poux*	Réélu*
Arinthod	Marcel Vugier. Réélu	R. Berthelon
Beaufort	Marius Rodot*. Réélu	Réélu*
Bletterans	Armand Thibert*	Réélu*
Champagnole	André Socié*	Réélu*
Clairvaux	Noël Girod	Désiré Claudey*
Conliège	Marcel Renaud*	Charles Nachon*
Lons-le-Saunier	Paul Seguin*	Réélu*
Nozeroy	Joseph Bœuf. Réélu	Pierre Gilles
Orgelet	Dotte Luc. PC	Pierre Futin
Les Planches	Léon Pianet	André Jobard
Poligny	Joseph Loye*	Paul Landry
Saint-Amour	Théodore Ponard*	Jean Célard
Saint-Julien	Émile Roposte*. Réélu	Réélu*
Salins	Simon Thurel	Réélu
Sellières	Placide Durand	Marcel Trésy
Villers-Farlay	Louis Javel*	**Edgar Faure**
Voiteur	Pierre Peltier	Réélu

Arrondissement de Dole

Cantons	1945	1949
Chaumergy	Achille Bacheley*	Léon Girard
Chaussin	Lucien Bon	Paul Maizier
Chemin	Maxime Molard. Réélu	Henri Hutin
Dampierre	Fernand Lacroix	Pierre Moreau
Dole	André Barthélémy *PC	Maurice Delcey
Gendrey	G. De Borde. Réélu	Réélu
Montbarrey	Gaston Outrey *PC	Henri Jouffroy
Montmirey.l	André Detot	Réélu
Rochefort	Raymond Bonnet*	Réélu*

Arrondissement de Saint-Claude

Cantons	1945	1949
Les Bouchoux	Denis Vuaillat	Réélu
Moirans	Marc Perrier*	Marc Delatour
Morez	**Louis Paget***	Maxime Grenier
Saint-Claude	Gaston Meunier*	G. Cottet-Eymard
Saint-Laurent	Ernest Bouvet. Réélu	Gilbert Bouvet

* résistants avérés.
En ***caractères gras*** *: les présidents du conseil général.*
PC : élus du parti communiste.

Quatre ans plus tard, plus un seul élu communiste y siégera. En creux, on mesure le rôle de la guerre et de la Résistance dans les choix faits en 1945.

TABLE DES MATIÈRES

CINQUIÈME PARTIE
1945, épilogue

Dépôt légal : octobre 2015
IMPRIMÉ EN FRANCE

Imprimé en octobre 2015
sur les presses de l'imprimerie « La Source d'Or »
63039 Clermont-Ferrand
Imprimeur n° 18240

Dans le cadre de sa politique de développement durable,
La Source d'Or a été référencée IMPRIM'VERT®
par son organisme consulaire de tutelle.
Cet ouvrage est imprimé - pour l'intérieur -
sur papier bouffant « Munken Print White » (main 1,8) 80 g
provenant de la gestion durable des forêts,
produit par des papetiers dont les usines ont obtenu
les certifications environnementales ISO 14001 et E.M.A.S.